郑和

——兼论明初大航海

马达 著

山东大学出版社
SHANDONG UNIVERSITY PRESS

图书在版编目（CIP）数据

郑和：兼论明初大航海 / 马达著. —济南：山东大学出版社，2023.9
ISBN 978-7-5607-7795-5

Ⅰ. ①郑… Ⅱ. ①马… Ⅲ. ①郑和下西洋－研究
Ⅳ. ①K248.105

中国国家版本馆 CIP 数据核字（2023）第 056674 号

策划编辑　刘森文
责任编辑　刘森文　杨露宾
封面设计　蓝海文化

郑和——兼论明初大航海
ZHENG HE——JIANLUN MINGCHU DAHANGHAI

出版发行　山东大学出版社
社　　址　山东省济南市山大南路 20 号
邮政编码　250100
发行热线　（0531）88363008
经　　销　新华书店
印　　刷　山东蓝海文化科技有限公司
规　　格　720 毫米×1000 毫米　1/16
　　　　　25.25 印张　338 千字
版　　次　2023 年 9 月第 1 版
印　　次　2023 年 9 月第 1 次印刷
定　　价　88.00 元

序

《郑和——兼论明初大航海》一书的作者马达先生是中远海运港口公司的一名工程师。从严格意义上讲，他不是专事社会科学研究的学者，而是一位长期从事海运的实际工作者。

我与马达先生是通过郑自庆先生（郑和十九世孙）相识的。交谈中得知，马达先生是一位善于研究问题的人，不仅热爱自己的专业，而且喜欢看书，对历史和与自己工作有联系的社会科学也充满了兴趣。一个偶然的机会，他发现郑和下西洋时运用的海外基本港设置、干线与支线设计、中转仓库建设等许多航运规则，至今还在沿用，很有现代意义。于是便开始对郑和航海问题进行深入、持续不断的研究。孔子说："知之者不如好之者，好之者不如乐之者。"可以说，兴趣爱好是最好的导师。在学习、研究过程中，感受所成的喜悦、享有所获的快乐，是局外人难以体会到的。这种"好之"，可以转化为意志力和持久的精神力量，作为一个过来人，我感同身受，也有由衷敬佩马达先生。

郑和下西洋是人类文明史上重要的历史事件，它传播了中华文明，促进了世界政治文化交流和经贸往来，扩大了中外友好关系，为世界航海事业和人类文明进步作出了巨大贡献，既是中国人民的光荣，也是全人类的自豪。多年来，国内外学者对郑和下西洋进行了深入研究，出版和发表了许多著作和论文。马达先生在借鉴前人研究成果的基础上，凭借自己对航运技术多年研究和实践的特长，对郑和及其下西洋的过程做了全景式的立体描述，并通过对郑和下西洋这一事件的研究，论述了明朝初期大航海事业的历史基础与成就，这构成了《郑和》一书自身的特色。

一、《郑和》一书的可读性很强。全书以章回体形式对郑和及其下西洋的背景、原因、过程、影响和意义等，做了全面、完整的描述。首先，该书将郑和的身世置于明初的政治、经济、航海技术发展的历史背景下，揭示明初大航海的必然性、可行性；然后，详细论述七次下西洋的全过程，并以现代眼光对航海本身进行审视，发掘出郑和领导的大航海运动的先进性；最后，将郑和领导的航海活动与西方地理大发现的航海运动进行比较，得出因社会管理基础不同而意义不同的结论。每章标题醒目、紧扣主题，全书逻辑结构紧密合理、观点鲜明，且有自己独到的见解。不仅从事郑和及下西洋专门研究的学者可以从中受到启发，对一般大众读者来说，也可以通过此书获益。

二、在对郑和七次下西洋的论述上，不是平铺直叙，而是找出了其中的逻辑关系，意在揭示其历史本质。郑和率领庞大船队，耗时数十年远渡重洋，这是一个复杂的系统工程，它涉及地理、气候、造船、给养、管理、外交、军事、风土人情、宗教信仰等方方面面，其中每一个方面又是一个独立的子系统。《郑和》一书对此都做了通俗、详细的介绍，特别是对七下西洋全过程的描述，既详尽细致，又重点突出，即首先通过三次战争方才打通了东南亚航线；然后通过政治交往在印度次大陆建立基地，并对航线沿岸的国家及其人民施加影响；最后在消除所有后顾之忧后，横跨印度洋到达非洲。以详实具体的史料和鲜活、生动的叙述，使读者在了解七下西洋全貌的同时，也宛如做了一次身临其境的历史穿越。

三、特别关注郑和七下西洋时对航海、航运技术的运用，并将之与现代航海、航运技术规则做比较。马达先生长期从事港口建设和航运工作，对此有多年研究和实践。他敏锐地发现，郑和下西洋时运用的航运规划与管理原则已包含了现代性的因素，甚至沿用至今。这一重要发现，合理地解释了郑和七次下西洋的航路设计、抵港顺序、基本港设置、干支线配合，以及补给点、中转仓选址的合理性。马达先生对郑和实施的这一庞大工程的研究和论述非常详细，有许多可圈可点之处，还一定程度上发展和充实了对于明初海洋交通史的研究。

四、将郑和下西洋这一重大事件，与当时的世界形势和明初中国的内政、外交，以及属地和藩属地管理放在一起综合考察，对七次下西洋的原因、目的、航路确立、内部管理、外交策略、对不同宗教的态度，以及郑和下西洋的功绩和影响等都分别做了详细的叙述，甚至对下西洋运动的停滞，以及未像西方航海家那样带来殖民统治的原因都做了具体的剖析。可以说，既全面、周到，也不乏自己独到的见解。综观全书，一个非社会科学专业的作者，能写出这样一部30余万字的专著，着实不易，其中付出的努力和艰辛可见一斑。

当然，我们也不能忽视这样一个事实，即由于中国正史关于郑和及其下西洋的史料记载很少（马达先生在书中对其原因有具体的解析），虽然经过多年的挖掘和整理，国内外学者从家谱、碑刻、传记、地方志、遗迹，以及中国民间和国外的各种文献中发现了大量有价值的资料，推动了对郑和及其下西洋的研究不断向更加深入的方向发展，新的发现和研究成果不断涌现，但是或由于史料不足，或由于缺乏旁证，或由于学者研究的视角不同，等等，故在诸如郑和本人及七下西洋的许多具体问题的研究上，还存在着仁者见仁、智者见智的状况。这是在社会科学各学科的研究中都存在的正常现象，从某种意义上讲，百花齐放式的学术争论，恰恰是推动社会科学进步的积极动力。在《郑和》一书中，马达先生也有自己独到的见解，甚至对一些观点提出了批评，如果有的观点能引起争论，未必不是好事，或许还可能成为推动对郑和及其下西洋的研究向纵深发展的助力。

米寿江

2022年3月15日于南京

目　录

第一章　令人惊异的身世之谜

伟大的航海家郑和，多年并来没有得到足够正确的评价，他的大航海事业被定义为“区域性”，与哥伦布、麦哲伦相比，仅仅强调了一个“早”字，但这种评价远远不足以表明郑和下西洋的伟大意义。

对郑和的研究始于梁启超，他在肯定西方航海家哥伦布、达·伽马、麦哲伦等人的航海事业的同时，还提出：“全球比邻，备哉灿烂！有史以来，最焰之时代也。而我泰东大帝国，与彼并时而兴者，有一海上巨人郑和在。”[1] 在国外，郑和也受到了关注，如麦耶尔斯、维克希耳等学者就对郑和进行了深入的研究，其中最著名者当属伯希和，他就是盗劫敦煌藏经洞文物的那个法国汉学家。

在近些年的研究中，呈现出越来越多的证据，证明郑和大航海的前瞻性与创造性更甚于哥伦布与麦哲伦。伟大的航海家郑和是中国造船、导航、测绘、天文等航海技术的集大成者，是他开启了近代世界的大航海时代，哥伦布与麦哲伦只是成熟航海技术的利用者，是站在巨人肩上的践行者。

时至15世纪，中国科学技术与政治制度的发展，已成熟到足以完成全球探索的阶段，但为什么是郑和成为这一创举的领头人？这不是偶然的，而是与他的身世有很大的关系。郑和家族源于回教先知穆罕默德，其数十代祖先在欧亚大陆征战与迁徙，探险与开拓的

---

① 梁启超：《祖国大航海家郑和传》，王天有、万明编：《郑和研究百年论文选》，北京大学出版社2004年版，第1页。

基因融入了他的身体中。

对郑和身世的探究，在昆明有一把钥匙。他的三十一世祖赛典赤·赡思丁的衣冠冢完整地保留在老航空路口，他的父亲马哈只墓则在晋阳保存完好，墓地附近的墓碑揭示了郑和的家世。其祖先从阿拉伯来到中国的路线图可描述为：阿拉伯半岛——埃及——西班牙——布哈拉——陕西——昆明——昆阳。那么，具体过程是怎样的呢？

缘起阿拉伯半岛

回教出现以前的阿拉伯半岛是蒙昧的，由于环境恶劣，只有很少一部分人从事农业，大部分人靠游牧与经商生存。

在古代，阿拉伯半岛是东西方重要的商道，东方的货物渡过印度洋后，从阿拉伯半岛南部登陆，沿半岛的西侧北上到叙利亚，再转入欧洲。阿拉伯人常年引领着骆驼商队，顶着烈日、冒着狂风，在茫茫的戈壁、无边的沙漠上行走。在这条商道上，有一个重要的地方，那就是有水源的麦加。阿拉伯商队都在此处休整，所以麦加慢慢发展成了商品集散地，这个地方后来被古来氏部落联盟控制。古来氏部落早先是一些以半游牧半掠夺为生的贝都因人，散居于麦加周围，5 世纪末控制了麦加。从此，古来氏人由游牧转入定居，发展成为一个专业的商业部落。

古来氏部落包括大约 20 个氏族，每个氏族内部都有自己崇拜的圣物，他们夺得了麦加后就把各个氏族的圣物集中到一起，存放在克尔白神庙中，这也是部落统一成部落联盟的象征。以麦加为中心的宗教和商业活动越来越发达，大约在 6 世纪，麦加发展成一座繁荣的商业城镇。但由于古来氏贵族的剥削，阿拉伯人贫富分化越来越大，再加上多神信仰，各个部落走向分裂，导致阿拉伯社会秩序紊乱，氏族部落各占一方，互相劫掠、仇杀，战乱不断，使人民陷入无尽的困苦中。同时，外部力量的介入使阿拉伯世界雪上加霜，其东面的萨珊波斯帝国与西面的东罗马帝国，都介入到争夺由东至西的商道中来，他们开辟了通过波斯湾的新商路，甩开了阿拉伯半岛上的陆路商道，这导致包括麦加在内的阿拉伯城市濒临破产。阿拉伯人在内外交迫下生存越来越困难，他们需要有个英雄来拯救这个民族！

时势造英雄，伟大的穆罕默德应运而生。他是古来氏部落人，但出身贫寒，其父在他出生前就去世，五岁时母亲也去世了，他由经商的伯父养育长大。在随伯父的商队不停的跋涉中，小穆罕默德学会了在沙漠中寻找水源、观察天气、为骆驼治病等非凡的生活本领，同时他也了解到各种社会情况，掌握了各个部落的宗教特点。四分五裂的社会充满血腥，人民过着困苦的生活，这令穆罕默德心痛不已，他决心要改变这种社会状况，年轻的穆罕默德在氏族事务的处理中逐渐展示出了他的才干，取得了很高的威望，但这还不足以使他能彻底聚合整个阿拉伯民族。

婚姻带给他一个新的机会，他娶了富孀赫蒂彻为妻，富裕的生活使他不用再奔波，有了足够的时间来思考，于是他走进沙漠深处一个山洞中静坐冥想。经过多年的思索，他终于得到了真主的启示，并开始在部落中宣扬：安拉是独一无二的真神，穆罕默德是安拉的使者。从此开始了传道之路。当时每个部落都有自己崇拜的神灵，在部落宗教中充斥着形形色色的巫士，但不存在真正的祭司。麦加也有自己的圣物，那就是嵌在克尔白神庙墙上的一块黑色陨石。穆罕默德对一神教的宣传及对麦加穷困者的同情，触动了麦加上层社会的利益，因此遭到了上层人士的打击与迫害，他被迫带着信徒离开麦加，迁往麦地那。他在麦地那组建了超越血缘关系的社团，使回教不仅成为神权政体，而且具有了军事特征，在制止内部仇杀之后，他就开始了一系列讨伐多神教徒的“圣战”。最后，穆罕默德打回麦加，与麦加的贵族达成协议，签订了和约，同时接受麦加原有的圣物——黑石作为回教的圣物。这一和约使穆斯林得以进入麦加朝觐，并使传播回教的权利合法化。和约显示了穆罕默德的宽容与忍让，从而赢得了更多人的关注和青睐。通过战争及对异教徒的宽容政策，穆罕默德的行动震撼了整个阿拉伯半岛，各地的部落纷纷派代表觐见穆罕默德，并表示皈依回教。到公元632年穆罕默德六十三岁去世时，他开创的事业已永远留在了人间！

跃进中亚

穆罕默德的继承者被称为“哈里发”，阿拉伯语的意思是“安拉使者的代理人”。哈里发是政教合一的领袖，第一任哈里发是先知穆罕默德的密友伯克尔，他统一了阿拉伯半岛；第二任哈里发是欧麦尔，他将回教圣旗插遍了叙利亚、伊拉克、巴勒斯坦、波斯、埃及等地；第三任哈里发是奥斯曼，在他统治后期，阿拉伯远征军已经达到阿富汗。

第四任哈里发为阿里，与前三任不同的是，阿里是穆罕默德的堂弟，他二十一岁时与先知的女儿法蒂玛结婚，并生有二子：哈桑和侯赛因。先知没有儿子，所以他的血脉就由两位外孙传承下来。哥哥哈桑家族的尊号为“谢里夫”，弟弟侯赛因家族的尊号为“赛义德”，请记住这个尊号，后面我们还会提到。弟弟侯赛因就是郑和的三世祖，而阿里为二世祖，穆罕默德便是始祖。

阿里在任哈里发期间，其统治下的叙利亚总督穆阿维叶反叛，由于当时各种矛盾的突起，阿里被刺杀身亡，埋葬在纳杰夫，纳杰夫因此成为回教什叶派（认为只有穆罕默德的后裔才有资格成为哈里发的穆斯林，被称为什叶派）的圣地，一直延续至今。穆阿维叶从公元661年开始，建立了阿拉伯帝国的倭马亚王朝（我国称之为白衣大食），哈里发由民主推选的历史也就此终结，君主世袭制从此开始。

后来，阿里的长子哈桑被阿拉伯半岛东部的人民推选为哈里发，阿拉伯面临分裂的危险。穆阿维叶使用阴谋，逼迫哈桑退位，但他也给了哈桑一大笔养老金，再加上一个波斯某地区的岁入作为俸金。阿里的第二个儿子侯赛因，在穆阿维叶的继承人叶齐德任上发起过挑战，公元 680 年 10 月 10 日，叶齐德的军队在一个叫卡巴卡拉的地方，包围了侯赛因的队伍，侯赛因拒绝投降，被砍了头，他因此成为什叶派穆斯林的英雄与圣徒。前文说过，这位侯赛因就是郑和的三世祖。什叶派的根据地在波斯，此地拥护阿里的继承人，一直没有停止过对倭马亚王朝（白衣大食）的抗争。

倭马亚王朝只经历了 90 年的时间，便走向了穷途末路，先知穆罕默德的叔叔阿巴斯的后裔取而代之，开创了阿巴斯王朝（我国称之为黑衣大食）。阿巴斯王朝从 750 年建立至 1258 年灭亡，历时 508 年，这是一个阿拉伯贵族与波斯贵族联合统治的王朝。阿巴斯王朝建立后，统治者对倭马亚的家族成员进行了清洗，将之几乎赶尽杀绝，不过最终有一名叫拉赫曼的皇族成员虎口逃生，他经历千辛万苦后逃到了西班牙，并在这里重整了倭马亚王朝遗留下来的军队，建立了后倭马亚王朝（我国称之为西大食），存在时间为 756～1031 年。

此外在阿巴斯王朝版图内，还有一个存在于北非的法蒂玛王朝（909～1171 年，我国称之为绿衣大食），该王朝是由侯赛因的后裔——赛义德·本·侯赛因在突尼斯建立的，它于 914 年占领亚历山大，916 年侵入尼罗河三角洲，之后逐渐占有了整个埃及，并建开罗作为新都。这个法蒂玛王朝与巴格达的阿巴斯王朝及西班牙（当时叫科尔多瓦）的后倭马亚王朝形成了三足鼎立之势。

说完这些背景，我们可以介绍郑和的家世传承了。介绍之前要先说明这些信息的来源，它来源于《赛氏族谱》，这本族谱是云南学者李士厚先生收集到的，他将此谱与其收集到的《赛典赤家谱》及《赛氏总谱碟》《马氏家乘》相映证，深入研究后发表。[①]

---

① 参见纪念伟大航海家郑和下西洋 580 周年筹备委会、中国航海史研究会编：《郑和家世资料》，人民交通出版社 1985 年版，第 1 页。以下引此文献编者相同，不再一一注出。

郑和的四世祖依补喇希墨、五世祖以思马爱勒、六世祖洩辛，依《赛氏族谱》记录为散班尔国王，散班尔位于现在的西班牙。[①]

七世祖栽德是个著名的宗教人士，他创建了栽德派，这个派别承认非圣裔的哈里发也是正统。八世祖叶海亚，为栽德之子，曾在波斯呼罗珊发动起义，最终失败身亡。[②]

九世祖额哈默德、十世祖里沙始，为密思勒（位于今埃及）国王。[③]

十一世祖舍里麻退居藩封。[④]

十二世祖鲁治蜜、十三世祖亚辛、十四世祖鲁儿丁、十五世祖木八尔沙居于密思勒国。

在这之后的四代人，即十六世祖亦思马歆、十七世祖哈三、十八世祖古卜丁、十九世祖穆萨，去了散班尔国，是生意人，后来穆萨一家因为散班尔国发生内乱，举家迁往舍流国（位于今叙利亚）。[⑤]

归附大宋

到了11世纪，塞尔柱突厥人在中亚地区兴起，1055年，他们在首领突格里勒率领下抵达阿巴斯王朝首都巴格达，获得了“苏丹”称号，在波斯的伊斯法罕建立都城，成立了塞尔柱帝国，原哈里发虽然还是名义上的元首，但只保留宗教权力。

此后郑和有四代祖先在塞尔柱国生活，即二十世祖忽甫丁、二十一世祖乌马乃丁、二十二世祖乌马尔、二十三世祖查法尔。[⑥] 在塞尔柱国生活期间，查法尔得罪了国王，逃亡去了龙国，由于其能力出众，被国王任命为护使。据专家考证，这个龙国指的是中亚坛合

① 参见《郑和家世资料》，人民交通出版社1985年版，第13页。

② 参见纳为信：《元咸阳王赛典赤·赡思丁世家》，今日中国出版社1992年版，第5页。

③ 参见《郑和家世资料》，人民交通出版社1985年版，第75页。

④ 参见《郑和家世资料》，人民交通出版社1985年版，第75页。

⑤ 参见《郑和家世资料》，人民交通出版社1985年版，第76页。

⑥ 参见《郑和家世资料》，人民交通出版社1985年版，第76页。

赤汗国（在今天新疆喀什附近）。

二十四世祖者马乃丁，袭父职任龙国护使，任职期间受命征讨布哈拉，在夺取城池后就地镇守。①

二十五世祖安都尔役，因为布哈拉国王薨逝，位上无君，被众拥立为王。②

二十六世祖纳只闷的你所非尔继承了王位，为布哈拉国王。

纳只闷的你所非尔这个国王做得并不轻松，他在1070年遇到了麻烦。这一年，布哈拉被塞尔柱突厥人攻击，军队在阿姆河南岸被击溃。此时是中国宋神宗熙宁三年（1070年），得益于王安石的变法，大宋正是国富兵强之时。于是纳只闷的你所非尔让弟弟留守布哈拉，自己亲自来到宋朝京师进贡，请求保护。纳只闷的你所非尔在宋朝一住就是20多年，到1093年在中国去世，享年九十三岁。③

二十七世祖赛严苏来公纳随父亲生活在大宋，被授为本部参知，袭宁彝侯。宋徽宗派兵讨伐吐鲁番时，还随从出征，并被封为平夷大元帅。“徽宗遣伐吐鲁番，于奔罗（呼罗珊）还，至靖康丙午（1126年）五月卒，享寿六十一。钦宗谕礼仪院曰：‘赛严父子虽西域首长，乃却王位，亲赴朝廷进贡，其功义甚忠，务设叙赠，以柔外国勿怠。赠平彝大元帅济美佐顺功臣，封莒国公。’”④

二十八世祖苏祖沙鲁，授本部择长，于宋光宗绍熙二年（1191年）受命出使金国，封宁西侯，被拘不屈，死于金国，被封为昭庆王。“绍熙二年，光宗遣同钱中丞持节联和于金，金人善其骑射，被拘不屈，遂卒于金，寿八十四。上以赛典赤呼之而不名。”⑤

二十九世祖坎马丁欲速甫，在宋宁宗庆元元年（1195年），受命

① 参见《郑和家世资料》，人民交通出版社1985年版，第76页。
② 参见《郑和家世资料》，人民交通出版社1985年版，第76页。
③ 参见《郑和家世资料》，人民交通出版社1985年版，第59页。
④ 《郑和家世资料》，人民交通出版社1985年版，第59页。
⑤ 《郑和家世资料》，人民交通出版社1985年版，第59页。

征讨金国时，被任命为统兵元帅。①

三十世祖马哈木·可马乃丁，宋理宗淳祐二年（1242 年），被任命为布政统运使、平章政事，封为云中郡公。②

郑和祖先的这一段家世非常有趣，从公元 1041 年纳只闷的你所非尔立国，称“阿思兰汗”，到 1088 年成为塞尔柱的属国，再到国灭共 80 多年的时间。这个叫作布哈拉的中亚小国，在坛合赤、塞尔柱、哥疾宁、花剌子模等地区强国的挤压下，艰难生存，甚至史书都语焉不详，却被完整地记录在郑和祖先的家谱里。

融入中华

郑和祖先融入中国，应该是从元朝开始。在宋时这个家族虽然依附中原朝廷，但只是一种政治上的投靠，其统治的布哈拉国尚存，他们算是侨居在中国，直到元时才举家迁入中华大地。

13 世纪初蒙古族开始兴起，成吉思汗首先征服了中国西北部由党项族建立的西夏，并迫使它进贡。在控制了贯穿中国西北部的贸易通道之后，他把注意力转向了由女真人统治着的中国北方。女真人是满族人的前身，他们曾经征服了中国北部并建立了金朝。1215 年，成吉思汗的军队占领了金朝的中都（今北京），迫使金皇室逃往南方的开封，在那之后又苟延残喘了差不多 20 年，直到最后被击败。

13 世纪的中亚局势非常紧张，一边是西辽的野蛮统治，一边是成吉思汗的崛起，这时发生了一件复杂诡谲的政事。中亚各汗国开始决心归顺蒙古，其中较大的畏兀儿国组织使团前往成吉思汗的龙庭怯绿连河，布哈拉的阿尔思兰汗，派自己的王子随畏兀儿使团一同前往，联络归顺之事。但事成之前，西辽的菊儿汗诱杀了阿尔思兰汗，之后王子继承了汗位，事实上老阿尔思兰汗就是郑和的三十

① 参见《郑和家世资料》，人民交通出版社 1985 年版，第 78 页。

② 参见《郑和家世资料》，人民交通出版社 1985 年版，第 78 页。

世祖马哈木·可马乃丁，而小阿尔思兰汗就是三十一世祖赛典赤·赡思丁。赛典赤·赡思丁，生于1201年，卒于1279年。“赛典赤”即“赛义德”（前文提到并请读者记住的称谓）的对音，为阿里次子侯赛因家族的尊号。

1219年，花剌子模国杀死了蒙古使臣，这一事件成为成吉思汗西征的导火索，蒙古军队不仅灭了花剌子模，而且占领了波斯东部。[①] 1220年，成吉思汗出征大食，当他到达讹答剌城时，他将三个儿子术赤、察合台、窝阔台留下来攻打该城，自己则带领小儿子拖雷向布哈拉进军。应该就在这一年，作为布哈拉国王的赛典赤·赡思丁率军加入了蒙古大军。“太祖西征，赡思丁率千骑以文豹白鹘以降，命入宿卫，从征伐，以赛典赤呼之而不名。”[②]

1227年8月，成吉思汗逝世，1229年，他的四个儿子就帝国的分配达成协议。长孙拔都（术赤之子）成为金帐汗国的可汗，其疆域包括蒙古最西部，后来又囊括了俄罗斯；二儿子察合台分到了中亚地区；最小的儿子拖雷（忽必烈之父）得到了中国北部和蒙古本土；三子窝阔台，因为善于调解争端、为人宽容，再加上性格随和，所以倍受大家尊敬，最后被推举为大汗，成为蒙古帝国的最高统治者。

太宗窝阔台统治时期，赛典赤·赡思丁先后被任命为“丰、净、云内三州都达鲁花赤，改太原、平阳二路达鲁花赤，入为燕京断事官”[③]，后来，他在元宪宗蒙哥朝也是深受重用。

安家云南

拖雷之妻、忽必烈之母——唆鲁禾帖尼是蒙古贵族王罕的侄女，

---

① ［波斯］拉施特主编：《史集》第一卷（第二分册），余大钧、周建奇译，商务印书馆1983年版，第307页。

② （明）宋濂等撰：《元史》，中华书局1976年版，第3063页。

③ （明）宋濂等撰：《元史》，中华书局1976年版，第3063页。

她是一位极有远见及政治才能的女性，在拖雷死后，她承担起了对四个儿子的教育职责，并辅助他们先后登上了帝王之位。唆鲁禾帖尼是一位景教徒，但她对宗教采取开放政策，大力资助佛教和道教，向穷苦的穆斯林提供救济，捐资建造清真寺。忽必烈出生于1215年，作为拖雷的儿子，仅算是皇室旁支的一员。拖雷死后，唆鲁禾帖尼请求窝阔台给她一块土地，窝阔台满足了她的要求，将真定（今河北正定）封赐给唆鲁禾帖尼，这使她成为汉族农民的领主。在与汉人长期共同生活的过程中，她认识到，采用农耕经济的方式比蒙古人的畜牧业经济更有利可图，她将这一思想也传给了儿子忽必烈。忽必烈得到的封地也在河北，为邢州（今河北邢台）。他招募了许多其他民族的人为他管理封地，用畏兀儿人、突厥人担任军事顾问，景教徒担任高级秘书，穆斯林处理经济事务。

窝阔台的儿子贵由去世后，唆鲁禾帖尼联合拔都，召开忽里台大会，选举自己的儿子蒙哥为蒙古大汗。继承汗位后，蒙哥派他的三弟旭烈兀进攻西亚的伊斯兰国家，自己带领二弟忽必烈进攻南宋。在战争中蒙哥发现，如果由北往南直接对南宋进攻，很难取得胜利，于是计划由西往东进行迂回进攻，但实行这个计划有一个障碍，那就是大理国。为了达到包抄宋朝的目的，蒙哥派忽必烈率领一支军队前去进攻大理国。

大理国被怒江、澜沧江、金沙江三条大江环绕，地势险要，易守难攻。当时的大理国王为段兴智，他拒绝向蒙古人投降，还杀掉了三个蒙古使者。于是蒙古人兵分三路向大理国发动了战争，大将兀良哈台从西、忽必烈从北、其他几位亲王从东发起进攻，1253年11月，忽必烈到达金沙江岸边，他率领军队在夜幕掩护下乘羊皮筏渡过金沙江，迅速击溃了大理军队。

忽必烈对大理国的征服，意义非常重大，此地既可以作为对南宋发动进攻的基地，同时又是一条与缅甸、印度进行贸易的通道，这一战使忽必烈赢得了蒙古人的尊重。1260年5月，忽必烈被推选为大汗，早在成吉思汗的统治时，蒙古贵族就大量雇用外国人做书记官、译员、家庭教师、顾问、商人和军人，这一政策也被忽必烈继承了下来，并对后世产生了深远的影响。元朝的政府机构建置相对比较完善，中央设置中书省，负责贯彻执行政府政策，御史台负责监察官员，另外还有内务府、将作院等；地方设置若干个省，每个省又由中书省的一个派出机构负责监管；各省再设宣慰司，宣慰司下设路。忽必烈时代，全国分为十二个地区，每一个地区都驻有一个宗王，即皇室成员，统率一支军队，治理、保护这一地区。在该地区最大的城市中又设立“省”作为行政机关，日常的行政工作由“省”的首脑——“平章”来处理，当时的云南被称为“哈剌章”，驻地宗王为梁王。

忽必烈优待穆斯林，给予他们很多特权，比如免除常规税赋、授予政府官职。这使很多有影响力的穆斯林乐于效力于元朝，其中最著名的就是赛典赤·赡思丁。他深受忽必烈的重用，而他也不负帝望，在任陕西五路西蜀四川行中书省平章政事期间功勋卓著。“莅官三年，增户九千五百六十五、军一万二千二百五十五、钞六千二百二十五锭、屯田粮九万七千二十一石，撙节和买钞三百三十一锭。”[①] 在奉旨围攻襄阳期间，赛典赤·赡思丁率兵水陆并进，俘宋将二人，断宋军浮桥，缴获战舰二十八艘。至元十一年（1274 年），忽必烈对赛典赤说：“云南朕尝亲临，比因委任失宜，使远人不安，欲选谨厚者抚治之，无如卿者。”[②] 赛典赤当即受命，退朝后他便去访求熟知云南地理的人，绘出云南的山川、城郭、驿舍、军屯营地及远近险要的地图，呈进朝廷，世祖大喜，立即拜赛典赤为平章政事，负责云南政务。

当时镇守云南的梁王为宗室亲王脱忽鲁。赛典赤到任后，便有臣下向梁王进谗言，说他的权力会被剥夺，梁王于是整军严阵以防。

---

① （明）宋濂等撰：《元史》，中华书局 1976 年版，第 3063～3064 页。

② （明）宋濂等撰：《元史》，中华书局 1976 年版，第 3064 页。

赛典赤闻知，立即派遣其子纳速剌丁到王府去说明："天子有鉴于云南的守臣不得其人，致使诸族背叛，故命臣来安抚。今来到云南，不敢专断独行，请王派一人来共同商议大计。"梁王闻言，立即斥骂下人："吾几乎为你们所误！"第二天，梁王派亲臣撒满、位哈乃等去赛典赤的官府，赛典赤设宴款待。宴罢，将皇上所赐金宝、饮具等都送与此二人，二人大喜过望。第二天辞谢，赛典赤道："二君虽是宗王亲臣，但未有名爵，不能商议国事。我本想授二位为行省断事官，但因未见到梁王，不敢擅自授职。"于是先令一人还府，禀告梁王，梁王大喜，他解了心中的不快与误会，而且对赛典赤信任有加，"由是政令一听赛典赤所为"①。

理顺了上层关系，赛典赤放开手脚对地方政事进行改革，对民风进行宣教，他为云南的归化作出了巨大的贡献。至元十二年（1275 年），他建议云南地方的万户、千户改为州县长官，对云南的行政机构进行了改组。当时云南风俗是男女自相配偶，父母死则实行火葬，也不祭奠。赛典赤移风易俗，教他们行跪拜礼，婚姻由媒人从中介绍结合，死者用棺木安葬，进行祭奠。赛典赤还教民种植，挖塘建池以防水旱灾害，他领导建设的松花坝和金汁河、银汁河等水利工程，现在还在发挥着灌溉作用。云南人子弟不知读书，他就建立孔庙和明伦堂，购置经史书籍，授予学田，从此文风稍兴。云南山路险远，盗贼出没，旅客通行不便。赛典赤在一些适当地方建立城镇，每镇以土人酋长一人为吏、一人为百夫长，负责治安，如果行人遭到抢劫，就问二人之罪，从此社会治安得到了根本的好转。

在民族关系上，他采取包容政策，化解了很多矛盾。有少数土著官吏抱怨赛典赤的行为，向朝廷诬告他专断独行。朝廷知是诬告，将他们押回云南交给赛典赤处置，赛典赤不但把他们释放了，还仍旧委任他们为官，这种宽宏大量的行为感动了土官，他们叩头拜谢

---

① （明）宋濂等撰：《元史》，中华书局 1976 年版，第 3064 页。

道："我们诬告，本有死罪，今平章不杀，还让我们为官，我等当誓死报效。"

在对待附庸国关系上，他以理服人，尽量少用兵戈，比如交趾叛服无常，朝廷多次派兵征讨，都不理想。赛典赤派人去交趾讲明"叛必招祸，服必有福"的道理，并约定结为兄弟。交趾国王大喜，亲至云南，赛典赤也到郊外迎接，以贵宾之礼相待。国王请求永为大元朝的藩臣。再如萝槃甸反叛，赛典赤领兵讨伐时面有忧色，随行者问他何故，他说："我并非为出征而忧，忧的是你们可能在战争中牺牲，忧的是你们会掳掠平民，使他们不得聊生，必将重新反叛，则又要兴兵征讨。"元军围困萝槃甸城三日，守军不降，诸将要求攻打，赛典赤不准，遣使去劝降。萝槃甸酋长答应归降，但过了三天仍无行动。诸将再次请求进攻，赛典赤还是不准。有将士不听，发起进攻，赛典赤大怒，立即鸣锣收兵，召进攻将士斥责道："天子命我安抚云南，未曾命我杀戮。没有主将命令而擅自攻城，当按军法处死。"命左右推出斩首，诸将忙叩头请求，待城攻下之日再加惩治。萝槃甸酋长闻此事，不禁叹息道："平章如此宽大仁义，我若拒不投诚是不应该的。"于是举国出降。原来不听命而擅自进攻的将士，也释放不杀。从此以后，西南诸夷相继归顺。各族酋长每次来拜见，照例有所贡献，赛典赤将贡品都分给随从官员或贫民，自己丝毫不取，另外再设宴慰劳各酋长，以上好的衣服鞋袜更换酋长们的蓑衣草鞋，酋长们无不心悦诚服。在赛典赤的治理下，边疆地区平安稳定。①

赛典赤在云南主政六年，于至元十六年（1279 年）去世，葬于鄯阐（昆明）北门，墓地位于现在的昆明北郊松花坝马家庵村。当年送葬时，百姓为之痛哭，交趾国王遣使十二人身着丧服前来吊唁，其祭文中写道："至元甲戌，赛公忽至，口传天语，慈仁之至。天疆

---

① 参见《郑和家世资料》，人民交通出版社 1985 年版，第 30 页。

以南，日月光霁，生我育我，慈父慈母。秋毫不侵，朝野富有。”[①]吊唁使者哭声震野，交趾王送上的这篇祭文情真意切，实在令人动容。太祖思念赛典赤的功劳，诏令云南省的大臣，完全遵行赛典赤的成规，不得任意改变。大德元年（1297年），追赠赛典赤为咸阳王，谥“忠惠”。行省奉旨为他建造与爵位相对应的陵墓，因为穆斯林不喜欢非穆斯林进入他们的墓地，所以当时云南行省的右丞相忽辛（赛典赤三子），就在今昆明五里多地区专门建造了规模宏伟的衣冠冢和陵园，命名为“咸阳王赛典赤·赡思丁墓”供人凭吊。[②]如今墓园还保存完好，它位于昆明航空路头上一所小学的大门旁边，面积比一个篮球场稍大，周围是一圈回廊，在廊柱上刻满了各种纪念词句，场地中间是石材筑起的一座高台，旁有十级台阶，高台之上就是赛典赤的陵墓，陵墓呈长方形，高两米多，顶为青石雕成的石瓦，墓体四面镶碑石，整个陵墓显得肃穆整洁。

赛典赤·赡思丁死后，云南省的官员对诸夷的抚绥策略执行不力，不少民族又开始动乱，元世祖很忧虑。于是左右近臣推荐纳速剌丁前往云南，纳速剌丁为赛典赤·赡思丁之长子，郑和三十二世祖。他于至元十六年（1279年）调任大理，任元军统帅，率军至金齿、蒲、骠、曲蜡、缅国，招安夷寨三百余座，在当地规定租赋、设置邮传、建立卫兵，回朝时带回了驯象十二头进贡。第二年，皇帝授纳速剌丁为资德大夫、云南行中书省左丞，不久升任为右丞。至元二十一年（1284年），晋升纳速剌丁为荣禄大夫、平章政事；至元二十八年（1291年），拜陕西行省平章政事。纳速剌丁于至元二十九年（1292年）病逝，朝廷追赠他为推诚佐理协德功臣、太师、开府仪同三司、上柱国、中书左丞相，封延安王。

关于赛典赤·赡思丁及纳速剌丁父子，《史集》专辟有一节来进

① 《郑和家世资料》，人民交通出版社1985年版，第29页。

② 参见纳为信：《云咸阳王赛典赤·赡思丁世家》，今日中国出版社1992年版，第153页。

行评价：

> 当忽必烈合罕奉蒙哥合罕之命前往宋朝之地，而他的军队正处于饥饿和无衣之时，赛典赤来到了，并且履行职礼仪。忽必烈合罕同意保举他在蒙哥合罕处任职，而且也就这样做了。蒙哥合罕慰抚了他，大为奖赏了他。及至轮到忽必烈做皇帝时，也奖赏了他，并赐他以丞相之职，其子纳速剌丁则被派去继承他担任哈剌章地区（云南）的长官。他任丞相之职长达二十五年。他一次也没有受到过检举，也没有遭到过任何不幸。他去世时，被号称为阿札勒（即极荣耀者）。①

纳速剌丁有子十二人，最著名者为伯颜，封淮王。忽必烈的孙子铁穆耳继位后，授予伯颜平章之职，他在铁穆耳时为众平章之首，是一位极有成就的人，并继承了“赛典赤”这一尊号。伯颜为郑和三十三世祖，其子米的纳，便是郑和之祖父，被封为滇宁侯，米的纳之子米里金，为郑和的父亲。

---

① ［波斯］拉施特主编：《史集》第二卷，余大钧、周建奇译，商务印书馆 1983 年版，第 351 页。

第二章　滇阳侯府的“桑宝儿”

《明史》记载郑和为云南人，关于他个人的情况，再无其他信息，具体出生于云南何处？是何种家世？他的生长环境如何？长久以来都是一个个迷团，直到19世纪末云南学者袁嘉谷先生寻访到郑和父亲的墓地，才确认了他的故乡为滇池之南的昆阳，而后袁嘉谷的高足李士厚先生从民间征集到数种郑和家族的家谱，进行深入的研究，最终揭开了郑和身世之谜。

昆阳寻根

云南地处边陲，给人一种遥不可及之感，其实并不尽然，此地亦有古文明之发展。云南简称为“滇”，这也是古代对它的称呼。这个称呼来源于滇池，滇池位于昆明市西南60公里处，海拔1886米，是金沙江的源头。滇池为我国第六大淡水湖，湖面有近3000平方公里之广，古滇国的故址就在以滇池为中心的这片土地上。

20世纪50年代在滇池边的石寨山出土了大量青铜器，其中贮贝器顶盖的装饰，展示出鲜活的古滇国生产、生活、社会活动的场面。比如，表现当时人们生产情形的，有纺织场面贮贝器盖；表现社会活动情形的，有战争场面贮贝器盖、杀人祭祀场面贮贝器盖等。[①] 另外还发掘出大量武器、铜鼓、扣饰、房屋模型等青铜器，这些青铜器制作工艺精湛、形象自然生动。滇国虽然没有文字，但他们用青

① 参见云南省博物馆编：《滇国寻踪》，云南民族出版社2008年版，第35～41页。

铜器把当时的社会生活清晰地重现在人们的面前。这些青铜铸造的史诗，穿越时空，向我们描述着一个曾经拥有灿烂文化的古滇国。

关于滇国最早的文字记录存在于《史记·西南夷列传》中：

西南夷君长以什数，夜郎最大；其西靡莫之属以什数，滇最大；自滇以北君长以什数，邛都最大；此皆魋结，耕田，有邑聚。其外西自同师以东，北至楪榆，名为巂、昆明，皆编发，随畜迁徙，毋常处，毋君长，地方可数千里。①

始楚威王时，使将军庄蹻将兵循江上，略巴、黔中以西。庄蹻者，故楚庄王苗裔也。蹻至滇池，方三百里，旁平地，肥饶数千里，以兵威定属楚。欲归报，会秦击夺楚巴、黔中郡，道塞不通，因还，以其众王滇，变服，从其俗，以长之。②

云南虽偏处一隅，但其位置却颇为神奇，对中原来说，它是偷袭西北匈奴的孔道，对北方蒙古人来说，它又是包抄南宋的必经之路。这话要从公元前122年说起，那时从西域载誉归来的张骞为汉武帝带来一条重要的情报：在大汉帝国的南面，有一条不为人知的古老通道，可以经过身毒（今印度）直插匈奴人的身后。这一具有重大战略价值的信息，立即激起了汉武帝的兴趣，他派出使者，冀望打通西南夷的交通，以求对匈奴的战略包围，虽然这一目标没有实现，但却意外促成西南夷与中原文化的第一次邂逅，被委派的使者中，司马相如赫然在列。至于蒙元对南宋的进攻，假道云南，前文已有交代。

郑和祖先赛典赤·赡思丁遵照忽必烈的指派前往云南做官，之

---

① （汉）司马迁撰：《史记》，中华书局1959年版，第2991页。

② （汉）司马迁撰：《史记》，中华书局1959年版，第2993页。

后便在云南开枝散叶，后代遍布昆明、玉溪、大理等地，成为当地的名门望族。《明史》对郑和的个人情况，仅有三十字的记录："郑和，云南人，世谓三保太监也；初事燕王于藩邸，从起兵有功，累擢太监。"[①]《明史》对这样一个功高至伟航海家的记述，可谓简单至极，而对于刘瑾之流的恶宦，其传记却动辄数千上万字，不得不让人怀疑作者对太监怀有深深的偏见，以致对坏者重笔渲染，对良者一笔带过。由于社会上对太监的愤懑，云南地方志对郑和也绝口不谈，所以郑和的身世长期无人知其详情，其功绩数百年来淹没在历史的尘埃中，直到清末，郑和的伟大功绩才逐渐为人所重视，其身世被发掘出来殊为不易。

郑和的故乡被考证为昆阳，这还要从袁嘉谷先生说起，近代发郑和研究之滥觞的便有袁嘉谷。袁嘉谷，1872 年生于云南石屏县，三十一岁考取进士，进入翰林院，授职编修。光绪二十九年（1904 年）清政府开考"经济（经世济民）特科"，袁嘉谷考中状元，成为云南历史上唯一一名状元。袁嘉谷在 1894 年得知昆阳县和代村发现了郑和父亲的墓碑，于 1911 年前往查访，并得到拓片。其内容为：

> 公字哈只，姓马氏，世为云南昆阳州人。祖拜颜，妣马氏，父哈只，母温氏。公生而魁岸奇伟，风裁凛凛可畏，不肯枉己附人，人有过，辄面斥无隐。性尤好善，遇贫困及鳏寡无依者，恒护赒给，未尝有倦容，以故乡党靡不称公为长者。娶温氏，有妇德。子男二人，长文铭，次和；女四人。和自幼有材志，事今天子，赐姓郑，为内官太监。公勤明敏，谦恭谨密，不避劳勤，缙绅咸称誉焉。呜呼，观其子而公之积累于平日与义方之训可见矣。公生甲申年十二月初九日，卒于洪武壬戌七月初三日，享年三十九岁。

① （清）张廷玉等撰：《明史》，中华书局 1974 年版，第 7766 页。

长子文铭，奉柩安厝于宝山乡和代村之原，礼也。铭曰身处乎边陲，而服礼义之习；分安乎民庶，而存惠泽之施；宜其余庆深长，而有子光显于当时也。[①]

此碑是郑和在永乐三年（1405年）下西洋之前委托资善大夫礼部尚书兼左春坊大学士李至刚为父亲撰写的墓志铭稿，然后寄回昆阳老家，让哥哥马文铭安排雕刻的。

袁嘉谷先生对此碑深入研究后，又专门写了一篇碑跋，对发现墓碑的经过及内容进行解说，大致内容为：苏晓荃先生告诉我，在昆阳和代村发现郑和父亲的墓碑。于是我前往探寻，从一位叫宋藩的人处，得到了碑文的拓本。这个碑初建时高七尺七寸，宽四尺一寸，共有十四行，每行二十八个字。由礼部尚书兼左春坊大学士李至刚撰写，碑中内容写明郑和本来姓马，父亲的名字为马哈只，母亲温氏，兄长名马文铭，下有四个妹妹。郑姓为皇帝所赐，碑文中还写道，郑和的祖父也叫马哈只，父亲与祖父同名是怎么回事呢？其实这并不奇怪，因为他们家是昆阳的回民大族，回民有一个习俗，人生最重要的事，是在有生之年去阿拉伯的麦加朝觐，而只要去过麦加朝觐的人就会被尊称为哈只。从碑文中可知，郑和的父亲和祖父都去过麦加朝觐，因而人们称他们都为马哈只。郑和十二岁就离开家乡，可能已忘记父亲与祖父的名字，所以委托李至刚写墓志铭时，也只提供这样的名字。[②]

袁嘉谷就是通过这通碑，考证出郑和的故乡在昆阳。1921年，袁嘉谷出任云南省立图书馆馆长，晚年结庐翠湖，名“树园”。隐居在此期间，他多方搜集、整理云南地方文献，进行著书、研究，其间他建议当局政府对马哈只墓碑进行保护，1935年，昆阳县知事杨立声组织建设了碑亭，但由于碑亭过于简陋，不到十年便毁坏了，

---

① 郑鹤声、郑一钧编：《郑和下西洋资料汇编》，海洋出版社2005年版，第4页。

② 参见郑鹤声、郑一钧编：《郑和下西洋资料汇编》，海洋出版社2005年版，第5页。

1944年，昆阳县政府在原址重建碑亭。

郑父墓地

昆阳县自汉代开始设县，称为昆泽，隶属益州郡；南北朝时称为昆州；大理国时称为巨桥城；元代设昆阳州，明清沿用，隶属于云南府；新中国成立后，昆阳与相邻的晋宁合并为晋宁县，昆阳为县治所在。如今，昆阳成了昆明下属晋宁区的一个街道的名字。

昆明是著名的春城，一年四季气候宜人，从昆明驱车，沿着滇池一路往南，滇池的湖面波光粼粼，湖边水草丛生，一幅生机勃勃的景象。湖面上红嘴鸥起起落落，惹人喜爱，据说每天早上它们成群结队地飞到城里的翠湖，向游人讨食，晚上再飞回滇池栖息。车行一个多小时，便到了昆阳，昆阳的街道不甚宽，是个热闹的小镇。镇中有一座小山，此山便是月山，郑和父亲的墓就在山上，此处现在已修建成郑和公园。

进了公园大门，拾阶而上，山道两边植满苍松翠柏，建在山顶上的三保楼颇为壮观，楼内为郑和纪念馆，陈列着各种有关郑和事迹的图片及说明，人在室外的走廊可观望四周的美景。

云南人彭嘉霖写的《重建马哈只碑亭记》对月山周围环境的描写非常精当：

> 抑碑在月山巅，实踞海山胜域，盖白鹤山脉抵铁炉关，分为东西二支，回抱平原，北尽昆湖，而月山适居其中。陟巅以望，渠川若带，昆湖若镜，公路萦绕于南，奇岫屏崎于东，而凤仪青龙之烟霞，移步换形，朝夕掩霭，且百变而末始之极也。①

① 郑鹤声、郑一钧编：《郑和下西洋资料汇编》，海洋出版社2005年版，第6页。

在楼顶极目四望，月山下楼房林立，远处五百里滇池烟波浩渺，湖边是平整的农田，更远处有一圈山脉环绕。对于以山区为主的云南来说，这一片土地绝对是风水宝地，简直与江南的鱼米之乡无异。此处自古以来就是一个风景名胜处，地势居高，风景优美：

> 昆阳白鹤山脉，北走至铁炉关，分东西两支，回抱平原，月山居平原之中，县城蜿蜒于东麓，马郑茔兆即萦回于西岫。马哈只墓邻近峰巅，陟滇遥望，渠川若带，昆湖若镜，公路萦绕于南，列岫平峙于东，而面临陇亩，左右逢源，沟塍纵横，青黄弥接，培塿村落，点缀其间……月山西麓，由阡陌西南行，为小团山……又南行为吕字山，山外略见村落。吕字山、小团山、与凤仪山外之团山，拱卫月山，昔称三星傍月，为一邑名胜。①

由此可见，月山的地理位置在当地是很高贵的，郑和之父的墓地能建在此处，体现了其家族在当地的地位，也是他们家身为侯爵的佐证（后文细论）。马哈只墓处在月山西坡林荫深处，墓地平面呈长方形，墓前竖有三块石碑，中间一块高 1.6 米、宽 0.93 米、厚 0.15 米，墓碑上刻有“故马公墓志铭”六字，这就是郑和第一次下西洋前夕立下的墓碑，此碑在永乐三年（1405 年）制成后，一直立于马哈只墓前。清朝后期，居住在昆阳的郑和后裔参加云南回民起义，失败后逃匿于玉溪县石狗头村。因怕墓碑立在明处被清政府发现，破坏祖先坟茔，遂将其埋于墓前地下，此后多年便被遗忘了。直到清朝末年，有回民在月山西坡筑坟时，发现此碑，才又重见天日，之后被袁嘉谷著文宣传出去，引起了世人的重视。

现在我们所看到的马哈只墓是解放后当地政府多次修缮的结果，

---

① 郑鹤声、郑一钧编：《郑和下西洋资料汇编》，海洋出版社 2005 年版，第 11 页。

墓身保持回民习俗的长方形，墓碑加上了顶冠，碑两侧立起了石柱，在墓地后方修建了半拱形的围屏，整个墓园更显壮观。

家谱流源

对马哈只墓碑的发掘，明确了郑和的出身，后人又通过对其家谱研究，得知了郑和的家世流传。前文我们说过，袁嘉谷先生首先展开了对郑和身世的研究，他曾在云南东陆大学（今云南大学前身）任教，教授出一批有才华的弟子，李士厚为其中优秀者，继承了袁先生的衣钵，将郑和身世的研究推向深入。

继发现《马哈只墓志铭》后，1936 年李鸿祥将军（革命军）得到了居住在玉溪的郑和后裔所藏的《郑和家谱》抄本，交袁嘉谷，袁又转交给李士厚研究，通过这本家谱搞清楚了郑和本人及其后代的情况。1983 年，李士厚先生又通过郑和在南京的后裔找到了《郑氏家谱首序》，这篇文献本来存在于南京郑氏的《咸阳世家宗谱》中，该宗谱于 20 世纪 60 年代被北京民族文化宫征集去，李士厚先生从北京文化宫找回了这篇《郑氏家谱首序》，这是一份极重要的文献，其内容如下：

> 吾郑氏自宋以上，吾不得而知。宋神宗熙宁三年，由西域天方国普化力国王，因被邻国侵略〔之〕，不忍以土地之故而害人，舍国适宋。人曰仁人也，不可失也。从之者五千余人，驼马五千余，请臣于宋。神宗喜其有爱民之心，兼有归诚之义，授公为本部正使总管民。所非尔〔边〕战事载在《宋史》，班班可考。始封宁彝侯。元丰三年，西方削平，国臣领万余骑至西京，请公复辟。宋方倚为柱石，敕普化力国更立贤君，坚留我公，不遣归国，加封宁彝庆国公。公遂家焉，卒赠朝奉王。公长子赛伏丁封〔照〕（昭）庆王。次子撒严袭宁彝侯，升莒国公，后袭……（王

爵。撒）严长子苏祖沙袭宁彝侯，功封〔照〕（昭）庆王爵。苏祖沙生长子坎马丁，袭王爵，为……。坎马丁长子马哈木袭王爵。及天移宋祚，马哈〔丁〕（木）欲尽节义。左右劝公，尽节义不如立功名，管仲不死召忽也，孔子仁之。

迨元定鼎，马哈木思立功名，以赎不死宋之罪也。元授公平章政事，数建奇功，总督天下军务。鼎革之际，深仁厚泽，天下多颂公德焉。马哈木长子赛典（赤）〔瞻〕（赡）思丁，帝特命驻镇咸阳，为都〔昭〕（招）讨大元帅，授上柱国左丞相，封咸阳王，仍管平章政事。……（帝命）宣张史馆，图绘麒麟阁，赐玉赐剑赐带，嘉公功焉。赛典（赤）〔瞻〕（赡）思丁生长（子）纳……（速剌丁，袭咸阳）王，驻抚滇南。生三子忽辛，授江东道宣慰……（使）云南平章政事。……（纳速剌丁）生伯颜，封淮安王。王伯颜生察儿米的纳，封滇阳侯。米的纳生马三宝，袭封滇阳侯。

至明定鼎，太祖稽考前朝功臣，见咸阳王丰功骏烈，垂光史册……追加咸阳王忠惠二字之谥，诏建庙，于春秋祭祀，永垂不朽。诏其后裔世（袭）侯爵。维时马三宝承袭，即擢为兵部尚书，太祖颇倚重之。后（有）功于郑州，因赐姓郑，改名为和。后事成祖，努力王事。[①]

《郑氏家谱首序》的发现，对确定郑和生于昆阳至关重要，其中写明：“赛典赤·赡思丁生长子纳速剌丁，驻抚滇南……生伯颜，封淮安王。王伯颜生察儿米的纳，封滇阳侯。”此世系在《元史》中都有记载，正确无疑。这米的纳就是郑和的祖父，他们家迁至昆阳也

① 《郑和家世资料》，人民交通出版社1985年版，第6～7页。

由此开始。古代封爵位，按世次越封越小的规律，伯颜（即马哈只墓志铭中的拜颜）为淮王，其子米的纳降而封侯，食邑百里，滇池在历史上也被称为昆海，昆海之南就是昆之阳，此地便名昆阳，也可称为滇阳。所以说，米的纳的封地在昆阳，爵位为滇阳侯，顺理成章，《马氏家乘》在记录米的纳之子米里金时，专门注明“授云南行省参知政事，袭封滇阳侯，即在昆阳住家”[①]。

此文为太平天国之后凭追忆补写的，比较简略，向上追叙到赛典赤·赡思丁的五世祖所非尔为止，向下叙述到郑和祖父米的纳这一代，虽然遗漏了郑和的父亲米里金，但足以将郑和祖先从普力化（布哈拉）移民来中国的历史说清楚了，郑和为赛典赤·赡思丁后裔无疑。由于其后代讳言郑和的太监身份，对其授官原因避而不谈，另外其被赐“郑”姓由来说的不确，我们后文再说，但其出身源流不错。同年即1983年的冬天，李士厚得到了赛典赤·赡思丁后人赠送的《赛典赤家谱》，此家谱将其家族史上溯至回教创始人穆罕默德，家谱自序中写道：

> 我赛氏之祖始自咸阳王忠惠公。公籍西域，白帝真君之后，为元太祖从龙硕辅。至元十一年奉命抚滇，大德元年薨。其时，三子二世祖雍国公忽辛从之，嫡长子延安王纳速剌丁继治，遂家于云南。[②]

在《赛氏族谱凡例》中，对先祖源流的阶段明确划分为：“总谱内分为三谱，西宗则以白帝真君为始祖，入中国则以朝奉王为始祖，入滇则以咸阳王为始祖。”[③] 针对郑和而言，其西宗始祖即圣人穆罕默德；入中国始祖即二十六世祖纳只闷的你所非尔；入滇始祖为三

---

① 《郑和家世资料》，人民交通出版社1985年版，第84页。
② 《郑和家世资料》，人民交通出版社1985年版，第8页。
③ 《郑和家世资料》，人民交通出版社1985年版，第11页。

十一世祖赛典赤·赡思丁。李士厚对在各地陆续发现的《郑和家谱》《郑氏家谱首序》《咸阳王赛典赤家谱》《赛氏总族谱》进行深入研究，使世人对郑和的了解更加清楚。有关郑和为赛典赤·赡思丁之后人的信息，还有若干证据。

其一，《赛氏总族谱》记载：“咸阳后裔，若纳则居河西馆驿；若忽则居河阳、昆明；若马则居永昌、蒙化；若郑则居江宁；若苏、若撒，皆忠惠之后。”[①] 其中郑姓居江宁（南京）之语，说的就是郑和的后代，也明确表明郑和为穆罕默德之后。

其二，在郑和家所处的月山祖茔里，还发现郑和第十二世孙马督捕妇的墓碑，其中记载郑和为咸阳王六世孙。此事于彭嘉霖《马哈只郑和族系里居考》中有记载：“和为咸阳王六世孙，见于其十二世孙妇墓碑，金石左证，綦可信从。……马督捕妇碑，记为和十二世，则和裔在昆之著于清也。然犹断自乾隆，未及中叶以往。窃尝质之回中耆老，咸谓同治末杨振鹏之败，郑氏始离昆四徙，有移居域外者，玉溪郑族，其一部耳。”[②]

此处所说的马督捕妇碑，就是在郑家月山祖茔发现的，云南历史学家方国瑜教授在《马哈只碑》一文中有详细描述。他写道：“又公元1931年，在昆阳月山掘土，得一《郑姓墓碑》，为郑和之裔。1964年，李德和往访之，为瑜言此碑高四尺二寸，广一尺六寸，当中刻‘皇清敕授孺人登仕郎昆阳州督捕厅郑刘太君之墓’，右刻‘雍正甲辰年三月十七日始’，左刻‘乾隆乙亥年九月初四日终’。碑阴大书‘圣裔’二字，下二行曰‘元咸阳王第十八世孙，明三保太监第十二世孙’。此可知郑氏家乘载郑和为赛典赤·赡思丁裔。此碑在月山，当是郑氏墓地，在《马哈只碑》附近。”[③]

其三，明朝留有一本书，名《致身录》，作者为吴江人史仲彬

① 《郑和家世资料》，人民交通出版社1985年版，第11页。
② 郑鹤声、郑一钧编：《郑和下西洋资料汇编》，海洋出版社2005年版，第7～8页。
③ 方国瑜主编：《云南史料丛刊》第7卷，云南大学出版社2001年版，第233～234页。

(1366～1427)，为郑和同时代人，任翰林院侍读学士、渊阁侍书。该书以作者亲身经历叙述建文帝在南京被朱棣军攻破后，流亡江湖之事，他本人亦追随建文帝数十年，文中记载甚是详细：

> 大内火起，帝从鬼门遁去，从者二十二人，时六月十三日未时也。
>
> ……少监王钺跪进曰："昔高帝升遐时，有箧遗，曰：'临大难当发'，谨收藏奉先朱书箧内，应文（建文帝）从鬼门出，余从水关御沟而行，薄暮会于神乐观之西房。"①

从此之后建文帝就浪迹江湖，曾经三次还住在史仲彬家里，其中一次刚到就匆忙要离开，因为担心有人告发，书中写道："时朝廷侦，师密而严，有胡濙（《西村日记》载，太宗朝濙受密诏，遍行天下）、郑和（《咸阳家乘》载，和为咸阳王裔，夷种也；永乐中，受诏行游西洋）。"此书争议很大，有认为真，亦有认为假，本书不论此事，但书中涉及的众多人物，都给予了简介，这都是正确的，而其中涉及郑和之处，也给出了注解，称郑和为咸阳王后裔，这是同时代人的说明，当有权威性。

其四，在《赛典赤家谱》马注所写的序中，对全国各地生活的支系进行了一一说明，其中"有居于昆明、陆凉、呈贡、嵩明者，是为忽辛公之后。有居于直隶、松江者、济南、利州者，是为伯颜察儿之后。有居于建昌者，是为月鲁帖儿之后。有居于南直隶而锦衣者，是为马哈只之后。有居于大理、蒙化、永昌、腾越者，是为三十二世马速忽公之后"②。此处说得更明白，居于南直隶而锦衣者，为马哈只之后。南直隶即南京及周边地区，朱棣迁都北京后，便以

---

① （明）史仲彬撰：《致身录》，（明）钱士升辑：《逊国逸书四种》，《四库全书存目丛书·史部》第55册，齐鲁书社1996年影印本，第204页。

② 《郑和家世资料》，人民交通出版社1985年版，第46页。

北京周边的地区为直隶，而南京周边地区则称为南直隶，郑和及其后代正是马哈只之后。

马注为赛氏后裔，曾任南明永历帝的中书、锦衣侍御，是著名的伊斯兰教学者。马注文中所写的马哈只，便是郑和之父，说明他是知道郑和为其父所刻写的碑文的。这里有一个非常值得注意的地方，即马注称米里金为马哈只。从家谱上看，这个家族的姓名都是用西域语言，唯从郑和时改用汉名，他为父亲撰写的墓志铭，没用其西域名，而是使用马姓。

其五，《南滇赛氏族谱》记载：“公（赛典赤·赡思丁）之后七世祖，始有定姓。嫡长子延安王纳速剌丁生淮（安）王伯颜，颜生滇宁（阳）侯米的纳，纳生滇阳侯米里金，金生密里钦。元灭停封。”[①] 此条细说郑和之父与赛典赤·赡思丁之传承。

其六，2014 年，在南京花神庙一村民家中发现一块“咸阳世家”墓志碑，此墓的主人为郑和后代郑锡萱的夫人陈德星，光绪十年（1884 年）下葬，墓志铭内容追述了郑氏的祖先赛典赤·赡思丁，在元朝被封为咸阳王，八世祖郑和在明朝九（应为七）下西洋，曾任司礼监（应为内官监）太监、南京守备等职，殁后葬于牛首山。此碑也证明了郑和与赛典赤·赡思丁的传承关系。

上述种种证据，可以确定郑和的家世传承于赛典赤·赡思丁无疑，而赛典赤·赡思丁为阿拉伯先知穆罕默德的后裔。从对众多族谱的研究中，发现始终没有提郑和或是马和的名字，但其后代的住地却明确地写出。可以看出，编写家谱的人承认郑和后代为其族人，却有意回避郑和的名字。郑和自己家的家谱也是宁可虚拟一个职名而不肯说明郑和的太监身份：“维时马三宝承袭，即擢为兵部尚书，太祖颇倚重之。后有功于郑州，因赐姓郑，改名为和。”[②]

这些现象的存在，是因为郑和净身为太监，当时的士大夫打心

---

① 《郑和家世资料》，人民交通出版社 1985 年版，第 13 页。
② 《郑和家世资料》，人民交通出版社 1985 年版，第 7 页。

眼里瞧不起这种出身，故主动选择无视郑和的伟大功业。李约瑟说："中国历史大都是宦官的对头们写的，结果很多替国家工作得很好的宦官都完全没有被载入史册。"① 而郑和的后人，也对此讳言，实在让人唏嘘不已。

改姓马氏

郑和元代之前的祖先，都以外语为名，并且回回人本无姓氏。其附元之祖赛典赤·赡思丁，"赛典赤"既非姓也非名，而是"贵族"的意思，为一种尊称，因为他是圣人穆罕默德的后代，当他投奔元太祖成吉思汗后，成吉思汗就以此来称呼他，而不是叫他的名字。赛典赤·赡思丁共有五子十九孙，这五子为纳速剌丁、哈三、忽辛、苦剌丁、马速忽。他们各以自己的名字为氏，所以其直系后代的姓氏包括纳、哈、忽、马、米、苏、沙、闪、撒等。

郑鹤声先生的观点认为，郑和为赛典赤·赡思丁第五子马速忽的后代，所以这一支姓马。但是从《赛氏总谱》上看，郑和是长子纳速剌丁的后代，其祖父、父亲外语名分别为米的纳、米里金。由于在明代，朱元璋采取了民族同化政策，禁止回族内部通婚和使用"胡语""胡姓"，回族迫于压力，隐去原来的名字，开始采用汉名。回民基本都是穆斯林，在取姓氏时，常选择与穆罕默德读音相关的姓。穆罕默德在明代，多译为马合麻、马哈麻达等，所以，回民中以马为姓的情况很普遍。而郑和的父祖在保留西域文的名字以外，以马为姓再取个汉语的名字也就很好理解了。

《南滇赛氏族谱》中记，米里金生密里钦，这个密里钦当为郑和的兄长马文铭之阿拉伯文的名字，想来郑和本人应该也有阿拉伯文的名字。明代元之后，明王朝势必对前朝官员进行管制与清除，所以郑和家隐藏了本名而改用汉名。因此，也有一种可能，当元朝灭

---

① ［英］李约瑟：《中国科学技术史》第1卷，袁翰青译，中华书局1982年版，第225页。

亡，没有汉名的密里钦，因为改朝换代，另取汉名叫马文铭，为适应风俗再将汉姓追赠已父，也未尝不可。而郑和被明军掳走时，可能还没有汉名，《明史》写道：“郑和，云南人，世所谓三保太监者也。”这名字是怎么回事呢？关于郑和“马三保”名字的来历，郑和第十九世孙郑自庆先生有比较合理的论述。

> 郑和家族改马姓的时间节点应该是在郑和被掳后，即明朝大将沐英主政云南时才可能推行各少数民族改汉姓的运动。因为在新掌管的蛮夷地区势必要及时贯彻朝廷实施的法律、法规，和明中央保持一致，郑和家族的长辈们（含郑和的三个叔叔）为遵循明政府所施的法律，顺应时势全族改汉姓为“马”姓。自此郑和哥哥易名为马文铭。这应该就是改为马姓理由和依据的时代的印记。①

关于三保这个名字的由来，郑自庆先生提出一个观点，郑和的阿拉伯名字可能叫“桑宝尔”，“桑宝尔”是阿拉伯语“八月份”的意思，郑和可能是八月份出生，父母按其民族风俗以出生月份为其命名。明军记下了音译，而成为其名字，后来当郑和与其兄长取得联系后，也取了“马”姓，而有了马三保这个名字。

在郑和请李至刚为其父撰写墓志铭时，对父名及祖父名都写作“马哈只”，后人解释为因郑和少小离家已经记不得父亲的姓名。我认为这是不确切的，因为郑和离家时已十一岁，不至于不记得自己父亲的姓名；就算是不记得了，他大可以把父亲及祖父的姓名空着，由兄长马文铭来填写。而实际上，其父去世的时间为下旬，郑和错记为上旬，马文铭在墓碑上进行了修改，故墓碑第九行第十三字处，在一格内写了两个字。忌日可以后改，姓名更加可以以后补了！足

---

① 郑自庆：《探索郑和“马”姓的由来》，江苏郑和研究会，2020 年 8 月 12 日，https：//www.zhjjh.com.cn/news/shownews.php? id=93。

见，郑和是有意隐晦了父亲及祖父的名字，谁会连自己父亲名字都不记得，仅在墓碑上写，某先生是某先生之子，难道就不怕乡邻耻笑？况且，郑和不记得父亲姓名的缺憾，完全是可以弥补的，他的兄长马文铭总会记得吧？当时从北京寄过来的是墓志铭的手书，到昆阳后再刻碑的，马文铭是可以修改的，但他也没有做，所以兄弟俩定然是商量过，或是有默契，故意为之。郑和在碑文中不提父祖之名，很可能是因为祖上自赛典赤·赡思丁至父亲米里金，五代人均任元朝高级官吏，而此时已是明朝，为了政治上的忌讳，所以不能标明父祖之名。另外也可能是由于作为一名太监，郑和也深以为耻，虽然自己为国家作出了极大贡献，业绩丝毫不逊于先祖，甚至更有过之，然而他以为自己的太监身份会玷辱祖先，所以有意不提父祖之名，也是有可能的。

郑和 1371 年出生在滇池之畔昆阳县，在那里他度过童年。他也是从这里走出，开启波澜壮阔的一生。郑和出生时，是朱元璋建立大明政权的第四年，但当时云南还处在元朝梁王的控制之下，未被明军攻克。

这里要专门说一下郑和的出生时间，1371 年这个时间由郑鹤生先生首先采用后广为流传，但并无确实的历史记录，实为郑先生推断。通常男孩被阉割为太监的年龄在十岁上下，郑和于 1382 年前后被掳至南京，阉割后送入宫中，如果这时他十岁，那么他也就是出生在 1371 年。所以，这个时间应该不是郑和的确切生年。

第三章　大明最终完成地理拼图

成吉思汗家族发源于蒙兀室韦，以铁骑横扫欧亚，元朝建国后依然以军事集团的面目存在，对中原的农业经济破坏巨大，导致其国祚不长久，“元之武力，自古所无，大地之上，由亚而欧，皆其兵力所到，至今为泰西所震惊。乃入中国不过数十年，遂为极散漫、极脆弱之废物。其故维何？所谓‘马上得之，马上治之’。不知礼法刑政为何事”①。在至正年间，便有义军起事，之后群雄骤起，最终朱元璋取而代之，建立了明朝，中原经济开始恢复，明朝成为中国历史上一个有作为的朝代，积累了大量财富，为大规模下西洋运动搭建了历史舞台。

群雄蜂起

蒙古人在短短一百年时间里，凭武力统治了几乎整个欧亚大陆，中国亦在其治下。然而忽必烈建立的元朝在短短不到一百年时间就分崩离析，究其原因，它在马上建国也在马上治国，没有合理的治理国家的制度。元朝以兵耀千古，但就兵制而言也仅有调军、遣军之法而无养军、练军之法，其他更别谈社会管理、刑罚、食货的制度了。由于社会管理的混乱，民不聊生，很快全国各地兵烽四起，天下大乱，主要力量有如下这些。

韩山童最早竖起义旗，他四处宣扬“天下当大乱，弥勒佛下

---

① （清）孟森：《明史讲义》，中华书局2009年版，第19页。

生”[①]。河南及江淮间的民众多信奉他，颍州人刘福通纠集民众宣称：“山童，宋徽宗八世孙，当主中国。”[②] 聚众杀白马黑牛起誓，以红巾为标志，于至正十一年（1351 年）从颍州起兵。后来韩山童被官府捕杀，至正十五年（1355 年）刘福通寻找到韩山童之子韩林儿，将他迎奉至亳州，建国号宋，称皇帝，又号称为“小明王”。自己为丞相，掌握实权。起义军兵事很盛，但由于韩林儿胸无大志，并且一切事情都听命于刘福通，红巾军的将领们在征战中各行其是，难以管束，致使红巾军打下的城市不久又被元军夺回，最后红巾军将领之间更发展到互相攻击，势力渐弱。

郭子兴为曹州人，其父娶了富人家的瞎女为妻，家境富裕。郭子兴从小就任侠仗义，长大后爱结交朋友，将养宾客。当元末政局混乱时，他散尽家财起兵造反，于至正十二年（1352 年），集结了数千人袭击濠州，此时朱元璋投靠了郭子兴。[③] 郭子兴为人枭悍善战，但缺少肚量，当事情紧急时就依靠朱元璋，视其为左右手，但事情过去了，又会听信谗言疏远朱元璋。

徐寿辉从蕲州起兵，自立为帝。徐寿辉是罗田人，本是贩卖布匹的商贩。袁州的和尚彭莹玉擅长妖术，以此惑众造反，他见到徐寿辉长相奇特，就奉他为王，至正十一年（1351 年）九月攻陷蕲水及黄州路，就以蕲水为都称帝，国号“天完”。[④] 他们先后攻下湖广地区、江西等郡县，声势大振。

陈友谅为沔阳的一个渔民，其祖父本姓谢，但因为入赘陈氏，后代就改姓了陈，年少时读过书，略通文墨，曾经做过县里的小吏。当徐寿辉起兵时，陈友谅追随其造了反，后来陈友谅的势力在战争中逐渐强大，就阴谋杀掉徐寿辉的部属，挟持了徐寿辉并自立为汉

---

① （清）张廷玉等撰：《明史》，中华书局 1974 年版，第 3682 页。

② （清）张廷玉等撰：《明史》，中华书局 1974 年版，第 3682 页。

③ 参见（清）张廷玉等撰：《明史》，中华书局 1974 年版，第 3679 页。

④ 参见（清）张廷玉等撰：《明史》，中华书局 1974 年版，第 3687 页。

王。当他攻下太平后，愈加骄横，最后杀掉了徐寿辉自称皇帝，国号为汉。[①] 在群雄争霸中，最终在鄱阳湖大战中被朱元璋战败而死。

明玉珍为随州人，面相奇异，他身高八尺，眼珠有重瞳，曾经拉起千人的队伍。后来归顺了徐寿辉，他率军攻打下重庆，徐寿辉封他为陇蜀行省右丞相，之后明玉珍又占领了成都，从此建立了西南根据地。至正二十年（1360 年）陈友谅弑徐寿辉自立，明玉珍认为陈友谅为悖逆，所以“命以兵塞瞿墉，绝不与通，立寿辉庙于城南隅，岁时致祀。自立为陇蜀王”[②]。至元二十二年（1362 年），明玉珍在重庆称帝，国号为夏。明玉珍生性节俭、礼贤下士，将蜀地治理得颇为安顿。朱元璋主动与明玉珍联络，结为唇齿之邦共同抵抗元军，可惜明玉珍立国五年便撒手人寰，时年三十六岁，其子明昇继位，这时的明昇还是个十岁的孩子，无法镇摄住手下的大臣。特别是权臣们互不相让，彼此倾轧，致使这个地方政权实力大减，最终在朱元璋的武力压制下投降，明昇被封为归义侯，第二年被迁徙到边疆高丽。

张士诚是泰州人，以操舟运盐为业，平常轻财好施，人缘极好。有一次，他去富人家卖盐，被羞辱，一怒之下带其诸弟等十八名壮士杀了这富人一家。当时盐丁们正苦于徭役太重，于是一起随同张士诚造了反，攻下高邮、泰州、兴化等地，自立为诚王，国号大周。[③] 这一年为至正十三年（1353 年）。其后张士诚率众归顺了元朝政府，但于至正二十三年（1363 年）再次反叛，自立为吴王，这时他的领地北到徐州，南抵绍兴，西至汝州、濠州等地，东达海边。拥有甲兵数十万，可惜这个小朝廷的君主是个贪财好色之徒，没有远大志向，最终被朱元璋军打败，张士诚被俘解往金陵，自缢而死。

方国珍为黄岩人，其家世代以贩盐及海运为生，深谙水运之法。

---

① 参见（清）张廷玉等撰：《明史》，中华书局 1974 年版，第 3689 页。

② （清）张廷玉等撰：《明史》，中华书局 1974 年版，第 3702 页。

③ 参见（清）张廷玉等撰：《明史》，中华书局 1974 年版，第 3692 页。

至正八年（1348 年），方国珍的仇人告官说他与海盗有牵连，于是方国珍杀掉了仇家，带领几个兄弟逃亡入海，啸聚了数千人，干起了打劫船只的买卖，元军多次讨伐都为其所败，只好提出优厚条件进行招安，然而方国珍几次三番，招安后再反，反叛后再招安。他多年周旋于元廷、陈友谅集团及朱元璋的力量之间，看到朱元璋占据了绝对优势后，就派儿子前往乞降，并送上一篇极其动人的降表称："孝子之于亲，小杖则受，大杖则走，臣之情事适与此类。即欲而缚待罪阙廷，复恐婴斧钺之诛，使天下后世不知臣得罪之深，将谓主上不能容臣，岂不累天地大德哉。"[①] 朱元璋因此可怜了他，不但没有惩罚，还任命他为广西行省左丞相，不过他享受俸禄待遇而不到任，几年后死于京师。

对各路义军，《明史》有赞：

> 元之末季，群雄蜂起。子兴据有濠州，地偏势弱。然有明基业，实肇于滁阳一旅。子兴之封王祀庙，食报久长，良有以也。林儿横据中原，纵兵蹂躏，蔽遮江、淮十有余年。太祖得以从容缔造者，藉其力焉。帝王之兴，必有先驱者资之以成其业，夫岂偶然哉。[②]
>
> 友谅、士诚起刀笔负贩，因乱僭窃，恃其富强，而卒皆败于其所恃。迹其始终成败之故，太祖料之审矣。国珍首乱，反覆无信，然竟获良死，玉珍乘势，割据一隅，僭号二世，皆不可谓非幸也。[③]

元末的农民起义风起云涌，其中真正的英雄只有朱元璋。

---

① （清）张廷玉等撰：《明史》，中华书局 1974 年版，第 3700 页。
② （清）张廷玉等撰：《明史》，中华书局 1974 年版，第 3685 页。
③ （清）张廷玉等撰：《明史》，中华书局 1974 年版，第 3707 页。

太祖起兵

关于太祖朱元璋建立明朝，历史上评价极高。明史研究大家孟森说："中国自三代以后，得国最正者，惟汉与明。匹夫起事，无凭借威柄之嫌；为民除暴，无预窥神器之意。"[①] 他的起事全凭自己之力，上无权贵可附，下无家世可依。

朱元璋祖上居沛县，后来迁至句容，再迁至泗州。其父朱世珍迁徙到濠州，共生四子，朱元璋为第三子，他自小长得姿貌雄杰，奇骨贯顶。朱元璋十七岁时父母相继去世，家里穷得无力安葬，靠着好邻居刘继祖的帮助给了块地安葬了父母，他自己无力生存，在皇觉寺出家为僧。一次，他在游方的路上病倒了，幸好两位紫衣人护视身旁，才得病愈，之后他四处游历了三年，对中原大地了解甚深。此时的元朝已风雨飘摇，盗贼四起，朱元璋二十五岁那年去濠州投奔了郭子兴，郭子兴因其相貌奇特而惊异，留在身边为亲兵，他打仗非常出色，深受郭子兴的器重，并将自己的养女马氏许配给他。朱元璋成为郭子兴非常倚重的左膀右臂，至正十六年（1356年），朱元璋率兵击败元军攻克集庆，众将拥立他为吴国公，设立江南行中书省，这一年他派手下大将徐达打败张士诚攻克镇江。此后的几年里，各路义军与元军及义军之间一片混战，至正二十年（1360年），陈友谅杀了自己主公徐寿辉称帝，约张士诚一同进攻朱元璋，朱元璋用计完胜二者联军，奠定了日后的大明基业。至正二十三年（1363年），刘福通为张士诚所杀，韩林儿回到应天，此时韩林儿名义上还是天下义军共主。到至正二十四年（1364年），朱元璋战胜了陈友谅部巩固了根据地，在手下大臣的劝说下，自立为吴王，分封百官，以李善长为右相国，徐达为左相国，常遇春、俞通海为平章政事，立长子朱标为世子。之后在军事上，朱元璋军队势如破

---

① （清）孟森：《明史讲义》，中华书局2009年版，第18页。

竹，先后攻下庐州、吉安、赣州、江陵、夷陵、潭州、辰州、衡州、宝庆、韶州、南雄、南昌、安陆、襄阳、建宁。至正二十六年（1366年）从张士诚手中夺下高邮、淮安、濠州、徐州、宿州。此刻占领故乡的朱元璋意气风发，颇有汉高祖刘邦回乡之气概，他在濠州祭奠了祖先墓地，安置二十户人家守冢，赏赐当年有故情的人，置酒宴请父老乡亲，并交待："吾去乡十有余年，艰难百战，乃得归省坟墓，与父老子弟复相见。今苦不得久留欢聚为乐。父老幸教子弟孝弟力田，毋远贾，滨淮郡县尚苦寇掠，父老善自爱。"[①] 其对乡民关怀之情溢于言表。

这年冬，大将徐达、常遇春再下湖州、杭州、余杭、平江，至此，朱元璋从军事上已为建国扫清了障碍。但这时还有个问题要解决，即韩林儿。其父韩山童在元末以白莲会的名义聚众造反，宣扬"天下当大乱，弥勒佛下生"，韩山童被官府捕杀后，刘福通等拥立其子韩林儿为帝，号"小明王"，天下英雄以其为共主。可惜韩林儿为盗贼出身，胸无大志，又为刘福通所挟制，做的这个皇帝徒有虚名，诸将在外也不服其管束，最终为元兵所败，向朱元璋求救，朱元璋将其营救安置在滁州。后来朱元璋命大将廖永忠迎奉韩林儿乘船沿长江去应天，在瓜步凿沉了坐船，韩林儿卒，朱元璋清除了政治障碍。

天下渐定，朱元璋开始为登基做准备，免除多地租税、上朝免女乐、赦罪囚等利民政策纷纷出台，这既是收拢民心之举，也是促进经济的措施，有利于建立安定的社会秩序。八月圆丘、方丘、社稷坛成，九月太庙成，新宫成。天下初定，将发起对元朝最后一击，统一全国。朱元璋确实是一个有雄才大略的英雄人物，他分析，元朝建国也有百年之久，都城守备必定是坚固的，孤军深入，粮饷的运输与供给会很困难，而元军的援兵又会从四面汇集而来，这样进

---

① （清）张廷玉等撰：《明史》，中华书局1974年版，第14页。

军是很危险的。应先出兵取山东，这就如撤掉了元都的屏障，再发兵两河地区，破除元都的藩篱，进而拔掉潼关天险，这就扼住了元都的门户，天下大势为我掌握，然后再进兵攻打元都，它这时势孤援绝，不战自败。最后出兵往西，云中、九原、陇西等地就可席卷而下了。

洪武元年（1368 年）春正月，朱元璋祭祀天地，登基即位，定国号为明，马氏为皇后，世子朱标为皇太子。当年，明军派出大将四面出击，汤和平定福建；周德兴平定全州；邓愈平定南阳；廖永忠平定广东、广西；徐达、常遇春平定河南、山东。到了八月，天下已基本平定，以应天为南京，开封为北京。徐达攻下元朝都城，严守宫门，安抚百姓，并派兵把守古北口各处关隘。设置六部，将大都路改名为北平府。

这一年封陈日煃为安南国王，封王颛为高丽国王，封阿答阿者为占城国王，这三国当年亦派使入贡。

从洪武三年（1370 年）开始，朱元璋陆续分封诸王，封皇子朱棣为燕王、朱樉为秦王、朱棡为晋王、朱橚为吴王、朱桢为楚王、朱榑为齐王、朱梓为潭王、朱杞为赵王、朱檀为鲁王。[①] 对于功臣也大加封赏，封李善长为韩国公、徐达为魏国公、李文忠为曹国公、冯胜为宋国公、邓愈为卫国公，常遇春已病故，封其子常茂为郑国公，封汤和等二十八人为侯爵。另外设祭坛，亲自去祭祀死亡的将士。

朱元璋出身贫寒，对社会底层的艰辛生活深有体会，也深知保障社会贫苦民众的生活对于政权稳定的意义，所以对社会生活的规范做了细致安排，下诏：

天下大定，礼义风俗不可不正。诸遭乱为人奴隶者复

① 参见（清）张廷玉等撰：《明史》，中华书局 1974 年版，第 24 页。

> 为民。冻馁者里中富室假贷之，孤寡残疾者官养之，毋失所。乡党论齿，相见揖拜，毋违礼。婚姻毋论财。丧事称家有无，毋惑阴阳拘忌，停柩暴露。流民复业者各就丁力耕种，毋以旧田为限。僧道斋醮杂男女，恣饮食，有司严治之。闽、粤豪家毋阉人子为火者，犯者抵罪。①

洪武四年（1371年），大明王朝的治理按部就班开展，对边疆区的收复也提上日程，徐达在山西练兵，整治军队，傅友德占领成都，平定了四川，剩下的最后一块版图就是云南了。

收复云南

云南地位在元朝非常重要，元世祖忽必烈打下南宋的跳板就是云南，因此在建立元朝政权后，于至元四年（1267年）八月就封自己第五子忽哥赤为梁王，镇守云南。②

忽哥赤设置了地方机构，抚谕大理、鄯阐（昆明）、金齿等处的吏民，编制户籍，收赋税派徭役，设置达鲁花赤作为地方官员。但忽哥赤来云南不久就被害，当时大理的宣慰都元帅宝合丁忌恨忽哥赤来云南，在至元八年（1271年）二月，他宴请忽哥赤，在酒菜中下毒，毒死了忽哥赤。王府官员张立道秘密派人去京师告变，元世祖忽必烈派断事官博罗欢、吏部尚书别帖木儿到云南，诛杀了宝合丁。忽哥赤死后，忽必烈派南平王秃鲁镇守云南，至元十七年（1280年），张立道向忽必烈建言，任命忽哥赤的儿子也先帖木儿为云南王。

到1368年朱元璋建立大明王朝时，元朝疆域仅剩三块：东北、甘肃与云南。洪武元年，元朝势力退回蒙古草原，元惠宗退至上都，隔年又至应昌，他继续使用“大元”国号，史称北元。当时北方除

---

① （清）张廷玉等撰：《明史》，中华书局1974年版，第27页。

② 参见（清）张廷玉等撰：《明史》，中华书局1974年版，第3719页。

了元惠宗据有漠南漠北，关中还有元将扩廓帖木儿驻守甘肃定西，此外便是梁王统治的云南地区。盘踞在云南的割据势力主要有元梁王和土酋段氏，梁王以昆明为其统治中心，服从退据蒙古沙漠地区的元朝残余势力的命令；土酋段氏则控制着大理一带，虽然名义上还属北元政府管辖，但处于半独立状态，与梁王政权之间不时发生武装冲突。洪武四年（1371 年），元朝辽阳行省平章刘益降明，明朝占领辽宁南部。然而其余东北地区仍由元朝太尉纳哈出控制，纳哈出屯兵二十万于金山，与明军对峙了十几年，多次拒绝明朝的招抚。洪武十一年（1378 年）四月，元昭宗去世，继位的元帝继续和明朝对抗，屡次侵犯明境。洪武二十年（1387 年），冯胜、傅友德、蓝玉等人发动第五次北伐，经过多次战争，洪武二十年（1387 年）十月，纳哈出投降蓝玉，明朝占领东北地区。

至此元朝中原地区的土地全部丧失，仅梁王依然保有云南，梁王每年还派遣使节去塞外元顺帝逃亡所在，执守臣子之礼而毫不懈怠。此时镇守云南的梁王把匝剌瓦尔密，即忽哥赤的后裔。在元顺帝时代天下多事，云南又地处偏远，梁王统治这里颇有威严，对百姓也多有惠顾。至正二十三年（1363 年），明玉珍在四川称帝，发兵三路进攻云南，明玉珍及其弟明二率兵攻打云南中庆路，梁王把匝剌瓦尔密逃奔楚雄，大理段得功出兵援助梁王，和明玉珍大战于吕阁关，保住云南不失。后来段得功夜袭古田寺，将明玉珍击退，在七星关击溃明玉珍的部队，收复中庆路、夺回昆明。战后，梁王封段得功为云南省平章政事，并将女儿阿盖公主嫁给段得功。但在至正二十五年（1365 年）时，梁王又怀疑段得功有吞并云南全境的野心，于是派人刺杀了段得功，从此梁王也就失去了大理段氏的援助。

到明朝平定了四川之后，天下大局已定。但太祖朱元璋对收复云南顾虑重重，此处实在太险僻，他想要和平解决。正巧这一年，北平的守将俘虏了梁王派往漠北元顺帝处的使者苏成，朱元璋就命大臣王祎带着苏成前往梁王处，招谕他投降。一行人刚到梁王处，还算友好，梁王也以礼相待，但事情突然发生变故，原来元顺帝的使臣脱脱来到云南，向梁王征饷，脱脱见梁王礼遇明朝使者，怀疑梁王要变节，因此对其进行恶语威胁，梁王为表忠心杀了王祎。招安受挫，朱元璋并不甘心，三年后又派湖广参政吴云前往招安梁王，但吴云也被杀害。这次的失败使朱元璋彻底死了招安之心，下决心武力解决云南问题。命颍川侯傅友德为征南将军，蓝玉、沐英为副将军，统帅三十万大军向云南进发。[①]

洪武十四年（1381 年）九月，傅友德率军抵达湖广，兵分两路，从东、北两方面进攻云南。[②] 北路由都督郭英、胡海洋、陈桓等率五万人，由永宁奔乌撒，这里是云南、四川、贵州三省交界处，为一个军事重地。东路由傅友德等亲率大军由辰州、沅州，进攻普定、普安，梁王派司徒平章达里麻率兵十万人驻曲靖应战。十二月十六日，明军乘大雾到达曲靖东北之白石江。傅友德采纳沐英建议，督将士正面佯攻，另遣奇兵暗从下游渡江，绕至梁王军阵后，在山谷间树旗帜、鸣金鼓，守军见势惊乱。沐英乘势率军渡江，大败守军，俘达里麻军两万余人，占领曲靖。曲靖为云南东部门户，为水陆交通要道，明军占领曲靖，扼住了云南的嘌喉。后分东路军为二，一部由蓝玉、沐英率领，直趋昆明；一部由傅友德亲率挥师北向乌撒，以策应北路军。因为梁王冤杀大理首领段得功，梁王和大理段氏从那之后势同水火，所以明军攻入云南后，大理段氏不再出兵支援梁王，采取隔岸观火的态度，梁王军队大败。

在攻克云南的战役中，功勋最卓著的当属沐英。沐英为定远人，年幼便父母双亡，朱元璋及夫人非常怜悯他，收为养子。沐英一直随朱元璋在军中成长，他聪明、机敏，谋划断事干净利落，在军中战功不断，征战过关中、陕西，也讨伐过吐蕃、四川，获封西平侯，深受太祖朱元璋的赏识与信任，所以被委派为副将军，随傅友德出

---

① 参见（清）张廷玉等撰：《明史》，中华书局 1974 年版，第 3720 页。

② 参见（清）张廷玉等撰：《明史》，中华书局 1974 年版，第 36 页。

征云南。在征滇之战中，最重要的曲靖之战就是沐英指挥的，最后大战白石江，生擒达里麻，取得完胜，自此明军长驱直入攻进云南。洪武十四年（1381 年）十二月，梁王获悉达里麻失守曲靖，明军从北方大举南下，于是一路南逃，一直逃到昆明南部的滇池附近。昆阳位于滇池南岸，洪武十五年（1382 年）正月六日，把匝剌瓦尔密逃至普宁州忽纳砦，焚毁了自己的龙衣，把夫人及孩子赶入滇池淹死。[①] 最后他和几个大臣夜入草舍，自缢身亡。二十四日，蓝玉、沐英拿下昆明后再向南攻克临安（建水）诸地，东路军攻克曲靖，傅友德率师直捣乌撒，降服东川、乌蒙（昭通）、毕节、芒部等地。乌撒既下，明军遂移师进攻大理。

明军 1381 年攻到昆阳时，郑和随其父米里金正在此生活。按其家谱记述："米里金，授云南行省参知政事，袭封滇阳侯，即在昆阳住家。"[②] 据《马哈只墓志铭》记载，米里金生于至正四年（1344 年），卒于洪武十五年（1382 年），享年三十九岁。梁王逃至昆阳，滇阳侯米里金作为臣下，势必要协助抵抗明军，然而在如狼似虎的明军铁蹄之下，小小的昆阳城一触即溃，军民四散逃奔。米里金家成年男人随军抵抗，女人及小孩为兵锋所及，各自逃命，郑和为米里金次子，明军打到昆明时，大约十岁，小郑和在战争中不知所终。

明军去后，米里金家人陆续回到家中，曾经殷实富裕的滇阳王府已在战火中毁于一旦，国破家亡之痛，再加上幼子失踪，这给米里金以沉重打击，当年七月，年仅三十九岁的米里金便撒手人寰。他无论如何不会想到，自己这个在战争中失踪的幼子日后会被皇帝赐名为郑和，更不会想到郑和还会成为一个名震世界、流芳千古的伟大航海家。

梁王被剿灭后，还有大理土酋存在，他们凭借点苍山、洱海，扼守当地龙首、龙尾两处关隘，此关为原南诏国时所建，非常坚固。

---

① 参见（清）张廷玉等撰：《明史》，中华书局 1974 年版，第 3720 页。

② 《郑和家世资料》，人民交通出版社 1985 年版，第 84 页。

土酋段世驻守在此，沐英率军抵达下关，占据了点苍山的制高点，然后分兵夹击，擒住了段世，一举攻克大理，云南全境归大明政权。平定云南以后，明朝政府为开发西南，巩固边防，设立了云南都指挥使司和云南布政使司，管理云南军政事务，并于军事要冲地区，设置卫所，屯兵戍守。洪武十七年（1384 年）三月，傅友德、蓝玉率征南大军班师回朝，留沐英镇守云南。从此，沐氏子孙世代承袭，经营云南达二百六十余年，直至明朝灭亡。

明太祖为了彻底扫除北元势力，于洪武二十一年（1388 年）命蓝玉率领明军十五万发动第六次北伐。明军横跨戈壁至捕鱼儿海（今贝尔湖）击溃元军，俘虏八万余人，北元之天元帝和他的长子天保奴逃走，但是幼子地保奴被明军擒住，至此北元国势大衰。当年，天元帝及长子天保奴被也速迭尔杀害，北元亡。

建章立制

大明注定将是一个有作为的王朝，它的成功不仅仅凭借武力，还靠一套完整的社会及国家管理制度。元朝武功独步天下、兵耀千古，可是军事管理也就是草草大概，其他关于刑罚、经济、行政管理更是无制可依，所以最终享国不到百年。明立国后，全面肃整，建立了系统的国家管理制度，与前代盛世汉唐相比毫不逊色，而明所定之制度，清朝沿袭不敢稍有差池。现对明的制度略述如下：

人是社会之基本，对人的管理是一切社会管理的基础。明政府将天下民众全部登记在册，有说，因这个册子的封面是黄色的，故名为“黄册”。① 里面记录了户籍、姓名、年龄、居住地等详细的信息，当国家举行祭祀大典时还要把黄册陈放到祭坛上告知天地，可见朱元璋对户籍的重视。在洪武十四年（1381 年），诏告天下编制赋役黄册，以此作为征召徭役的依据，规定以一百一十户为一里，其

① 参见（清）张廷玉等撰：《明史》中华书局 1974 年版，第 1878 页。

中交粮最多的十户为里长，剩下一百户为十甲。这个黄册每十年重新清造一次，以保证准确。黄册共抄录四份，一份放在户部，另外三份分别存放在布政司、府、县，这样从中央到地方各级政府都对自己子民的情况了如指掌，便于管理。洪武二十六年时，根据黄册所登记的数字，全国共计有一千零六十五万二千八百七十户，人丁为六千零五十四万五千八百一十二人。[①]

除了人口，田地为经济生产的根本。洪武二十年（1387 年），国家开始对天下土地进行普查，派人量度土地，以字号编名，对所有土地划清界限、明晰产权。画成图，在图上标明土地的大小、所有人的姓名，这样的图做成后像鱼鳞一般，所以也被称为“鱼鳞册”。[②]黄册以户为主，而鱼鳞册以地为主，所以对土地的特质也都一一登录清楚，最终洪武二十六年核得全国土地共计八百五十万七千六百二十三顷。[③] 统计清楚这些数据，国家收税就有了依据，按期按量征收。明朝初立国，百废待兴，需要大量钱财用来修建宫室、学校、城垣、兵卫等，同时也要照顾到人民的休养生息，给以免税，土地查清楚了就能搞好这个平衡。有了对人与地的调查，就可以制定徭役之法了。朱元璋怕徭役过重对贫民造成伤害，便根据民众拥有田地的数量来定服役的天数，规定有田一顷的，出丁夫一人，有田不足一顷的以别田相充，称为均工夫，每年农闲时，赴京城服徭役三十天。如果有人家拥有田多而人少，可以用佃工去服役，由田主出一石米作代价，合理的徭役制度是有利于国家安定与社会富足的。组织兴修水利对于农业经济是极其重要的，朱元璋派国子监生去往全国各地，督办兴修水利工程，朝廷下诏书要求：“湖堰陂塘，可蓄泄以备旱潦者，因地势修治之。”[④] 共开塘堰四万九百八十七处，河

---

① 参见（清）张廷玉等撰：《明史》中华书局 1974 年版，第 1880 页。

② 参见（清）张廷玉等撰：《明史》中华书局 1974 年版，第 1881 页。

③ 参见（清）张廷玉等撰：《明史》中华书局 1974 年版，第 1882 页。

④ （清）张廷玉等撰：《明史》中华书局 1974 年版，第 2145 页。

四千一百六十二处，坡渠堤岸五千四十八处，水利工程的修建，使荒地得到大力开垦，一时间民丰物阜。

兵制无疑是极其重要的制度，后来郑和下西洋也是以军队的形式组织的。《明史·兵志》记载：

> 明以武功定天下，革元旧制，自京师达于郡县，皆立卫所。外统之都司，内统于五军都督府，而上十二卫为天子亲军者不与焉。征伐则命将充总兵官，调卫所军领之；既旋则将上所佩印，官军各回卫所。盖得唐府兵遗意。[①]
>
> 太祖下集庆路为吴王，罢诸翼统军元帅，置武德、龙骧、豹韬、飞熊、威武、广武、兴武、英武、鹰扬、骁骑、神武、雄武、凤翔、天策、振武、宣武、羽林十七卫亲军指挥使司。革诸将袭元旧制枢密、平章、元帅、总管、万户诸官号，而核其所部兵五千人为指挥，千人为千户，百人为百户，五十人为总旗，十人为小旗。天下既定，度要害地，系一郡者设所，连郡者设卫，大率五千六百人为卫，千一百二十人为千户所，百十有二人为百户所。所设总旗二，小旗十，大小连比以成军。其取兵，有从征，有归附，有谪发。从征者，诸将所部兵，既定其地，因以留戍。归附，则胜国及僭伪诸降卒。谪发，以罪迁隶为兵者。其军皆世籍。此其大略也。[②]

明军队实行屯田制，朱元璋设立民兵万户府，寓兵于农。给士兵分军田耕种，军田一份为五十亩，纳正粮十二石，每亩为二斗四升，这些粮就存在军队粮仓中，为军队自用。马卫军一月的俸禄为米二石；步兵总旗为一石五斗，小旗为一石二斗，士兵为一石。总

---

① （清）张廷玉等撰：《明史》中华书局1974年版，第2175页。

② （清）张廷玉等撰：《明史》中华书局1974年版，第2193页。

的来说，一名军士一年需支粮十二石。军士在军屯中，二到三成是守城的，没有时间种地，领全额俸粮，但七到八成为屯种的，则只领一半的俸粮。对于边疆地区土地不足无法进行军屯的，明政府采用发放盐引的方法筹集军粮。商人在大同交大米一石或在太原交大米一石三斗，就发放淮盐一小引（大引四百斤、小引二百斤），商人凭盐引到产盐地购盐销售，以此赢利，国家也应此而得到军粮，各得其所。

从上述明之军事制度可见，它综合利用土地及财政的政策，以兵养兵，以商养兵，而国家却无损耗，有效帮助统治者稳定政局。

明朝另外很值得一说的制度是官员选用制度。在魏晋南北朝，九品中正制是唯一途径，所谓“上品无寒门，下品无世族”；唐代开始开科选士，但还是难以摆脱以门第选官的流弊；宋朝则纯粹以考试取士。太祖朱元璋草创之初，以举荐获得人才，立国后，于洪武三年（1370 年）开科取士，六年（1373 年）取消科举，十七年（1384 年）又恢复科举，但举荐之法一直没有废弃，大小臣工都有权力举荐贤才，而被举荐者还有权力转荐别人，所以当时山林隐者、草茅穷居之士都有可能直通朝廷，由布衣而登大官的人不胜枚举，当然通过科举入仕者也不计其数，但是无论什么方法进仕，一旦发现作弊者严惩不贷。此外还有一最务实制度为建立学校，教以实用的知识，并且常常派学生公干，比如上文所说政府对全国人口及土地进行调查造册，具体做这些工作的就是学校里的太学生，施行这种实用主义选人用人制度的人，实在是历朝历代中的高明者。

官制，也即行政设置，是国家管理载体，科学设置无疑会增加国家管理的稳定性。在明朝，即使其后期皇帝长期不上朝不理国事，这一套行政体系依然凭其惯性，保障着明王朝沿既定轨道运行不辍。明早期中央机关为中书省统领六部，中书省有左右丞相，后因丞相胡惟庸造反，朱元璋永远取消了中书省这一机构，皇帝直接管理六部，部里最高长官为尚书，尚书之下为侍郎，与六部并列的机构还有都察院。在地方设置布政使司，布政使司最高长官为布政使，明朝一级地方行政区划共计十五个，即南直隶、北直隶，再加浙江、江西、福建、湖广、广西、四川、山东、广东、河南、陕西、山西、云南、贵州等十三个，俗称两京十三省。

元朝对百姓特别是汉民的农业生产漠不关心，甚至为便于放牧，对农田还大加破坏，这也加速了元朝的灭亡。明对历法非常重视，为的就是便利人民依时耕种，先后颁布有《大统历》《授时历》等。还建有司天监、回回司天监、钦天监等，研究天文地理，为农业生产提供参考。

明太祖朱元璋所制法律，遵用唐律，在律外又制定《大诰》，之后又作《续编》《三编》。应该说条例是相当严苛的，惨遭诛戮的人数以万计，但刑罚多对官吏，这是因为开国之初还是乱世，要用重典治之。百姓未受到虐待，对国之根本并无伤害，贪官受制裁反而有利于百姓休养生息。此外明之制度还有礼乐等，统筹社会生活，这些制度表明大明王朝对社会的治理是严谨而有规划的，它们使社会有序发展，同时也规范了全国各阶层人的权利与义务，最终成就大明二百七十六年的历史。

完备的制度，正是国家能够持续发展的必要条件。

第四章　一刀割去了“富贵命”

明军攻占云南，彻底改变了郑和的命运，在这场朝代更迭的大变革中他失去了一切，包括高贵的社会地位、富裕的家庭、庇护自己的父母，小郑和由一个富贵子弟沦落为一个卑贱的奴隶。一个没有保护的十岁幼童从云南被掳至万里之外的南京，必定吃尽了千辛万苦，更不幸的是，小郑和在南京被阉割，送入宫内做了太监，但这不幸的命运却为郑和打开了另一条人生路，成就了他震铄古今的大航海伟业。

小郑和被送到北京燕王朱棣的王府，后随朱棣起兵打回南京。郑和除出海以外，大部分时间生活在南京，如今南京还留有大量与郑和有关的遗迹，如宝船厂、马府街、静海寺、天妃宫、大报恩寺、郑和墓等。

宦官起源

“宦”字本义原指臣隶、仕官，从战国秦汉时代以后，宦官逐渐成为阉人的专称。“太监”本是古代官职名称，如唐代、辽代均设置有太监官职，后来因为这个职位常常由宦官出任，于是“太监”一词演化为专指宦官。明代建置了宦官二十四衙，每个衙门的最高领导称为“掌印太监”，那时只有高层宦官才能称为太监。到了清朝，太监成了宦官的通称。此外，宦官也被称为“中官”，这是因为宦官多在宫中、内廷服役，相对于外朝而言，故以“中”而名之。

有意阉割、毁坏男性生殖器的行为，从原始社会后期就开始有了，宫刑作为一种刑罚方式，大约出现在夏商时期，在奴隶制时代，宫刑是仅次于死刑的刑罚方式，非常残酷。宫刑起初主要是维护一夫一妻的婚姻秩序的刑罚方式，处罚对象主要是男女之间的淫乱罪，后来施行范围不断扩大，以宫刑代替死刑，作为免死之刑。明朝大致沿袭了隋唐以来的“死、流、徒、杖、笞”五刑的传统，正刑中并无宫刑之名，但在明早期，太祖朱元璋、宣宗朱瞻基、英宗朱祁镇都下达过将官吏或工匠处以宫刑的命令。

宦官的第一个来源是罪犯，宫刑的对象不限于罪犯本人，其子孙往往受到牵连。据《明史·怀恩传》记载：“怀恩，高密人，兵部侍郎戴纶族弟也。宣宗杀纶，并籍恩父太仆卿希文家。恩方幼，被宫为小黄门，赐名怀恩。”① 这个怀恩就是因为受到家人牵连而被阉割的。

第二个来源是自愿阉割，如明代规定：“民间有四五子以上，愿以一子报官阉割者，听有司造册送部，侯收补之日选用；如有私割者，照例重治；邻佑不举者，一并治罪不宥。”② 事实上，报官阉割外，尚有大量私自阉割的现象，未经官府私送至京城的很多。

第三个来源是藩属国进献的阉童，如安南、高丽等国的进贡。

第四个来源是通过战争，强行将俘获的儿童进行阉割。如洪武年间沐英征云南、永乐年间张辅征交趾，都大量阉割当地孩童进献给朝廷。

中国古代宫刑，大多由专门机构施掌。“蚕室，宫刑狱名。宫刑者畏风，须暖，作窨室，蓄火如蚕室，因以名焉。”③ 说明阉割术后要有防风、保暖、静养等护理措施。宦官生理状态的变化，势必对其心理状态产生一定的影响。宦官被阉割后，身体惨遭伤害，精神蒙受摧残，受此刑者必然深深陷入屈辱境地，经受长期的精神痛苦。

---

① （清）张廷玉等撰：《明史》，中华书局 1974 年版，第 7777 页。

② （明）申时行等编：万历《大明会典》卷 80，上海古籍出版社 1959 年版，第 433 页。

③ （宋）范晔撰：《后汉书》，中华书局 1965 年版，第 80 页。

最著名受宫刑者如司马迁，他的日常状态是：“是以肠一日而九回，居则忽忽若有所亡，出则不知所如往。每念斯耻，汗未尝不发背沾衣也。”[①] 此外宦官还常有自卑感、团体意识、发愤意识，他们选择其他生活道路的可能性已被断绝，多数宦官万念俱灰，非常麻木地工作生活，但也有相当数量的宦官表现出了强烈的发愤意识，部分有才学的宦官通过致力于科技文化活动来排遣内心的痛苦和寻求人生的意义，如西汉司马迁写下光耀千古的著作《史记》；东汉的毕岚发明“翻车渴乌”用于农业灌溉；宋代宦官程昉多次主持兴修水利、治理黄河，成为一个有益于社会的人。其他有正义感的太监也不在少数，如明朝的李芳，他是穆宗朝的内官监太监。李芳曾经上书劾奏，工部尚书徐杲等人在修理卢沟桥时，贪污了官银数万。此外他还上奏皇帝，请求减少征收，皇帝听从了他的建议；再如明神宗朝的太监陈矩位高权重，但他守着“祖宗法度，圣贤道理”八个字，廉洁安静，不扰官不害民，从不滥用权力。他掌管东厂期间，是东厂抓人最少的时期，也是京师秩序最平稳的一段时间。他生活俭朴，淡于名利，但雅重学术，爱好诗文书画；再比如极具忠义精神的太监王承恩，崇祯十七年（1644 年），朱由检就是在他的陪伴下登上煤山（景山），吊死在山腰寿皇亭附近的歪脖老槐树上，而后，王承恩也吊死于旁边的海棠树上。

因此不能认为，明代所有的宦官都是历史的渣滓。明人陈洪谟曾经指出：“近时宦官如萧敬之文雅，陈宽之谨厚，何文鼎之忠党，皆不可少。前此若金安之廉，兴安之介，金英之知人，怀恩之持正，张永之刚勇，王高之雅饰，后乎此若芮景贤之安静，皆有取焉。”[②] 太监也如普通人，是个复合体，有令人厌恶之处，也有令人钦佩之处，但由于社会的刻板印象，及传统文人因为与太监有激烈的利益竞争，他们往往详记太监的劣迹，而忽略太监的善举，所以人们一

---

① （汉）班固撰：《汉书》，中华书局 1964 年版，第 2736 页。

② 王春瑜、杜婉言编著：《明朝宦官史料》，商务印书馆 2016 年版，第 395 页。

提起太监往往心生厌恶，但历史上太监与文人一样，都有善恶之分。

除此之外，太监常常遭人厌恶，还因为皇帝与朝臣之间的矛盾。这是中国封建体制本身所具有的结构性矛盾。在封建王朝中，皇帝与大臣是一对亘古不变的矛盾体，大臣从公心出发要限制皇帝的权力，从私心出发要从国家行政体系中掘取更多的好处，所以皇帝往往被群臣裹挟、限制，在这种情况下皇帝只好向太监与外戚势力寻求援助。当矛盾发展得激烈时，皇帝往往会利用太监来对抗大臣，这时太监就成为二者斗争的焦点，太监表现出来的贪婪、自私、无法无天等劣性其实是皇权的影射。而大臣不敢攻击皇帝，也不愿意改革封建制度，所以他们只好将批判的矛头对准太监。

> 因此，中国史家鲜少公开且不屈不挠地抨击专制政体和专制政体所催生出的暴政，反倒挑出宦官当替罪羔羊，不愿把这个粗俗的群体视为社会、政治综合体。①

大多数太监都是普通人，他们并不见得比从事其他职业的人更坏，但掌握历史书写权的文官集团对作恶的太监肆意丑化，而对那些正义的太监视若不见，像郑和这种对国家作出巨大贡献的太监，《明史》竟然只有短短三十几个字的介绍，连出生年月都没写，而刘瑾之流的恶太监的传记却连篇累牍，动辄数千字。这也给后人研究郑和带来了很大难度，因为官方材料太少。

由于宦官没有真正意义上的家庭和后代，他们退出宫廷之后，养老常常寄托于宗教场所。当佛教于东汉传入中国之后，就有很多北魏、唐代宦官崇信佛教的记载，此外道教也得到宦官的信奉。他们吃斋念佛，礼敬僧道，大量建设寺院、道观。一方面因为宗教可以把他们带入虚幻麻醉的精神世界中，解脱身体残疾带来的压抑感，

---

① 蔡石山：《明代宦官》，黄中宪译，浙江大学出版社 2019 年版，第 10 页。

另一方面，他们大量向寺庙、道观进行布施，到老了可以寄托在里面度过人生的最后时光。

> 据《大明会典》统计，自太祖立国，至宪宗成化十七年（1481年）前，仅“京城内外敕赐寺观已至六百三十九所”。北京寺院的发展，没有皇帝后妃的直接支持是不可想象的，但同时，与宦官的扶持也密不可分。明代自成祖朱棣重用宦官，致使其权势显赫，像王振、魏忠贤等人，利用其权势，广建佛寺，不仅为了求得来世荣华富贵、儿孙满堂、光宗耀祖，更为自己修建了颐养天年之所。明代自永乐迁都后，在北京共建佛寺一千余所，其中大多是宦官所建，如智化寺、真空寺、成寿寺、大慧寺等。正如明人王廷相《西山行》诗中所说：“西山三百七十寺，正德年中内臣作。”现有案可查、有史可考的一百多所明代寺庙中，有七十一所是宦官兴建的。①

郑和也不例外，他除了捐赠，还劝说皇帝出资建设了众多寺庙与道观，比如南京的静海寺、碧峰寺、天妃宫等庙、宫都与他相关，而他老年大部分时间就生活在静海寺中。另外，由于他是回民，出生在回教家庭，南京的第一座清真寺——净觉寺，也是由他请旨建立的。关于郑和的宗教信仰，我们后文将作重点讨论。

明朝宦官制度

王位血亲继承制的确立，必然要求君王后代血统纯正，于是作为阉人的宦官，既是皇帝后妃等妻妾的服侍供奉者，又是监视守护者。早期的宦官，是不能称其为“官”的，因为不具有官员的身份，

---

① 刘勇等著：《北京历史文化十五讲》，北京大学出版社2009年版，第131～132页。

他们只是内廷的家务奴隶，主要来源是战俘。后来作为家务奴隶的宦官，有更多的机会与天子接近，所以一些内廷机构的官职，便逐渐由宦官来担任了。他们是天子的仆人，同时又具有了内廷官员的身份，从而成为名副其实的官员。自秦代开始，与封建君主专制体制相适应的宦官制度逐步完善，有关宦官机构的设置也渐趋于系统化和正规化。

朱元璋十分注意总结借鉴历史经验教训，多次发表关于限制宦官的立论，称："此曹善者千百中不一二、恶者千百。若用为耳目，即耳目蔽；用为心腹，即心腹病。驭之之道，在使之畏法，不可使之有功。畏法则检束，有功则骄恣。"朱元璋还令铸铁牌置宫门中，上写："内臣不得干预政事，犯者斩。"[①] 其他规定还包括"宦官不得兼外臣文武衔""不得御外臣冠服"[②] 等。洪武年间，宦官归吏部管理，这样官僚机构对内廷宦官具有控制能力。[③]

但实际上由于君主专制的本质，皇帝视宦官为自己的"羽翼"，都会大大发展宦官的力量，包换朱元璋本人，虽然制定了很多限制宦官的命令，但并没有好好执行。朱元璋在 1364 年称吴王时，就建置了宦官机构"内使监"，设监令、丞、奉御、内史、典簿以及皇门官，后来改置内使监、御用监。[④]

自明王朝正式建立后，定置内侍官，后来陆续又增加了王府承奉司、纪事司、内正司（后改为典礼司、纪察司）、神宫内使监、天地坛及神坛祠祭署、甲乙丙丁戊五库；尚衣、尚履、尚冠三监，还有宝钞广源、广惠二库。至洪武末年，宦官机构已趋于完备，其中包括十一监、七门官、二司、九局库、东宫六局、三所。明朝全盛时期，宦官机构发展为二十四衙门，包括十二监、四司、八局。分

① （清）张廷玉等撰：《明史》，中华书局 1974 年版，第 7765 页。
② （明）王世贞撰：《弇山堂别集》，上海古籍出版 2017 年版，第 2203 页。
③ 参见余华青：《中国宦官制度史》，上海人民出版社 2006 年版，第 386 页。
④ 参见余华青：《中国宦官制度史》，上海人民出版社 2006 年版，第 388 页。

述如下：

司礼监：是二十四衙门中最重要的部门，也是地位最高者。它不仅总管内廷宦官事务，还涉及外廷朝政。司礼监设提督太监一员，掌管皇城内所有仪礼刑名；掌印太监一员，掌管内外奏章及御前勘合；当时宦官系统的其他一些重要官职，如东厂提督、南京守备等就由司礼兼任或为司礼外差，而郑和就曾任职南京守备。

内官监：设掌印太监一员，凡国家营造宫室、陵墓以及御前所用铜锡木铁之器，修建分封藩王府第、帝后陵寝、妃嫔皇子坟茔等都由该监掌管。下设十作：木作、石作、瓦作、搭材作、土作、东行、西行、油漆作、婚礼作、火药作；还有数库：米盐库、营造库、皇坛库、冰窖等。

根据《弇山堂别集·中官考》记录：“永乐元年九月己亥，遣内官李兴等赍敕暹罗国王。此内臣奉使外夷之始也。三年三月，命太监郑和等率兵二万七千人，行赏西洋古里、满剌加诸国。此内臣将兵之始也。”①

其他还有：御用监负责造办御用围屏、摆设、床榻、桌柜等各种日常用品、装饰物；司设监掌管卤簿、仪仗、围幙、褥垫、帘席、帐幔、雨具等用品；御马监掌管御厩兵符等事，与兵部相关；神宫监负责太庙各庙洒扫、香灯等事；尚膳监负责御膳及宫内食用、筵宴等事；尚宝监负责御用宝玺、敕符、将军印信；印绶监掌管古今通集库并铁券、诰敕、贴黄、印信、图书、勘合、符验、信符等；直殿监掌管各大殿及廊庑扫除等事；尚衣监负责造御用冠冕、袍服、鞋袜等事；都知监负责各监行移、关知、勘合、随驾前导警跸之事。

除十二监外，还有四司：

惜薪司掌管宫中所用炭柴以及二十四衙门、山陵等处内臣柴炭之事；钟鼓司掌管出朝钟鼓及内乐、传奇、过锦、打稻诸杂戏；宝

---

① （明）王世贞撰：《弇山堂别集》，上海古籍出版社 2017 年版，第 2212～2213 页。

钞司负责制造粗细草纸；混堂司负责沐浴之事。

此外还有八局，包括兵仗局、银作局、浣衣局、巾帽局、针工局、内织染局、酒醋局、司苑局。

以上为二十四衙门，在此之外还有一些宦官机构，如各种库房、御酒房、御药房、御茶房、牲口房、刻漏房、更鼓房、甜食房、弹子房、灵台、绦作、盔甲房、安民厂、织染所等等。

明代在京城以外还有不少常驻或临时派出的宦官机构，主要包括五种：一是特殊地区的守备太监；二是分驻各地的镇守太监；三是与军事有关的其他名目的派驻宦官；四是与经济有关的各类派驻宦官；五是各藩王府的宦官机构。

上述宦官机构极其繁杂，本书不须尽述，这里我们重点说说与郑和有关的三个机构：

其一，内官监。郑和在京师曾就任内官监掌印太监，掌管造船、宫室营造、御前器具制作之事，此外修建分封藩王府第、帝后陵寝、妃嫔皇子坟茔等都由该监掌管。此为郑和之本业，这也是郑和一生事业之本，他受命下西洋、在南京建造皇宫寺庙等工作都与此有关。

其二，藩王府的宦官机构。明代实行封藩制度，各藩王府也设有宦官机构，明初即置王府宦官机构承奉司。亲王府承奉司设承奉正、承奉副，另有典宝、典膳、典服三所，门官设门正、门副各一人，又设内使十人，郑和曾为燕王朱棣王府内的宦官，就担任上述职务之一，因此他得以深度参与朱棣的靖难之役，受到朱棣的赏识，得到重用。

其三，南京守备太监。南京是明初都城，明王朝迁都北京后，仍以南京为留都。南京是当时江南地区政治、经济、军事、文化中心，朱元璋的陵墓也在此，因此南京对大明王朝具有特殊意义，掌管留都南京的最高长官为南京守备，南京设有六部九卿一整套的行政机构。南京守备太监的职责为："护卫留都，为三千里外亲臣，辖南京内府二十四衙门、孝陵神宫监等官，奏进神帛、鲥鱼、苗姜等鲜。各衙门印文，比北京多（南京）二字。”① 郑和便出任过南京守备太监。

有明一朝，宦官在权力结构中居于一种特殊的地位，明朝宦官与前朝不同之处在于宦官机构建设的制度化。其职能全面而稳定，渗透到行政部门及社会管理各个环节。

在行政管理方面，掌有批朱、传旨之权；参加阁议之权；监国、顾全之权；立法改制之权；出使外国之权；主持营建工程之权；参与地方政事之权；等等。

在宫廷事务方面，有总管内廷事务之权；按治皇族藩王之权；参与宫廷礼仪之权。

在军事方面，包括提督京营之权；统兵出征之权；镇守地方之权；守备要塞之权；等等。

在经济方面，可充任矿监、税使、采办、织造、盐务、贸易等；还有总理户工之权，即对管理经济方面的户部、工部有管理的权力，俨然凌驾于二部之上；管理皇庄之权。

在司法方面，宦官机构之东厂、西厂等特务机构就实际具有司法属性，它们可以会审囚犯、干预刑名。

由上述可见，明朝宦官权力极大，它依赖于皇权，可以说权势通天，但也正由于其权力来源于皇权，所以它也受制于皇权。明朝是一个中央集权制的国家，皇帝可以将宦官派往全国各地镇守地方，让其势力迅速扩张，也可让它瞬间收缩。虽然他们与历朝的宦官一样，由于本身的局限性与贪婪性，对社会具有相当大的破坏作用，但他们对维护明王朝的统治也起到了一定的积极作用，他们在军事上对军队进行监督；在经济上对盐业、矿业、织造业加强税收；在政治上他们在皇帝与文官集团矛盾激烈冲突时，充当沟通桥梁。

郑和作为海军统帅，肃清了明朝海商线路上的海盗；作为国家

---

① （明）刘若愚撰：《酌中志》，北京古籍出版社1994年版，第99页。

商业首席代表，拓宽了明朝的国际贸易途径；作为政治使节，稳定了明朝的周边环境。这都是宦官对大明王朝作出特殊贡献的典型案例。当宦官年老有病后，一般都是退出宫廷居住在寺庙里，发给粮食、柴火、衣服，直到亡故。死后由内宫监给棺木，惜薪司给柴火进行焚化。地位较高的宦官死后，可以降旨赐葬，并建造碑享堂，此事由礼部、工部及司礼监负责，而郑和无疑在享受此政策之列。

郑和入宫

郑和生活在山高水远的云南，怎么会突然成为一名小宦官出现在南京的宫中呢？作为当地的一个富贵人家的小少爷，无论如何家里不可能主动将他送入宫中，极大的可能就是在云南收复战争中，这个仅有十岁的少年与家人走失后，被明军掳走。明王朝的宦官数量在中国历史上空前绝后，朱元璋时期就大量四处索取阉人，《明太祖实录》记载，洪武二十五年（1392 年），向高丽索要阉人就达二百多名。高丽、安南等国都是向明王朝进贡阉人的重要地区，除了进贡，战争时在作战区掳掠儿童也是一个重要来源。

吴晗先生在《十六世纪前之中国与南洋》一文中有如此论断：

> （郑和）被阉入宫，当在洪武十四年（一三八一年）傅友德沐英定云南时。……明初诸将用兵边境，有阉割俘虏幼童之习惯。例如叶盛《水东日记》所记：“陈芜交阯人。以永乐丁亥侍太孙于潜邸。”《明史·金英传》：“范弘交阯人，初名安。永乐中英国公张辅以交童之美秀者还，选为奄。弘及王瑾、阮安、阮浪等兴焉。”王瑾即《水东日记》所记之陈芜。永乐丁亥（一四〇七）张辅定安南，陈芜等盖即此役之俘虏。又沈德符《野获编补遗》“阉幼童”条：“正统十四年麓川之役，靖远伯王骥都督宫聚奏征思机发，擅用阉割之刑，以进御为名，实留自用。为四川卫训导詹

英所奏。天顺四年镇守湖广、贵州太监阮让阉割东苗俘获童稚一千五百六十五人，即奏闻，病死者三百二十九人，复买之以足数，仍阉之。”比附上举诸例，则郑和当即洪武十四年（一三八一）定云南时所俘被阉之幼童。初侍燕王时其年当在十岁以内。靖难兵起时适为三十岁左右之壮年军官。

李士厚先生指出：

1983年，云南《玉溪方志通讯》第一期载有《道光江川县志读后》一文称：“江川人杨福卿，于元朝末年经梁王擢把本乡事，以能干著称。其子白兴、白旺年幼。洪武十四年（1381年），傅友德、蓝玉取云南，父子相失，福卿逃往元江死亡，兴、旺被永昌侯（即蓝玉）掳掠入京，明太祖奇之，拔为近侍，历官都监、左监。永乐元年，赐姓白，奉使访建文，密为保护。至元江，收函其父骨，葬于江川洛左村，设置守冢二人而去，碑铭今在。”这是与郑和同时同一次军事行动中，被同一个将军俘虏的幼童，是一个最确切的例证。加上郑和当时的处境，郑和被蓝玉俘虏入京的假说是完全可以肯定的。①

《明太祖实录》记载，洪武十五年（1382年）十月，一次便增设内使三百六十人，而正是这一年春天，傅友德、沐英大军攻占昆明，小郑和失踪，也许在增加的三百六十名太监中，郑和与上文所说的白兴、白旺便在其中。那么郑和被明军挟持到南京后，是如何安排的呢？又是如何到了燕王府的呢？朱棣为朱元璋的第四子，生于

---

① 李士厚：《郑和新传》，晨光出版社2005年版，第45页。

1360年，于洪武三年（1370年）被封为燕王，洪武十三年（1380年）之国，郑和是1382年到的南京，这时朱棣已在北京。因此李士厚先生认为，这时郑和作为战利品，先是贡奉给南京皇宫的，后再转入燕王府。李士厚认为，马皇后死后，诸王来南京奔丧，将还时，太祖给诸王每人一个僧人，带往封地诵经修佛事，追荐马皇后。当时僧官宗泐，向太祖举荐僧人道衍跟随燕王到北平，郑和可能就是这次连同僧人一起送给燕王的，这一年正是1382年，就是说，郑和在来南京的当年，便被分配给燕王府，去了北京，这一年小郑和大约12岁。

明都南京

南京是中国最著名的城市之一，风景秀丽、历史悠久、文化气息浓郁，是一座有血有肉有灵魂的城市，如果把南京看作一个活生生的人，那么明城墙就是她的骨骼，秦淮河就是她的血脉。

南京最早建城是在春秋战国时期，《建康实录》里记载，在周显王三十六年（前333年），“楚威王筑城石头，置邑，以其地接华阳金壇之陵，故号金陵”①。楚威王为金陵的帝王之气而担忧，怕当地出了帝王而抢了自己的位置，就让人在城外的钟山上埋下大量的金子，希望用这种方法来破金陵的帝王之气，所以钟山也被称为紫金山，但他的方法无法制止这里出帝王，而且还出了好几个。诸葛亮曾出使东吴与孙权商谈孙刘联合之事，从金陵过江，一上岸就看出其地有“虎踞龙蟠”气象，于是建议孙权把都城由镇江迁到金陵，公元222年，孙权称吴王，将金陵改名为建业。此后又有东晋、宋、齐、梁、陈、南唐在此建都。

1366年，朱元璋接受儒生朱升“高筑墙，广积粮，缓称王”的建议，开始在南京修筑城墙，直至1386年才全部完成，历时二十一

① 马蓉等点校：《永乐大典方志辑佚》，中华书局2004年版，第432页。

年，动用了二十万民工，工程土方超过七百万立方米，南京城墙代表了中国城墙建筑的最高水平。南京城墙因地制宜，顺山势、河流、湖泊的走向而蜿蜒变化，很好地利用了天然险要之处，把狮子山、鸡笼山、覆舟山、富贵山、马鞍山等诸山，统统圈入城内，使城墙有了依靠更加牢固，这种不规则的城垣形状体现了人工与自然的完美契合，其中决策者的开明及工程设计人员的高超技艺缺一不可。在城市功能的规划上，城内分成三个主要功能区，城东部建的是皇宫；城南为居民住宅和商业区；城西北设定为军事区。这里特别说明下，明朝的造船基地就在西北军事区域内，下西洋之许多宝船及战舰即在此建造。城墙沿着这三大区域随地形曲折围合而成，大体上西北狭窄东南宽阔。整个城墙长 33.68 公里，现存约 21.35 公里，城内总面积约 60 平方公里。城墙截面呈梯形，下宽上窄，高近 20 米，城墙外侧有雉堞，也称垛口，共计有 13000 多个，极其雄伟。整个城垣由宫城、皇城、内城、外城组成，外城由土墙构成，总长约 60 公里。《洪武京城图志》里是这么描述南京城的，它有“十殿、五楼、七十二宫门”。现如今，宫门大多已泯灭，仅剩西华门、东华门、玄武门等城门保护较好，但许多也是后修葺的，至于外城门已仅剩地名了。

南京城墙修建时除了利用山陵外，还利用了南京最大的河流——秦淮河作为护城河，秦淮河是长江的一条支流，古名“淮水”。它有两个源头，北源在句容市宝华山南麓，称句容河；南源在溧水县东庐山，称溧水河。南北二源合流于江宁县方山，然后河水绕过方山，向西北方向流向南京。秦淮河在南京东部又分为两条，城外的称为外秦淮，被利用为护城河绕城而走，流进城内的被称为内秦淮，从东水关进城，由东向西横贯市区，从西水关出城后再与围绕南部城墙的外秦淮复合，经三汊河注入长江，三汊河入江处正是下西洋宝船厂的地址。

如果说城墙给了南京俊秀的轮廓，那么秦淮河就像一条血脉千百年来给南京源源不断地输送着人文气息，特别是十里内秦淮河两岸，人烟稠密，金粉楼台，极为繁华。

郑和被掳掠至南京后，于1382年送往北京的燕王府，1402年随燕王朱棣打回南京，离开时还是个懵懂少年，回来时已是功勋卓著的青年军官。之后他一生中除了出海，大部分时间就生活在南京，在南京留下了诸多遗迹，城北的天妃宫、静海寺，城南的马府街、大报恩寺，城西的宝船厂，等等，后面我们将会一一讲述。

第五章　郑村坝一战成名

太子朱标先朱元璋而死，他的儿子朱允炆被立为皇太孙，继承了皇位。朱允炆是个孝顺、宽厚的皇帝，《明史》记载他："性至孝。侍懿文太子疾，昼夜不暂离。"在他还是皇太孙时，"初，太祖命太子省决章奏，太子性仁厚，于刑狱多所减省。至是以命太孙，太孙亦复宽大。尝请于太祖，遍考礼经，参之历朝刑法，改定洪武律畸重者七十三条，天下莫不颂德正焉"①。

朱允炆即位后，采取了一系列的惠民政策，诏行宽政，大赦有罪之人，选举贤人，给民间高寿的人赐酒肉、衣物，为鳏寡孤独、残废、有病的人发放救济。另外他还重视农业、开垦荒地，劝民种桑麻，开办学校，考察官吏，赈济灾民。可见朱允炆算是一个好皇帝，不过如果这样一直下去，对大明朝来说，他守成有余，发展不足。相比较而言，气吞万里如虎的朱棣更适合将大明带向巅峰。明朝的变轨开始于削藩，朱允炆在颁布他的惠民政策的同时，重用了三个人，他任命兵部侍郎齐泰为兵部尚书，翰林院修撰黄子澄为太常卿，同参军国大事，不久又召汉中府教授方孝孺为翰林院侍讲。出于对皇帝的忠心，也是出于对皇帝千秋万代基业的担心，他们向皇帝提出削藩的建议，面对众位如狼似虎的叔叔们，建文帝不得不接受这个建议，来清除对皇位觊觎的藩王们。削藩的政策导致湘王柏自焚，齐王榑、代王桂被废为庶人，藩王的先后落马，逼迫燕王

① （清）张廷玉等撰：《明史》，中华书局1974年版，第59页。

朱棣起兵造反，其自称“靖难”。

永乐大帝

朱棣为朱元璋第四子，于洪武三年（1370 年）被封为燕王，洪武十三年（1380 年）来到其封国。史称朱棣相貌奇伟，是位美髯公，智勇双全，且有雄才大略。当时的明朝尚处在北方游牧民族的威胁之下，作为藩王，无疑担负着为国守边之重任。洪武二十三年（1390 年），燕王与晋王共同发兵征讨乃尔不花，晋王因恐惧而不敢进兵，而燕王朱棣全歼敌军而还，这是朱棣第一次出兵塞北，一战成名！这一年朱棣三十一岁。太祖朱元璋对其大加赞赏。《明实录》中记载：“今上（朱棣）平乃尔不花捷奏至，上（朱元璋）喜，谓群臣曰：清沙漠者燕王也，朕无北顾之忧矣。”[①] 从此以后，朱棣屡次率众将出征，他的军事才能深受朱元璋信任，于是将北方沿边各路兵马都交由他节制，至此燕王威名远震。

太祖朱元璋于洪武三十一年（1398 年）闰五月驾崩，朱允炆继位为建文帝，诸王拥兵自重，建文帝采纳齐泰、黄子澄的建议进行削藩，因忌惮燕王的实力，先动手废了周王、湘王、代王、齐王、岷王，这引起了朱棣的恐慌，为拖延朝廷对自己下手的时间，他装疯扮傻，装病作伪，齐泰、黄子澄一再劝建文帝动手，然而建文帝下不了决心。到了六月，地方官都指挥使谢贵、布政使张昺接到朝廷命令将要动手逮捕燕王时，他已做好了准备，设计捕杀了谢贵、张昺两人。朱棣上书皇帝指齐、黄二人为奸臣，并援引祖训：“朝无正臣，内有奸恶，则亲王训兵待命，天子密诏诸王统领镇兵讨平之。”[②] 于是正式举兵，并自行任命官职，燕军迅速占领北平周边的居庸关、怀来、遵化、永平等地。

八月，天子以耿炳文为大将军，率师征讨，为燕军所败，之后

---

① 《明太祖实录》卷 201，“中研院”历史语言研究所校勘影印本，1962 年，第 3010 页。

② （清）张廷玉等撰：《明史》，中华书局 1974 年版，第 70 页。

建文帝再派曹国公李景隆为大将军，领兵五十万平叛。朱棣采用谋略，引兵出北平，先取大宁城，引诱李景隆前来围攻北平，自己再引兵回援北平，与城内军队内外夹击。李景隆果然中计，引兵包围了北平，但守城的世子坚决不出战，死守北平。那边，朱棣用计进入大宁城，挟持了宁王朱权，又收编了大宁城内的朵颜三卫的兵丁，兵源有了极大补充，至此燕军真正扩充为左、右、前、后、中五军，军威大振。十一月，燕王率军回援北平，到达孤山（今北京通县东四十里），探报报白河（即北运河）水流湍急无法渡河，燕王向天祷告，当大军到达河边时，河已结冰，大军顺利渡河。李景隆派都督陈晖绕到燕军背后准备偷袭，哪料陈晖部队渡河时，冰面突然开裂，士兵溺死者无数。朱棣乘机挥师而西，击败前哨都督陈晖所率万余人。初五日，燕军与李景隆军战于郑村坝（今北京东二十里）。朱棣见其兵动，遂以奇兵左右夹击，连破七营。随后燕军抵达北平城下，城中留守部队出城参战，内外夹攻，大败建文帝军，李景隆向南逃往德州。次日，燕军继续进攻，击破其四垒，诸军闻李景隆已逃跑，乃弃兵粮，日夜南逃。此战，燕军以八万对五十万，大获全胜。

郑村坝之战的胜利，是朱棣起兵意义巨大的战役。这一战，抵抗住了建文帝军队的猛烈冲击，保住了根据地北平，使燕军终于在战场上争得了主动权。对于平叛的建文帝军队而言，一鼓作气，再而衰，三而竭，第一轮进攻铩羽而归，后面的战争结果已是命中注定了。第二年四月，李景隆进兵河间，驻军白沟河，朱棣闻讯，率马步军十余万人扎营在苏家桥（今河北保定东北）。二十四日，燕军自苏家桥循河而进，遭到李景隆军万余人伏击，燕军死伤惨重，引军而退，朱棣境况危机，因天黑还迷了路，他下马伏地视察河流的流向后才辨清方向，渡河而逃，不过从这个细节也可以看出朱棣本人具有丰富的战斗经验和高超的野战素养。次日，朱棣复率军渡河求战，一举斩杀了敌军将领。这时，李景隆突然挥师绕到燕师背后，实施前后夹击。朱棣率数千精锐部队突入阵中，飞矢如雨注，朱棣三易其马，矢尽挥剑作战。不久剑也断了，不得不败走到河堤上，挥动马鞭作招呼人状，李景隆怕中埋伏，不敢向前，这时燕王世子朱高煦援军到来。但李景隆军越聚越多，燕军将士惊慌失措，朱棣奋然鼓励士兵战斗，正奋战中，突然起了一阵旋风，竟然吹断了李景隆的帅旗！朱棣乘机放火奋击，斩敌数万，李景隆落荒而逃，连皇帝赏赐的玺书斧钺都丢了。最终军队溃散，李景隆军被杀死及溺水而亡者数万人，余众逃往济南，济南的主官铁铉代替李景隆接手了战事。

铁铉，河南人，国子监的学生，建文初年，铁铉升任山东布政司参政。李景隆北伐时，铁铉负责北伐军的粮饷供给，铁铉是文人，打仗并非专长，但物资保障工作完成得很好。李景隆战败逃到济南时，铁铉主动去见李景隆的参将盛庸，两人将济南城里仅有的六万人马迅速组织发动起来，发誓要与济南城共存亡。济南官民上下众志成城，抵抗住了燕军的疯狂进攻，朱棣久攻济南不下，又无计可施，只能退军。朱允炆便提升铁铉为山东布政使，并命令盛庸取代李景隆出任大将军。

建文四年（1402 年）四月，燕王朱棣卷土重来，再次南征，但在山东依然被铁铉所阻，无法前进，于是采取回避战略，绕过山东，攻下泗州、灵璧，然后避开防守严密的凤阳和淮安，直扑扬州。正如朱棣所预料的那样，燕军兵临长江，果然京师震动，建文帝派人过江和谈，许诺割地求和，朱棣断然拒绝，江南守将纷纷投降燕军。六月，燕军自瓜州渡江，打败盛庸的军队，拿下镇江，紧接着进军龙潭逼进京师，当兵临金川门时，谷王朱橞、李景隆开城门投降，都城陷落。

战事结束，朱棣谒拜明孝陵后，在奉天殿即皇帝位。朱棣曾两次大规模对有功者进行封赏。第一次为："建文三年（1401 年）九月甲申，论靖难功，封丘福淇国公，朱能成国公，张武等侯者十三人，徐祥等伯者十一人。封驸马都尉王宁为侯，茹瑺、陈瑄及都督同知王佐皆为伯。”① 第二次封赏为永乐元年（1403 年）四月：“再论靖难功，封驸马都尉袁容等三人为侯，陈亨子懋等六人为伯。”②

对郑和的封赏应当在第一次封赏中，那时他还叫马三保。在靖难战争中，最为惊险的一战当属郑村坝之战，前文说到，当时北平被李景隆五十万大军包围，朱棣正引兵出北平，进攻大宁城，北平空虚，如果北平失守，燕王就将被釜底抽薪，无家可归了。“成祖举兵，世子守北平，善拊士卒，以万人拒李景隆五十万众，城赖以全。”③ 当时郑和作为太监肯定参加了世子留守北平之战，并在关键的郑村坝之战中立下大功。

云南《郑氏世系家谱》记载：“永乐二年（1404 年）正月初一，御书郑字，赐以为姓，乃名郑和。”④ 从此马三保改名为郑和，这个名字伴他永垂青史。南京发现的《郑和家谱首序》记载：“维时马三宝（保）承袭，即擢为兵部尚书，太祖颇倚重之。后数有功于郑州，因赐姓郑，改名为和。后事成祖，努力王事。”⑤

不过《郑和家谱》对于赐姓时间的记录有误，郑和赐姓之事应该不晚于洪武三十五年（1398 年）九月“论靖难功”之时。最迟不会晚于永乐元年（1403 年），这有确切实证，郑和曾经出钱印制《佛说摩利支天经》，并请姚广孝（法名道衍）作题记，题词云：“今菩萨戒弟子郑和，法名福善施财命工刊印流通，其所得胜报，非言可尽矣，一日怀香过余请题，故告以此。永乐元年次癸未秋八月二十又三日，僧录司右善世沙门道衍。”据此可知，郑和赐姓事当发生在永乐元年八月之前。这里就这个问题做仔细说明，是因为后文将讨论郑和在七下西洋之前就曾经出访日本、暹罗，史料与“郑和”的赐名时间有关。家谱中关于擢为兵部尚书无疑为附会之说，但关于

① （清）张廷玉等撰：《明史》，中华书局 1974 年版，第 76 页。
② （清）张廷玉等撰：《明史》，中华书局 1974 年版，第 80 页。
③ （清）张廷玉等撰：《明史》，中华书局 1974 年版，第 107 页。
④ 《郑和家世资料》，人民交通出版社 1985 年版，第 2 页。
⑤ 《郑和家世资料》，人民交通出版社 1985 年版，第 6 页。

“有功于郑州”却是提供了一个重要信息，靖难之役并未在郑州有战事，家谱中的郑州可能是后人错记，但此事决非空穴来风，实际上郑和立战功之地应该在郑村坝，所以朱棣赐给他“郑”姓。《潞城考古录》载：“通州西北二十里有安德乡，地名坝上，通人称曰北坝，都人称曰东坝，即郑村坝也”。[①] 郑和参加了郑村坝的保卫战，并立下战功，北平之围遂解。在残酷的战争中，郑和的才能与勇气得到了朱棣的认可，为日后被任命为下西洋之主帅奠定了基础。

朱棣是一位了不起的皇帝，正是因为他的顶层设计，决心对海外国家进行管理，才会有郑和七下西洋之壮举，大明朝对周边国家的影响达到有史以来最大，常年与大明保持友好往来的国家达三十余个。《明史》对他的评价可谓恰如其分：

> 文皇帝少长习兵，据幽燕形胜之地，乘建文孱弱，长驱内向，奄有四海。即位以后，躬行节俭，水旱朝告夕振，无有壅蔽。知人善任，表里洞达，雄武之略，同符高祖。六师屡出，漠北尘清。至其季年，威德遐被，四方宾服，受朝命而入贡者殆三十国。幅员之广，远迈汉、唐。成功骏烈，卓乎盛矣。[②]

北方既定

洪武元年（1368年）八月，明军攻陷大都，赶走元顺帝。第二年六月，进而攻陷元上都开平，逼得元顺帝再往北逃。元顺帝逃回沙漠，为时不过两年，明洪武三年（1370年）就死在了应昌，太子爱猷识理达腊嗣位。这一年，大将军徐达出西安追击元将王保保

---

① 转引自（清）万青藜、周家楣修，（清）张之洞、缪荃孙纂：光绪《顺天府志》卷27，清光绪十二年刻十五年重印本，第37页。

② （清）张廷玉等撰：《明史》，中华书局1974年版，第105页。

（扩廓帖木儿），四月全歼王保保军。副将军李文忠出野狐岭，擒获元平章祝真，进攻元太尉蛮子，擒拿了平章伯答儿，并打到开平，接着攻下应昌，躲在此处的新帝爱猷识理达腊逃逸，明军基本肃清了边境一带地区。

洪武五年（1372年），太祖朱元璋出动十五万大军，分三路进击，大将军徐达出中路，由雁门趋和林；左将军李文忠出东路由居庸至应昌；征西将军冯胜出金兰取甘肃。徐达遭到伏击而惨败；李文忠军深入朔北，直捣敌人根据地称海，但本身军兵也死伤严重；唯有西路军冯胜部队大获全胜，从兰州平定甘肃，取得了通往西域的孔道，十一月设立甘肃、庄浪两卫。这次北征，明军胜负相当，性格谨慎的朱元璋由此吸取教训，完全改变方针，专事经营沿边地区，向辽东和青海方面延伸，而暂时避免孤军长趋朔北地方，此后明朝在沿边地区取得了一系列的胜利，经略范围日益扩大，蒙古诸王及将士也相继投降归附。

洪武五年（1372年），明军平定铁岭、开元，于七年（1374年）和十二年（1379年），平定大宁地方，辽东西部平靖，洪武十四年（1381年）以后，辽东虏官相继来降附，洪武二十年（1387年），筑大宁、宽河、会州、富国四城。此外洪武十三年（1380年），沐英自宁夏出塞，大破西番各部，后转兵攻取亦集乃路，拿下额济纳河畔的黑城；甘肃都督濮英向塞外出击，不断拓展通往西域的孔道。平定沿边地区后，最著名之战役是打败辽东元将纳哈出，纳哈出是成吉思汗著名功臣木华黎的后裔，元末后一直占据着辽东地区，与蒙古西部的元主成犄角之势，明朝多次招抚，都没有成功。洪武二十年（1387年），朱元璋命大将军冯胜等，率大军二十万征讨纳哈出，右副将军蓝玉乘大雪，掩取庆州，当年六月全军逼近金山，纳哈出被迫投降。

洪武二十一年（1388年），降伏纳哈出后，朱元璋立即任命蓝玉为征虏大将军，讨伐北元的残余力量。爱猷识理达腊已于洪武十一年（1378年）崩于和林，脱古思帖木儿继位，当时脱古思帖木儿在黑山、捕鱼儿海之间游牧，《明实录》对这次战役记录得相当精彩：

> 丙辰（十二日），黎明至捕鱼儿海南饮马，侦知虏主营在海东北八十余里。（蓝）玉以（王）弼为前锋，直薄其营。虏始谓我军乏水草，必不能深入，不设备，又大风扬沙，昼晦，军行，虏皆不知。虏主方欲北行，整车马皆北向。忽大军至，其太尉蛮子率众拒战，败之，杀蛮子及其军士数十人，其众遂降。虏主脱古思帖木儿与其太子天保奴、知院捏怯来、丞相失烈门等数十骑遁去。玉率精骑追之，出千余里，不及而还。获其次子地保奴、妃子等六十四人，及故太子必里秃妃并公主等五十九人。其詹事院同知脱因帖木儿将逃，失马，窜伏深草间，擒之。又追获吴王朵儿只、代王达里麻、平章八兰等二千九百九十四人，军士男女七万七千三十七口，得宝玺图书牌面一百四十九、宣敕照会三千三百九十道、金印一、银印三、马四万七千匹、驼四千八百四头、牛羊一十万二千四百五十二头、车三千余辆。聚虏兵甲焚之。遣人入奏。遂班师。①

经此一战，北元再也无力和大明对抗了，元主脱古思帖木儿仅逃得性命，本想逃往和林，但半道遭到逆臣也速迭儿袭击，和太子天保奴一起被害。此后东蒙古各酋首纷纷投降，明廷在北地分设众多卫所，有泰宁卫、福余卫、朵颜卫、全宁卫、应昌卫。其中前三卫便是著名的朵颜三卫，它们在整个明朝都左右着兴安岭以东的局势。投降后的蒙古各势力，并不是忠心归顺，一旦有机会，他们又纷纷反叛，洪武二十三年（1390年），朱元璋派时为燕王的朱棣出征

① 《明太祖实录》卷190，“中研院”历史语言研究所校勘影印本，1962年，第2865～2866页。

叛酋，我们前文所述朱棣第一次出征漠北，一战成名，便是在这一时期。

洪武二十九年（1396年），朱棣还到达克鲁伦河上游、呼伦贝尔等地作战，此后直到洪武三十年（1397年）、三十一年（1398年）间，燕王长期率领代、辽、宁、谷各王和杨文、郭英等将领，巡塞警备边地。

从洪武初年起，朱元璋就苦心经营北方，封爱子秦王樉于西安、晋王㭎于太原、燕王棣于北平；洪武二十四年，又封了数位少子镇守宁夏、大宁等北方边城。太祖即使在将逝之年，还一再担心北虏寇边，下敕要求各王，谨慎守边，而晋王、燕王等常常巡逻到边界以外几百里的地方，到太祖驾崩时，大明王朝已完全控制住了北方局势。

太祖崩，靖难内战三年，几乎无暇外顾。成祖登基后立即着手招抚鞑靼可汗鬼立赤和太师右丞相马儿哈咱、太傅左丞相也孙台等，此外设立了泰宁、福余、朵颜等兀良哈三卫；之后再建安定、阿端、曲先、罕东等青海西宁各卫；在东北设立建州、兀者等卫所。

永乐年间，蒙古失去首领，鞑靼与瓦剌两部酋长相互激烈斗争，相继投降了明朝。但这期间也有反复，永乐六年（1408年），元朝君主的嫡亲后裔本雅失里从撒马儿罕回来，在太保枢密知院阿鲁台的帮助下，赶走僭越汗位的鬼力赤，继承了汗位，鞑靼对明的态度立刻强硬起来，斩杀明廷招抚官，攻击明朝军队。永乐七年（1409年），朱棣从南京移驾至北京备战，七月派大将军丘福率十万大军北征。由于丘福轻敌冒进，导致全军覆没。朱棣非常愤怒，决定第二年亲征，并立刻开始做战争准备，征发京畿以外地方兵员、粮草。

夏原吉等商议，从北京到宣府路途遥远，为解决军需补给问题，从北京向北建设卫仓，逐程补给。宣府以北，则用车三万辆，约运粮二十五万石，随军队而行。每十日路程，就筑一城，再十日程，又筑一城。每城斟酌贮粮，以等回军时补给军需用品，并留下军队把守。所筑之城，起名为平胡城、杀胡城。除汉地外，政府还从西部征调了西藏兵，从东部征调了满州的女真兵，甚至还大量征发了朝鲜军马。一切准备就绪，明军于永乐八年（1410年）三月十日从鸣銮戍出发，横渡大漠后又越过伯颜山，五月十二日明成祖朱棣率军到达兀古儿札。这时听闻明朝大军来征，鞑靼内部起了纷争，已逃跑了，明军遁迹追到斡难河岸，大败本雅失里军，本雅失里仅率七骑渡过斡难河而逃，投靠瓦剌后被杀，阿鲁台投奔了兀良哈。

朱棣继续追杀阿鲁台，阿鲁台在十二月屈服投降，带领他的属下兀良哈三卫归顺了明朝。这次战役粉碎了鞑靼部势力，瓦剌部又趁机发达兴旺起来，开始抗拒明朝命令。永乐十二年（1414年）正月，朱棣再次踏上亲征之路，三月，成祖率五十万大军从北京出发，越过野狐岭到兴和，之后沿饮马河西行，于六月三日到达双泉海（传说这即是元太祖的发祥地撒里怯儿），在此处明军与瓦剌军展开决战。瓦剌军大败，人马死伤者无数，他们趁夜色逃至土剌河，为纪念这一胜仗，将此地起名为杀胡镇。这一战打怕了瓦剌，他们归附了明朝，永乐十三年（1415年）派使入朝谢罪，并年年入贡。不过真是应了一句老话，按下葫芦浮起了瓢，瓦剌衰落后被阿鲁台打败，阿鲁台再次反叛，其势力对明朝形成了威胁，北方边界时常受到侵扰，成祖又感到必须讨伐阿鲁台了。

永乐二十年（1422年）三月，朱棣由北京出发，征讨阿鲁台，七月到达呼伦泊以北的杀胡原，阿鲁台闻风而逃，明军便掉转马头指向东南——阿鲁台的根据地。在兴安岭东屈裂儿河畔，歼灭兀良哈的大部队，俘获千人，颁赐军士们牛羊马驼十余万只，八月大军回到北京。虽然战争得胜但没有抓获首领阿鲁台，所以朱棣在永乐二十一年（1423年）、二十二年（1424年）连续两年出兵北征，屡有胜绩，但最终没有俘虏酋首。六月二十一日，明军决定班师回朝，七月七日驻军清水源，十六日到苍崖戍，朱棣突发急病，十七日移至榆木川，十八日驾崩。

朱棣的雄才伟略，毕现于北征之战中。就算是昔日明主汉武帝、唐太宗屡次破北狄，也都是派遣大将，而非亲征，汉人天子远渡沙漠的，唯有明成祖朱棣一人。经过两代英主的经略，北方既定，国体得以稳固，明王朝于是具备了出兵海外的精力。郑和七下西洋不是一般意义的招抚之旅，在七次下西洋中，既有对航线中海盗的平定；也有对沿岸国家元首的裁定与认可；当然在航海过程中，还始终伴随着贸易，而这种贸易不是一般的国际贸易，同时也是对国际贸易规则的制定。

这是中国在元朝大混乱后，再次对海外世界的管理。

海疆乱象

自古以来，中国北方就一直面临游牧民族的袭扰，明朝经过朱元璋及朱棣两代皇帝的苦心经营，北方局势初步稳定。而明初东南沿海及远洋航线上各种势力可谓错综复杂，东南海域的海盗力量尤为猖獗，作为宗主国，大明王朝要想对亚洲乃至更远国家发挥影响，必须清靖海上航线。

元末义军中，数支力量都拥有海上武装。陈友谅出生于湖北汉阳的渔民之家；张士诚是江苏扬州人，一直从事海运盐业的生意；方国珍更是海上霸主。他们在对朱元璋的战争中或降或死，但都有部分下属逃亡到海上，在明朝政府管理之外。

除元末起义军余党外，在海外还有一种势力，就是南宋遗民发展而来的海上力量。13 世纪后半期，元朝灭南宋后，宋的遗民逃亡到东南亚，从印度尼西亚到爪哇等地都有很多中国人定居，其中就有不少人从事海盗活动。14 世纪后期，又有一些中国人逃亡到海外，他们与当地原有华人联合，人多势众，行动日趋活跃。其中最著名的有梁道明、陈祖义。《明史》记载："有梁道明者，广东南海县人。久居其国（旧港）。在闽、粤军民泛海从之者数千家，推道明为首，雄视一方。”[①] 与梁道明齐名的陈祖义是广东潮州人，在洪武年间逃到三佛齐，在此建立了一个庞大的武装团体，不时骚扰广东沿海，此外他还常常抢劫东南亚国家与大明往来的贡使，这些华人海盗无疑是控制海上贸易通道的障碍。

对大明王朝破坏力最大的海上力量为倭寇，关于倭寇的研究，日本权威学者田中健夫认为，“倭寇”最早出现在 1350 年，《高丽史》等朝鲜史料记述这一年在固城、竹林、巨济等地方最早出现倭寇。朝鲜半岛南岸与黄海沿岸是倭寇早期活动的主要区域，后来发展到中国大陆沿海的辽东、山东、江苏、浙江、福建、广东等地，之后倭寇的足迹更向南发展，达到台湾地区与菲律宾。

倭寇发源的最早原因是，由于蒙古的压力，日本商人无法与高丽开展正常的贸易，于是转变为海盗，从 1350 年开始，倭寇骚扰了朝鲜半岛约四十年时间，直到 1392 年高丽王朝倒台，这期间倭寇规模达到三千多人，船只四百余艘。后来由于高丽政府整顿军备，对倭寇大力打击，特别是 1392 年李成桂建立了“朝鲜”新王朝后，军事打击之外又辅以怀柔政策，使倭寇分化。倭寇部分投化朝鲜，部分转为商人，但也有一部分继续为海盗，他们抢劫地区转向了中国。

明朝时，几乎年年有倭寇活动的记录，他们既袭击沿海居民，又掠夺官粮。明朝政府不得不充实沿海防御，洪武五年（1372 年），朱元璋采纳廖永忠建议，建造快船防备倭寇。洪武十七年（1384 年），太祖命汤和巡视海岸，在山东、江苏、浙江沿海地区建立五十九城，设立备倭行都指挥使司。政府奖励军队打击倭寇。洪武二十年（1387 年），对浙江沿海各卫所士兵六万二千八百五十三人，每人赐钞五锭。洪武二十三年（1390 年），命令沿海卫所和巡检司一律备船二艘，巡查海上盗贼。

明政府灭倭政策多管齐下，军队对倭寇的战争取得了一定的效

① （清）张廷玉等撰：《明史》，中华书局 1974 年版，第 8408 页。

果，永乐九年（1411 年）春正月丙戌，丰城侯李彬、平江伯陈瑄率浙江、福建兵捕捉海寇，永乐十五年（1417 年）六月，败倭寇于金乡卫。永乐十七年（1419 年）六月戊子，刘江歼倭寇于望海埚，被封为广宁伯。永乐十九年（1421 年）二月辛丑，都督佥事胡原帅师巡海捕倭。除军事打击外，朱元璋还采取了外交政策，对日本政府告知新王朝成立，促使其来朝贡，并给以丰厚的回赐，此外又开放宁波、泉州、广州为通商口岸，设立市舶司来管理海外各国来船。

倭寇在洪武至宣德年间的活动相当频繁，明朝要保持自己世界宗主国的地位，要维护好其治下世界的秩序，必须要解决横行海上的倭寇。

倭寇在明朝的行动地域与行动次数①

年代		行动的地域和次数						
公元	明朝年号	辽东	山东	江苏	浙江	福建	广东	合计
1369 年	洪武二年		1	4	2		1	8
1370 年	洪武三年		1		1	1		3
1371 年	洪武四年		1		1		1	3
1372 年	洪武五年				1	2		3
1380 年	洪武十三年						1	1
1383 年	洪武十六年				1			1
1384 年	洪武十七年				2			2
1390 年	洪武二十三年				1			1
1391 年	洪武二十四年				1		1	2

① ［日］田中健夫：《倭寇——海上历史》，杨翰球译，北京科学文献出版社 2015 年版，第 162 页。

续表

年代		行动的地域和次数						
公元	明朝年号	辽东	山东	江苏	浙江	福建	广东	合计
1393 年	洪武二十六年				1			1
1394 年	洪武二十七年	1			1			2
1398 年	洪武三十一年		1		1		1	3
1401 年	建文三年				2			2
1404 年	永乐二年			1	2			3
1406 年	永乐四年		6				1	7
1409 年	永乐七年		1					1
1410 年	永乐八年					1		1
1411 年	永乐九年	1			2		1	4
1413 年	永乐十一年				2			2
1415 年	永乐十三年			1				1
1416 年	永乐十四年		1	1				2
1417 年	永乐十五年				1			1
1418 年	永乐十六年			1	1			2
1419 年	永乐十七年	1						1
1420 年	永乐十八年				1			1
1421 年	永乐十九年						1	1
1422 年	永乐二十年				3			3
1424 年	永乐二十二年				1			1
1429 年	宣德四年					1		1
1433 年	宣德八年						1	1

西方同期

中世纪的欧洲正处在贪婪、愚昧、残暴的教会的统治之下，朱棣在位期间，欧洲的经济非常落后，生产的呢绒和金属制品，在亚洲很难找到买家，在世界经济中是一个边缘角色。经济上，亚洲处于无可撼动的崇高地位。德国的经济学家弗兰克是这么评价 15 世纪时亚洲的经济地位的：

> 世界经济原来主要是以亚洲为基础的，威尼斯和热那亚的经济事业和成就也是以亚洲为基础的。这两个城市从它们在亚洲财富和欧洲对财富的需求之间的中介地位中获取财富。它们与西亚的亚洲贸易终点之间的贸易是从黑海开始，经过地中海东部到埃及。这种贸易也是欧洲扩张的先声。欧洲人后来还是为了寻找通往亚洲之路而向大西洋扩张，最终向下绕过大洋洲到达印度，跨越大西洋到达美洲。人们对于哥伦布 1492 年的航海活动和达·伽马 1498 年的航海活动的原因一直争论不休。这些事件不是偶然的。说到底，哥伦布“发现”美洲是因为他要寻找东亚的市场和黄金。①

在中国的西部有阿富汗、伊朗、伊拉克等国家，这一地区被称为西亚，西亚自古以来就是东西方贸易的枢纽。向北到波罗的海、俄罗斯，向南到阿拉伯半岛、埃及、东非，向东是中国和印度，向西是西非、西欧、地中海。明朝初年，这里正处在大混乱中，原因是由于 13 世纪蒙古人的远征，土耳其人从中亚被赶到小亚西亚，他们正在同东罗马帝国进行战争。与明朝大致时期，他们渡过达达尼

---

① ［德］贡德·弗兰克：《白银资本：重视经济全球化中的东方》，刘北成译，中央编译出版社 2000 年版，第 96 页。

尔海峡，远征马其顿、塞尔维亚和保加利亚，最后占据了君士坦丁堡，将它改名为伊斯坦布尔，在此建立了奥斯曼帝国，并控制了西亚商道。

14 世纪是欧洲的一个转折点，在中世纪，基督教禁止基督徒吃利息，禁止放高利贷给基督徒，鄙视商人。因此从事商业和食利的高利贷活动就成了不信仰基督教的犹太人的专利事业，他们逐渐形成了一个金融资本家集团，这些利益集团成立诸多的秘密组织，来控制社会。早在中世纪，欧洲犹太银行家就秘密结盟，成立了共济会，类似共济会的秘密组织还有崇尚炼金术的知识分子行会“玫瑰十字会”等。在它们的推动下，欧洲人从 11 世纪发起了十字军东征，并一直持续到 15 世纪。名义上，这场战争的目的是欧洲基督徒前往耶路撒冷营救被穆斯林压迫的亚洲基督徒，但实质上，这就是持续五百年之久的，欧洲人对东方国家的抢掠，他们在土耳其、埃及、耶路撒冷抢劫了不计其数的财富和图书、艺术品。

犹太共济会银行家在 14～15 世纪，建立了佛罗伦萨和威尼斯共和国，使意大利的这两个城市成为最早的犹太共济会银行家控制下的金融国家，这两个城市的文学家、艺术家得到美第奇家族等银行家的资助，而发起了解构封建政治文化和天主教体系的文艺复兴。

得益于十字军对东方的抢劫，欧洲此时已拥有了相当数量的财富，同时他们对剽窃来的阿拉伯文化及东方文化进行改头换面的抄袭，美其名曰“文艺复兴”。他们宣扬文艺复兴是这样产生的：由于信仰伊斯兰教的奥斯曼帝国的入侵，东罗马的许多学者带着大批的古希腊和罗马的艺术珍品和文学、历史、哲学等书籍，纷纷逃往西欧避难。或者说，是十字军东征在路上发现了古希腊的图书、古罗马的艺术品、文学著作等，欧洲由此得到了古希腊的文化遗产，其实这都是无稽之谈，欧洲文明的起源几乎完全是对东方文化的抄袭与改造。文艺复兴的组织者就是新兴的金融资本集团，他们聘用各类学者与艺术家，鼓吹所谓的民主和自由，扛起了反封建的大旗，在政治制度、科学技术等各方面发起革命，控制了国家政权和经济命脉。不可否认，他们因此占据了经济的主导权，并控制了西欧各国的政治资源，把人从神权的威逼下解放出来，社会得到了进步，经济得到了发展。

除了财富和文化上的突飞猛进，欧洲还在十字军东征过程中发展出了银行的信用制度，这极大地刺激了西方的经济发展，这种银行信用制度为十字军东征期间产生的圣殿骑士团所发明。第一次十字军东征，西欧军队在沿途建立了几个基督教国家，当初这些国家面临着恶劣的生存环境，在从地中海东岸到耶路撒冷的道路上，充满了危险，朝圣者常常被沿途的人杀害，为了保护朝圣者，九名自诩为高尚而虔诚的骑士，在耶路撒冷成立了一个骑士团，耶路撒冷国王将王宫的一部分——“所罗门圣殿”赐给他们做驻地，于是他们就有了“圣殿骑士团”之名。圣殿骑士团的特殊职能与宗教热情很容易吸引到人们的支持，因此常常作为使节，被国王派往罗马和欧洲国家执行使命。他们由最初的九个人发展成为一支常备军，因为它具有强大的军事能力，国王也将更多的防卫责任交给它。

此外，圣殿骑士团得到了欧洲教徒的大量捐赠，他们积极参与政治与军事活动，逐渐发展成一个具有强大影响力的政治团体。圣殿骑士团总部设在耶路撒冷，在欧洲拥有九千处领地，最高行政长官是总团长，在西欧主要国家设立分团，如巴黎分团、伦敦分团，在诸侯国还有三级分团，三级分团下面还有四级机构，这是一个庞大的行政网络。圣殿骑士团从东方掠夺到的大量财富，以及西方基督徒捐赠的财产，使很多成员成为大富豪，他们与犹太商人一起从事高利贷和金融汇兑活动。利用其密布在东西方的网络，为十字军筹备军费，在沿途购买军用物资。在这些活动中，他们发明了汇票支付、地产抵押业务，这使他们成为名副其实的西欧银行业的鼻祖。圣殿骑士团掌控的巨额金钱和财富引起了王室和教皇的嫉妒，终于在 14 世纪初矛盾总爆发，教皇宣布解散圣殿骑士团，对骑士进行残酷清洗，骑士团成员转入地下活动，并入犹太大金融家集团。

金融资本具有高超的组织能力，它深刻影响了十字军东征和文艺复兴。在 15、16 世纪还资助了哥伦布、麦哲伦等探险家的航海事业，实现了地理大发现，发现美洲后，欧洲人从当地大量掠夺白银，以白银输入中国，彻底改变了他们的贸易窘境，之后西欧的发展也得以迅速超越了中国。

十字军东征尾声，正是朱棣统治时期，这时中国的封建国家形式几乎发展到了顶峰，而西欧正处在资本主义大发展的前夜。郑和下西洋是中国封建帝国对世界进行管理的一次尝试，然而这一尝试很快就因为朱棣和郑和的先后去世而戛然而止，统治世界的成果落到了西欧大金融资本者的手里。中国从太平洋、印度洋退出后，欧洲国家立即填补进来，中国失去了海上藩篱，很快衰落下去。

关于这一内容，我们将在之后作深入讨论。

第六章　明初经济一片欣欣向荣

元朝统治时期，人为地毁坏农田推广畜牧业，社会经济遭到了极大的破坏，明朝取代元朝，汉族在长期被异族统治以后，又重新获得了自主权，再加上朱元璋采取休养生息的政策，使生产力也获得了一定程度的解放。经济发展既为郑和下西洋奠定了雄厚的物质基础，也提供了应有的商业条件。

经济恢复

明初采取了以下一系列的惠民政策，来恢复破败的社会经济。第一，解放劳动力，把全国户口主要分为民户、军户、匠户三种，强制把农奴解放为自由民；第二，大量招收流亡农民，开垦荒地，兴修水利，实行屯田；第三，严惩贪官污吏，维护正常的社会秩序；第四，大量免除农民税赋，赈济灾害。在朱元璋三十一年的统治下，中国的人口大大增加，达到六千零五十四万，较元朝最盛时期还多七百万。

在明初，朱元璋听取户部郎中刘九皋“古狭乡之民，听迁之宽乡，欲地无遗利，人无失业也”[①] 的建议，从地少人多的江苏、松江、嘉兴、湖州、杭州等地迁徙无田的人家四千多户到临濠，并发给耕牛、种子、车辆、粮食，来资助他们从事农业生产，三年不用交税，另又迁十四万江南民众到凤阳。明成祖时迁太原、平阳等丁

① （清）张廷玉等撰：《明史》，中华书局 1974 年版，第 1879 页。

多田少及无田之家到北平。这些措施使人与地的配置更加合理，促进了农业生产。

在明朝的恤民政策中还有：设养济院收养无生活来源者，每月供给口粮；设漏泽院，埋葬贫苦无依者[①]；要求天下府州县行养老之政，立法扶贫抑富；命户部迁应天、浙江富民三千户充实北京。这些政策起到了抑制豪强、扶困助贫的作用，既有利于增殖人口又有利于稳定社会秩序。

土地无疑是当时最重要的生产资料，明政府对其可谓精心管理。在江浙富裕之地，编制鱼鳞册，详细登录税赋；在田多荒芜的中原地区，采用计民授田的政策，禁止豪强兼并；在北方，召集民众耕种土地，每人给地十五亩种粮，二亩种蔬菜，免三年税金。每年中书省奏报天下新开垦的农田，少的年份有千亩，多的年份达到二十余万亩，政府给牛及农具者，才收税，额外开垦的荒地永不起科征税。[②] 到洪武二十六年（1393 年），天下有一千六十五万二千八百七十户，人口达到六千五十四万五千八百十二人，土地达到八百五十万七千六百二十三顷（一顷为一百亩），人均田地数与今天的中国相当。[③]

明朝实行屯田制，这是又一个有利于社会经济的重要举措。屯田分军屯和民屯，朱元璋设立民兵万户府，寓兵于农。命令诸将屯兵于龙江等处，当初中书省请求对军屯收税，被朱元璋否定，而对于大臣在宁夏、四川、东北等地招集流民屯田的进谏，大加赞赏。比如有邓愈、汤和诸将在陕西、彰德、汝宁、北平、永平等地实行军屯；又有山西真定的民众迁到凤阳实行民屯。[④] 当时天下卫所州县的军民无不从事开荒屯田之业，在边疆地区的部队，三分守城，七

---

① 参见（清）张廷玉等撰：《明史》，中华书局 1974 年版，第 1880 页。

② 参见（清）张廷玉等撰：《明史》，中华书局 1974 年版，第 1882 页。

③ 参见（清）张廷玉等撰：《明史》，中华书局 1974 年版，第 1880 页。

④ 参见（清）张廷玉等撰：《明史》，中华书局 1974 年版，第 1883 页。

分屯种；内地的部队，二分守城，八分屯种。每军授田五十亩为一分，发给耕牛、农具，每一分土地征粮十二石，贮存在屯仓，由本军队自行支配，余粮作为本卫所官军的俸粮。永乐初年还发布命令，对于军屯的业绩进行考核，产量多的赏钞，产量不足的罚俸。太原曾有一个左千户军官叫陈淮，他所种的样田，每军余粮有二十三石，皇帝专门重赏了他。无独有偶，宁夏总兵何福积谷最多，皇帝也赐敕褒美。[1] 在政策感召下，全国屯田的数量达到九十万顷，地域东起辽左，北抵大宁，西至甘肃，南达滇、蜀，最南甚至到交阯，中原则在黄河两岸遍布屯田。屯田政策的执行，保证了军粮的供应同时减少了农民的负担，是有利于民生的。

明初生产力的恢复，增加了社会财富，朱元璋采取的减轻赋税的政策也有利于社会民众提高农业生产水平与改善生活条件。他曾发布命令："折收逋赋，盖欲苏民困也，今赋重如此，将愈困民，岂恤之之意哉。金、银每两折米加一倍。钞止二贯五百交折一石。余从所议。"[2] 除减税外，有时政府直接给予免税。"至若赋税蠲免，有恩蠲，有灾蠲。太祖之训，凡四方水旱则免税，丰岁无灾伤，亦择地瘠民贫者优免之。凡岁灾，尽蠲二税，且贷以米，甚者赐米布若钞。又设预备仓，令老人运钞易米以储粟。"[3]

总的来说，明政府采取的对人民休养生息的政策起到了很好的作用，不久国库便充实起来。《明史》记载，到永乐中期：

> 天下本色税粮三千余万石，丝钞等二千余万。计是时，宇内富庶，赋入盈羡，米粟自输京师数百万石外，府县仓廪蓄积甚丰，至红腐不可食。岁歉，有司往往先发粟振贷，然后以闻。虽岁贡银三十万两有奇，而民间交易用银，仍

---

① 参见（清）张廷玉等撰：《明史》，中华书局 1974 年版，第 1884 页。
② （清）张廷玉等撰：《明史》，中华书局 1974 年版，第 1895 页。
③ （清）张廷玉等撰：《明史》，中华书局 1974 年版，第 1908 页。

有厉禁。[1]

到永乐时期，经过两代人的苦心经营，明朝的政府与百姓都已非常富庶，以至于存在仓库内的粮食多到腐朽而不可食，国库内的钱粮丰盈。

手工业发达

作为封建社会支柱之一的手工业经济，从两宋开始有了新的变化。分工更加精细，《宋会要辑稿》所载关于美术工艺方面的就有四十二作，让我们来看看这些分工有多细：打作、棱作、钑作、镀金作、钙作、钉子作、玉作、玳瑁作、银泥作、碾砑作、钉腰带作、生色作、装銮作、藤作、拔条作、捺洗作、杂钉作、场裹作、扇子作、平画作、裹剑作、面花作、花作、犀作、结绦作、捏塑作、旋作、牙作、销金作、镂金作、雕木作、打鱼作、绣作、裁缝作、真珠作、丝鞋作、琥珀作、弓稍作、打弦作、拍金作、玵金作、克丝作。

土木工程方面有二十一作，包括：大木作、锯匠作、小木作、皮作、大炉作、小炉作、麻作、石作、砖作、泥作、井作、赤白作、桶作、瓦作、竹作、猛火油作、钉铰作、火药作、金火作、青窑作、窟子作。此外还有纺织、染色、陶器、冶金等方面手工业。金属工业的规模也大有发展，比如徐州的冶铁业，有三十六处，每处都有百人以上的工人；信州的铜矿、铅矿，长年保有十多万人昼夜开采；汴州的军器作，有近万人在同时工作。

到了明朝手工业者社会地位更有所提高，《明史·食货志》记载："匠户二等：曰住坐、曰轮班。住坐之匠，月上工十日；不赴班者输罚班银月六钱，故谓之轮班。"[2] 就是说工匠可以不去赴班，以

① （清）张廷玉等撰：《明史》，中华书局1974年版，第1895页。
② （清）张廷玉等撰：《明史》，中华书局1974年版，第1906页。

钱代替，其地位明显要高于没有人身自由的工奴。据洪武年间的统计，全国匠户共有二十三万二千零八十九名，相比元代毫无自由的工奴来说，明代半自由工匠成为手工业发展的重要因素。在矿产业，官方允许私人采炼铁矿，每三十分抽税二分，此后冶铁业在全国各地发展起来，政府在产铁地，设立了十三个冶铁所，包括江西的进贤、新喻、分宜，山东的莱芜，湖广的兴国、黄梅，广东的阳山，陕西的巩昌，山西的泽州、太原、潞州等，铁的年产量达到七百四十六万余斤。[①] 到了永乐年间，又在四川的龙州，辽东都司三万卫等处设立了冶铁所，年产量增加到一千八百四十七万五千斤，那时铁的熔炼和铸造大部分已经使用煤炭。铜矿，最初是在江西铅山开采，接着四川的梁山，山西的五台，云南的罗次，陕西的宁羌、略阳等处都有官府的厂矿。[②] 锡矿以广西的南丹、河池产量最大。银矿在福建、浙江、贵州各地都有，其中云南最多。此外在贵州大万山长官司有水银、朱砂场局，四川东川府会川卫山产青绿、银、铜。[③]

矿业之外是纺织业，唐代发明的提花机到了明代已普遍应用，明代官府织造局分布广泛，除了京师外，还有杭州、绍兴、金华、衢州、台州、温州、宁波、嘉兴、湖州、镇江、苏州、松江、徽州、宁国、广德、福州、泉州、成都、济南等，官办织造局外，民间丝织业也很发达。[④] 在棉织业方面，棉花的种植逐渐推广，政府下令，凡民田五亩至十亩者栽桑、麻、木棉各半亩，十亩以上者倍之。所以在产棉区，棉花的纺织成为农民的副业，特别在江南松江与芜湖等地特别发达。纺织业的发达，除了满足本国人民使用外还有剩余，这也成为明初商业产品寻求海外市场的主要推动力。

陶瓷无疑是古代的高科技，在国际市场上具有绝对的竞争力，

---

① 参见（清）张廷玉等撰：《明史》，中华书局 1974 年版，第 1973 页。
② 参见（清）张廷玉等撰：《明史》，中华书局 1974 年版，第 1973 页。
③ 参见（清）张廷玉等撰：《明史》，中华书局 1974 年版，第 1974 页。
④ 参见（清）张廷玉等撰：《明史》，中华书局 1974 年版，第 1997 页。

明代时的景德镇早已成为全国瓷器制造业的中心，方圆十平方公里的地方，人口数十万，官、民窑共计有三千座，年产瓷器几十万件，它是全国也是全世界最大的瓷器生产基地。这里不但产量大，而且质量上乘，各种色釉比前代更加丰富。颜料也来自全国各地，甚至国外。比如“青花瓷”用的“苏麻泥青”就来自苏门答腊和加里曼丹，这些瓷器色彩美丽，胎釉细腻、光洁如玉，在国外极受欢迎。

除了上述的日用手工业品的生产外，明朝还有一项非常重要的文化产业——造纸与印刷业。造纸手工业作坊分布在浙江、安徽、福建、湖南、江西、广东、广西、四川等省。其中安徽的宣纸，福建、江西的连史纸、毛边纸，最为有名。在印刷术上有木活字、铜活字、锡活字、铅活字等技术，推广到了海外各地，欧洲文化得到发展一个重要原因，就是因为他们通过统治西班牙的后倭马亚王朝（西大食）获得了中国的印刷术。

明朝手工业发展有一个显著特点，就是越来越多的农民离开土地加入到手工业者的队伍中，这就是早期的城市化吧。明朝建立不久就出现了大量流民，以往流民的出现不是由于自然灾害就是土地兼并造成，明初的流民显然不是这些原因，当时的江南巡抚周忱分析流民产生的原因有七个，其中有这样两个原因：一是“豪匠冒合”，即农民私自投靠两京富有的手工工匠，去那里从事手工业生产；二是“船居浮荡”，即脱离家乡，长期从事水上往来贸易。农村劳动力出现了向都市手工业、商业等非农经济领域移动的倾向。由此可见明朝手工业的发展具备了相当的规模，已经达到了改变社会结构的程度。

商业发展

商品经济同样是在宋朝就有了质的改变，宋之前商业活动必须在一定的市场内进行，时间是在一定的范围内，而到了宋朝，商业首先突破了市场的区域限制，在都市的任何地方都可以交易，其次也突破了时间限制，每天从早到晚都可以进行买卖。

关于明朝商业，最重要的当属官营的盐与茶，这两样都关系到国家的军事大政。史载："煮海之利，历代皆官领之。太祖初起，即立盐法，置局设官。有明盐法，莫善于开中。"① 所谓"开中"，就是在洪武初年政府与山西商人达成的一个协议，山西商人向大同、居庸关等几大边关要塞输送粮食，政府给予其合法贩卖"官盐"的资格，这一政策的目的是利用商人的贸易之法解决国家筹集军粮的困难。

而茶的国家专卖制，是为了解决军马的需要："番人嗜乳酪，不得茶，则困以病。故唐、宋以来，行以茶易马法，用制羌、戎，而明制尤密。有官茶、有商茶、皆贮边易马。"② 政府设置茶马司，专门进行茶马贸易，由茶马司来定价，比如一匹上等马换一百二十斤茶，中等马换七十斤茶，马驹换五十斤茶。当然随行就市，茶马价值时有变化，《明史》有记录，曾经"每岁茶五六十余万斤，可得马万匹"③。明政府不但对关系到军国大事的商品贸易很关心，对于日常的商业行为，也是非常鼓励的。

明朝商业税很低，"凡商税，三十而取一，过者以违命论"④。当年有一个叫成乐的山西平遥的主簿，自称善于办理商业税收之事，但朱元璋认为："税收有定额，若以恢办为能，是剥削下民，失吏职也。州考非是。"⑤ 命吏部对这个人进行问讯，朱元璋不鼓励税收能手，认为那是对民众的剥削，这是非常有见地的。

洪武初年，皇帝命令在京的兵马指挥领市司，每三天校勘一次街市的度量权衡，稽查一次物价；在京城以外，命令城门兵马，兼领市司。能主动地维护市场公平秩序，这是非常难能可贵的。当初，

---

① （清）张廷玉等撰：《明史》，中华书局1974年版，第1931页。
② （清）张廷玉等撰：《明史》，中华书局1974年版，第1947页。
③ （清）张廷玉等撰：《明史》，中华书局1974年版，第1951页。
④ （清）张廷玉等撰：《明史》，中华书局1974年版，第1975页。
⑤ （清）张廷玉等撰：《明史》，中华书局1974年版，第1975页。

南京城内军民住所都是政府分配的，房屋之间没有空隙，商货运到京师连存放处也没有，只能存在船上或是存在城外，很不方便贸易，朱元璋就命令在三山门等城门处，在濒水的地方建造了很多屋子，名叫塌房，用以存贮商货，为了促进贸易，皇帝真是费尽了心啊，由此可见明朝的商业环境还是不错的。

商业税收作为商品流通的指挥棒，其作用无疑是非常重要的，朱棣亲自过问此事，采取了很多客观的有利于商业发展的措施。永乐初年规定，百姓嫁娶丧祭时使用的礼物，自织的布帛、农器、食品，车船运输自用之物，鱼蔬杂果等非卖物一律免税。① 永乐七年（1409 年），朱棣派御史、监生到收税处榷办税收之事。永乐二十一年（1423 年），山东巡按陈济言："淮安、济宁、东昌、临清、德州、直沽，商贩所聚。今都北平，百货倍往时，其商税宜遣官监榷一年，以为定额。"② 朱棣应允了这个客观而务实的建议。

除国内贸易，明朝的对外贸易也达很兴旺。"海外诸国入贡，许附载方物与中国贸易。因设市舶司，置提举官以领之，所以通夷情，抑奸商，俾法禁有所施，因以消衅隙也，洪武初，设于太仓黄渡，寻罢。复设于宁波、泉州、广州。宁波通日本，泉州通琉球，广州通占城、暹罗、西洋诸国。"③ 可见明朝对国内、国际贸易都是肯定的，而且是依法治商。

古代中国在长时间内一直是世界最发达、最强大的帝国，海外国家对中华都是执顶礼膜拜的态度，因此国际贸易也是以入贡的形式实现的。明政府明确允许外国人载入当地货物与中国人贸易，并且设置了市舶司，任命提举官来管理对外贸易，以此通夷情、抑奸商。洪武初年在宁波、泉州、广州等地都设置了市舶司，并且各市舶司还有分工，宁波主要管理对日本贸易；泉州管理对琉球贸易；

---

① 参见（清）张廷玉等撰：《明史》，中华书局 1974 年版，第 1975 页。

② （清）张廷玉等撰：《明史》，中华书局 1974 年版，第 1976 页。

③ （清）张廷玉等撰：《明史》，中华书局 1974 年版，第 1980 页。

广州管理对占城、暹罗、西洋诸国的贸易。关于对外贸易的规模，各国有所不同，琉球、占城等国对中华一向恭顺，明政府就允许他们随时入贡交易；日本叛服无常，所以对它进行限制，只允许它十年入贡一次，来华人数也限制在二百人以内、来船为二艘，以金叶勘合表文为凭证，防止其诈伪侵轶。关于外贸关税的问题，朱棣主观上以一种大国君主傲视诸国的态度，不屑于征税，客观上由于外贸免税的政策，刺激了海外贸易的发展。永乐初年，西洋剌泥国马哈没奇等来朝，带来很多胡椒与中国人交易，有税务官员向其征税，朱棣说："商税者，国家抑逐末之民，岂以为利。今夷人慕义远来，乃侵其利，所得几何，而亏辱大体多矣。"[①] 直接令免税，这促使外商争相来朝，给中国带来了大量的海外货物，为日后开始征收外贸税提供了巨大的基数。由于外番贡使越来越多，政府便在福建、浙江、广东设置市舶司，在交阯云屯设市舶提举司。海外贸易是明朝一个重要的经济部门，并越来越被社会管理者重视。

明朝学者对海外贸易已有深刻认识，丘濬的观点可以作为代表，他非常重视海外贸易，主张进行海外贸易的理由有三点：第一，中国商品能自足自用，无需从外国进口，但外国则不可无中国之物，所以出口走私之患是禁不住的，与其严刑重罚也禁不住，不如开海禁进行对外贸易；第二，有人反对海外贸易是怕因此招惹边患，他指出像暹罗、爪哇等国从来没有骚扰过中国，我们只要不与倭奴贸易就可以了，不必禁止其他国家贸易；第三，让人民从事海外贸易，官府征税，可不扰本国之民而于财政收入大有补助。关于海洋运输，丘濬已深谙其道，他在其著作《大学衍义补》中写道：

> 舟行海洋，不畏深而畏浅，不虑风而虑礁。故制海舟者必为尖底，首尾必均置舵。卒遇暴风，转帆为难，亟以

---

① （清）张廷玉等撰：《明史》，中华书局1974年版，第1980页。

> 尾为首，纵其所如。且暴风之作，多在盛夏。今后率以正月开船，置长篙以料角，定盘针以取向，一如番舶之制。今欲免放洋之害，宜预遣习知海道者，起自苏州刘家港访问傍海居民，捕鱼渔户，煎盐灶丁，逐一次第踏视海涯有无舟行横道，舶舟港汊，沙石多寡，洲渚远近，亲行试验，委曲为之设法，可通则通，可塞则塞，可回避则回避，画图具本，以为傍海通运之法。万一可行，是亦良便。若夫占视风候之说，见于沈氏《笔谈》，每日五鼓初起，视星月明洁，四际至地者，无云气，因便发行，巳时而止，则不遇风暴，或中途忽见云起，则易舵回舟，仍泊旧处。如此可保万全，永无沉溺之患。①

一方面海外贸易如火如荼，另一方面海外贸易也给明政府带来了巨大的困惑，那就是由于进出口不平衡造成钱币大量外流，至使国家出现钱荒，严重影响国内的商品流通。海上交通频繁，香药犀角诸宝货输入日多，政府虽得巨额之关税以补岁入之不足，但输出额与输入额不能相抵，钱货遂如漏卮外溢，源源不绝。东至日本，南至南海诸国，均流行用中国铜钱。输入为奢侈品，输出则为正货，虽年年铸钱，而不能补其不足，遂发生“钱荒”之弊。自唐宋以来，历朝均有极严厉之禁令，禁钱币出口。吴晗在《十六世纪前之中国与南洋》一文中写道：

> 诸国仍贪入贡之利，来者不止。当时朝廷以为海寇之起，多缘于通商互市，因之废市舶司不设。一面下禁海令，不许人民私自出海贸易，洪武十四年（一三八一年）禁濒海民私通海外诸国。可是沿海居民，迫于生计，仍私自出

① （明）丘濬撰：《大学衍义补》卷三四，明成化刻本，第9页。

外贸易，禁令愈严，获利愈大，私出贸易者因之愈多，货币之流出愈不可问。[①]

商业贸易乃至海外贸易是发展趋势，非一纸政府禁令所能废止的。朱棣一朝也曾遵循太祖之制，禁止民众从事海外贸易，但这命令如一纸空文，不能禁遏外贸之洪流。政府没办法只好又允许通商，指望以此能收到税收，可是商人重利，想方设法逃税。所以政府干脆自己来从事海外贸易，这也是郑和下西洋的一个原因。

中西异观

明朝雄厚的经济实力为郑和七下西洋提供了经济保障，发达的商品经济为其提供了出洋动力，但也正是明朝的经济特质决定了当时的大航海行动，随着朱棣与郑和的相继去世半途而废。

明朝之财富观，在《明史·食货志》中，第一句话就开宗明义，说得直白而清楚："取财于地，而取法于天。富国之本，在于农桑。"[②] 无疑，他们坚定地认为世间财富得之于地，由人的劳动创造。所以国家经济政策都是围绕着土地来制定，手工业、商业都是土地经济的配合者，至于对金融更是没有明确的认识。国家运转靠的是一种粗放的财政制度，主要靠土地税、人头税提供财政支持，并且这些经济行为都是以国家力量来执行。

对金融的认识仅限于收粮赈济灾民。"州县则设预备仓，东南西北四所，以振凶荒。"[③] "凡岁灾，尽蠲二税，且贷以米，甚者赐米布若钞。"[④] 而发放借贷的米、钱，都是为了解决百姓生计，绝不是为了谋利。金融业务中最核心者，为发行货币，中国的货币发行权自

① 李华等主编：《吴晗文集》第1卷，北京出版社1988年版，第296～297页。

② （清）张廷玉等撰：《明史》，中华书局1974年版，第1877页。

③ （清）张廷玉等撰：《明史》，中华书局1974年版，第1924页。

④ （清）张廷玉等撰：《明史》，中华书局1974年版，第1908页。

古以来就在政府，明朝也是如此，多次发布命令严禁私人铸钱，可是政府自己的货币发行政策又是混乱不堪。太祖初年，朱元璋在应天设置宝源局，铸造“大中通宝”钱，在他登皇帝位后，颁布“洪武通宝”钱，在各省成立宝泉局，与中央的宝源局同时铸钱。除中央与地方都能发行货币外，前朝的铜钱也还能使用，可见明朝的货币流通是比较混乱的。

这时还有商人在使用元朝的纸钞，而不使用明朝的铜钱。洪武七年（1374 年），朱元璋设宝钞提举司，印制“大明宝钞”，命民间通行，同时停止运行宝源局与宝泉局，不久又恢复宝泉局，但只铸造小钱。发行部门也有所不同，宝钞由户部发行，而铜钱由工部发行。政府发行的宝钞没有统一的规划，同时前代的钱钞也一直在民间流行，到后来由于明政府宝钞的不稳定，民间开始流行使用银，国家一面强调只有政府才能发钞，一面又逐渐丧失了铸币权。

明朝时，农村还是自给自足的封建经济，而城市工商业却有巨大发展，于是城市与农村经济水平相差悬殊，因而对货币的需要也极不相同。为了适应城市工商业发展的需要，贵金属白银作为货币而流通是客观的必然趋势。但在当时银、铜的供给均不够充裕的条件下，如不发行纸币又不足以满足领土广阔的帝国的货币流通需要。由于当时的人对货币没有清楚的认知，混乱的货币政策与实践，制约了经济与社会的发展。

但无论如何，中国人从来没有那种以发行货币来渔利的观念，对政府来说，始终认为国家财富得之于农业生产而非发行货币，曾有大臣建议皇帝发行货币来增加政府的财政收入，但皇帝立即予以否决：“昧者多言复通钞法可以富国，不知国初之充裕在勤农桑，而不在行钞法也。”① 这里明确说明，国家的财富来自于农业而非金融。除生产外，财富则来自于节俭：“夫强本节用，为理财之道。”② 民间

① （清）张廷玉等撰：《明史》，中华书局 1974 年版，第 1877 页。

② （清）张廷玉等撰：《明史》，中华书局 1974 年版，第 1877 页。

呢？有学者认识到，铸币权可以带来铸币税，即额外的财富，但他们想的还是以此利益来补偿国家财政支出，从未想过要私人谋取铸币权，而为自己谋利。如明朝学者丘濬就在《大学衍义补》中写道："钱也者，寓利之器……上之人苟以利天下为心，必操切之，使不至于旁落……得其赢余以减田租、省力役，又由是以振贫穷、惠鳏寡，使天下之人养生丧死皆无憾。"①

中国的经济核心是土地，政府的经济政策要照顾到社会各阶层的利益，在统治阶级满足自身享受的同时，要顾及百姓，还要受到官僚阶层的掣肘，总之是一个微妙精细的平衡系统，如有不慎就会崩盘。实际上，中国历史上发生多次的改朝换代，便是这一平衡关系被打破后的重新建设。

明朝的航海事业也正是因为受到各方社会力量的撕扯而半途而废，郑和的航海事业受到多方攻讦，明宪宗成化年间，皇帝曾经动过恢复大航海的念头，下诏命兵部查找郑和下西洋旧档案《郑和出使水程》，可惜已被车驾郎中刘大夏事先藏起来，也许已经私自销毁。他认为，郑和下西洋，费钱几十万，军民死者万计，就算取得珍宝也什么益处。这代表了大部分官吏的观点，他们只图眼前安逸却无远大眼光，也许这里还掺杂了走私集团的利益，他们不希望国家直接从事对外贸易而断了自己的财路。总之郑和开启的大航海事业毁于一旦，这里面的原因是相当复杂的，我们后面将专章讨论。

反观西方国家，他们的大航海较中国要晚数十年，但航海家却能前赴后继，仅用了两百年时间就一举超过雄居人类社会数千年的大中华帝国，这有赖于他们与中国不同的社会组织形式。中国无论哪个朝代的建立都是以军事手段来实现的，因此皇帝本身首先是军队首脑，疆土统一起来，建国后就以政治方式组织社会活动，经济围绕政治目的展开。而同时期的欧洲则不同，面积与中国相仿的欧

① （明）丘濬撰：《大学衍义补》卷二七，明成化刻本，第2页。

洲分裂为二百多个国家，任何一国的皇帝都没有能力组织起欧洲的社会发展，那么碎片化的欧洲是靠什么力量整合起来的呢？答案是金融资本，金融资本决定欧洲的政治版图，决定欧洲的经济发展方向，以及欧洲国家之间的战争，这与中国正好相反。

代表大金融资本的罗斯柴尔德家族有一句名言："只要我能控制一个国家的货币发行，我不在乎谁制定法律。"[①] 中世纪西方的政治经济制度就是，政府向私有银行借贷以维持国家运行，而将所收的税款全部用来偿还贷款及利息，货币发行权则由私有银行控制。这样私人资本就掌控了各国的财政大权，使政府无独立的财政能力，也合法吞并了政府税收。

西方金融资本势力首先在意大利兴起，它的时间正与明朝同步——公元 15 世纪。佛罗伦萨对自己的政治制度最为自豪，因为它认为自己是意大利城邦中最自由最民主的，其他共和国都是由各个贵族家族在政府就职，而自己是依照法律组建的政府。这个政府的执政团是从 21 个行业协会的会员中民主选举出来的，这些行业协会包括传统的律师行会、羊毛行会、丝织行会等，但是新崛起的银行业行会为最重要的力量。佛罗伦萨银行家们发迹的秘密就是发行货币，他们发行一种叫弗罗林币的货币[②]，这种货币受到了广泛认可，在全欧洲流通，在众多银行中，最兴旺、发展最迅速的无疑就是美第奇银行。美第奇家族是最著名的金融资本家族，他们活跃的年代与明朝大致同期。1368 年朱元璋在南京登基，三年后的 1370 年，萨尔韦斯特罗·德·美第奇当选为佛罗伦萨首席执政官[③]，将家族荣耀推到一个新的高峰，1683 年南明王朝的结束，标志着明朝彻底终结，不久最后一任美第奇家族的托斯卡纳大公吉安·加斯托内·德·美第

---

① 宋鸿兵编著：《货币战争》，中信出版社 2007 年版，第 37 页。

② 参见［英］克里斯托弗·希伯特：《美第奇家族的兴衰》，冯璇译，社会科学文献出版社 2017 年版，第 25 页。

③ 参见［英］克里斯托弗·希伯特：《美第奇家族的兴衰》，冯璇译，社会科学文献出版社 2017 年版，第 21 页。

奇于1737年去世。14世纪美第奇银行就在罗马、威尼斯、热那亚、那不勒斯、伦敦设立了分行，他们为教皇处理财政业务，向各国国王提供贷款，教俗两道通吃。

在西方，金钱控制一切社会事务，金融家决定政府首脑人选、决定战争胜负、决定文化导向。航海事业也是由金融家们为了寻找东方财富一手操办的，西方航海家的事业虽然规模小，但不用顾及其他社会阶层的意见，只为金钱而战，所以更专注。对财富孜孜不倦的追求，这正是西方金融财团支持的航海家比中国政府主导的航海家走得更远、走得更久的原因。

为什么是哥伦布横渡大西洋发现了新大陆，而不是别人？这也不是偶然的。而是由哥伦布的出生决定的，他出生在一个热那亚的犹太人家族，这个家族是从西班牙移民到热那亚的。这种出生使他天然与意大利的犹太金融家有联系，并得到他们资助，也秉承了他们的意志扬帆出海，寻找新的殖民地。

与郑和船队不同，哥伦布的船队要小得多，因为它不是以国家力量为后援，西班牙国王实际上仅是这次航海事业的一个小股东。哥伦布当初并没有得到西班牙王室的支持，当他走投无路时，由犹太人的安排他来到了西班牙拉拉维达这个地方，方济各会的修士胡安·佩雷斯接待了哥伦布，他给哥伦布介绍了两个重要人物，一个是方济各会的修士，叫马尔切纳，他是一个优秀的天文学家；另一个叫平松，他是一个大资本家，拥有自己的船队，同时也是一个航海家，是当地同行中的海上首领。毫无疑问，修士佩雷斯具有特殊的能量，哥伦布费尽心思没有得到西班牙王室的许可，佩雷斯一封信就搞定了，他给王后写了一封信，很快王后就回信了，还随附了一笔钱，这是给哥伦布的，王后让他买些衣服，穿得体面一些，好去觐见陛下，最终哥伦布拿到了西班牙王室的许可。哥伦布的船队共有三艘帆船，其中两艘由平松家族提供。组织这个船队，需要200万马拉维迪（当地的货币单位），西班牙王室只提供了50万，哥伦布所出 50 万是平松家族借的，其他 100 万也由平松家族提供[1]，无论西班牙王室还是平松家族都是私人财富集团，因此哥伦布航海的支持者是私人资本。

中西方的财富观不同，两个世界的航海舰队的经济支持也大相径庭，因此他们的目的当然也就不同了。郑和的船队更多的是出于政治目的，他们要小心翼翼地处理各方面的利益关系，最终没有进行到底，而西方舰队专注于财富的攫取，所以他们的行动更持久，手段也非常残忍。

① 参见［西班牙］马达里亚加：《哥伦布传》，朱伦译，人民文学出版社 2011 年版，第 186 页。

第七章　中国航海是个“技术控”

郑和能够执行如此宏大的远航任务，除了因为明初积累的雄厚财富，还需要过硬的航海技术，这不是花钱能买到的。郑和七下西洋的成就也充分体现了中国航海技术的先进性，郑和是中国航海事业的集大成者。事实上中国自古以来就是一个航海大国，具有最先进的航海技术，曾经有一种论调甚嚣尘上，说什么中国是一种黄色文明，西方是蓝色文明，以此来贬低中国。持这种论调的人要么是无知，要么就是别有用心，古代中国无论是造船技术还是航海知识，或是航线开辟，都是西方国家无法望其项背的。

造船技术

远古时代中国人就会制船浮水，《物原》记载：“燧人氏以匏济水，伏羲氏始乘桴。”说的是古人跨着一根树干，或是抱着一个葫芦作浮具渡水。[①] 但真正的水上运载工具，必须要具备容器的形态，并且具有干舷，才能算作舟、船。在浙江余姚河姆渡遗址发现的黑陶质独木舟模型证实，最晚在八千年前，我们沿海的先民已会剖制木板，开始制作木板船。当人类掌握了石斧和火以后，就可以造出独木舟了，到了金属工具出现时，木材可以剖解成木板，在原来舟、筏的基础上造出木板船，这是造船业的一次飞跃，从此造船便摆脱了原木的束缚，可以造出比独木舟容量大数倍的船来。

① 参见中国航海学会编：《中国航海史（古代航海史）》，人民交通出版社 1988 年版，第 2 页。

在夏、商时代，中国的造船技术又有了长足进步，当时的木板船上至少有两至三段加固船体横向强度的空梁，构成三至四个分段隔舱。根据造船工艺规范，船上每一个隔舱结构，是由一根横梁，加上两舷每边一根“企桡”和船底的一根底梁，构成一个框架，隔舱板就固定在这个框架上。这套装置不仅有分隔舱室和加固船体横向强度的作用，更重要的是它能使船体纵向舷板的接头钉附在框架上，使短板接成长板，用短材造出长船来，用这种多舱室的办法可以建造大船。在商朝时，人们发明了帆，帆的出现，是人类对自然风力资源的开发，是船舶推进动力的一次大飞跃，帆与木板船相结合，因风致远，推动着航海活动日益向远海延伸。

春秋战国时出现了楼船，船的上层甲板供士兵作战，中层有水手背向航行方向划桨，这种划桨方式能最大限度发挥人划桨的体力，是我国独有的，并且一直沿用至今。那时的造船技艺，已能适应航行分工的需要，开始有了船型分类，有战舰、货船与客船。

汉代开始正式设置水军，水军有多种舰艇，包括下濑、横海、戈船、露栈、冒突等。当时已有官营造船场，船体建有多层建筑，并都有专称，《释名》中写道：“其上板曰覆，言所覆虑也；其上屋曰庐，像庐舍也；其上重屋曰飞庐，在上，故曰飞也；又在其上曰爵室，于中望之，如鸟爵之警视也。”即第二层叫作“庐”，第三层叫作“飞庐”，第四层叫作“爵室”，可见船舶建造已具备整体设计的水平。

解放后，在湖北、湖南、广州等地出土了多件西汉的船模，这些船模的共同特点是，在甲板上都建有舱房，舱房的左右壁压在两舷上，因此前后两壁之下必赖横梁支撑，否则便悬空无所依托。广州出土的船模从船首到船尾有八根横梁，舱房的前后壁各压坐在一根横梁上，共占六根横梁，再加上船首一根龙口梁和船尾一根断水梁，共计八根。每一根横梁下，正是木船建造中加固横向强度的框架，架子上装配的横向木板构成隔舱板，八个横梁标志着八副隔舱板，把船体分成九个分舱。船首舱按习惯多作储存帆缆索具之用，船尾舱多作炊事厨房，其余七个舱可作存货、住宿之用。今天我们造船时，舱体分舱的具体形式不论有多少变化，但都没有改变两千年前以分舱来达到抗沉和加固横向强度的设计原理。另外从船模上还能看到，有伸出两舷的木板，作为连通船首到船尾的舷外走道。在船首和船尾也有伸出船外而与船身等宽的木板，这种伸出舷外的木板叫作“瞰板”，伸出船首的板叫首艄，船尾的叫尾艄。船舶上采取前后出艄加“瞰”的制作方式，既扩大了甲板作业面积，又可以减轻船在航行中的纵摇或横摇，增大了船舶稳定性。

有了船还要有推进部件，目前发现最早的船桨是在河姆渡出土的木桨，距今有七千多年，桨是舟船的推进工具，它随着舟船的发展，不断有所改进，船桨有多种式样，如：站着使用的长桨叫“櫂”；坐着使用的短桨叫“楫”。桨有一个最大的优点是，它利用一个支点，变成了一个杠杆，划动时可减轻臂力。除了桨之外，还有篙，篙是利用水底或岸边物，按照力的作用与反作用原理，使船体向用力的相反方向前进。再有纤，是用来牵引船前进的索具，通常用竹篾编成。

到了汉代，船舶推进器有了一个重大的发明，那就是出现了橹。橹的外形很像桨，但桨是直的，而橹的把手和橹板都是弯形的，橹入水的部分是一块带拱形的长板，它是起推动作用的机构，橹板向上延伸，通过叫作“二状”的部位与橹把手连接在一起，形成一支整橹，在甲板上支撑橹的地方，设有一颗球顶铁钉，叫作“橹人头”，作为橹的支点，在橹的把手顶端处系着一根绳子，这根绳子叫作“擼担绳”，绳的下端拴在甲板的一个铁环上。桨每次入水后都要拔出水面，准备下次动作，对船是间歇性的推进，而橹入水后是连续摇动，它所产生的推力比桨的功效高，并且省力，所以说橹的发明是船舶推进工具的一次根本性改革。橹是中国对世界造船和航海技术的一大贡献！

在铁锚出现之前，用来系泊船舶的机构叫“碇”，它是用绳或网系着的一个石块，投入水底后，碇就可以凭自身重量拖住船舶。碇之后出现过硬木制成的“椗”，它带有两个爪子，可以抓入水底泥土，其牢固性较碇有了进步。东汉出现了带有木爪的石碇，被称为“矴”，矴的制作原理，沿用至今。

舵是船上控制航向的设备，西汉时是用一支装在船尾用来调整航向的桨，东汉时出现了具有较大面积的舵，它装在船尾正中，专门用来调节船的航向，但那时的舵不是沿着竖直的舵杆轴线转动的，还带有桨的痕迹。到唐代发展出了垂直轴线的垂直舵，在舵的使用方面，我国至少比西方早一千年。

我国在战国时期就出现了风帆，后来还发展出了多桅多帆。风帆的结构和使风技术的完备最迟形成于东汉末年，帆在材质上可分为两大类：一类是布做的软帆，这种帆只能在顺风时用人字桅悬挂；另一类是硬帆，它是用与帆的横面等长的多根竹竿，等距横向支撑在帆的一面或两面，这样的帆比较平整，可以更有效地利用风力。硬帆挂在桅杆上，可以绕杆转动，形成独特的中国式平衡纵帆。东吴时期人万震著的《南州异物志》，详细说明了硬帆的使用方法：

> 其四帆，不正前向，皆使斜移，相聚以取风吹，风后者激而相射，亦并得风力，若急，则随宜增减之。斜张相取风气，而无高危之虑。故行不避迅风激波，所以能疾。①

这段话清楚说明，当时的海船在驶风航行时，随风向的顺逆不同，相应的布置帆位，即“船驶八面风”，它包括顺风、逆风、左侧风、右侧风、左斜顺风、右斜顺风、左斜逆风、右斜逆风。各种风吹来，都与船体纵中线形成一个夹角，当正顺风时，风向与船体纵

① 转引自（宋）李昉辑：《太平御览》卷七七一，上海商务印书馆 1936 年版，第 5 页。

中线一致，为0度角，正横风时为90度角，正逆风时为180度角。海船的航向与风向在0度至180度之间，随变化会形成若干夹角，这种夹角便叫作“风角”。当风角是0度时，海船航向与风向一致，是利用风力最有效的角度，这时帆面与船体纵中线形成一个90度夹角，这个夹角叫作“帆角”。在航行中，经常遇到的是在各种斜风和横风中航行，船工会随着风向的变化，时刻把帆面调换到最佳的位置上，形成最有利的帆角。在多帆的船上，斜移的帆面，各自迎风，后帆不会挡住前帆受风，这便是万震文中说的“不正前向，皆使斜移，相聚以取风吹”的道理。

到唐宋时期，中国造船技术水平和能力达到了秦汉以来第二个高峰，这一时期船舶体制已基本定型，奠定了以后各代的造船法式，那时建造的“木兰舟”非常巨大，据《岭外代答》一书记载：“帆若垂天之云，舵长数丈，一舟数百人。”① 光它的舵杆就有五丈长，宋代一尺为0.311米，那么这个舵杆足有15.6米长。

在20世纪70年代，宁波和泉州分别出土了两艘远洋海船的遗骸，为我们揭示了当时造船的水平，两船都有断面很大的龙骨，宁波船的龙骨用三段松木接成，长10.5米，船壳用杉木板厚约70毫米，宽210～420毫米，首部的列板较窄，中部逐渐增宽，板列之间采用子母扣搭接，用参钉钉合，再用桐油灰和麻丝捻缝。其他各舱也用同样的油灰捻缝，形成水密隔舱。泉州船更大，长约30米，宽10.5米，排水量在450吨左右，全船有13个水密舱，两舷由三重松杉木搭接钉合，船底用二重板钉合，板隙用麻线、竹茹塞实，再以油灰捻缝。这艘船的船体横剖面呈“V”字型，是一艘尖底海船，这种尖底海船的斜剖线很平缓，当船航行时，除在满载水线附近的部分是沿水线流动外，主要水流是沿着斜剖线流动，这便弥补了由于长宽比过小，给船速带来的负面影响。同时“V”型横剖面还有利于改善海船的耐波性能，具有较好的适航性，在驶风时抗横漂能力较强。

---

① （宋）周去非撰，屠友祥校注：《岭外代答》，上海远东出版社1996年版，第121页。

水密舱的发明是中国造船工业的一个重大创造，1973 年在江苏如皋出土的唐代木船，设有 9 个船舱，两舱之间设有水密舱壁。1960 年在扬州施桥镇发现的唐代木船，共分为 5 个船舱。水密舱壁技术的应用可使船舶某一个船室触礁进水而不沉，提高了安全性；同时因为有了舱壁的横向结构，加强了船体的刚度。

宋代出现了铁锚，宋代周密所著《癸辛杂识》记载："其铁猫（锚）大者重数百斤。尝有舟遇风下锚，而风怒甚，铁猫（锚）四爪皆折，舟亦随败，极可异也。"从内容可见，宋代的锚为铁制，有四爪，与今天之锚已经无异，它较前代的碇、椗和矴的泊船功能更加有效。而郑和时代，其制作的铁锚已非常巨大，而且用料精当，"按《七修稿》载，淮安清江浦厂中草园地上有铁锚数枚，大者高八九尺，小亦三四尺者，不知何年之物。相传永乐间三保太监下海所造，雨淋日炙，无点发之缩，视之真如银铸，光泽犹日用于世者。愚意此必良铁为之，故其色精莹如此"①。

宋代在船舶建造方面还有两项非常优秀的技术改进，一是平衡舵，一是舭龙骨，这都是经考古发掘出来的船舶实物所证明的。1978 年在天津出土的一艘宋船，它的舵的弦长与船宽相仿，舵叶呈三角形，一部分舵叶装在舵杆前，受力中心距舵杆较近，是一只完整的平衡舵。而且宋代的尾舵已经可以利用绞关轴控制其升降，船出海后将尾舵降下可得到较高的舵效，还可以抵抗横漂，船回港口或在浅水区又可以将舵提起，使舵叶不受损伤。

在宋代，中国的造船业采用的另一项非常有用的技术，就是给船舶安装了减摇龙骨，在出土的宋船遗骸上，发现"减摇龙骨由半圆木构成，最大的宽度 90 毫米，贴近船板处的厚度为 140 毫米，残长达 7.10 米，用两排间隔 400～500 毫米的参钉固定在第 7 和第 8 列壳板的边接缝上"②。此构件可以使船舶在航行中借助自身横摇来增

① （明）严从简撰，余思黎点校：《殊域周咨录》，中华书局 1993 年版，第 250 页。

② 席龙飞：《中国造船通史》，海洋出版社 2013 年版，第 200 页。

加阻尼力矩而减小摇摆幅度，它结构简单，不占用船舶内部空间，有显著的减摇效果，当西方懂得这项技术时，已是六百年后的事了。这一装置的使用，可使航行在大洋上的船舶减小风浪中的倾角，使远洋航行更安全也更舒适。

从元代开始，我国的航海事业走向鼎盛，大旅行家伊本·白图泰是这么描述当时的中国船舶的：

> 大者有十帆，至少是三帆。帆系用藤篾编制，其状如席，常挂不落，顺风调帆。每一大船役使千人：其中海员六百，战士四百……这种船橹大如桅杆，一橹旁聚集十至十五人，站着划船。①

元代的四桅远洋海船，是在继承宋代造船技术基础上制作的，它为明代建造五桅战舰、六桅座船、七桅粮船、八桅马船、九桅宝船开创了条件。总之，自唐代开始，我国已能建造二十丈的海船，到宋代，建造的船舶已达到三十余丈。元明继唐宋之后，既有建造大船的物质基础，又有建造大船的技术条件，把古代的造船业，推到了一个新的高度。

长距离的海洋航行，还有一个问题要解决，就是防腐，这个问题在宋元时代也有所解决。“船的外壳板很容易被海洋生物，如船蛆蛀蚀，必须更换。如在两层板之间填充防海蛆剂，则船蛆不能进入内层壳板，只要更换外层板就可以了。”②

明代最著名的船型有三种：一是沙船，这种船方头方梢、平底，可以平稳搁滩，适合长江以北；二是福船，这是对浙江、福建沿海尖底船的统称；三是广船，为广东省各地大型木帆船的总称，多用

---

① ［摩洛哥］伊本·白图泰：《伊本·白图泰游记》，马金鹏译，华文出版社 2015 年版，第 367 页。

② 杨槱：《帆船史》，上海交通大学出版社 2005 年版，第 62 页。

热带硬木制造，坚固耐用。[1]

从上述可见，到明朝时，木帆船的外形和构造已发展得非常科学了，具有相当高的技术水平。

航海知识

航海不但要有合适的船舶，还要具备足够的航海技术，对气象、水文知识的认知是必不可少的。我们中国人在春秋时期就对季风有了深入的研究，把风细致分为十二类，将风向的变化与季节结合起来。包括："子"是指正月，风向来自北方；"丑"是二月，风向来自东北偏北；"寅"是三月，风向来自东北偏东；"卯"是四月，风向来自东方；"辰"是五月，风向来自东南偏东；"巳"是六月，风向来自东南偏南；"午"是七月，风向来自南方；"未"是八月，风向来自西南偏南；"申"是九月，风向来自西南偏西；"酉"是十月，风向来自西方；"戌"是十一月，风向来自西北偏西；"亥"是十二月，风向来自西北偏北。这个理论揭示了信风变化的基本规律。

我国航海者在春秋时期还掌握了海流和潮汐的规律，并把它运用到航海活动中。《管子》中记载："渔人之入海，海深万仞，就彼逆流，乘危百里。宿夜不出者，利在水也。"这话说的是近海与远海航行的区别，近海航行船舶朝出夕归，所以要退潮而出，涨潮而归；出远海的船，多天不归，所以要趁着海流的方便行船。当时人们已经认识到，海流和潮汐，是一种有规律的海水流动现象，两者均是受引潮力的影响而形成的周期运动，但两者的方向又是不同的。潮汐，是海水在引潮力作用下的垂直运动；海流则是海水的水平运动。此外，海水受到暖、寒温差影响时，也可以生成一定的海流。

继春秋时期发现洋流与潮汐的规律之后，唐代科学家窦叔蒙发现了潮汐变化与月球运动之间的关系，他的著作《海涛志》对二者

① 参见杨槱：《帆船史》，上海交通大学出版社2005年版，第64页。

关系进行了深入的研究，书中指出：“月与海相推，海与月相期，苟非其时，不可强而致也；时至自来，不可抑而已也。”[①] 一个“推”字还蕴含了海与月之间存在着“力”，这不就是天体之间的引力吗？中国古代的学者已朦胧地意识到，天体之间存在着某种相互作用的力，《海涛志》出版后一千年，牛顿的苹果才落下来。窦叔蒙在书中将潮汐这一现象表述得极其透彻，他对潮汐的成因和变化规律，不仅有科学的定性认识，而且对潮汐时间也有精确的定量认识。潮汐对应月球运动，每月有两次涨落，每月有两次大潮出现在朔望之时，在上下弦时再出现两次小潮，他通过精密计算，求得每日潮汐循环，均推迟 50 分 28.04 秒，经过十五天的推迟，到月半时，则月初早潮翻为夜潮、夜潮翻为早潮。到了北宋，中国人已把有关潮汐的研究成果正确运用到航海活动中，在宋仁宗至和三年（1056 年），吕昌明编制出潮汐表。

除了对自然规律的把握与研究，我国海员的帆船驾驶技术也是一流的。在东汉时，我国的海船利用帆舵的配合，已掌握了打偏驶风和掉樯驶风的技术。打偏驶风是海船在各种横吹风条件下扬帆航行的技术，这时帆被升上桅顶，以桅杆为中心，帆面一边窄，一边宽。帆脚索系在宽边的顶端，用以牵调帆角，帆角调整好后，风力吹到帆面上便分解成两个方向的力，一个力推动船舶前，另一个力推动船舶横向漂移。这时再借助尾舵把船首调到稍迎风向，就可把推力发挥到最大效率，使海船得到最优航速。

掉樯驶风，是海船在每一个局部航段中，在受逆风的条件下，将船身调整到受横向风吹力的位置，实行打偏驶风，驶完一个航段达到下一折线航段时，调转船首使另一舷横向受风，继续打偏航行。这种转向需要帆舵配合，全船统力协作，左右舷交相变换受风，船舶沿着“之”字形航线，曲折前进，这种挂帆航行法是中国海员对

① 转引自中国航海学会编：《中国航海史（古代航海史）》，人民交通出版社 1988 年版，第 118 页。

驶风航船的一大发明。

航海事业发展到一定程度，诞生了航海图，我国在唐宋时期便绘制出实用的航海图，历史上有记录的《宣和奉使高丽图经》《海外诸蕃国地理图》《诸蕃图》等虽已佚失，但这种航海技术流传了下来，元朝在前人基础上绘制的《海道经》流传至今，从中可知我国古代的航海图是把航图与航路说明配置在一起的，航海者只要将图文相互对照，就可顺利航行到目的港。

指南针无疑是环球航海必不可少的工具，古代用磁石制造司南，需要通过复杂的琢磨工艺，且不易准确。经过磁石磁化得到的指南针使用起来更简便，指示方向更准确，这一发明最早见于北宋科学家沈括的《梦溪笔谈》，书中记载：

> 方家以磁石磨针锋，则能指南，然常偏东，不全南也。水浮多荡摇，指爪及碗唇上皆可为之，运转尤速，但坚滑易坠，不若缕悬为善。其法取新纩中独茧缕，以芥子许蜡缀于针腰，无风处悬之，则针常指南。其中亦有磨而指北者，余家指南、北者皆有之。磁石之指南，犹柏之指西，莫可原其理。①

中国航海家最早在航海中使用指南针的史证出现在北宋人朱彧的《萍洲可谈》中："舟师识地理，夜则观日，阴晦观指南针。"② 我国开始使用罗盘定向的时间，大约在1200年前后，南宋吴自牧的《梦粱录》中记载："风雨其晦时，惟凭针盘而行，乃火长掌之，毫厘不敢差误，盖一舟人命所系也。"③ 这时确定提到了"针盘"，作为

---

① （宋）沈括撰：《梦溪笔谈》，中华书局2016年版，第534页。

② 转引自中国航海学会编：《中国航海史（古代航海史）》，人民交通出版社1988年版，第126页。

③ 转引自中国航海学会编：《中国航海史（古代航海史）》人民交通出版社1988年版，第128页。

海上航行指引方向的仪器，在航海实践中，将简单的单针发展成罗经。自从宋代海船使用罗经定向导航以来，在航行时会多次转向，每一次转换的航向便叫作“针位”，把全航线中所转换的针位一个个连接起来形成的一条曲线就叫作“针路”。这时的罗经都是水浮罗经，郑和下西洋时用的就是这种罗经，“皆斩木为盘，书刻干支之字，浮针于水，指向行舟”①。

航线开辟

随着生产发展和航海技术的提高，我国从夏朝开始，就有了大规模的航海活动，人们经过反复探索，开辟出了若干航线。考古发现，在四千多年前，从山东蓬莱到大连之间，已开通了一条横渡渤海的航线，它与南方从舟山群岛到台湾的航线构成了我国最古老的两条航线。

春秋时期，齐、燕的航海者开发出了从山东、辽东出发的，沿左旋环流到日本的航线。左旋环流的走向是，在日本海沿着四周陆岸向左旋转的环流，乘着这条环流，从朝鲜半岛东南端，可以航行到日本西岸。战国时期又开发出经由对马岛直航日本北九州的航线，在这条航线上，对马岛是渡日的中间站，在这条航线上航行时，往返都要横渡流速24海里的对马海流，它的开通，反应了战国时期造船与航海技术水平，已具备了克服对马海流横漂的能力。

当汉朝统一中国时，罗马人也统一了意大利半岛，建立了罗马帝国，中西方就有了贸易往来。但这时有大月氏和安息两大势力横在中亚，安息人为了谋取暴利，故意隔阻中国与罗马的接触，陆上丝绸之路时断时续，于是汉武帝打通了海上丝绸之路，从海上经印度与罗马进行贸易往来，这条航线以广东的徐闻、合浦为起点，经印度东岸的康契普拉姆（黄支国），到达斯里兰卡（已程不国），形

① （明）巩珍撰，向达校注：《西洋番国志》，中华书局2000年版，第5页。

成一条穿过马六甲海峡而贯通太平洋与印度洋的航线，斯里兰卡成为亚欧贸易的中转港。

到三国时，西行航线大致分为三段：第一段是，从广州出发，经西沙群岛直航南海，出马六甲海峡到达扶南的句稚港（今泰国的塔施库巴港）；第二段是，从句稚港出发，经过尼科巴群岛，到达印度南部的科佛里河口（今特朗奎巴附近）；第三段是，从印度康契普拉姆出发，西至大秦。

到了两晋时期，由于能够造出更大体量的海船，同时由于海员们已经掌握了掉樯驶风的航行技术，这一时期又开辟了跨海远洋新航线。从广州出发，经海南岛以东和西沙群岛海域，直航东南亚各地，缩短了东西方之间的航程和时间，远洋海船不再只能沿岸航行。

唐朝是一个非常辉煌的时代，经济文化都发展到一个高点，航海事业也不例外，中国人已经可以远航到东非。《皇华四达记》是唐代人贾耽所著，其中著录了从中国东南沿海开航至东南亚及非洲的航线。可惜该书久已佚失，不过万幸的是，《新唐书》摘录了这一段弥足珍贵的内容，所以今天我们能够知晓这条了不起的航海路线：

> 广州东南海行，二百里至屯门山（今大屿山及香港之北），乃帆风西行，二日至九州石（海南岛东北角），又南二日到象石（海南岛东南之独珠山），又西南三日行，至占不劳山（今越南占婆岛），山在环王国（林邑）东二百里海中，又南二日行至灵山（燕子岬）。又一日行至门毒国（今越南归仁）。又一日至古笪国（今之衙庄）。又半日行至奔陀浪州（今藩朗）。又两日至军突弄山（今之昆仑岛）。又五日至海硖，蕃人谓之质（今马六甲海峡），南北百里；北岸则罗越国（今马来半岛南端），南岸则佛逝国（今苏门答腊岛东南部）。佛逝国东水行四五日至诃陵国（今爪哇），南中洲之最大者。又西出硖，三日至葛葛僧祇国（海峡南

部不罗华尔群岛)，在佛逝西北隅之别岛，国人多钞暴，乘舶者畏惮之。其北岸则箇罗国（马来半岛西岸之吉打)，箇罗西则哥谷罗国（今克拉地峡西南方)。又从葛葛僧祇四五日行至胜邓洲（今苏门答腊岛北部东海岸棉兰之北日里 Deli 附近)。又西五日行至婆露国（今苏门答腊岛西海岸大鹿洞附近 Baros 地方)。又六日行至婆国迦蓝州（今尼克巴群岛)。又十四日行至师子国（今斯里兰卡)。其北海岸距南天竺大岸百里。又西四日行，经没来国（即印度西南部之奎隆，即宋代之故临)，南天竺之最南境。又西北行经十余小国，至婆罗门西境。又西北二日行，至拔飏国（今不罗区)。又十日行，经天竺西境小国五，至提飏国（今喀剌奇略东)；其国有弥兰大河，一曰新头河（今印度河)，自北渤昆国来，西流至提飏国北，入于海。又自提飏国西二十日行，经小国二十余，至提罗卢和国，一曰罗和异国（今波斯湾头阿巴丹附近)，国人于海中立华表，夜则置炬其上，使舶人夜行不迷。又西一日行，至乌剌国（在巴士拉以东之奥布兰)，乃大食国之弗利剌河（幼发拉底河)，南入于海，小舟溯流，二日至末罗国（巴士拉)，大食重镇也。又西北陆行千里，至茂门王所都缚达城（巴格达)。自婆罗门南境，从没来国至乌剌国，皆缘海东岸行；其西岸之西，皆大食国。其西最南谓之三兰国（Dar es Salaam，今坦桑尼亚之达累斯萨拉姆)。自三兰国正北二十日行，经小国十余，至没国（今阿拉伯半岛南岸偏西部之某港)。又十日行，经小国六七，至萨伊瞿和竭国，当海西岸（今阿拉伯半岛突出部之东隅)。又西六七日行，经小国六七、至没巽国（今东临阿曼湾之苏哈尔港)。又西北十日行，经小国十余，至拔离诃磨难国，又一日行，至乌剌国，与东岸路合。①

这条航线历史上称为“广州通海夷道”，它就是我国海上丝绸之路最早的叫法，它在之后的几百年里被我们的航海家反复探索，为郑和下西洋打下了良好的基础。

宋代航线从泉州、广州两港出发，基本上沿着唐代“通海夷道”到达波斯各地，但向西比唐代海船活动范围更广，沿着阿拉伯半岛航行，远到红海和非洲东岸，海船所到地区和国家有五六十处之多。从海外进口宝货最多的是大食国，其次是阇婆国，再次是三佛齐。这些国家都处在亚非航线上，其中三佛齐尤为重要，是这条航线上的中转港。宋代航线基本上都是离岸远洋直航，去阿拉伯及东非都是横渡印度洋，海船在冬季乘东北季风而去，三个月就可以到达目的地，转年又乘西南季风而回，远航线一年可往返，近航线半年即可返回。

到了元代，随着航海贸易往来地区的增多，形成了新的地理概念，航行区域被分为大东洋、小东洋、大西洋、小西洋。东、西洋大致上以马六甲海峡的南巫里（亚齐）为分界，在南巫里以东的南太平洋海域称为东洋，东洋又以勃泥（文莱）为分界，其西为大东洋，其东为小东洋。南巫里以西为西洋，但大小西洋的分界不甚清楚。元代形成的东、西洋概念，在明清两代一直承袭沿用下来。元代航海家汪大渊撰成《岛夷志略》一书，记载了他所到的两百多处地方，除南洋各港外，还远及阿拉伯的亚丁、麦加、阿思里（红海西岸之库赛），非洲东岸的层摇罗（桑给巴尔），汪大渊所到之处基本上是元代西洋航线所及的范围。

---

① 转引自中国航海学会编：《中国航海史（古代航海史）》，人民交通出版社1988年版，第131页。

航运管理

最早在周代，出现了专门的航运经营者，1957 年在安徽寿县出土了一件“鄂君启金节”，这是一件行船特许证，是由楚怀王赐给一个封地在鄂，名叫“启”的人的。它规定，启所拥有的一百五十艘船以三艘为一组，以武昌为基地，全年可以在长江、汉水、湘江、资江、沅江等水上行船经商，金节上还规定了货物装载限制、免税办法、沿途停泊管理等事宜，这是至今我国最早的航运管理记载。

唐宋时政府开始设置专门管理航运的机构，称作市舶司，主管官称为提市舶司使。市舶司的职责是“掌蕃货海舶征榷贸易之事，以来远人，通远物”[①]。从事的就是现代所称的船舶登记、港务监督、海关税收和外侨管理这些工作。唐宋时船舶出海前要将全船人员具名呈报市舶司，领取公凭，另外还要将船舶所载货物及前往目的港等报告官府，未领公凭出海的船舶，视为违禁出海，要判刑。领有公凭的海船回航时，按规定必须回原出发港口，以防止船上货物偷漏逃税。据记载，唐代港口对海外舶货征十分之三的关税，宋代减至十分之一，不过这个比例时有变化，有增有减，这叫“抽分”。抽分外还有“博买”，即官市，就是由政府限定一个价格收购商舶的一部分货物。抽分是实物税收，博买是带有强制性限价收购的一种变相市舶税。

宋代是航运业比较发达的时代，为了减少船舶长期停港住冬，加速航运周转以增加收入，政府下令规定了出海贸易船舶往返期限，南宋隆兴二年（1164 年），定立了减免市舶税“饶税”的制度，规定出海船舶“若在五月内回舶，与优饶抽税，如满一年内，不在饶税之限；满一年以上，许从本司根究”[②]。这一政策推动了宋代远洋船

---

① （元）脱脱等撰：《宋史》，中华书局 1977 年版，第 3971 页。

② （清）徐松辑，（清）缪荃孙重订：《宋会要辑稿・职官》卷四四，北平图书馆影印本 1936 年版，第 27 页。

舶建造技术，同时促使航运与贸易相分离，古代航海贸易是货主与船主合而为一，自己的船装自己的货。因为宋代有政策引导船舶加快航行，为了缩短航运周期，船舶到港后，就卸货存库，船舶继续赶路，货主留港贸易。从此一方面形成了海外贸易商人，一方面也形成了一种叫作“番船主”的航海运输专业户，他们提供大量海船进行远洋运输。

元代市舶管理制度，多数承袭宋代成法，但也有显著不同之处，它取消了前代的“贡物”和“回赐”制度，并停止对舶货的“禁榷”和“博买”，只限于对舶商抽取货物税和船税两项税款，政府不再经营舶货的业务，市舶司不再进行商业经营而成为专一掌管海关和航政的机构，所以这一时代的航海贸易以民间为主。元代对舶商管理非常严密，海商出海时，要先向出口港市舶司申请批准领取公凭，在公凭上要注明前往国外的口岸，以及船载货物名称、数量，回程时要在公凭的空白纸上写明在国外采买的货物的名称、数量，以作为抽税的依据，这正像现代的海关报关单。

明代初年，虽然张士诚、方国珍两支起义军已经失败，但其残余势力还逃亡在濒海岛屿或邻近的海外，对明朝来说，有卷土重来的危险。同时明初倭寇之患也比较严重，北起山东，南至广东，沿海地方屡受抢劫，而且当时还有很多内地的“莠民”混迹其中，内外勾结，威胁到国内安宁。朱元璋忌惮他们海上的实力，所以实行海禁政策，于是派生出一种特殊的航海贸易制度，叫作“朝贡贸易”，其核心是由官商代替了私人贸易。在这种思想的指导下，明初与邻近国家建立了朝贡贸易关系，这些国家输入的货物叫“入贡”，明朝政府付给的货物叫“赏赐”，这实际是一种易货贸易，当然在政府间交换的货物以外，也允许部分货物在民间买卖，其构成比较复杂，在后文中我们将深入探讨。另一方面，政府禁止私人商船出海。

从春秋到明朝两千年间，国家的航运政策一直处在变动中，海外贸易有时以民间为主，有时以国家为主，税收也时宽时紧，这都与当时的政治、军事、经济情况密切相关。当有战争导致国家财政吃紧时就加税，和平时期就减税；当国际环境平稳时就放开民间海外贸易，境外政治势力强大或海盗猖獗时，就收紧民间海外贸易。当代有些攻击中国人的言论称中国自古闭关锁国、思想保守云云，都是信口雌黄，真是无知之论。

第八章　下西洋的原因不简单

明朝是中国封建制度发展到顶峰阶段的时期，政治、经济、科技积累都已具备大规模出海的实力。而杰出的领导郑和也应运而生，他以超常的组织能力和卓越的指挥才能，使七下西洋得以顺利完成。下西洋之规模以今天的眼光衡量也是令人咋舌的，郑和率领的船队有船舰六十多艘，共二万七千多人，到访四十余国及地区。经历了风暴、战争、政变等艰难困苦的历程，沿途还妥善处理了与众多国家的外交、贸易等事务。

是什么原因促使大明王朝耗费如此惊人的财力、物力多次派使团出使海外的呢？历史上有种说法，认为郑和下西洋是为了寻找失踪的建文帝，我想即便有这方面原因，也不会是主要目的，在皇位上的建文帝都不是朱棣的对手，流落江湖的建文还有何威胁？再说哪有这样大张旗鼓查找隐匿之人的？郑和下西洋有其深刻的历史原因，并且原因不是单一的，而是多种需要交织在一起，才使明帝国下决心付出极大的精力来执行这样一件大事。

耀武天下

宣示正统，对朱棣而言具有非常迫切的需要，因为他这个帝位毕竟是从侄子手中夺过来的，而非名正言顺的继承。对天下人宣扬正统一直是朱棣处心积虑来办的一件大事，天下可以武力夺取，但不能靠武力统治，证明政治正确是朱棣在登基后的首要任务。因此他有计划地施行了一系列的重大工程，这其中包括郑和下西洋、修建北京紫禁城、编撰《永乐大典》等，以此向天下昭告自己的正统地位。

北京地区建城最早可追溯到三千年前的西周时期，周武王统一天下后，册封召公到燕地，燕国的都城据说就建在这里。之后，从秦汉到隋唐五代，这儿因为直面北方的游牧民族而成为国家的边防重镇。到了辽代，因其重要的地理位置，辽太宗下令以幽州为“南京”（辽的第一座京城为上京临潢府，现在内蒙古巴林左旗南部），以此来稳固对这一地区的控制。辽之后的金国又在此基础上建立了他们的“中都”（金的上京会宁府，现在哈尔滨阿城区的南部）。蒙古人灭金后，忽必烈定都大都，他听从汉臣刘秉忠的建议，放弃金中都的遗址，另外设计了一座新都城。元大都是按照《考工记》中的记载来修建的：“匠人营国，方九里，旁三门。国中九经、九纬，经涂九轨。左祖，右社；面朝、后市。市、朝一夫。”[①] 以这个原则建成北京城，都城的四周每边有三个城门，都城内有九条南北大道、九条东西大道，每条大道宽度都是九轨，即可容九辆车并行。王宫的大门外左边是宗庙，右边是社稷坛；王宫的前面是三朝，后面是三市。每个市和朝的面积都是一百步见方。大都建成后，老城居民迁入新城，住在整齐划一的街道两旁，胡同里的四合院逐渐成为北京最具代表性的民宅。

明朝都城本在南京，但朱棣夺得帝位后，对朱允炆遗臣进行了大屠杀，这使他心中多有不安。接着，他对不配合的大臣进行大杀戮，清洗了上万人，致使都城南京的政治环境非常复杂，再加上他长期镇守北方，深知北京地理位置的重要性，于是决定迁都。

朱棣登基的第二年，也就是永乐元年（1403 年），北平正式更名为北京。永乐五年（1407 年），开始在北京筹建皇宫，即紫禁城。这个“紫”字是为了宣扬皇帝的特殊地位而专用的，古人根据对太空

---

① 徐正英、常佩雨译注：《周礼》，中华书局 2014 年版，第 990 页。

的长期观察，发现紫微星居于中天，位置永恒不变，因而，把天帝所居的天宫称为紫宫，有“紫微正中”之说。皇帝自诩为天子，是紫微星君下凡，那么紫微星垣也就是皇极之地，所以朱棣称自己所住的皇宫为紫禁城。紫禁城的修建历时十四年，直至永乐十八年（1420 年）才正式完工。紫禁城的整体呈长方形，四周被城墙环绕，城墙高度均在十米以上，城外修建有护城河，紫禁城占地总面积近十万平方米。在修建紫禁城的过程中，朝廷共征集了二三十万民工和士兵，以及大批的能工巧匠。永乐十八年（1421 年）底，紫禁城正式竣工。第二年正月，朱棣率领群臣迁都到北京。但郑和不一定是此时迁到北京的，因为他自永乐三年（1405 年）始，在二十多年间七下西洋，其间筹备航海和起航地都是在南京。第六次远航归来后至第七次下西洋之前，间隔近十年。所以，很有可能郑和在这期间有一段时间居住在北京，相传他北京的故居就在三不老胡同，这条胡同东西走向，东口在德内大街，向西穿过航空胡同达新街口南大街。三不老胡同在明朝就有，在明代成书的《京师五城坊巷胡同集》和现代学者侯仁之编制的《北京历史地图集》上，它都叫“三宝老爹胡同”，清朝时叫“三伯老胡同”，民国以后叫“三不老胡同”。“老爹”是明朝时人们对太监的尊称，“三宝（三保）老爹”就是指郑和。后来可能是因为北京话的变化，“三宝老爹”胡同被叫成了“三不老”胡同。

对北京及紫禁城进行大规模建设，既是政权需要也是宣扬其真龙天子身份的一种手段，派郑和耀威海外，也是出于朱棣要宣扬正统的需要。朱棣认为“四夷番王”来朝是天下对其皇位合法性的认可，所以派郑和出使西洋各国，而浡泥、苏禄等国的国王亲自到紫禁城朝见永乐帝，这是在洪武时期从未有过的情况，永乐帝把它当成“永乐盛世”的象征四方传扬，尽力促使海外诸国来华朝贡。

中国是世界上最早发展起来的文明国家，自古以中央帝国自居，吴晗曾总结道：

> 纪元前三世纪时，秦之国力已达今日之东京及安南地方……百年之后，汉武帝时南海诸国皆来朝贡……当时译使出发的目的第一是耀武海外，令诸国奉正朔，来贡献……在后来的两千年历史中，这种统系政策始终未曾改变。[①]

耀武海外、宣扬国力是中国王朝历来政策，明朝一开国也遵行如故，所以检阅《明史》可知，与郑和肩负同样使命的使节不在少数。包括：洪武二年，刘叔勉出使西洋琐里；洪武三年，塔海帖木儿出使琐里；张敬、沈秩出使浡泥阇婆（爪哇）；永乐元年、二年，尹庆出使爪哇、满剌加、柯枝、古里等国；永乐二年，闻良辅、宁善出使苏门答腊、西洋琐里；中官马彬使爪哇诸国；永乐六年，张谦、周航送浡泥国王还国；永乐十年，甘泉送满剌加王侄回国；永乐十三年，侯显出使榜葛剌国；等等，不胜枚举。

而郑和出使西洋将这一举措推向高潮，达到历史上从未有过的高峰，政治上获得了极大成功，使国威远播，南洋各国元首纷纷前来中国晋见，甘为臣属。

在与西洋各国的交往中，重要的原因当然是安抚其国，在永乐五年（1407 年）琐里国遣使来贡时，朱棣交待中书省官员说："西洋诸国素称远番，涉海而来，难计岁月。其朝贡无论疏数，厚往薄来可也。"[②] 这也成为一个原则，当国外使臣到达中国时，贡物以土特产为主，而中国赍赐则要丰厚得多，其本意以招徕为主。但在这里我们不能误解，认为郑和下西洋就是花钱外交，虽然国家间的进贡与赍赐原则是"厚往薄来"，但郑和船队往来于西洋与中国之间，除进贡物品外，尚有大量商品贸易存在，本书后面将会深入探讨。

---

① 李华等主编：《吴晗文集》第 1 卷，北京出版社 1988 年版，第 285～286 页。

② （清）张廷玉等撰：《明史》，中华书局 1974 年版，第 8424 页。

绥靖海疆

大明立国后，海疆并不平静，海外威胁主要有四股力量，一是元末义军的残余势力；二是倭寇；三是海盗；四是域外不友好的外国政权。

前文我们说过，在明初的立国战争中，朱元璋面对的许多对手都善于海战，比如方国珍、张士诚等，他们失败后尚有不少部将游弋在大陆之外的海岛上，对明政府造成一定的威胁，派海军部队进行清剿、威慑，也是郑和下西洋的任务之一。

关于倭寇，前文有详细交待，此处不再赘述。

海盗无疑是商业航线上危险因素，明政府要发展对西洋的贸易，海路平静是必要条件，对沿航线的敌对势力进行清剿也是必要的。长途贸易与近距离贸易不同，必须保障航海线路和贸易枢纽地的安全。三佛齐是通往东南亚诸国的枢纽之地，有一海盗头目陈祖义盘据在此，不时骚扰东南沿海，他们还经常抢劫各国贡使。无论来华进贡的外国使节，还是中国派往南洋各国的使节都常常受到陈祖义的骚扰，他甚至在郑和船队通过时意欲夺取宝船，最后被郑和击溃、捉拿。

不友好的外国政权如爪哇，其东西王内战时，郑和士兵在战争中遭到误杀，后来郑和将内战中得胜的西王制服，使其完全拜服于大明王朝的权威之下，安定了地方政局，使明朝使节往来该地区时，安全得到保障；另外再如锡兰山国，该国处于印度洋的中心，地理位置极其重要，是郑和船队跨越印度洋的咽喉要道，但国王亚烈苦奈儿侮慢不敬，意欲加害郑和，后被郑和击败生擒，带回国献于朝廷，明朝更换了锡兰山国王，一举解决此国问题。

在郑和首下西洋那年，还发生一起重要的军事事件，那就是明军远征安南。安南是明政府非常重视的一个藩属国。《皇明四夷考》记载：“四夷何以首安南也？我郡县也。”安南是南方的屏障，也是通往西南诸国的通道，先为藩属国，后来直接设为郡县，《明史》对该国的各种变故也记录得非常详细。

那么郑和下西洋是否有配合陆上征战安南的任务呢？想必是有的，且在《明史》记录有关安南战事的条目后，往往记录有郑和出使的信息。这是否是一种暗示，郑和下西洋与藩属国政事有关呢？

> 永乐元年，安南胡奃乞袭陈氏封爵，遣使察实以闻。闰月丁卯，封胡奃为安南国王。安南入贡。[①]
>
> 永乐二年，八月丁酉，故安南国王陈烇弟天平来奔。[②]
>
> 永乐三年，甲寅，遣使责安南。夏六月己卯，中官郑和帅舟师使西洋诸国。庚寅，胡奃谢罪，请迎陈天平归国。[③]
>
> 永乐五年，春正月己巳，张辅大败安南兵于木丸江。三月辛巳，张辅大破安南兵于富良江。五月甲子，张辅擒黎季犛、黎苍献京师，安南平。六月癸未，以安南平，诏天下。置交阯布政司。九月壬子，郑和还。[④]
>
> 永乐十年，八月癸丑，张辅大破交阯贼于神投海。丙申，郑和复使西洋。[⑤]
>
> 永乐十三年，夏四月戊辰，张辅镇交阯。秋七月癸卯，郑和还。[⑥]

郑和第一次下西洋的时间，正与朱棣着手解决安南问题的时间相吻合（经考证，郑和下西洋具体时间与上述《明史》记录有出入，

---

① （清）张廷玉等撰：《明史》，中华书局 1974 年版，第 80 页。
② （清）张廷玉等撰：《明史》，中华书局 1974 年版，第 81 页。
③ （清）张廷玉等撰：《明史》，中华书局 1974 年版，第 82 页。
④ （清）张廷玉等撰：《明史》，中华书局 1974 年版，第 84～85 页。
⑤ （清）张廷玉等撰：《明史》，中华书局 1974 年版，第 90 页。
⑥ （清）张廷玉等撰：《明史》，中华书局 1974 年版，第 95 页。

但大体在同时期)，当时安南对占城、广西多次发动了军事行动，明成祖永乐四年（1406年)，派黄中等护送陈天平回国，三月陈天平被杀，而郑和就是正月从太仓来到长乐待航的，四月二十三日，成国公朱能、新成侯张辅奉命率大军讨伐胡查，此时郑和正率海军主力在安南沿海及占城一带活动，配合陆上进攻的意味很浓啊。

社会原因

郑和下西洋，除政治、军事目的外，还有一重要原因乃为解决社会问题，大明立国后遇到了很多社会问题，使政府想要寻找突破口，这里重要的原因有三个，一为商业发展；二为医治病疫；三为安排赋闲船员。

首先，我们谈下对外贸易的需求。

明政府多次禁止海外贸易，绝不是什么封建社会的天生保守，主要是由于海外贸易对社会造成两种伤害，一是货币外流，引起国内通货紧缩；二是边民与海寇联络，导致海防危机。

今日舆论常有中国闭关锁国之说，但这确为不尽实之辞，相反中国经济发达，物产丰富，对外贸易自古以来就很活跃。明朝海禁政策决非因为贸易本身的问题，而是由于货币流通的问题。古代中国始终没能发展出合格信用体系，虽然在宋朝、元朝一度出现了纸币的使用，但都没能普及，并且使用时间不长，中国历史上大多数时间还是以贵金属充当货币，而贵金属终归是稀少的，这就限制了货物的流通。明朝也不例外，它一成立就被迫抛弃了元朝使用纸币的政策，因为明政府刚刚经历了社会动荡，在动荡时期滥发纸币对民众生活造成的巨大伤害，统治者记忆犹新，纸币被废止后，明朝完全使用铜钱和银锭。除了明朝国内贸易要使用铜钱外，亚洲其他国家的货币流通也仰仗大明的铜钱，1976年，在韩国新安郡道德岛附近发现的明朝沉船上，打捞起的铜钱有二十八吨之多！据研究，这条船是在驶往日本的途中沉没的，这些铜钱包括唐、宋、辽、金、元等各代产品，中国铜钱输往海外的情形可见一斑。因此大量货币外流使明朝货币量远远不够流通使用，几乎是捉襟见肘，铜的开采与铸造成本非常高，铜钱流向海外，是明政府不愿看到的，所以明朝政府下令禁止私人从事海外贸易以阻止货币外流。

另一方面，由于中国生产的产品数量过于庞大，大量的丝绸、瓷器和水银，以及金属制品，必须寻求海外市场，同时中国也需要海外的商品，特别是工业原料，比如钴就是明代制作青花瓷的基本原料。完全禁绝海外贸易是不行的，所以这才有了郑和下西洋的易货贸易，吴晗先生关于贸易与货币短缺有如下论述：

> 海上交通频繁，香药珠玉犀角诸宝货输入日多，政府虽得巨额之关税以之补岁入之不足，但输出与输入不能相抵，钱货遂如漏卮外溢，源源不绝。东至日本，南至南洋诸国，均行用中国铜钱。输入为奢侈品，输出则为正货，虽年年铸钱，而不能补其不足，遂发生“钱荒”之弊。自唐宋以来，历朝均有极严厉之禁令，禁钱币出口。[①]

大明朝廷禁止民间海上贸易另一原因是海寇之起，多缘于通商与海上贸易，所以下令禁海，禁止百姓私自出海贸易，洪武十四年（1381年）发布禁海令，但实际上无法禁止百姓出海贸易。而且由于海禁使贸易量减少，贸易利润上升，于是刺激了更多的百姓投身海外贸易中去，反而加快了货币的外流，之后于洪武二十七年（1394年）、洪武三十年（1397年）再次下诏禁止海外贸易。

朱棣做了皇帝后，重申通番禁令：“沿海军民人等近年以来，往往私自下番，交通外国，今后不许，所司一遵洪武事例禁治。”[②] 可惜说归说，做归做，在利益面前这还是一纸空文，无法遏制民间的

---

① 李华等主编：《吴晗文集》第1卷，北京出版社1988年版，第291页。

② 转引自方豪：《中西交通史》，上海人民出版社2015年版，第512页。

外贸洪流。无可奈何之下，1403年，政府收回成命，开放民间贸易市场，退而求其次，希望能从对外贸易中收取关税，于是恢复了三处市舶提举司。可是没想到的是，民间商人在长期的走私贸易中已养成习惯，根本不去政府处领执照，也不向政府纳税。在对民间外贸管理失效的情况下，政府决定自己干，以国家力量组织船队去南洋诸国贸易。国家需要将国内的生产力释放出去，同时引进大量海外珍品来刺激国内商业，由于货币紧缺，国家甚至以海外货品来发放官员的俸禄。因此组织易货贸易，命郑和多次率领大规模船队下西洋也成为了明朝无奈的选择。

其次，关于病疫。明朝常发生大规模的疾病和瘟疫，几乎每隔一两年就暴发一次。“在明代，1368～1644年，总计277年间，共有54年发生了75场疫情。”[①] 在洪武、永乐年间计有十次。[②] 其中湖广、北直隶、江西、陕西、福建、山东、浙江、南直隶等地疫灾较重，瘟疫常常与饥荒相伴，对社会破坏极大，比如：“永乐六年（1408年）正月，江西建昌、抚州，福建建宁、邵武自去年至是月，疫死者七万八千四百余人。八年（1410年）登州宁海诸州县正月至六月，疫死者六千余人，邵武比岁大疫，至是年冬，死绝者万二千户。九年（1411年）七月，河南、陕西疫。十一年（1413年）六月，湖州三县疫，七月，宁波五县疫。”[③] 之后的几年间，福建屡次大疫，民众死亡达到十七万四千六百余口。[④] 永乐九年（1411年）河南武安县大疫，死亡三千五十余户，农田一千三百八十顷抛荒。

政府责无旁贷要承担应对瘟疫、赈济民众的责任，它采取了不少措施，比如祈祷祭祀、安置流民、免除税役、提供医疗救助等。关于医疗工作，明朝官方的医疗机构有两种，一种是两京的太医院，

---

① 陈旭：《明代瘟疫与明代社会》，西南财经大学出版社2016年版，第12页。

② 参见（清）张廷玉等撰：《明史》，中华书局1974年版，第442页。

③ （清）张廷玉等撰：《明史》，中华书局1974年版，第442页。

④ 参见陈旭：《明代瘟疫与明代社会》，西南财经大学出版社2016年版，第88页。

“太医院掌医疗之法，凡医术十三科”[①]，另一种是地方的医学与惠民药局，“外府州县置惠民药局。边关卫所及人聚处，各设医生、医士或医官，俱由本院试遣”[②]。太医院里人员、药物都比较充足，而地方惠民药局则形同虚设，永乐九年（1411年），陕西巡抚魏源曾上书朱棣，称当年陕西发生疫情时，军民死亡众多，而官方药物储备极度缺乏，因此建议敕令全国各布政司、府、州、县储集好药，建议得到了明成祖的首肯。充实药局需要大量的药材，国内所采远不及用，所以郑和下西洋也大量收购海外药材及各种香料，在明代有些香料是被当作驱除瘟疫的药品使用的。[③] 郑和船队中专有一种“药船”，它所带回的各种南洋药材，包括薝蔔花、五谷树、西域海棠等（至今在南京静海寺里还存活着一些郑和从海外带回的草木品种）。一方面使地方药局获益良多；一方面丰富了《救荒本草》《本草纲目》《医方选要》等植物学、医药学著作的内容。在郑和船队中有大量的医生，他们一面为船员治病，一面在国外收集药物。据嘉庆《嘉兴府志》记载：“陈以诚，号处梦，工诗画，尤精于医。永乐间，为太医院判，累从中使郑和往西洋诸国。”[④]

最后，郑和下西洋还为了解决劳动力过剩问题。明平定的众多义军中，有许多是善于水战的，如《明实录》记载，方国珍失败后，他的旧部被政府收编，充当船户从事海运业务，这些人有十一万之多。但随着明政府整顿漕运，南粮北运不再依靠海运，许多海运船员及士兵就没事可做了，他们生活失去了保障，难免有人与海寇相勾结，或与倭寇相联系，政府也需要解决他们的生存问题，这就要为他们找到出路。而派人出洋可以解决一部分问题，这类人有水运技能，正好派上用场。朱国祯《皇明大政记》记载：“西洋之遣，亦

① （清）张廷玉等撰：《明史》，中华书局1974年版，第1812页。

② （清）张廷玉等撰：《明史》，中华书局1974年版，第1812页。

③ 参见陈旭：《明代瘟疫与明代社会》，西南财经大学出版社2016年版，第56页。

④ （清）伊汤安修，（清）冯应纂：嘉庆《嘉兴府志》卷五一，清嘉庆五年刻本，第55页。

因高皇之绪而申之。太仓原有张氏所存海船，兵亦不少，既与海相习，便与海寇相通，倭亦乘之内犯，遂因尽驱之出洋。”①

在郑和下西洋的船队中，大船长达四十四丈，中船长二十七丈，大小船只共计六十多艘，使用人员两万七千八百多，除了船上外，陆地也需要大量地勤人员，而往返七次，算上轮休人员的配置，应该要使用数万人众，这样就可以消化大半这些从水军中退下的人员，既使他们的生活有了着落，也可以将他们纳入国家体制中进行监督管理，消除了社会的一大隐患。

管理世界

作为当时世界最强大国家，明政府对已知世界渐渐有所规划，意欲进行治理。首先他们对所有的国家进行了分类，以不同的手段治之。让我们先看一段明万历年间何乔远《名山藏》的记载，这里对明周边的国家进行了分析，并总结了不同的做法：

> 高帝既平天下，诏谕诸夷，诸夷君长，或使或身，悉随使者来朝贡，则高丽、日本、大小琉球、安南、真腊、暹罗、占城、苏门答腊、西洋、爪哇、彭亨、百花、三佛齐、浡泥，凡十五国，臣服最先而最恭顺；高帝作祖训，且示毋勤远略之意。既则抚绥怀柔，令其三年一朝。国王嗣位，世见而已。高帝之言曰：“地广非久安之计，民劳乃易变之源。”斯谟吁矣。已而日本通胡惟庸不轨，乃命绝之。惟念北虏为元遗孽，时时系心，遣将铲绝，穷追乃已。至其严也，尤厘晚岁。
>
> 成祖有天下，远慕唐宋宾服四夷之盛，近缵高帝系心胡元之切，北征犁庭，于斯为烈。西戎之夷，吏部员外郎

① 转引自郑一钧：《论郑和下西洋》，海洋出版社1985年版，第253页。

陈诚衔命往使，首尾往返者数；于是降胡达军，尽居内地，酋长部领，悉署官封。至夫才具可用诚信足托者，往往爵之公侯，布在左右，虽至掖庭内宫，亦有外夷之女；所以示招徕之大，明鞭挞之威也。海中诸国，则命黄头二万，望目占风，指针坚纤，无一不至。与是功者，即非斩首，选法不得减革，盖太监郑和与王景弘、侯显辈领之有岁。当是时，四夷君长，执贶献琛，顶踵相望。

对上文分析可见，第一类对北方游猎民族，是坚决打击。明太祖首先认识到“地广非久安之计”，因此并不追求对国土的无限扩张，对于无法调和的北方游牧民族，坚决地“遣将铲绝，穷追乃已”，而成祖也追随其政，“北征犁庭，于斯为烈”。总之是绝不手软，太祖朱元璋、成祖朱棣采用了一致的方略，从东、西、中三面对蒙古进行包围、打击。在东部设置泰宁、福余、朵颜三卫，并扶持女真族，将蒙古与朝鲜、女真的联系隔绝。在西部青海设置罕东、安定、阿端、曲先四卫对蒙古进行包抄，同时安抚西藏等部族，再在通往西域的孔道上设置赤斤蒙古、沙州、哈密等卫，将蒙古与西方的联络割断。最后从中路出击，安排明朝大军对蒙古纵深进行反复扫荡，最终彻底灭掉北元残余，将蒙古势力驱离明朝北方边界。

第二类国家如日本，始终心怀不轨，“乃命绝之”。对它施以强硬手段，灭它异心。在明朝开国后一直扶持琉球国，与琉球保持密切的朝贡关系，而限制与日本的往来，在 14～15 世纪，琉球对明政府的朝贡有十七次，为各国之首，而日本仅有两次。不能进贡也就得不到明朝的赏赐，对于本就落后的日本来说，这加剧了日本的经济贫困。朝贡实质上是明政府对自己番属国的经济援助，番属国既能得到中国物质财富，也能得到先进的技术。

第三类臣服而恭敬的国家，则“抚绥怀柔”。对于他们的通商要求，允许入贡，设市舶司，置提举官加以管理，对该国元首进行封赏，授以印信。如永乐四年（1406 年）东洋冯嘉施兰土酋马银等来朝，六年（1408 年）浡泥国王麻那惹加那来朝，都赐以仪仗财物。永乐九年（1411 年）满剌加国王拜里迷苏剌来朝，十二年（1414 年）其子来朝告其父亡故，受明廷封袭。永乐十八年（1420 年）古麻剌郎王干剌义亦奔敦率妻子陪臣来朝，受爵、受诰。再如苏禄有三王，各曾率数百人来朝贡。除了诸王亲自入朝受中国册封外，还有国家请求封其国中之山，如浡泥之长宁镇国山、满剌加之西山等。这些恭顺的国家都成为大明对南洋、西洋进行管理的稳定剂。

第四类是遥远的海中诸国，则派海军前往巡查，观望其态度，其中友好国家，给予封爵，任命为公侯，保持稳定的政治局面；如有损害大明利益者，则即行惩诫，这正是郑和下西洋之重要任务。在郑和远征军航行到印度洋时，携带了大量的财物，与各国交易，同时对友好国家的元首给予赏赐，并授以印信，而有不服从的国家则以武力解决，再扶持亲中方的首领上台。比如在旧港扶持了施进聊，再如锡兰山国王亚烈苦奈儿对明使不敬并欲加害，郑和将其城攻破，擒拿住亚烈苦奈儿，另择贤者为王。分别对待周边国家，奖顺罚违，是大明王朝控制它们的重要手段。到明朝时中国已具备了相当的实力，开始尝试着对已知世界进行管理，这也是郑和出访西洋诸国目的之一。

总之，郑和下西洋船队之庞大、持续时间之长久，朱棣绝非图一时之快，这一决策定然是考虑了诸多因素，它的执行给中国和亚非诸国带来了深远的历史影响。

第九章　“六作塘”遗址

大明王朝做出下西洋的重大决策后，即开始建造出海大船。郑和船队由多种不同类型和用途的船只组成，包括宝船、战船、保障船、座船等，载人二万七千多，是一支名副其实的特混舰队。这船队有多大?《三宝太监西洋记》是一部明朝的小说，但它的依据是真实的历史事件，其中描写或可作参考。

> ……近侍的来观，只是龙眼亲自观看。只见头一班画的船，约有三十六号，每只船上有九道桅。那小字儿就填着说道：“宝船三十六号，长四十四丈四尺，阔一十八丈。”第二班画的船约有一百八十号，每只船上有五道桅。那小字就填着说道：“战船一百八十号，长一十八丈，阔六丈八尺。”第三班画的船只，约有三百号，每只船上有六道桅。那小字儿就填着说道：“坐船三百号，长二十四丈，阔九丈四尺。”第四班画的船，约有七百号，每只船有八道桅。那小字儿就填着说道：“马船七百号，长三十七丈，阔一十五丈。”第五班画的船，约有二百四十号，每只船上有七道桅。那小字儿就填着说道：“粮船二百四十号，长二十八丈，阔一十二丈。”船五班，共计一千四百五十六号，每一号船中间，有明三暗五的厅堂，有明五暗七的殿宇。每一号船上面，有三层天盘，每一层天盘里面摆着二十四名官

军，日上看风看云，夜来观星观斗。[1]

这些巨舰行驶在海上，船帆展开简直是遮天蔽日，如此巨大规模的船舶是如何建造的呢？

南京的船厂

明朝初始，与朱元璋争夺天下的义军中，有两支是擅长水战的，一是陈友谅军，一是方国珍军。因此明军需要备船争战，建国后因漕运及抗倭的需要，明政府开始大规模开厂造船。朱元璋在南京定都伊始就颁布诏令："大军方北伐，命（汤和）造舟明州，运粮输直沽。"[2] 明朝早期造船多以东南沿海为基地，洪武十七年（1384 年），朱元璋命荥阳侯郑遇春、东川侯胡海在金吾卫造海船一百八十艘，揭开了明朝大规模造船的序幕。

南京作为明朝的首都，其地位无疑是极其重要的，它既处于长江边，又临近长江出海口，同时又处在中国的中间地带，除了要关注江防，又要关注海防，所以必须在此建立船厂大量生产军舰及运输船舶，以维护国防。南京的造船厂的地址主要集中在城西北部，三汊河附近。前文我们说过，南京城内分成三个主要功能区，城东是皇宫，城南为居民和商业区，城西北为军事区。三汊河是秦淮河流入长江的河口，它处在定淮门外，此处既是军事重地，又濒临长江，正是建造船厂的绝佳位置。李昭祥在其著作《龙江船厂志》中记载："洪武初，即都城西北隅空地，开厂造船。"[3] 此为明朝在南京设造船厂的最早记录。从此南京的造船业迅速发展，经后人研究明朝在南京建有多个船厂，分别建造不同功用的船舶。刘义杰先生在其《明代南京造船厂探微》一文中认为宝船厂就是拨船厂，其地理

---

① （明）罗懋登撰：《三宝太监西洋记》，黑龙江美术出版社 2016 年版，第 108 页。

② （清）张廷玉等撰：《明史》，中华书局 1974 年版，第 3752 页。

③ （明）李昭祥撰，王亮功校点：《龙江船厂志》，江苏古籍出版社 1999 年版，第 97 页。

位置在长江岸边的新江口。①

南京的船厂分别由工部、兵部设置与管理。兵部控制有两个造船厂，即“造船厂”与“拨船厂”，它们分属于江淮卫和济川卫，厂址位于各卫所。“造船厂”主要造马船，所以又被叫作“马船厂”，马船是在战争中用来运送马匹和后勤保障品的船只，当初云南、四川等西南地区贸易的马匹、骡子等都是使用民船通过长江运达南京，后来政府专门打造了运送马匹的船舶，迁都北京后，马船也用来运送战备物资，马船的驾驶者为百姓。“拨船厂”主要修造快船，所以又被叫作“快船厂”，快船最早由朱元璋下令在东南沿海建造，以备倭患，主要是为与倭寇战斗而生产的，由海船演化而来，所以快船的驾驶者为军人，每艘快船使用约 25 名军人。

工部控制的船厂叫“龙江船厂”，它位于南京城西北：“其地东抵城濠，西抵秦淮街军民塘地，西北抵仪凤北门第一厢民住廊房基地，南抵留守右卫军营基地，北抵南京兵部苜蓿地及彭城伯张田。”②具体位置即今天南京郑和南路的新河一村、二村附近。龙江船厂主要建造漕船，漕船即漕运之船，它分两种，一种是河中的漕运船，叫浅船，另一种是海运的漕运船，叫遮洋船。

在上述三个船厂之外，还有一个比较特殊的船厂为“黄船厂”，它由兵部与工部共同管理，“黄船编审由兵部，修造由工部”③。它专门生产供皇帝御用的船舶——黄船，黄船分为三种：一为预备大黄船，就是预备着皇帝巡视时使用的黄船；二为大黄船，它是运送宫中器物、食品的贡船；三为小黄船，它功用与大黄船同，但尺寸较小。除此之外，还有“宝船厂”，它是专门生产下西洋之大船的船厂，宝船当然是海船，并因为具备军舰的属性，所以宝船厂当为兵部所设置。

---

① 参见席龙飞：《中国造船通史》，海洋出版社 2013 年版，第 284 页。

② （明）李昭祥撰，王亮功校点：《龙江船厂志》，江苏古籍出版社 1999 年版，第 97 页。

③ 席龙飞：《中国造船通史》，海洋出版社 2013 年版，第 285 页。

在编撰于明嘉靖十三年（1534 年）的《南畿志》中有记载："黄船厂、宝船厂、拨船厂并在城西，以充运载。"[①] 城西北是军事重地，且在长江边，地理位置得天独厚，所以也是船厂扎堆的地方，也许上述几家船厂的厂址由于历史变更，在此处多有重叠，而船厂之间也会有传承、隶属、交叉等多种情况，如今已难以确认郑和下西洋之宝船到底为谁家所造，也许多家船厂各承担了部分造船任务。但可以肯定的是，郑和船队的宝船及其他座船、战船等主要在南京城西北龙江关处打造，现在这里已建成"郑和宝船遗址公园"，从遗址公园我们可略见当年船厂的规模。

宝船厂旧址位于三汊河地区中保村至上保村一带，占地面积逾百亩，在长江边自南向北依次平行分布着造船船坞六作塘、五作塘、四作塘、头作塘、二作塘、三作塘和七作塘，作塘方向均为北偏东 62°。在作塘的周边设有七大作坊和十三小作坊，分别生产缆索、锚、舵等，此外还设有官府衙门、工匠生活区、集市以及存放材料的仓库和专存宝物的宝库，建筑规模达到千余间。

船厂运营

大型船舶建造是一个系统工程，非小作坊所能承担。上文我们叙述了明朝工部、兵部各设船厂造船的规制，那么船厂本身是如何运作的呢？《龙江船厂志》一书，对船厂的设立、管理、运营有详细记录。该书作者李昭祥为上海人，于嘉靖二十六年（1537 年）考中进士，做过浙江兰溪知县，1541 年任南京工部主事，驻龙江船厂。当他督理龙江船厂时，距郑和航海已百年，船厂也已破败不堪，他到任后尽力重整船政，对制度、屋舍进行了全面的整治，稍复旧观，其间他潜心尽力，用两年时间写下了《龙江船厂志》一书。此书的写作采用了当时官方的文书和档案资料，同时深入实际调查记录，

① 转引自席龙飞：《中国造船通史》，海洋出版社 2013 年版，第 284 页。

所以今天我们从而能得知明朝官办造船工业的管理体制、管理制度以及船厂的生产能力、工艺、技术等历史情况，使我们知晓了郑和船队所用船舶是被如何生产出来的。

首先，船厂是奉皇帝命令而建立的，所以政府各部门都得给予协助，社会资源都会向其供应，这是船厂得以生存、发展的政治基础。《龙江船厂志》载有朱元璋的敕令：“今朕设工部，实法古制，特以而某为工部某官，当敬事信工，无弊上下，咸合当贞。良哉！”[①]

有了皇帝的支持，自可以选到满意的厂址进行规划，洪武初年，在都城南京西北空地开厂造船，此地“外萦天堑，内倚石城，衍沃四望，卢龙、马鞍、挂榜诸峰，前后拱揖，足称形胜”[②]。船厂位置大概就在南京城墙以西，直到长江边，船厂坐北朝南，三间大门朝南。进了大门为提举司，提举司在明初即建，堂寝门庑，一应俱全；其左为幕厅吏舍；提举司后为都水分司；再后是油麻库，计有八间；油麻库后是提举、副提举廨宇各一座；都水分司之北有篷厂，是打造海船风篷的处所，有房六十间；帮工指挥厅在船厂东北隅，有三间；其他建筑还有油漆房四间、艌作房三间、铁作房四间、篷作房、索作房、缆作房、看料铺舍等房屋，厂内各工种车间可谓齐备矣。详可见图 9-1。

① （明）李昭祥撰，王亮功校点：《龙江船厂志》，江苏古籍出版社 1999 年版，第 3 页。
② （明）李昭祥撰，王亮功校点：《龙江船厂志》，江苏古籍出版社 1999 年版，第 97 页。

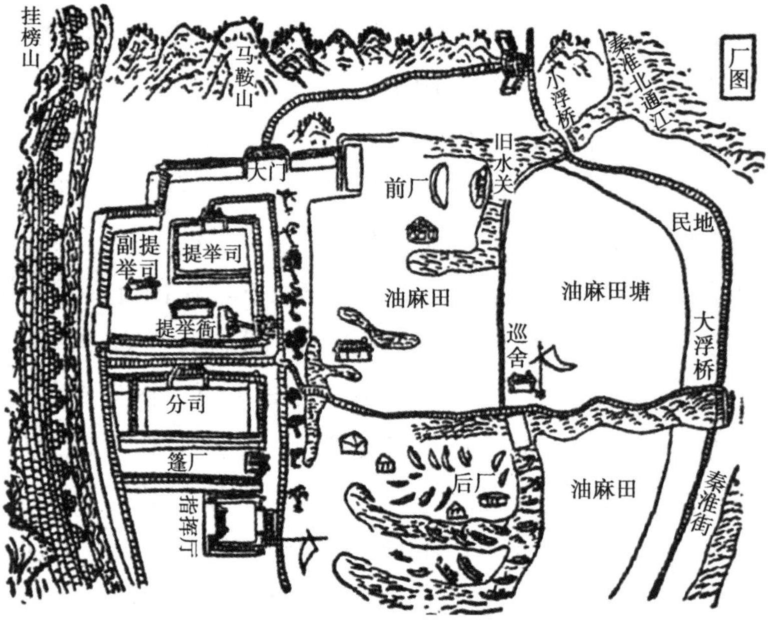

图 9-1　龙江船厂图（摘自李昭祥《龙江船厂志》）

有了厂房，还需要有官员与工匠，明朝设六部，有关水运、舟楫之事都归都水司管，都水司长官为郎中，郎中为正五品官，船厂所有大小事务都须向郎中汇报，郎中之下设有主事，分派各处监督，专职管理船厂业务的为员外郎或主事，主事为正六品官。龙江船厂专为打造各类官船而设立，所以厂内设有都水分司、提举司，龙江提举司有提举一员，为正八品官；副提举两员，为正九品官；再往下官员为典吏、司吏各一名；帮工指挥千户、百户各一名。

其中，工部司负责督察船务；提举司负责制定造船计划，掌管造船业务；帮工指挥厅负责监督工匠施工，保证造船质量；作坊相当于车间，具体进行船体及船用设备的制作、加工，按照生产任务不同，分别设有铁作坊、木作坊、细木作坊、篷作坊、索作坊、缆作坊、油漆作坊。船厂还设有志船（设计部门）、敛财（后勤供应）、考衷（预算、核算、决算）、孚革（材料质量与船舶验收）等一整套管理机构。

再往下便是工匠了，在洪武、永乐年间，从浙江、江西、湖广、福建、南直隶等地区迁来四百多户人家，专事造船工作。隶籍提举司，编为四厢，厢有厢长，其中一厢出船木匠、梭櫓匠、索匠；二厢出船木匠、铁匠、缆匠；三厢出艌匠；四厢出棕篷匠。每厢分为十甲，甲有甲长。工匠按工种分为作，比如有船木作、艌作、篷作、索作、铁作、缆作、细木作等，每作有作头。这些工匠被分为三班，役一休二，周而复始，三年一轮换。此外还有内官监匠三十八名、御马监匠四名、丁字库匠三名、宝船厂匠二名、酒醋面局匠三名、后湖水夫三十七名、看料匠丁二十名、更夫一十五名、桥夫四名、箍桶作二名，脚头、旗作、油画作、鼓作、铜作、绦作、铸作、蛳壳作、穿椅作、贴金作、缨作、旋作各一名，船户若干。

由上述可见，船厂运作是一个复杂的系统，要想运行顺畅必须有一套管理流程和制度。有无规章制度是大型工厂与私人作坊的重要区别，只有具备了固定的规章制度才能保证生产过程及生产成果的稳定性，不会因为领导的更换、工匠的流动而带来负面的影响。同时，制度是船厂控制成本与保证质量的重要手段。

龙江船厂编制了多种规章制度，其中《诸司职掌》规定，船只若缺少或损坏了，当修理的，需要计算所需木料、铁钉、灰料、油、麻、藤及所用工具，按需要数量拨用。仓库里物料如果不够，应当预先规划，或令军民采办，或向客商收买，或从其他处调拨。总之，开工前就要求龙江提举司对修造船所用材料编制预算，然后向各仓库提取物料，并且所用工程物件，要登计造册，然后才能兴工。

再有《大明律》规定："凡造作不如法者，笞四十。若造军器不如法者，笞五十，若不堪用及应改造者，各并计所损财物及所费工钱，重者坐赃论。其应供奉御用之物加二等。"① 另外特别强调犯事

① 转引自（明）李昭祥撰，王亮功校点：《龙江船厂志》，江苏古籍出版社 1999 年版，第 5 页。

的人员包括工匠、局官、提调官一律要赔偿物价、工钱，这种按章处罚不可谓不严厉。船厂还规定如果有人多破工料，并且据为已有，以贪赃论处，要追缴还官，知情不报的按同罪论，失察不知者减三等罪，杖一百。对于不同的船舶造或修的时间，专门编制有《大明会典》来进行规范：

> 照快船事例，定限五年一修，十年成造。其停泊去处，常用厂房苫盖，军夫看守。
>
> 新江口战船，永乐五年，额设一百三十一只。
>
> 洪武初，置江淮、济川二卫马快船，及南京锦衣卫等风快船，以备水军进征之用。既建北京，遂专以运送郊庙香帛、上供品物、军需器杖及听候差遣，俱属南京兵部掌管。
>
> 又，永乐五年，改造海运船二百四十九只，备使西洋诸国。
>
> 又，凡留京预备黄船一十只，例该五年一修，十年一造。
>
> 又，南京各卫，永乐年间，额设大黄船二十四只。
>
> 又，设小黄船三十六只，俱照例五年一修，十年一造。
>
> 又，新江口战船，原额一百七十八只，划船三十七只，三板船三十只，巡船九十只。①

因此，军队或宫廷所用的快船、战船、黄船等所造数量，以及维修的时间周期，都有据可依。此外，修造船的经费出处，《大明会典》也进行了规定，修船所需物料以五分为计，政府（即工部）出三分，军队出二分。在船厂管理中，除了成文的规章制度外，还有

---

① 转引自（明）李昭祥撰，王亮功校点：《龙江船厂志》，江苏古籍出版社1999年版，第6～8页。

不成文的管理制度，这些被称为“成规”。这些规定虽未成文，但也是被录为案例，必须遵守的。在对船厂生产各环节的研究后，笔者发现，明代的船厂竟然能做到对生产全流程进行管理。

首先看造船程序，政府对修造船的流程监管很严密，如果是修造战船，要由需求的衙门打申请到工部，一份给督造主事，一份给龙江提举司，两官员相勘是否应许，同意后督造主事调阅档案，看是否达到修造年限，呈报工部，工部再委派都水司进行核查，符合规定的，由提举司开具工料单，交督造主事酌定，确定好工料数量，向都水司申报，查核无误，查点材料是否够用。然后经督造主事及龙江提举司同意，将物料从仓库提出，交船厂使用，木料出库时要加烙印，到厂要进行验收，以保证修造船的木料不会在运输途中被盗换，在修造完工后，提举司要将使用了多少物料，列清单造册，一份交工部，一分交督造分司。

再看工部的原料采购流程，也非常讲究。首先由督造主事向商人发标采办，对木料进行丈量、秤验后，将清单发给提举司收储备用，卖家准备三份售货清单，一份留存，一份送都水司查明印记，一份发给提举司。提举司给出收条，卖家将收条交付屯田司估价，最后卖家去仓库支钱。物料进仓库后，船厂要来领用，首先由都水司提出申请，出具印信领状，赴虞衡司勘合尺寸，再往抽分司告领准票，最后才能领用物料，在双方交接时，为了堵塞半道换货的漏洞，发货方还要在木料上烙上印记，到船厂核实后再投入使用。在生产中，为了便于核算材料，根据所造船的长、深、宽的尺寸计算该用木材，所有的木料开成板材计量，每条船使用的木材登记在一个簿子上，进行单独核算。

在嘉靖二十六年（1547 年），曾发生一件有趣的事，一个叫杨纪的商人到工部告状，说他给工部船厂供应木料，同时也给兵部的船厂供应木料，同样的木料，兵部给的价格要高于工部，请工部涨价。工部对此很重视，也很亲民，专门组织部属相关四司官员会商此事。

给出的回复是：工部给的价钱确实比兵部略低，但工部使用的尺子也比兵部的短五分，因此两部的实际价格是差不多的。后来为了彻底解决这一问题，工部按照兵部的尺子铸造了两根铜尺，一根给都水司留存，一根给提举司用来测量木料，价格以兵部的为准，这样就完美解决了供应商的异议。①

船舶修造好后交给使用部门，也是有严格规定的。船舶修造完成之日要呈报工部，并将有关文件报给提请修造的衙门，使用部门持印信领状来船厂交接，船厂督造主事与交接人依照船舶清单，一一清点后交付船舶，接船人领驾船舶回营。船舶交付后，如果没到时间就出现损坏，需要维修，在造船方与使用方，就可能会出现推诿现象，造船方认为使用方不爱惜使用，使用方会说造得不结实。当时就发生过这样一个事例：

> 据督造船只主事方鹏呈称：本职督造新江口战巡等船四百只，每船一只，成造费银二百余两，修理亦不下五十余两。例约五年一修，十年一造，动费料银数万两。切见船之所以速于修造者，其弊在于撑驾官军视为官物，不加爱惜，及将随船什物私相借贷，以致易坏故耳。②

那么怎么处理这类事情呢？于是工部与兵部商定，由兵部派一名官员，会同兵科给事中一名，每季共同对船舶进行查点。③ 如发现官军不爱惜，抛弃磕损船舶，或将随船物品私自借与他人使用，轻则责令赔修，重则追究责任。其他关于编帮轮守的工作，也按所定规则施行，到了每季末，将船舶实物与清单对照查较。如此严令管

---

① 参见（明）李昭祥撰，王亮功校点：《龙江船厂志》，江苏古籍出版社 1999 年版，第 19～20 页。

② （明）李昭祥撰，王亮功校点：《龙江船厂志》，江苏古籍出版社 1999 年版，第 9 页。

③ 参见（明）李昭祥撰，王亮功校点：《龙江船厂志》，江苏古籍出版社 1999 年版，第 10 页。

理，就确保了战具完备，修造费用也有节省，另一方面也责令船厂，按造作法修造船，不许板薄钉稀地偷工减料。

尤为难能可贵之处是，船厂除对修造船等主项工作制定了管理规定外，对废旧材料的处理也没有忽略。在修船时，将旧船材料算三分，新补材料给七分，而替换下来的旧板、旧料、边角料也不能随便处理，而要统一归入仓库，进行变卖，变卖所得一律归公。而变卖废旧材料也是有程序的，由提举司申报给督造主事及都水司，经同意后出售，所得银两交工部。[①]

船厂的各项管理规定可谓细微备至，比如规定船舶开造，要进行对天祭告。祭祀用羊、猪各一只，由提举司申报给工部，从官库里支银采买来后，送胙堂司办理。可以说在船厂里无一事没有规定，无一物的使用没有设置。今天在造船厂遗址发掘出的众多文物上都刻有铭文，它们见证了宝船厂严格的责任制。出土的造船工具、设施构件、船用构件和生活器皿上，有的刻数字，有的烙有文字。比如一根木桩上刻有“答字五万八千五百四十三号‘〇’尺三寸‘丨’一丈九尺”的字样。其中“答字五万八千五百四十三号”是这块木料的进厂编号；而“〇”和“丨”则分别表示木料的截面周长和木料长度。这些科学的管理方法，确保了下西洋宝船的质量，并杜绝了对原料的浪费和贪污。

造船工艺

郑和船队能够纵横大洋，“鲸舟吼浪泛沧溟，经涉洪涛渺无极”[②]，经受住惊涛骇浪的侵袭，是因为明朝时船舶制造工艺已经达到了一个很高的水平。

---

① 参见（明）李昭祥撰，王亮功校点：《龙江船厂志》，江苏古籍出版社1999年版，第23页。

② （明）马欢撰，万明校注：《瀛涯胜览》，商务印书馆、中国旅游出版社2016年版，第3页。

明朝时，中国主要有三大船型。一为沙船，这种船主要航行于长江口一带，多桅多帆，长宽比很大，其特点是底平不怕浅水沙滩；二为福船，主要航行于福建、浙江沿海一带，其特点是“上平如衡，下侧如刃，贵其破波而行也”[①]；三为广船，主要航行于广州、南海、合浦、交阯等地。广船比福船更大而坚固，其帆形如张开的折扇，船体有深过龙骨的插板，以起到抗横漂作用，为了操舵更轻捷，它的舵叶上有许多菱形的开孔，广船的尾部有较长的虚梢。

当时远洋船舶的建造，运用了哪些技术呢？从山东、浙江、江苏等多地发掘出的明朝船舶遗物，帮助我们了解到很多船舶建造工艺的细节。在南京西北部中保村附近，紧临长江边有一片南北排列、东西走向的长条形水塘，计十多条，这就是当年造船厂的船坞的遗迹。

我国最早在宋朝就开始使用船坞造船了，《梦溪笔谈·补笔谈》卷二记载：

> 国初，两浙献龙船，长二十余丈，上为宫室层楼，设御榻，以备游幸。岁久腹败，欲修治，而水中不可施工。熙宁中，宦官黄怀信献计，于金明池北凿大澳，可容龙船，其下置柱，以大木梁其上。乃决水入澳，引船当梁上，即车出澳中水，船乃笐于空中。完补讫，复以水浮船，撤去梁柱。以大屋蒙之，遂为藏船之室，永无暴露之患。[②]

建造船坞先在地面挖一个很大的“澳”，其大小可以容下龙船。在“澳”底立上木柱，用大木架在立柱上当梁。再把水引入“澳”中，将龙船牵引到梁的上面，用水车抽干“澳”里的水，龙船便架在空中，修补完以后，再把水引进来，使龙船浮起，再撤去梁柱，

① 席龙飞：《中国造船通史》，海洋出版社2013年版，第291页。
② （宋）沈括撰：《梦溪笔谈》，中华书局2016年版，第684页。

无疑这就是船坞。

2004 年，南京对中保村船坞遗址中的“六作塘”进行考古发掘，经测量船坞呈倒梯形，坡度为 12 度，长 421 米、上口宽 41 米、下口宽 12～15 米。宝船厂的工匠们在河漫滩上划出塘口方位，然后动手向下深挖 4 米，形成塘口。挖出来的淤土和细沙就顺着塘口两侧均匀堆放，然后从别处运来纯净的黄土，在上边继续堆积加高，一边堆积一边夯打，从而在塘口两侧形成堤岸。由于黄土层黏性较大，不透水，所以堤岸异常坚固，在船坞底部将密集的木桩（地钉）打入土中 1 米多，这些地钉分为 34 个单元，每单元长 10 米多，宽 3 米多，各单元之间相隔均不越过 30 米。这些遗迹表明，这批船坞设计严密、布局合理，这些地钉有相当强的承重能力，这上面可以铺墩造船。

宝船厂的造船程序是先在作塘坞底打下横直成排的木桩，每隔 30 多厘米就竖一根，由中间向两头逐渐增高，构成一条弧线。然后在密集的木框上铺上芦席，盖上木板或木桩，以此支撑船体“龙骨”，再开始造船。墩台最普遍的是“木桩圈型”，由竖立的木桩围成长方形，是托着船体上较轻的部分，如船头；第二类为“层累型”，在木桩的基础上用原木横竖交替叠起；第三类为“榫卯框架型”，把经过加工的规整木料用榫头拼接起来，构成“目字型”，再沿其内侧打下一圈木桩加以固定。后两类墩台设计严谨，用工用料较多，是用来托住船体较重的部分，如船尾。

除结构外，建造船坞的材料也有创新，在墩台遗址惊现“原始水泥”：在大部分木桩阵的框架内部，大片色彩鲜亮的红色或绿色土壤被人工铺设在塘底黑色的原生土上，厚度大致在 20～40 厘米。更有一两处“榫卯框架型”的木桩阵内，同时铺设了绿色和红色两层，土上还有竹席覆盖。这是怎么回事呢？原来这些都是用岩石舂磨成的石渣土。这可以在松软、潮湿的塘底创造出相对坚实、干燥的工作面，在其上进行造船施工，其功效和今天的水泥非常相似，可以说是“原始水泥”，宝船厂这些复杂的施工技术和材料配方凝结着中国古代工匠的智慧。

1984年在山东蓬莱县、1994年在浙江象山县，分别发掘出三条明朝的海船，可以以它们为考察对象，弄清明朝的造船工艺。

龙骨是船体的主要部件，蓬莱古船龙骨由两段方木用钩子同口加凸凹榫连接，主龙骨用松木制成，尾龙骨用樟木制成，尾端上翘，首柱也是用樟木制成，其向前逐渐转化为锥体，龙骨全长22.64米，主龙骨支撑尾龙骨和首柱，并且在接头部位增加了补强材。象山古船在龙骨两侧存在两根“龙筋”，龙筋用整根杉木做成圆角方形。参照更早的船舶，船中心列板为平板龙骨，两边各四列船底板，即所谓正底九路，龙骨列板外面为舭列板，再往外就是舷侧列板。在舷侧列板最上面常有舷伸甲板，它由肘板支承，设舷伸甲板可利用舷外空间。

蓬莱船外板用杉木制成，列数由船头到船尾不变，首部板列较窄，中部渐宽。列板的边缘采用平口对接，再用铁钉钉连，铁钉有穿心钉、铲钉、锔钉，功用各有不同。为加强舱壁对外板板列的支撑性，外板板列的端接缝都选在横舱壁处，并采用凸凹榫头的钩子同口连接。船舱底部通常还设有铺板承梁，在承梁上可以铺设轻型的木铺板，以防止舱内被水浸湿。舱壁板将全船隔成多个船舱，形成水密舱，既可抗沉也可加强船舶强度。板列采用凸凹槽对接，相邻板列凿有错列的榫孔，这种精细的构造可保证舱壁的形状，确保船体的整体刚性，并有利于加强水密性。由象山古船可见舱壁与船体外板交界处都置有舱壁肋骨并用铁钉固定，舱壁与舱壁肋骨在靠近船底处开有流水孔，用于排出舱内积水，孔可以用木塞堵上，保证水密性。

船板接头的牢固性无疑关系到船体的安全性，接头连接充满中国人式的智慧，它们非常精巧而且有效。1956年在山东梁山出土的明代古船，其外板接头的连接式样很多，精彩纷呈，可看作是中国古代木船连接工艺的集大成者，有直角同口、滑肩同口、单榫滑肩同口、双榫滑肩同口、钩子同口、双头钩子同口、蛇形同口、双头蛇形同口。如图 9-2 所示。

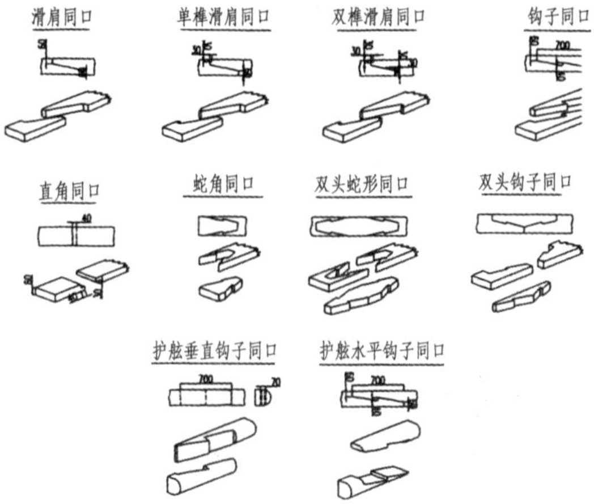

图 9-2 明代古船接头式样（摘自席龙飞《中国造船通史》）

船板结合处必须要进行捻缝处理，即在船板接缝中填石灰、桐油，使其严密坚固。桐油是油桐树产的油桐子所榨的甘性油，为中国特产，其化学成分是桐油酸甘油酯，易起氧化、聚合作用，形成的漆膜坚韧耐水。石灰的主要成分是氧化钙，将石灰和桐油调和，能促进桐油的聚合干结，并能生成桐油酸钙，有很好的填充、隔水作用。将麻丝或麻制旧品（如旧渔网）经人工复捣，掺在桐油、石灰捻料中有充填、增加附着性，防止开裂和提高团块的机械强度等作用，迄今仍是木船捻缝时所必需的填充材料。除使用麻丝等物外，贝壳灰也是上好的捻料，贝壳的碳酸钙含量可达 90%以上，经高温焙烧后做成的贝壳灰俗称“蛎灰”，历史上称“上粉”，最适于调和桐油灰捻料。

南京为造船专门开辟漆园，组织百姓种漆树，为造船提供原材料。

> 南京漆园，设百户二员、甲军一百余名。棕园，百户一员、甲军一百余，俱三年拨人匠采取，不过二百斤。桐园，百户二员、甲军二百四十名，每年采取，得油止一百五十斤。圣祖岂虚设为此无益之费，有深意焉，亦寓兵于农之意也。[①]

风帆作为帆船的动力系统，桅杆将承受的风力传递到船上，其稳固性要求很高，自不待言。桅杆固定在桅座上，桅座板有榫孔，固定在舱壁板上，桅杆就安装在两个桅夹板中间，蓬莱船的桅座用楠木制成，前桅座紧贴 2 号舱壁之前，主桅座在 7 号舱，并用铁钉与外壳板、舱壁板相钉连。

在南京“六作塘”发掘出两根舵杆分别长 11 米和 10.1 米，每个舵杆上端有 2 个斜穿方孔可以装舵柄，下端为扁形，有 3 个长方形浅槽，用来安装舵叶，如前文所述，明朝时使用的舵为平衡舵且可以升降。参考宋代出土的泉州古船，通常舵承的轴孔向后倾斜 22 度，这一数据与现代船舶设计相近。

另在南京船厂遗址还出土 15 米的四爪锚一只，其体量巨大，形式与现代锚无异，也可以想见当年船舶的风范。

宝船规范

船舶规范，是指关于船舶结构、性能、装置、设备和材料等在安全质量方面的技术规定，那么宝船的船舶规范包括哪些数据呢？

《明史·郑和传》记载：“永乐三年六月命和及其侪王景弘等通使西洋。将士卒二万七千八百余人，多赍金币。以次遍历诸蕃国。造大舶，修四十四丈，广十八丈者六十二。”[②] 据此计算，明尺为 0.317 米，那么郑和宝船的长为 139.48 米，宽为 57.06 米，长宽之

---

① （明）朱国祯撰：《涌幢小品》，上海古籍出版社 2012 年版，第 33 页。

② （清）张廷玉等撰：《明史》中华书局 1974 年版，第 7767 页。

比为2.4。单从这组数据上看，宝船大得令人难以相信。于是就有很多猜测，有人认为史书记录错误，而认为若将其宽作为长，将长度的单位丈改为尺，而改为四丈四广，十八丈长，则与一般法式估算的尺度就相当接近了。也有人认为，宝船长四十四丈，宽十八丈，长宽比例太过小。认为史书上所谓“广十八丈”乃“广于八丈”之误。则长四十四丈，宽八丈，这就有可能了，诚如是，则长宽比为5.5。[①] 也有人认为：“阔十八丈乃六丈之误，把‘六’字误析为‘十八’二字，长宽比为7.4。”[②] 还有人认为，“宝船‘阔壹拾、捌丈’，而不是‘阔壹拾捌丈’，这是说宝船的阔为十、八丈，亦即宝船最大阔度为十丈，水线阔度为八丈”[③]。总之，众说纷纭，以至于把史书的数据改得面目全非。

执上述意见者举出很多长宽比应大于5的例子，但史书上也不乏长宽比小于3的例子，如《资治通鉴》就有关于船舶长宽比为二比一的记载，贞观二十二年（648年）七月，“遣右领左右府长史强于剑南道伐木造舟舰，大者或长百尺，其广半之”[④]。再如《萍洲可谈》记载：“舶船去以十一月，十二月，就北风，来以五月，六月，就南风。船方正若一木斛，非风不能动……海舶大者数百人，小者百余人。”这里所写正是出洋的大船，它与航行于国内水域的船颇有不同。[⑤] 此外，在考古发掘中也有实际测量数据，证明长宽比小于3的例子，如泉州宋船长宽比为2.8[⑥]，宁波宋船长宽比为2.74[⑦]。而

① 参见杨槱等：《略论郑和下西洋的宝船尺度》，《海交史研究》1981年第0期。

② 周世德：《中国沙船略考》，《科学史集刊》1963年第5期。

③ 韩振华：《论郑和下西洋船的尺度》，《中国水运史研究》1988年第2期。

④ （宋）司马光撰：《资治通鉴》，新世界出版社2008年版，第622页。

⑤ 《萍洲可谈》作者朱彧，字无惑，湖州乌程（今浙江吴兴）人。其父朱服曾任莱、润诸州知县，绍圣（1094～1098年）中曾出使辽国，后又为广州帅。故朱彧《萍洲可谈》多述朱服之所见闻。《萍洲可谈》记载了北宋时的土俗民风、朝章国典、轶闻琐事，尤其是卷二有关岭南的事迹，以及对当时广州番坊市舶的记述，颇有价值。

⑥ 参见席龙飞：《中国造船通史》，海洋出版社2013年版，第185页。

⑦ 参见席龙飞：《中国造船通史》，海洋出版社2013年版，第198页。

关于郑和宝船的尺寸，除《明史》外，多部书有详细记录。

《瀛涯胜览》记载："宝船六十三号，大者长四十四丈四尺，阔一十八丈；中者长三十七丈，阔一十五丈。"① 作者马欢随郑和船队三次出行。《郑和家谱》记载："拔舡六十三号，大船长四十四丈，阔一十八丈；中船长三十七丈，阔十五丈。"② 《客座赘语》记载："宝船共六十三号，大船长四十四丈四尺，阔一十八丈；中船长三十七丈，阔一十五丈。"③ 作者顾起元为费信同乡，费信曾四次随郑和船队出洋。《三宝太监西洋记》，描述郑和宝船的尺寸也为长四十四丈四尺，阔一十八丈。④ 该书虽为文学著作，但它成书于明万历二十五年（1597 年），与郑和下西洋时间相距不过百多年，作者对宝船的描述与《瀛涯胜览》一致，他必然见过此书，另外由于相隔时间不久，关于下西洋的事情还在流传，作者采用的这一数字，应符合事实。

上述种种著作及文献的数据明晰、一致，我们不应对其准确性作过多猜测，或有人说这些数字可能为传抄而成，所以一致。我想纵然是传抄的，但这些人或为亲历者，或为有学识的人，如果数据与实情相差太大，不可能这么多的人都没有察觉，而一味死抄，要知道他们都是著书者而非刻印工人。

另依实际情况分析，将宝船设计成粗壮型也是必要的。首先，船舶在大洋上航行，要考虑它的抗折性，因为海洋中的浪涌非常危险，如果船体不够坚固，就存在折断的可能，导致船毁人亡。海洋中的浪涌通常 35 米一波，如果船底担在一个单独浪涌之上，船体受力于一点，就很危险，现代造船采用球鼻首的设计，来增加船底长度，使船舶在航行中能确保压在多个浪涌之上。古代木船没有这种

---

① （明）马欢撰，万明校注：《瀛涯胜览》，商务印书馆、中国旅游出版社 2016 年版，第 7 页。

② 《郑和家世资料》，人民交通出版社 1985 年版，第 2 页。

③ （明）顾起元撰：《客座赘语》，上海古籍出版社 2012 年版，第 21 页。

④ 参见（明）罗懋登撰：《三宝太监西洋记》，黑龙江美术出版社 2016 年版，第 108 页。

设计，并且木材的强度也无法与钢材相比，因此唯有增大船舶的宽度来增强船体的强度，用以抵抗海浪侵袭。

其次，郑和船队下西洋一项重要的任务是开展海外贸易，除了需要携带大量的货物，还有许多船员、译员、士兵，宽体船能运载更多的物品，以满足这种需要。

最后，宽体船航行起来更稳定，能满足生活舒适性的要求。在郑和船队中，不仅仅有适应海上生活的船员，还有大量其他的人员，如医生、译员、书手等。更重要的是，每次往返都有许多外国使节、国王及家眷随同，他们对生活的舒适性要求更高，因此建造一种更平稳的船舶是必要的。

现代人觉得这种比例的船舶不可能，是因为现代不会造这种长宽比例的船，但现代之所以不采用这种比例并不是因为它不可能，而是因为需求不同。现代船舶以柴油为动力，船舶设计必须考虑节能，因此船舶要瘦削一些，这样阻力要小一些，油耗也少一些。但明代帆船纯以风为动力，无需考虑节能，另外航速也是现代船舶重要考虑的因素，而郑和船队下西洋依赖季风，冬天去夏天回，航行速度完全因风而定，所以船舶的设计无须考虑改善航速的因素。

因此，平白无故去质疑下西洋宝船的尺寸是没有道理的。

第十章　兵临日本签下《永乐条约》

郑和在下西洋之前已数次作为外交使节出使外国，并都圆满解决了难题，不辱使命。这其中出使日本最为重要，由于郑和下西洋的光芒过于灿烂，以至于后人对下西洋之前的下东洋知之甚少，但这次出使的意义重大，亟需深入研究。

中日之战

古代日本一直是中华文化的追随者，但当日本完成大化革新后，便对中国的东亚霸主地位跃跃欲试。7 世纪时，朝鲜半岛的高句丽、百济联合进攻新罗，新罗向大唐求救，大唐派兵救援。而日本应高句丽与百济之约出兵阻击唐军，这场战役的唐军主将刘仁轨是唐高宗时期著名海军统帅，海战经验丰富。在这场战役中，他首先采用以逸待劳的战略，以旺盛的士气，率战船阵列于白江口，轻而易举地击退日军。在次日的战事中，唐军又利用战船高大坚固的优势，将日军的船只左右夹住，使其不得回旋，再施以火攻战术，焚毁日军战船四百多艘，取得了战斗的最后胜利。日军次日凭一股蛮勇，毫无秩序地向唐军冲击，结果在瞬间惨败，百济后主扶余逃亡高句丽，残军尽皆投降，史称“白江口之战”。这是日本第一次企图挑战中国，被迅速团灭，战争的惨痛教训，促使日本当政者清醒，有了自知之明，从此日本臣服中国近千年不敢再有痴妄之心，“一仗服千年”①。

但从元代开始，日本成了中国的心腹之患。忽必烈曾经多次发诏书，提出建立两国正常关系的建议，都遭到日本天皇轻蔑地拒绝。为了惩戒日本，忽必烈于1274年发动对日战争，进攻日本的蒙古远征军共两万五千人，统帅为蒙古人忽敦。远征军由朝鲜出海，驶往九州岛，蒙古军航行至博多湾，首先攻占并洗劫了对马岛和壹岐岛，然后兵分三路在九州登陆攻入内陆。三路入侵军队中，一路为主力，两路为策应，主力部队的登陆地点在长崎附近。当时日本主政的是镰仓幕府北条时宗，他立即调集军队迎战，此次战役日本史称“文永之役”，日方大获全胜。

1275年，忽必烈再次向日本派出使者，要求日本向蒙古称臣，日本人处死了使节，并积极备战。忽必烈自然也不肯轻易罢休，于是着手准备第二次海上入侵，组织了蒙古、汉人、高丽三方联军，于1280年春再次进攻日本。日军沿着博多湾建起一道石墙，从箱崎经过博多直到今津町，公元1281年，元帝国庞大的远征军由江浙和朝鲜两地同时出发，此次出征忽必烈志在必得，共派大小船舶近五千艘，大军二十万，北方出海的舰队于五月底抵达博多湾，在等待南方舰队期间，蒙古人轻易攻占了博多湾的几个岛屿，岛上的居民全部遭到屠杀，岛上的建筑物也尽被焚烧毁坏。

六月上旬，南方舰队抵达，两支庞大舰队在九州外海会合，之后元军开始登陆作战，登陆地点九龙山距上次战争主力部队登陆的地点不远。这次远征军遇到了更顽强、更有效的抵抗，日军以石墙为掩护，多次击退元军的进攻，还伺机组织反冲锋。日本人的反击，击溃了蒙军主力，几名蒙古高级指挥官相继阵亡。激烈的战斗持续了一个多月，远征军的损失已超过三分之一，但依然不能突破石墙，到七月下旬，元军的粮草和武器已基本告罄。

① 陈万军：《看透日本》，中国经济出版社2013年版，第25页。

八月海上突然刮起了猛烈的飓风，元军南方舰队的舰船基本被毁，北方舰队的舰船也大半遭到严重损坏，几乎全军覆灭，日本史称第二次蒙古入侵为“弘安之役”。此战日本并非全靠所谓“神风”取胜，当风起时元军败局已定。日本武士战斗力极其强悍，他们平常完全脱产，自小接受严格的军事训练，此外日本人装备也优于元军，他们的长刀比蒙古军刀更加锋利，铁甲也异常坚硬，只要距离稍远，蒙古弓箭就无法穿透日本武士的盔甲，因此日本人单兵作战能力要强过蒙古人。

两宋灭亡前，中国是日本的榜样，南宋灭亡后，日本对中国不再崇拜。特别是日本人两次战胜蒙古人，而汉人王朝曾败于蒙古人，虽然元朝之后汉人复国成功，但继起的明王朝在日本人的眼里，已经失去“正朔地位”。1368 年朱元璋即位之初，派使臣下国书到日本，希望他们来朝拜，结果国书送达日本后，日本不仅没来朝贡，还砍了大明使者的脑袋。朱元璋纵然非常恼怒，扬言要发兵征讨，但最终还是没敢轻举妄动，这导致倭寇对中国劫掠活动愈加激烈。

朱元璋为制止倭寇活动，一面充实沿海防御，一面设置机关管理正当海外贸易。洪武十七年（1384 年），命汤和巡视海岸，在山东、江苏、浙江沿海地区建筑五十九城，设立备倭行都指挥使司。洪武二十年（1387 年），对浙江沿海各卫所兵士六万多人，每人赐钞五锭，以资鼓励。次年又于福建沿海设立五个卫指挥使司与十二个千户所，以备倭寇，在都司与卫所都配备了船舶，沿海卫所和巡检司一律备船二艘，巡查海上盗贼。朱元璋同时执行怀柔政策，在宁波、泉州、广州恢复了管理海外各国来船的市舶司制度，试图促使日本归顺，变为朝贡国家。但这些政策看上去都不算成功，特别是“林贤事件”后，明太祖不得不采取海禁政策，此事件的起因是宰相胡惟庸图谋造反，他先与宁波卫指挥使林贤勾结，伪奏林贤有罪，流放日本，背地却令林贤与日本君臣秘密策划里应外合造反。随后胡惟庸又奏请恢复林贤原职，遣使从日本召回林贤，秘密致书“日本国王”，要求派兵援助。林贤先一步回国，“日本国王”给僧人如瑶倭兵四百，伪称入贡，奉献巨烛，在巨烛中藏火药与刀剑。但是当如瑶到达中国时，胡惟庸阴谋早已暴露，因此这个计划才没有得逞。明太祖于是下令同日本断绝交往，开始实行海禁政策，这也是为了避免国人与倭人交往。

由于海禁，无法进行正常的海外贸易，日本人得不到中国的商品，于是倭寇的行动更加猖獗。

室町幕府

日本立国之后，稍有力量便觊觎朝鲜与中国领土，贪婪之念千年不熄。日本国统一前没有历史记录，其历史主要散见于中国及朝鲜的文献中，中国魏晋史书将其称为“倭”，“其小国数十，皆服属焉，国小者百里，大者不过五百里”[①]。

朝鲜好太王碑，详细记载了高句丽与倭国从公元 391 年起的十余年间在朝鲜半岛上互相攻战的经过。在这一时期，倭人已经有能力向朝鲜半岛派出大军，证明日本在该时已完成统一。日本在 4 世纪一完成统一，就向朝鲜出兵。369 年，应百济之请向半岛出兵，征讨新罗，平定了洛东江沿岸七国，百济发誓永称西番，朝贡日本。公元 593 年圣德太子摄政，掌握当时大和朝廷的政权，在他主持下进行了一系列改革，圣德太子所施新政主要可归纳为宣扬佛教、制定冠位、颁发宪法、对隋通交和编修国史五件大事。在他的主持下，从公元 600 年开始，向中国派出使节（遣隋使），不但恢复了对中国的外交，而且派出了留学生、僧人随行，以引进先进的中国文化和生产技术，为以后日本古代国家的发展奠定了基础。

日本在文化改革取得了一定的成就后，便不甘心屈居中国王朝之下，在派往隋朝的使节所携国书中，首次提出“日出处天子致书

---

① （清）张廷玉等撰：《明史》，中华书局 1974 年版，第 8341 页。

日没处天子”[①] 的说法，第二次国书则用“东天皇敬白西皇帝”等字样，积极表达与中国皇帝平起平坐之意。到大化元年（645 年），正式定国号为“日本”，不久，中国和朝鲜也接受了这个称号，在各自的文献中把“倭”改称为“日本”。

唐朝安史之乱后，日本减少了遣唐使，一方面是因为唐朝式微，另一方面因为民间贸易有了长足发展。比如有张友信、李延孝者，都是经常来往于日唐之间从事贸易的著名商人，再如新罗张宝日以全罗南道的莞岛为根据地，往来于日、唐、罗三国之间，获得巨利。唐商来到九州，大宰府报告京都朝廷，朝廷便将唐朝商人迎至鸿胪馆，所载商品，先由朝廷派出的交易唐物使选购，剩下的才让人民购买。这些商品都是具有较高文化水平的“唐物”，因而贵族阶级均争先恐后地前来抢购。随着这种商船往来日益频繁，遣唐使所负使命已由他们来完成了，所以遣唐使派遣次数越来越少，最后停止派遣。[②]

中世纪后，在长达七百年之久的历史进程中，日本逐渐进入武士统治的时代，史称武家时代，也即所谓的幕府时代，幕府是由私人家政机构发展而来的，它起源于贵族的家务制度，从社会的基本结构来说，这一时期可以称为封建时代。

唐代由中国传入日本的佛教，分为六宗，有南都六宗之称，比如法相宗是专攻法相教义的学僧集团；律宗则是钻研作为僧侣实践规范的成律的学僧集团。这期间的佛教专注于研究学术，还未形成严格的教团派别，一所寺院里混住着各宗的僧人。到了中世纪的幕府时代，日本佛教团体有了极大发展，这期间产生的日莲宗，其教义积极为武士集团服务。日莲宗是日莲（1222～1282 年）所创，他以不宽容和民族主义著称，其法号“日莲”就来源于“冉冉升起的

---

① （宋）司马光撰：《资治通鉴》，新世界出版社 2008 年版，第 114 页。

② 参见［日］坂本太郎：《日本史》，汪向荣等译，中国社会科学出版社 2008 年版，第 140 页。

太阳”和佛教的标志——莲花。日莲著有《立正安国论》，他起初学习天台宗，认为佛的真谛在于《法华经》，他的学说吸收了古代佛教的护国思想，提出如不早立法华正法，日本将受外国侵略的论点，宣称只有他的教派才能保佑日本，并以此向幕府进言。而这时恰巧遇上蒙古来诏，进行战争威胁，这促进了其教义的传播，为武士团体积极备战提供了理论依据。

日本早期的军事力量主要用来维持国内治安，奈良时期，日本模仿中国，将国内成年男子征召人伍。然而这样的军队效率低下，因此在792年，朝廷决定招募地方上弓马娴熟的武士替代普通民兵，在接下来的五百年里，这些私人武装团体成为日本主要的军事力量，这种现象一直持续到15、16世纪。

足利氏于1338年受命任征夷大将军，建立室町幕府，替代了镰仓幕府，其官制大体上因袭镰仓幕府，只在局部做了一些调整，室町将军比镰仓将军更有实权。1367年足利义满就任第三代将军，成为这个时代最强权的人物。由于其势力强大，完全不把日本天皇放在眼里，向明朝自称“日本国王”，在他出巡的时候，仪仗也模仿天皇出行的气派。1392年他统一南北朝之后，日本政权至此得以安定。足利义满于1394年把将军之位传给儿子，自己就任朝廷最高的太政大臣之位。

室町时代，商业的发展促使手工业制品大量上市，与农产品交易频繁，农村的集市定期开张。市场上设有特定的销售座席，叫作“市座”，“市座”拥有一定商品的专卖权。无论是小滨、敦贺、桑名、品川等小港口，还是京都、奈良等大城市，都成长起了大量的批发商，从农村到城市都形成了商业网。随着商业的发展和城市的繁荣，出现了商道和旅舍，沿海运输也很活跃，这一时期商船的容积不断扩大，出现了千石船。经济虽然繁荣，但日本政府在财政方面却并不充裕，这是因为室町幕府对地方力量的统治并不彻底，地方势力依然很强大，中央政府向地方课税时，常常被拒绝，这导致财政来源很不稳定。中央政府于是不得不在京畿内的交通要道、渡口设“关所”征收各种杂税，再加上政府官员的腐败，交通发展遇到很多障碍，严重损害了商人的利益。这导致社会秩序紊乱，使很多人沦落成倭寇，他们到处行凶，给中国、朝鲜沿海地区造成严重危害，大量生命、财产被劫掠。

出使日本

对于桀骜不驯的日本，明成祖朱棣心有不安，在发动大规模下西洋活动之际，倭寇日益猖獗，如不能彻底平定，实为后顾之忧。史书记录，在永乐二年（1404 年），日本的态度突然来了个大转变，实在让人很惊讶。

> 明年十一月来贺册立皇太子。时对马、壹岐诸岛贼掠滨海居民，因谕其王捕之。王发兵尽殲其众，絷其魁二十人，以三年（1405 年）十一月献于朝，且修贡。帝益嘉之，遣鸿胪寺少卿潘赐偕中官王进赐其王九章冕服及钱钞、锦绮加等，而还其献之人，令其国自治之。使者至宁波，尽置其人于甑，蒸杀之。[①]

到底发生了什么事？使日本的态度来了个一百八十度大转弯？要知道，不久前，日本对明太祖朱元璋的态度还非常倨傲，让太祖皇帝恨得牙根子痒却又无可奈何。当年朱元璋曾派遣使者来日宣告即位，促日进贡，并要求禁止倭寇。彼时日本征西将军良怀认为明朝的国书视日本为属邦，以开战相威胁，实属无礼，断然拒绝了明朝的要求，他复书道：

---

① （清）张廷玉等撰：《明史》，中华书局 1974 年版，第 8345 页。

> 臣闻天朝有兴战之策，小邦亦有御敌之图。论文有孔、孟道德之文章，论武有孙、吴韬略之兵法。又闻陛下选股肱之将，起精锐之师，来侵臣境，水泽之地，山海之洲，自有其备，岂肯跪途而奉之乎？顺之未必其生，逆之未必其死。相逢贺兰山前，聊以博戏，臣何惧哉？[①]

其狂妄之态跃然纸上，短短几年，日本对明朝的态度发生如此大的转变，到底发生了什么？中日两国正史都没有明文记录。中国官史的记录似乎只是因为大中华皇帝的威严，促使日本前来归顺，但这实在不能让人信服。而日本历史记录呢？似乎将之单纯归为经济原因，史料称，足利义满时代，日本商人肥富曾去过明朝，他回国后，向足利义满表述日明两国交往之利，于是足利义满在明成祖即位后，派天龙寺坚中圭密为正使前往明朝朝贡，足利义满致明成祖的表文，以“日本国王臣源表”开头，祝贺明成祖即位，并贡献方物（金千两、马十匹、薄样千帖、扇百本、屏风三双、铠一领、筒丸一领、剑十腰、刀一柄、砚箱一合、文台一个）。[②] 而即位不久的明成祖，高兴地款待了远涉海洋来朝的日本使臣，并立即制定敕书，派赵居任与坚中圭密同行去日本，赐给足利义满阳刻“日本国王之印”，双方重启进贡贸易。

如果室町幕府仅仅是因为的财政紧张而向明朝示好，那么同为室町幕府，足利义满死后不久，其子足利义持便不再进贡，甚至意图绑架明朝使臣，“其君臣谋阻（王）进不使归，进潜登舶，从他道遁还。自是，久不贡”[③]。这是为何？难道足利义持不几年就解决了室町幕府的财政问题？因此，在经济问题之外，一定另有外力促使

---

① （清）张廷玉等撰：《明史》，中华书局 1974 年版，第 8343 页。

② 参见［日］田中健夫：《倭寇——海上历史》，杨翰球译，社会科学文献出版社 2015 年版，第 54 页。

③ （清）张廷玉等撰：《明史》，中华书局 1974 年版，第 8345 页。

日本降服明王朝！这便是郑和率大军出使日本，签定了城下之盟，当然武力威胁之外也给予了日本巨大的经济诱惑，逼迫日本当局就范，此结论已为越来越多的学者所认可。

> 由于郑和出使日本的结果，促使了源道义在永乐年间“凡三献俘，海隅绝警”，大体到永乐十五年止，“海洋平静”，中日双方使臣友好往来不绝于道，这是当时中日双方共同努力所产生的作用。[①]

对于郑和于永乐二年（1404 年）出使日本之事，中日官方都无历史记录的原因，我认为，在中国还是因为著史者对太监的成见，有意雪藏，或是对其成就不以为意，而不作记录；而日方不作记录则是因为以向中国称臣为耻，而刻意回避。但民间私人著作对此事言之凿凿，朱棣派郑和率大军前往日本，关于这一事件，清人傅维鳞在《明书·戎马志》中是这样记载的：

> 永乐二年，寇浙直，乃命太监郑和谕其国王源道义（足利义满），源道义乃执其渠魁以献。复令十年一贡，正副使毋过二百人，若贡非期入及人船逾数，或挟兵刃，以盗论。然倭时时掠海上，不为戢。[②]

郑和率军出征日本，乃确切之事，非《明书》孤证，明清还有多人记录，可互相印证。郑舜功所著《日本一鉴》一书就有对此事的完整的记录。郑舜功于嘉靖年间出使日本，在日本待了半年之久，

---

① 潘群：《郑和使日问题初探》，《文史哲》1982 年第 3 期。
② 转引自李士厚：《郑和新传》，晨光出版社 2005 年版，第 173 页。

深入调研了日本的地理、政治、经济、军事等情况，但回国后因受某官司牵连，被捕入狱达七年之久。当年郑舜功自信能在灭倭之事上有所作为，可始终没有得到政府的重用，壮志难酬，最终写出了这部《日本一鉴》，希望为知音者所赏识，求得公正评议，书中对倭寇的战事尤为关注，其中郑和出使日本之事，述之甚明。

《日本一鉴》对郑和出使日本的前因后果也作了记载："永乐甲申（永乐二年，1404 年），倭寇直隶、浙江地方，遣使中官郑和往谕日本王。明年乙酉（永乐三年，1405 年），其王源道义遣使献所俘倭寇尝为边患者。"① 此外，明人冯应京在其《经世实用编》中写道："永乐二年，倭寇浙直，乃命太监郑和谕其国王源道义。源道义出师获渠魁以献，我于是有什物纹绣之赐，封为日本国王。名其国镇山曰寿安镇国山。"② 这与《明史》所记封山的内容相合。当郑和率领由二百多艘船只组成的船队，及十万官兵，到达日本后，对于日本当局无疑是有相当威慑力的，明军要求源道义剿捕倭寇。源道义在巨大的军事压力之下，只得表示臣服，派遣军队打击对马、壹岐等处的倭寇，并捕获倭寇头目二十多人，于永乐二年（1404 年）十一月献俘于明朝廷。明成祖朱棣命令将倭寇头目二十多人交由日本处理，日本派遣使臣到宁波，将二十多人置于大甑上，下面加火"蒸杀之"。

还有一部明人笔记《客越志》记录了郑和此次出访日本的出发地为宁波桃花渡。该书作者王穉登是当时有名的文学家，书中记载：

> 午后，与建初、孺谷同赴包参军燕。君房已先在楼中，凭阑看余辈渡江，参军出所藏古铜玉器示客，虽无取充，而一一皆可欣赏。孺谷指楼下桃花渡为永乐中太监三宝奴（郑和）出西洋处，海舟征倭时，碇入水不可出。益数十人

---

① 郑鹤声、郑一钧编：《郑和下西洋资料汇编》，海洋出版社 2005 年版，第 1146 页。
② 转引自陆静波：《郑和七下西洋》，古吴轩出版社 2005 年版，第 352 页。

泅出之。复有一碇大如牛，相挽而上，上铸三宝名。忆吾家六世祖阴阳公以星占从太监行，过其故迹，为之停杯而叹。①

其中明确写有“征倭时”等字句，故文中“西洋”，当为“东洋”之误。且作者说明自己六世祖曾以“阴阳公”身份，随郑和出行，故这一记录当是可靠的。

从宁波出海之军的规模如何呢？顾炎武在《天下郡国利病书》中有专门论述：“文皇帝永乐二年（1404年）四月，夷船一十一只，寇穿山，百户马兴（与战），死亡。寻寇苏松诸处。是年，上命太监郑和统督楼船水军十万诏谕海外诸番，日本首先纳款，擒献礼犯边倭贼二十余人。”②

郑和所率水军规模庞大，达十万之众，远比元朝第一次征日的二万五千人要多。那么这次出使日本就不仅仅是政治访问了，如谈判不能达到目的，定将武力解决。蒙古军的战斗力是人所共知的，而两败于日本，日本军力确实不可小觑，能弹压制住日本，没有实力是不行的。郑和行伍出身，经历大小战斗无数，是个名副其实的军事统领，所带军队军容肃整、出兵态度坚决，面对这种形势，日本的统治者足利义满别无选择，况且明廷要求其搜捕倭寇外还给予贸易条件，而这正是足利义满所需要的，双方顺利达成协议。在这次军事活动后，两国恢复了外贸通商，通过磋商，足利义满接受了“日本国王”的封号和金印、冠服等，并遣使致谢，与永乐朝恢复了外交关系，双方签订了《勘合贸易条约》，即《永乐条约》，中日双方此后一段时间，进入了历史上难得的和平友好阶段。

永乐三年（1405年），明使一行三百人再次来到日本，无疑这次没有军事目的了，使臣带来的明成祖敕书，表彰足利义满遵奉成祖

① 转引自何歌劲：《建文帝之迷》，湖南人民出版社2006年版，第163页。
② 转引自陆静波：《郑和七下西洋》，古吴轩出版社2005年版，第352页。

命令，取缔对马、壹岐诸岛倭寇活动，使之不为中国海滨之害，并高度评价了足利义满努力禁止倭寇的行动。郑和的出访取得了圆满成功，不但解决了当前的问题，还为之后数年的中日关系和平发展奠定了基础，解决了下西洋的后顾之忧。

> 明年（永乐三年）正月又遣侍郎俞士吉赍玺书褒嘉，赐赉优渥。封其国之山为寿安镇国之山，御制碑文，立其上。六月，使来谢，赐冕服。五年、六年频入贡。且献所获海寇。使还，请赐仁孝皇后所制劝善、内训二书，即命各给百本。十一月再贡。十二月，其国世子源义持遣使来告父丧，命中官周全往祭，赐谥恭献，且致赙，又遣官赍敕，封义持为日本国王。时海上复以倭警告，再遣官谕义持剿捕。①

郑和下东洋的成果，为其下西洋起了保障作用。从明帝国当时面临的形势来看，郑和必须先解决作为海防重点的日本这个后顾之忧后，才可以大举下西洋。

丰硕成果

郑和出使日本，获得了巨大成就。元朝及朱元璋想要而不得的结果，在永乐初年一举完成。

第一，解决了当务之急的倭寇侵扰浙江、南直隶的问题。

> 足利时代，日本的海盗商人聚集在近海，有时会打劫朝鲜或中国北部的沿海城市。15、16世纪，他们扩大了劫掠范围，沿着亚洲的海岸线向南延伸一直远达越南。为了

---

① （清）张廷玉等撰：《明史》，中华书局1974年版，第8345页。

> 遏制他们的掠夺，明朝皇帝邀请第三代足利将军同中国贸易。1404年，两国达成协议，明朝皇帝还册封足利将军为“日本国王”。在接下来的一个半世纪里，日本向中国定期派遣进贡使节团。[①]

足利义满接受明朝封赏，取缔对马、壹岐诸岛倭寇活动，并捕获了对马、壹岐倭寇首领二十余人，派使臣将他们送到明朝。日本重新接受中国的领导，这一举措保证了中国海疆平稳了很长一段时间。足利义满接受了永乐朝所封“日本国王”的称号，明成祖得到了他不纵容中国“流逋”“奸宄”与日本倭寇相勾结的保证，当足利义满送还被倭寇俘获的明朝人民时，明成祖赐给他两万贯的铜钱作为奖励。郑和出使日本，初步解决了明王朝与日本的关系问题，解除了后顾之忧。

第二，日本与明朝恢复了商贸关系，双方签订了《勘合贸易条约》，“永乐初，诏日本十年一贡，人止二百，船止二艘，不得携带军器，违者以寇论”[②]。此即《永乐条约》内容，构成1404～1419年第一期日明勘合贸易的基础。日本贡船以勘合为据，用“日”字号和“本”字号两种勘合，各从中央分开，一半叫勘合符，一半叫勘合底本，“本”字号勘合符与“日”字号勘合底本放在幕府，“日”字号勘合符与“本”字号底本则留在中国福建。日本以属国的名义对明朝进行朝贡贸易，但日本朝贡船并未遵守“十年一贡”之约，常以各种理由提前来朝，面对这种状况，明廷尽量优容，未作过多追究，此后一百五十年间，日本与中国的外贸业务共计十九次之多。

前八次遣明船，全部是日本国王（足利将军）经营的，从第九次开始，遣明船队除幕府船外，大名与寺社经营的船只也参加进来。

---

① ［美］阿尔伯特·克雷格：《哈佛日本文明简史》，李虎、林娟译，世界图书出版公司2014年版，第52页。

② （清）张廷玉等撰：《明史》，中华书局1974年版，第8347页。

1432年由日本去明朝的船队，除幕府船外，还有相国寺船、山名氏船、十三家联合船、三十三间堂船。[①] 各方从中获得了丰厚的利润，遣明船舶都是官方从民间租借的，每艘船的租钱约需要一千八百贯文，舶载货物的本钱约需要一千五百贯文，从幕府获得勘合的礼钱，需要三百贯文左右，此外还有各项杂费。遣明船带回的蚕丝，在日本可得到二十倍的价钱，另外日本的铜运到明朝可以卖到十倍的价钱。根据已知的史料来考察，一艘遣明船至少可以获得一万贯文左右的纯利润，是投入成本的两倍。

输入日本的商品有铜钱、生丝与丝织品，此外药材、书籍、书画等也是日本贵族社会与寺社所热衷购买的商品，甚至中国道士和贵族仕女们的陈旧衣服之类，在日本也很受欢迎。由日本输出到明朝的贸易品，主要是硫黄与铜等矿产品、武器、扇子、屏风、漆器等，其中刀剑的输出数量庞大。此外，从日本中转的南洋产苏木等，也是向明朝输出的重要产品。

现在总有人批判中国古代的朝贡式贸易方式，认为它是单向地向外国输送利益，这完全是不对的，从中日间的商品往来看，朝贡的实质是一种易货贸易，日方固然从中获利颇多，但中国得到的收益更加合算。我们输出的多是技术附加值高的产品，并且是可再生资源，如瓷器、丝绸、书籍、药材，甚至旧衣服也能出口，而从日本进口的多是不可再生的工业原材料，如铜、硫黄、苏木等。

第三，促使日本加入以中国为中心的国际秩序，巩固了国基。明成祖取得政权以后，既要防备蒙古势力的卷土重来，又要防止建文帝原有力量的东山再起，所以特别注意与周围国家的关系。朱棣即位后，建文帝的很多部将文臣四散逃命，国内难以安生，很多人逃往国外寻求庇护，既有出逃海上的，也有逃往临国的，朝鲜、日本都是这些建文遗臣的出逃目的地，朱棣曾多次派人出使朝鲜，要

---

① 参见［日］田中健夫：《倭寇——海上历史》，杨翰球译，社会科学文献出版社2015年版，第73页。

求交出建文帝手下逃散的人，日本的归服有利于明朝政权的稳定。

此外，大明王朝海岸线漫长，边防责任重大。“沿海之地，自广东乐会接安南界，五千里抵闽，又二千里抵浙，又二千里抵南直隶，又千八百里抵山东，又千二百里逾宝坻、卢龙抵辽东，又千三百余里抵鸭绿江。岛寇倭夷，在在出没，故海防亦重。”① 东南亚国家距离远而且国力弱，对明帝国无法形成威胁，朝鲜是中国长期属国，不但没有危险还是一道屏障，而日本国力自大化革新后，异军突起，常怀不轨之心。再加上倭寇犯边事件时有发生，所以当时海防的重点在日本。做好御日防备，处理好与日本的关系十分重要，因此将日本重新纳入到中国朝贡圈里来，是一件极其重要的大事。以明帝国为核心的朝贡性质的国家关系，是当时最稳定的国际秩序，各国家之间的矛盾由明朝进行裁决，它们与中央帝国之间维持良好的关系，以贡品形式表示臣服，然后从明朝获得大量的赏赐，这种形式推动了国际贸易的发展，另外各朝贡国以得到明朝的敕封而取得正宗的地位，以此避免国内的政治纷争。

日本在汉魏时，奉中国为正朔；5 世纪时，接受南朝诸国册封；明成祖时，是日本第三次接受中国的册封，成为中国的附属国。日本重新回到以明朝为中心的朝贡体系，补上了这一体系的漏洞，起到防止体系崩溃的作用，所以郑和下东洋这一行动可谓意义重大。

---

① （清）张廷玉等撰：《明史》，中华书局 1974 年版，第 2243 页。

第十一章　太仓响起集结号

一支庞大的船队远航，要有适航的船舶，要有完备的航海技术，要有手艺精良的海员队伍，要有一个具备超强领导才能的统帅，大明王朝为这次伟大的大航海运动从容不迫地做着准备。

优选统帅

明成祖为何选中郑和作为出使西洋的主帅呢？原因分析如下。

第一，他是在战争中历练出来的将领，在靖难之役中，郑和多次立有战功，功勋卓著。下西洋的船队不是一支普通的商船队伍，它是一支特混舰队，有多型海军战斗舰只，船上载有千军万马，是仗剑行商，因此统帅必须是一个久历战争的将领，郑和符合这一要求。

第二，下西洋除绥靖海疆的任务外，还要交结外邦，郑和除了军事才能外，还具备外交官的素质。前文我们详细介绍了郑和的家庭出身，他家传渊深，与西方穆斯林世界有着天然的联系，这使他常常每到一地就能迅速取得当地统治者的信任，并能够顺畅沟通思想。同时，郑和本人外表魁梧、气宇轩昂，具有外交官的气质，郑和父亲的墓碑上写着，“公生而魁岸奇伟，风裁凛凛可畏”。郑和继承了父亲的体貌，当时著名相术家袁忠彻所著《古今识鉴》中记载：“内侍郑和即三保也，云南人，身长九尺，腰大十围，四岳峻而鼻小。眉目分明，耳山过面。齿如编贝，行如虎步，声如洪钟。”[①] 普通人身高七尺，而郑和身高九尺，极有气势。

这个袁忠彻是个很值得说说的人物，通过他的评价，也可以让我们更加深刻地认识郑和的才能与皇帝对他的信任。袁忠彻的相术学自其父袁珙，袁珙生来就天赋异禀，且好学博识。他曾经游览海外的洛伽山，遇高僧别古崖，学会相人术。经过勤学苦练，他相人百无一失。袁珙与姚广孝相识，曾经为朱棣相面，称其“龙行虎步，日角插天，太平天子也，年四十，须过脐，即登大宝矣”[②]。朱棣即皇帝位后，将袁珙召到朝廷，封为太常寺丞，袁珙为朱棣咨询了很多重大事件，其中决策储君之位最为著名。袁忠彻自幼深得其父相人之真传，水平不在其父之下。他曾随父入燕王府，为朱棣的属下诸将相面，深受朱棣赏识，后被朱棣封为鸿胪寺（相当于国家外交部）序班。因为他看人准确，所以为选拔下西洋的人选，朱棣特意征求其意见，袁忠彻认为郑和“姿容丰伟，使临众，事必吉”。于是明成祖下定决心委任郑和为下西洋的统帅。

第三，郑和还是一位工程建造专家，他具备的这种才能对船舶的建造及途中修缮都大有裨益。笔者非常有幸在南京结识了郑和的第十九世孙郑自庆先生，他告诉了笔者很多珍贵的史料。郑和自幼入宫学习文化、礼仪、专业知识，他的专职是建设与维护宫殿、皇家寺庙、陵墓，正因为他具备这些专业知识，所以才被选为内官监掌印太监。前文详细谈过内官监的职责，它负责营造宫室、陵墓以及御前所用铜、锡、木、铁之器等，内官监下设木作、搭材作、油漆作、火药作等，造船各工序也都包含在其中。郑和作为内官监最高长官，当然熟知其中各行技术，这些专业知识无疑为他督造船舶提供了帮助。

---

① 转引自郑鹤声、郑一钧编：《郑和下西洋资料汇编》，海洋出版社 2005 年版，第 21 页。

② （清）张廷玉等撰：《明史》，中华书局 1974 年版，第 7643 页。

朝廷一面选帅，一面紧锣密鼓地打造舰船。除南京宝船厂外，全国各地还有很多地方在建造船舶，在1405年第一次出洋前，据《明实录》记载，所造的船舶有：永乐元年（1403年）五月，福建都司造海船一百三十七艘；八月，京卫及浙江、湖广、江西、苏州等府卫造海运船二百艘；同月湖广、浙江、江西改造海运船一百八十八艘。永乐二年（1404年）正月，京卫造海船五十艘；福建造船五艘。永乐三年（1405年）五月，浙江等都司造海船一千一百八十八艘。下西洋船舶就在这其中选调，为了确保质量，郑和时常前往造船厂督造，他去的最多的当然是位于南京西北的宝船厂。

郑和一到南京时并没有府第，直至第四次下西洋的前夕（1411年）回云南祭祖，与哥哥谈立嗣过继之事后，才着手建府。之前他最大的可能是住在内官监官衙，明朝皇宫在城东，内官监官衙离皇宫不远，在今天的瑞金路金城集团公司一带，距宝船厂有十多公里。按当时交通情况，他每次前往船厂定然会在厂里住一段时间，督导宝船建造，这也算过程控制吧。

第四，大明王朝的下西洋壮举，我们前文分析过，不仅仅为了宣扬国威，它也是非常重要的商贸活动，郑和的穆斯林身份就是经商的通行证。穆斯林是天生的商人，先知穆罕默德所属的古来氏部落，就是一个专业的商业部落，“古来氏”的意思是“从事贸易获取利润”[①]。穆罕默德年幼时父母双亡，从小跟随伯父在商队中长大，靠商业谋生，在创立回教后，领导的数次宗教战争也都与贸易有关。重商和崇商的价值观是穆斯林价值体系的一个显著特点，经商是穆斯林悠久的传统之一，穆斯林在各国间奔走经商，除商业知识外，他们还具有丰富的人脉关系，元朝统治者吸收大量外国人为其所用，在商业领域中他们主要任用的人就是穆斯林。郑和虽然少小离家，但在日后的生活中难免会与其他穆斯林交往，建立有利于商业发展

---

① 金宜久主编：《伊斯兰教》，宗教文化出版社1997年版，第11页。

有人际关系，至少他的商业意识会建立起来。

第五，郑和下西洋之前，已多次作为外交使节出访，他在永乐元年（1403年）就曾出使暹罗，永乐二年（1404年）出使日本，这些活动为他积累了丰富的外交和航海经验。关于出使日本，我们上一章已详细论述，这里，只将郑和出使暹罗之事进行阐述。

明成祖在基本稳定内部以后，便开始了他的外交活动，遣使臣前往安南、暹罗、爪哇、琉球、日本、苏门答剌、占城诸国，颁布即位诏书。为政府堂谕诏书，赐各国之主以衣冠等物，加强与各国的联系。郑和便是第一批使者中的一员，被派往暹罗，他在出使路上曾遇险，向妈祖求祀而得平安，回国后，郑和立碑还愿，记下了他的这次出使的目的国和时间。

> 永乐元年差太监郑和等往暹罗国，至广州大星洋，遭风将覆，舟人请祷于神，和祝曰："和奉使出使外邦，忽风涛危险。身固不足惜，恐无以报天子。且数百人之命，悬于呼吸，望神妃救之。"俄闻喧然鼓吹声，一阵香风，飘飘来，宛见神立于桅端，风恬浪静。归朝复命，奏上，奉旨遣官整理祠庙。①

记录此事的其他资料还有：抄本《海底簿》云："永乐元年，奉旨差官郑和、李兴、杨敏等，出使异域，前往东西洋等处，一开谕后，下文索图，星槎，山峡、海屿及水势，图为一书。务要选取山形水势，日夜不致误也。"抄本《宁波温州平阳石矿流水表》云："永乐元年，奉旨差官郑和，李恺，杨敏等，出使异域，躬往东西二洋等处，开输贡累累。较正牵星图样，海岛、山屿、水势图画一本，

① 郑鹤声、郑一钧编：《郑和下西洋资料汇编》，海洋出版社2005年版，第20页。

务要选取能识山形水势，日夜无歧误也。”[①]

郑和在七下西洋之前已经过数次出洋历练，他通过亲自调查研究，取得第一手资料，校正航海图样，为其后成功地率领庞大的船队远航，奠定了基础。同时，因为他每次都能圆满完成朝廷所交办任务，深得皇帝朱棣的赏识，实为朱棣的一员干将。

第六，郑和的太监身份也是他被选为下西洋之统帅的因素之一，明成祖非常重视外交，多次派人出访国外，除郑和外，永乐还派“中官马彬使爪哇诸国”[②]，此外还有侯显出使西藏等。这些使臣都是宦官，因为他们长期生活在皇帝身边，容易取得信任，另外也是因为太监没有家室，无生活所累，更忠于皇帝。

总之，郑和可以说是下西洋统帅之最佳人选。

人员构成

下西洋的舰队规模是极其庞大的，人员分工明确，构成复杂。它主要由四大类组成，一为领导，二为驾船的专业人员，三为辅助人员，四为军队。

《瀛涯胜览》一书记载了船队的人员构成情况：

> 计下西洋官校、旗军、勇士、力士、通士、民稍、买办、书手，通计二万七千六百七十名。
>
> 官八百六十八员，军二万六千八百二名。
>
> 正使太监七员，少监十员，监丞五员，
>
> 内官内使五十三员，户部郎中一员，都指挥二员。
>
> 指挥九十三员，千户一百四十员，百户四百三员。
>
> 教谕一员，阴阳官一员，舍人二名，余丁一名。

---

① 转引自郑鹤声、郑一钧编：《郑和下西洋资料汇编》，海洋出版社2005年版，第1146页。

② （清）张廷玉等撰：《明史》，中华书局1974年版，第80页。

医官、医士一百八十名。[①]

其中使臣主要由太监担任。明代太监为正四品；少监为从四品；左右监丞为正五品。管理人员中还有户部郎中，户部为明朝六部之一，掌管户口、土地、赋税、财政，下设十三司，郎中是各司长官，正五品。

在郑和的管理团队中，最重要的助手当为王景弘，他多次随船队下西洋，且同为正使太监，由于海上使命太过危险，郑和一旦出现意外，他将代替郑和的位置。事实上，当郑和在第七次下西洋途中，于古里不幸去世后，就是由王景弘继任为总指挥，率领船队回到祖国，长达二十八年的郑和七下西洋大航海运动黯然落幕。

《娄东刘家港天妃宫石刻通番事迹碑》碑刻的落款记录，此碑为“正使太监郑和、王景弘，副使太监朱良、周满、洪保、杨真，左少监张达等”立于明宣德六年（1431年）。《福建长乐南山寺天妃灵应记碑》记载，此碑为“副使太监李兴、朱良、周满、洪保、杨真、张达、吴忠……等立”。另据巩珍在其书《西洋番国志》所载敕书中的记载：“南京守备太监杨庆、罗智、唐观保、大使袁诚。今命太监郑和等往西洋忽鲁谟斯等国公干，敕至，尔等即照数放支与太监郑和、王景弘、李兴、朱良、杨真，右少监洪保等，关领前去应用，不许稽缓。故敕。宣德五年五月初四日。”[②] 可见船队领导除郑和、王景弘外，尚有多人协助，其中包括周福、李兴、朱良、周满、洪保、杨真、张达、吴忠等等。

远航船队中第二类人员，为驾船的技术人员，主要从社会招集，“始则预行福建广浙，选取驾船民档中有经惯下海者称为火长，用作

① （明）马欢撰，万明校注：《瀛涯胜览》，商务印书馆、中国旅游出版社2016年版，第8页。

② （明）巩珍撰，向达校注：《西洋番国志》，中华书局2000年版，第10页。

船师"[①]。我国航海历史悠久，春秋战国时期，船舶被大量使用，造船与操船的人出现分工，前者称"木客"，后者称"船卒"。秦汉时期，由于航海事业大发展，船员分工进一步细化为：划桨、摇橹、驶帆、操舵、用锚。唐代确立了以舟师为核心的海员体系，舟师又名船师、海师，此类职务在南北朝时期就已成为远洋海船上的重要职务，他们以所积累的天文、地文、水文、气象等方面的经验和知识为船舶定向导航。随着远洋事业的发展，这一职务越来越重要，渐成一船的实际主宰者。宋元时，航海事业空前发达，海员分工明确，各有职掌，形成了一个完备的海员职务体系，其中管理人员包括：纲首，即一船之首领；杂事，协助纲首管理船上杂务，地位仅次于纲首；部领，即水手头目；直库，即仓库总管。管理人员之下为技术船员，包括：火长，为船上司（指南）针盘，为船舶导航的高级技术船员；梢工，为船尾掌舵之职；招头，为船首以长桨协助梢工掌握海船方向的重要船员；碇手，为管理碇、锚的船员。技术船员之下的一般船员为水手，数量最多，职事最杂。这里解释下，火长的称谓是怎么来的呢？这与我国传统文化相关，按古代的五行学说，指南针所指向的南方属火，因而在船上把握罗盘的责任人便得到了"火长"的称谓。

据明人著作记载，郑和下西洋之船员包括多种海员岗位：火长、舵工、班碇手、医士、铁锚、木舱、搭材等匠、水手、民梢。[②]这些专门人才大多征雇自富有经验的民间船员，火长自从宋代登上航海历史舞台以来，其地位愈发重要，至下西洋时，成为无可争议的技术船员之首；舵工与民梢的职事大致相同，部分舵工由军卒充任，按火长指令操舵，控制航向；民梢即来自民间的梢工，负责掌舵、撑篙等职事。

火长工作的岗位靠近舵手，以便就近下达口令，调整航向。班

① （明）巩珍撰，向达校注：《西洋番国志》，中华书局2000年版，第6页。

② 参见（明）巩珍撰，向达校注：《西洋番国志》，中华书局2000年版，第56页。

碇手负责靠泊和起航时下锚、起锚。铁锚、木舱、搭材等为铁匠和木匠，负责船舶及其辅具的日常维修与保养。水手负责摇橹、划桨、升帆、落篷以及船上日常杂务。值得一提的是，在郑和船队中，还聘用有外国人，永乐五年（1407 年），皇帝因为郑和船队擒获海盗陈祖义，而对参与人员进行奖励，《明实录》记载在奖励清单中有“番火长，钞五十、彩币一表里”。这里的番火长可能就是阿拉伯人或印度人，他们帮助明朝船队在当地导航，火长为高级船员，那么船上的其他岗位想必也会任用外国海员。

此外还有一类比较特殊的人员即阴阳官，他们负责观测天文、气象，也处理船上一些占卜祭祀的工作，有关郑和船队中阴阳官的记载，在《吴文定公匏翁家藏集》卷七十五中的《封文林郎广东道监察御史林公墓表》有记录：

> 林氏之先为鲁人，后避晋永嘉之乱，散居南土。有讳遹者，仕为福清卫，家于闽，八传至诚山公。公（指林昌）之大父也，父曰贵和。贵和通易，善卜筮之说，国朝永乐间，五从中贵人泛西海，入诸夷邦，往返辄数年，竟无恙，考终于家。①

第三类人为辅助人员，包括：通士，即通事，负责翻译外国语言文字的人员；鸿胪寺序班、买办，为外交贸易人员，负责进行贸易活动的中间人和经理人；户部郎中，掌管船队财政及后勤供应事务，是皇帝派驻船队的财政管家；书手，为书算手，负责会计出纳，管理账目；舍人，负责书写诰敕、办理礼仪等事务人员；医官、医士掌医疗之法，负责疾病预防和救治。这部分人属较低品阶的朝廷官员，但都具有一定的文化水平。此外当然还有厨役等职事，他们

① 郑鹤声、郑一钧编：《郑和下西洋资料汇编》，海洋出版社 2005 年版，第 77 页。

地位较低，但非常重要，因为他们不仅仅负责船员的饮食，还要解决一个重要的问题，即海员易得的败血症，他们要想方设法为船员补充富含维生素的食物。

在下西洋活动中，通事为沟通语言者，其职尤为重要，明朝非常重视翻译人员的培养，专门设有培训机构，“凡四方番夷翻译文字，永乐五年设四夷馆，内分八馆，曰韃靼、女真、西番、西天、回回、百夷、高昌、缅甸，选国子监生习译”[①]。这是世界最早的专门的外国语学院，教授外语门类之多，实用性之强，全球无与伦比，他们为帝国派往各国的使臣做译员。郑和庞大船队遍访亚非数十国，从无沟通障碍，无疑得益于四夷馆的设立。通事中最著名的当为马欢与哈三，《瀛涯胜览》一书的作者就是马欢，他作为通事三次随郑和下西洋。马欢，字宗道，别字汝钦，自号会稽山樵，会稽（今浙江绍兴）人，回族，通晓阿拉伯语，他参加的三次远洋活动分别为：第四次，永乐十年十一月（1412 年 12 月）至永乐十三年七月（1415 年 8 月）；第六次，永乐十九年正月（1421 年 3 月）至永乐二十年八月（1422 年 9 月）；第七次，宣德五年六月（1430 年 6 月）至宣德八年七月（1433 年 7 月）。共访问过 20 多个国家和地区，马欢对所到各国的地理、政治、社会、商贸、宗教等情况做了细致观察，后写成《瀛涯胜览》一书，此书定稿时间是在景泰二年（1451 年），此时距最后一次下西洋的时间已二十余年。关于哈三，据《西安大清真净寺记》记载：“永乐十一年（1413 年）四月，太监郑和奉敕差往西域天方国，道出陕西，求所以通译国语可佐信使者，乃得本寺掌教哈三焉。”[②] 关于哈三的详细情况，将在后文交待。

第四类人员为军人，明朝实行的是都司卫所制度。

> 明以武功定天下，革元旧制，自京师达于郡县，皆立

---

① 转引自方豪：《中西交通史》，上海人民出版社 2015 年版，第 582 页。

② 郑鹤声、郑一钧编：《郑和下西洋资料汇编》，海洋出版社 2005 年版，第 75 页。

> 卫所。外统之都司，内统于五军都督府，而上十二卫为天子亲军者不与焉。征伐则命将充总兵官，调卫所军领之；既旋，则将上所佩印，官军各回卫所。[①]

这种军制的特点是，日常兵归各卫所管理，当有军事行动时，从各卫所征集组编，交由将军带领执行任务，军务结束后，将军上交印信，士兵解散各回原卫所。因此郑和下西洋所率之兵，都是从各卫所调集来的，回国后各遣回所属卫所。地方军队负责人为都指挥，明朝各都指挥使司和行都指挥使司长官，掌一地军政，为正二品。目前我们知道姓名的船队中的武职人员有：

> 都指挥佥事：朱真、唐敬、周鼎。
>
> 指挥使：朱真、唐敬、林子宣。
>
> 指挥同知：哈只。
>
> 指挥佥事：李实、何义宗、王衡、胡俊。
>
> 正千户：王复亨、李明道、彭以盛、林全、陆通、马贵、张通、刘海、汪海、徐政。
>
> 副千户：李满、杨真、汪海、沙班。
>
> 总旗：刘海。
>
> 小旗：马贵。[②]

上述这些军官各统多少兵呢？“而覆其所部兵五千人为指挥，千人为千户，百人为百户，五十人为总旗，十人为小旗。”[③] 都指挥佥事是都指挥使属官，上文所见名单中朱真、唐敬就是这一任职，他们同时兼任指挥使，其职务为正三品，明朝时都指挥使司与布政使

---

① （清）张廷玉等撰：《明史》，中华书局1974年版，第2175页。

② 郑鹤声、郑一钧编：《郑和下西洋资料汇编》，海洋出版社2005年版，第75页。

③ （清）张廷玉等撰：《明史》，中华书局1974年版，第2193页。

司、按察使司并称为三司。可见随郑和出征的军队官员规格是很高的，放到现在就是省军区的副司令员。指挥同知为其副手，从三品，指挥佥事为属员，正四品，千户为正五品，百户为正六品。旗校、勇士、力士等为正式军人，余丁为明朝卫所军士家属中成年男子，正军死亡或老疾，由其递补入伍。

费信是以军人身份随船出洋，他共四次出使，第一次于永乐七年（1409 年）至永乐九年回京；第二次于永乐十年（1412 年）至永乐十二年（1414 年）回京；第三次于永乐十三年（1415 年）至永乐十四年（1416 年）回京；第四次于宣德六年（1431 年）至宣德八年（1433 年）回京。他回国后著有《星槎胜览》一书，其在序言中有文说："愚生费信，祖氏吴郡昆山民也，洪武三十一年，先兄籍太仓卫，不几而早逝。信年始十四，代兄当军……年至二十二，永乐至宣德间，选往西洋，四次随从正使太监郑和等至诸海外，历览诸番人物所产，集成二帙，曰《星槎胜览》。"[①] 作为军人随船下西洋者，且留下出使著作的，还有一人为巩珍，号养素生，应天（南京）人，为军营幕僚。于宣德六年（1431 年）跟随郑和下西洋，回国后不久，在宣德九年（1434 年）编写了《西洋番国志》一书。巩珍不懂得"番语"，他耳闻目睹都凭通事转译，利用过马欢的记录，因此该书所记各国事迹与《瀛涯胜览》大体相同，但该书可贵之处是记录了三道皇帝敕令，为郑和研究提供了珍贵的材料。

明隆庆四年（1570 年）以后兵部编录的《卫所武职选簿》保留了大量下西洋武官的资料，经范金民等先生整理、统计，参加郑和下西洋的人员有 180 人，在这 180 人中，其中 125 人来自南京及其周围地区。[②]

郑和船队就是一支特混部队，包括各类人员，其中不乏各行业

---

① 转引自（明）巩珍撰，向达校注：《西洋番国志》，中华书局 2000 年版，第 10 页。

② 参见交通运输部海事局编：《中国海员史（古、近代部分）》，人民交通出版社股份有限公司 2017 年版，第 100 页。

的翘楚。精通天文的、熟悉贸易的、航海高手、各类外语翻译、军事人才比比皆是，他们协同努力纵横大洋，驰骋万里。

太仓开洋

《娄东刘家港天妃宫石刻通番事迹碑》中记载：“和等自永乐初，奉使诸番，今经七次，每统领官兵数万人，海船百余艘，自太仓开洋。”确凿证明太仓是郑和七下西洋起锚地。下西洋船队的船舶有宝船、马船、座船、水船、粮船等等，功用各不相同，数量众多，是在全国多个造船厂分别打造的，随着出发时间的临近，它们陆续集中到江苏太仓刘家港，等待出发。集结地为何是太仓刘家港？

首先，因为它优越的地理位置，此处为长江入海口，水域宽广，足以容下二百多艘巨舰在此停泊，明之海道针经《指南正法》记载：“太仓刘家港打水九托，好抛船。”[①] 一托为 1.7 米，那么刘家港的吃水为 15.3 米，完全可停大型的宝船。且此处为半日潮海潮，潮位变化与上游径流变化不大，最高潮位 4.56 米，最低潮位 1.41 米，船舶停在这里比较安稳，上下船装卸货物难度小。太仓位于中国海岸线中部，分别在南北船厂及长江沿岸的船厂打造的船舶，出厂后航行到太仓都很便捷，此处易于船舶集结。此外太仓刘家港与南京近在咫尺，便于朝廷与船队联系。

其次，太仓地面富裕，可为船舶提供充足的生活补给和商品资源。太仓属苏州府，江南地区农业发达，物产丰富，是政府主要的岁赋产出地。发源于太湖的浏河（娄江），在太仓刘家港入海，当吴淞江下段淤塞后，原中、上游下泻之水也并入浏河，浏河便成了这一地区唯一泄水入海的河流。再加上此地内联东南产粮区，元朝以浏河口为海漕始发港，江南各地的运粮漕船从四面八方驶进刘家港，再将粮食装上海船北运至大都，元朝时朱清、张瑄奉诏举办海漕，

① 向达校注：《两种海道针经》，中华书局 2000 年版，第 114 页。

以这里为基地建仓储运粮食，大规模将南粮通过海路运往北方，这也是太仓得名的缘由。得益于刘家港的集散，数年间太仓就发展成了一个新兴港口，被称为“六国码头”。明朝因为在辽东边防不时有战事的缘故，沿用元朝的漕运方式，通过海运运送军粮，洪武年间，朱元璋命令在太仓南码头兴建大型仓房以贮存粮食。1369 年到 1415 年，经由刘家港的海运漕粮就达两千八百万石以上。交通便利，也吸引众多商贾云集于此，富甲天下的财力和物力，可为郑和出使西洋提供雄厚的物资支持。

再次，太仓为郑和船队提供了大量的船员，大规模、长时间的远洋航行，需要大量船员，出发地必须有一定数量的海员基数来提供支持。长年的漕运实践，使太仓聚集了大量航海技师、众多经验丰富的船民和大批优秀的“船老大”可供郑和船队挑选。

元朝时，以漕运模式向北方运送粮食，从刘家港出发的航船多达一千六百多条，最多时达三千多条。① 以每条船二十名船员算，此处聚集的船员多达六万名。明朝沿用漕运模式，由卫所军转运漕粮，随着漕运的发展，挽运漕粮逐渐成了卫所运军的主业，士兵成了职业船员，其航运业务素质很高。在民间，宋元以来在沿海地区形成了航海贸易的传统，很多民众都从事航运工作。在明前期，大海商招募船员，往往实行“以货代薪”制度，即为船员提供一定的舱位储存私货，海商即船员，因此大量参与海外贸易的民众也擅长航海技术。太仓作为官方海漕的出发地，民间海外贸易的枢纽港，聚集了大量航海人才。后来政府因为政治原因，厉行海禁，导致私人出海贸易十分困难，沿海船民需要另谋出路，太仓成为郑和舰队招募船员黄金地带。

最后，太仓还是一个现成的商业集散地，满足郑和船队商品交易的需要。郑和大规模的远洋航行，除了政治原因外，还有一个非

---

① 参见交通运输部海事局编：《中国海员史（古、近代部分）》，人民交通出版社股份有限公司 2017 年版，第 70 页。

常重要的目的，就是进行商品交换。开航前船上除要装载大量的日常生活应用物品、粮食等外，还要收购与海外国家进行贸易的商品，在船队返回时，又满载从各国带回来的货物和贡品，这都需要有一个巨大的市场来进行交易，因此非太仓这样一个吞吐能力巨大的港口不能满足需要。

运往西洋的物资都是在国外极受欢迎的产品，“合用各色纻丝纱锦等物，并给赐各番王人等纻丝等件”，“及原阿丹等六国进贡方物给赐价钞买到纻丝等件，并原下西洋官员买到磁器铁锅人情物件，及随舡合用军火器纸札油烛柴炭并内官内使年例酒油烛等物”①。当时，中国生产出的丝织品品种有几百种都不止，瓷器有秘色窑、柴窑、定窑、官窑、哥窑、龙泉窑，此外还有铁制生产、生活用品，再加上纸、油、烛、酒、油、柴、炭等等，既可船上自用，也可出口交易。而带回国的产品也丰富多样，有“木香、乳香、真珠、珊瑚、酥油、孩儿茶、栀子花”“丁香、豆蔻、苏木、色段、麝香、金银铜器、铁线、黑铅”②。这些国外商品输入后，先期需要贮存的仓库、后期需要贸通全国的商业途径，而太仓成熟的大市场，便使其成为船队靠离泊的首选之地。

郑和七次下西洋，无一例外都以太仓作为始发港，绝非偶然。

特混舰队

郑和下西洋，肩负多种任务，他们是政治使节，是贸易商队，是打击海盗的军队，还是传播中华文化的移动大学，因为要完成这么多任务，所以船队所包括的船舶类型也多种多样，这是一支独有的特混舰队。

船队中，有各种船舶计二百四十多条，是15世纪世界上最庞大的船队，船型多样，型制宏伟。其中宝船六十二只，大艅长四十四

① （明）巩珍撰，向达校注：《西洋番国志》，中华书局2000年版，第9页。

② （明）费信撰，冯承钧校注：《星槎胜览校注》，华文出版社2019年版，第51页。

丈四尺，阔一十八尺；小艅长三十七丈，阔一十五丈。[①] 除宝船外，还有座船、马船、粮船、水船等，分别承担战斗、补给、传令、运输等任务。战船船长十八丈，阔六丈八尺，有五桅，是专司护航的武装舰船。座船全称"战座船"，据《南船记》所载，"战船曰座，即边营陆寨之帅幕也，号令之所以整齐者也"，是郑和船队中的大型护航主力战舰，负责抵御敌对武力和海盗的侵袭，保证沿途航行安全。马船又名马快船，是一种攻战兼运输任务的大型海船。粮船长二十八丈，阔十二丈，有七桅，载运粮食及后勤供应物品，是船队中的随行补给船，保证船队往返远航中日用物资。水船，更是船队中不可缺少的辅助船，这些不同功用的船舶分别采用当时全国不同地区所使用的船型。

中国自古以来幅员辽阔，海岸线漫长，南北海域自然条件差异大，因此沿岸人民根据实际需要制作的船舶也各具特点，它们适合航行在不同的水域或具有不同的功能。

> 永乐初，命福建都司造海船百三十七，又命江、楚、两浙及镇江诸府卫造海风船。
>
> 海舟以舟山之乌槽为首。福船耐风涛，且御火。浙之十装标号软风、苍山，亦利追逐。广东船，铁栗木为之，视福船尤巨而坚。其利用者二，可发佛郎机，可抛火球。大福船亦然，能容百人。底尖上阔，首昂尾高，舵楼三重，帆桅二，傍护以板，上设木女墙及炮床。中为四层：最下实土石；次寝息所；次左右六门，中置水柜，扬帆炊爨皆在是；最上如露台，穴梯而登，傍设翼板，可凭以战。矢石火器皆俯发，可顺风行。海苍视福船稍小。开浪船尾皆阔，帆橹并用。橹设船旁近后，每傍五枝，每枝五跳，跳

① 参见（明）马欢撰，万明校注：《瀛涯胜览》，商务印书馆、中国旅游出版社2016年版，第8页。

二人，以板闸跳上，露首于外。其制上下三层，下实土石，上为战场，中寝处。其张帆下椗，皆在上层。[①]

它们为郑和下西洋提供了多样性的选择，在这支舰队中，需要各种功能和不同性能的船舶，把它们组合起来，正可为大航海运动提供合适的载体。如果将郑和船队与现代的特混舰队作比，功能还真是一点儿不缺。宝船排水量大，除了指挥功能外，载有大量军士，无疑是航空母舰的角色；“战座船”采用广东船及大福船型，可发大炮与火球，战斗力强悍，当为巡洋舰角色；“马快船”采用海苍及开浪船型，速度快，能战斗，当为护卫舰的角色；而粮船、水船就是补给舰了。

太仓作为下西洋船队的始发港，各种功能的船舶根据船队需要从全国各造船厂汇聚到此，临行前有大量工作要安排，组织船舶、配备船员、积载货物、准备生活物资，一切都在有条不紊地展开。负责这一工作的总指挥为郑和的副手——正使太监王景弘，王景弘是福建漳平赤水镇香寮村人，福建是海运业发达的地方，生长于斯的王景弘从事航海事业有着极大优势，他六次伴随郑和下西洋，负责船队管理，包括航线规划、船员招募、装卸船作业、货物集散、内陆派送等，他是郑和得力的助手，也是感情深厚的战友。

一切就绪，只等一声令下拔锚起航。

---

① （清）张廷玉等撰：《明史》，中华书局1974年版，第2268页。

第十二章　航海图与牵星板

郑和七下西洋的经历，在第七次出洋回国后被同时刻录在两块石碑上，一为《娄东刘家港天妃宫石刻通番事迹记碑》，一为长乐南山《天妃灵应之记碑》，但前者原石已佚失，碑文是从《钱谷吴都文粹续集》里摘出的，下西洋共计七次，两碑文记录相同。由于下西洋船队所记录的第一手资料都被兵部郎中刘大夏私自销毁，所以很多具体细节已无法得知，只能从各种民间著作中查找。

永乐三年开始的大航海运动，是对既往中国科技、文化、经济的一次大总结，天文导航、地理知识、航海技术发挥了重要作用，同时也对后世中国乃至世界产生了极深刻的影响。

《郑和航海图》

我国的绘制海图技术，起源很早，在两晋时期就已出现。

裴秀（224～271）编成《禹贡地域图》18篇，将地图缩成方丈图，为军政管理提供了科学依据。这可以说是见于文字记载的最早的历史地图集。裴秀在地图学上的贡献还在于他把前人的制图经验加以总结提高，第一次明确地建立了我国古代地图的绘制理论。在《禹贡地域图》序中，裴秀明确地提出了六条制图原则，即分率、准望、道里、高下、方斜、迂直。分率是说明必须有按比例反映地区长宽大小的比例尺；准望是确定各地间彼此的方位关系；道

> 里是各地间的路程距离；后三条是说明制图时各地间所取的距离应是水平直线距离，故逢高取下，逢方取斜，逢迂取直。裴秀对数学在制图中的运用非常重视，把数学中的比例运算方法与测定远方地物间水平距离的“重差术”应用于地图的绘制中。他提出的这些制图原则是绘制平面地图的基本科学理论，对后世影响很大。①

北宋末年成书的《宣和奉使高丽图经》书存而图失，其他还有王应麟《玉海》卷十五所载的《绍兴海道图》，也是有文无图，但两宋时候就有航海图这是事实。元代继承了宋人的航海技术，实行大规模的海运，明刻本《海道经》里面的《海道指南图》，就是根据元人底本绘制。导航技术随着航海活动的深入而不断成熟，船员们的地理航海知识在长期实践中不断提高，最初的航路指南只是船员对航程与航期的简单记录，后来，简陋的航路指南不断得到充实。

> 值得一提的是，至少在朱思本的时代（元朝），中国的地图学家已懂得几何学的原理，并且拥有可以给他们的地图绘制工作提供极大帮助的仪器。这些仪器包括前面提及的日晷，以及一种类似古罗马人的“格罗玛”的带有铅垂线的装置。中国人也使用窥管和一种类似欧洲的直角器的装置来估测高度，也使用标杆进行水准测量，使用测链和测绳进行大地测量。②

海图是地图的一种，早期的海图是具有一定文化水平的“舟师”

---

① 吴文俊主编：《中国数学史大系》第2卷，北京师范大学出版社1998年版，第12～13页。

② ［美］诺曼·思罗尔：《地图的文明史》，陈丹阳、张佳静译，商务印书馆2016年版，第46页。

随手画下的简略航路以及陆地轮廓，以作为航行时的大致参照和提示，即所谓“舟子秘本”，为私人自用，流传较少。但到了宋元时代，海图可能已经广泛使用，《宣和奉使高丽图经》为北宋徐兢所撰，宣和四年（1122年），路允迪、傅墨卿出使高丽，徐兢作为专职书记官和礼宾官随行，归国后著成《宣和奉使高丽图经》四十卷，原书有文有图，但图已佚失，仅存文字，现在所能见到的航海图实物，大多出现在明代。“明代金声玉振集所收的海道经，记载自南京出发，从海道运粮至天津的情形，就是这一类的书。”①

古代船舶往返于汪洋大海中，必须熟知路程远近、方向、气候、海流、潮汐、礁石、停泊处所水的深浅。关于这些航行途中山形水势的最早记载见于明代，之后的航海图及针书越来越丰富，有《渡海方程》《海道经书》《四海指南》《海航秘诀》《航海至书》《日本一鉴图籍》《西洋朝贡典录》等。有了这类海图、海道经，就不容易迷失方向了，这些书记录着大量海员总结出来的经验，如观星法、取水法、下针法、山形水势口诀等，当然还有详细的针法，内容非常丰富，这都是海员相传的秘本，它们指导着海员穿梭在东、西洋的各国间。

海图当然也是郑和船队出海必备的导航图，并且在每次航行中都会被补充和完善，以便为下一次做更好的引导。《郑和航海图》见于明茅元仪编辑的《武备志》卷二百四十，图的原名是《自宝船厂开船从龙江关出水直抵外国诸番图》。此航海图既是行程记录，也是航海地图，是历史经验的总结，也是制图科学与天文学的实践应用。向达先生认为这就是郑和船队所留下来的航海图，他在其《关于三宝太监下西洋的几种资料》一文中认为：“第一，这一部图起程于龙江关，以忽鲁谟斯为终点，最后又自忽鲁谟斯直反古里，很像郑和第七次下西洋的行程。有了这部图，郑和这次下西洋的事实，因而

① 向达校注：《两种海道针经》，中华书局2000年版，第2页。

更为明白。第二，中国人航海的技术，在十二世纪时，就已很为发达，知道利用罗盘。”[①] 郑和舰队从南京出发，在太仓集结，直到长途归来，他们留下的航海图清楚地记录了行程，成为我们研究大航海的重要资料。

《郑和航海图》是中国历史上保留下来的最宏大的一幅航海图，它继承了前代的制图技术并有了很大提高，不但范围广大，地名多（约有五百个，现能识别的有三百五十多个），而且详细地标注了针路和航线。从一地到另一地的针位点的集合，称为针路，在该航线图的后面还附有四幅利用天体测定船位的《过洋牵星图》，《郑和航海图》在继承中又有了重大的创造和发展。另外我们从图中也可以得知，中国人是擅长而热爱航海的，中国文化绝不是某些人胡说的那种与“蓝色文明”相对立的“黄色文明”，保守而害怕海洋，“将海洋视为一种恶劣环境。然而，明代早期的航海家郑和的事例说明，并非所有的中国人都这么看待海洋。1405 至 1435 年间，在航海图的帮助下，他带领由巨大的帆船组成的舰队访问过许多国家，从越南一直到东非”[②]。《顺风相送》是明朝人所录的出海针路，其序言中写道：“永乐元年，奉差前往西洋等国开诏，累次较正针路、牵星图样，海屿、水势、山形，图画一本，山为微簿。务要取选能谙针深浅更筹，能观牵星山屿，探打水色浅深之人在船。”[③] 表明在郑和下西洋中就使用过一本海图，当为此图。

《郑和航海图》采用手卷的式样，一字展开，起首从宝船厂开始，沿长江到太仓，出长江口再折向南，经过江苏、浙江、福建、广东，沿中南半岛、马来半岛，穿过马六甲海峡，经锡兰山（斯里兰卡）到达溜山国（马尔代夫）。从此处分为两条航线，一条横渡印

---

① 向达：《唐代长安与西域文明》，商务印书馆 2017 年版，第 566 页。

② ［美］诺曼·思罗尔：《地图的文明史》，陈丹阳、张佳静译，商务印书馆 2016 年版，第 45 页。

③ 向达校注：《两种海道针经》，中华书局 2000 年版，第 22 页。

度洋到达非洲东岸，再北上到忽鲁谟斯（属今伊朗）；另一条航线从溜山国横渡阿拉伯海至忽鲁谟斯，最后从此地返航至太仓结束。图在长江段采用上南下北的方向，出长江口后改为上西下东，遇到转弯处，用文字写明采用指南针的针位，来表示方向。全图以南京为起点，终点为东非的慢八撒（蒙巴萨），所收地名五百多个，国外的占60%。

《郑和航海图》一个非常优秀的特点是直观，在海图的航线上，用文字写明针路（方向）、航行更数（距离），同时还写明所能看见的山形水势，例如："用乙辰针一更船取（方向对准）小磨山，转崎头升罗屿用丁未针一更，船出双屿港用丙午针一更。用辛午针二更船平檀头山，东边有江片礁，西边见大佛头山。"①

需要说明的是，中国古代航海计算里程的单位为"更"，一昼夜十更，一更六十里。测量水的深浅叫"打水"，单位是"托"，一托为两手分开之距离，为五尺（约合现在1.7米）。针位即罗盘上的方向，海罗盘由两部分构成，一是指南针，一是表示方位的栻盘。栻盘为圆形，先以十二地支（子、丑、寅、卯、辰、巳、午、未、申、酉、戌、亥）将圆周等分，十二地支之间再取天干八字（甲、乙、丙、丁、庚、辛、壬、癸）和八卦四字（乾、艮、巽、坤）填入，形成二十四方位罗盘。其中每格为15度，针位分丹（单）针与缝针，顾名思义，丹针是单格所指的方向，缝针指两格之缝间所指的方向，这样罗盘的方向可细分为四十八个方位。

《郑和航海图》里写明了利用指南针而确定的针法，用以指导航行的方向，航行除利用海图外，还必须对照海道针经等书中的"山形水势"，所谓山形水势就是航行中所观察到的陆地上标志地形的特点，比如《顺风相送》一书中有《灵山往爪哇山形水势法图》，其中对东蜈蜞山的描写："远看坤身，近看北高拖尾，近山西过，打水五

---

① 海军海洋测绘研究所、大连海运学院航海史研究室编制：《新编郑和航海图集》，人民交通出版社1988年版，第20页。

托，南有帽所门。”[1] 针路与沿途山的外貌、水的深浅相互印证，就能增加航行方位及行程的准确性。

中国地图学在宋朝就使用指南针，后来指南针由阿拉伯人通过海路，或通过丝绸之路穿过中亚传入欧洲。后期地中海地区的航海家才学会使用罗盘，这种罗盘是一个盒子，里面有一个可以转动的指南针，安装在一个标有十六个（后来增加到三十二个）方位的卡片上。此类几何构件被称为风向（罗盘）玫瑰，直到中国的指南针传到欧洲，他们的地图制作和航海技术才得到了质的进步。

天文导航

从《郑和航海图》中可看到，有的路段岛屿很多，如有地面目标来定位导航，就不需要牵星定位。但自苏门答腊到斯里兰卡一段要横渡孟加拉湾，海域辽阔，没有陆地参照物，这就要依靠牵星导航。

航海导航依赖对恒星的定位，我国古代对天文学就有深入的研究，注意搜索恒星加以命名，并有相对位置的描述。春秋战国时期，中国就完成了对恒星的坐标定位，编制成《石申星表》。唐开元十二年至十三年（724～725 年），著名的天文学家僧一行组织了大规模的恒星方位的实测工作，之后从宋朝的周琮、姚舜辅，一直到元代的郭守敬，这些天文学家系统地对恒星方位进行观测，一直保持着世界先进水平。在对恒星观测的过程中，他们发明了许多天文观测仪器，如黄道游仪、浑仪、机械钟、简仪、窥几、候极仪和星晷等。

秦汉时期出现了许多有关天文导航术的著作，《汉书·艺文志》所列载的汉代海上导航占星书籍有《海中星占验》十二卷、《海中五星经杂事》二十二卷、《海中五星顺逆》二十八卷、《海中二十八宿国分》二十八卷、《海中二十八宿臣分》二十八卷、《海中日月慧虹

---

[1] 向达校注：《两种海道针经》，中华书局 2000 年版，第 41 页。

杂占》十八卷，总计多达一百三十六卷。从这些书名推测，当时航海家的航海天文知识已经达到很高的水平，能够熟练利用各种星体进行定向导航。

要测定天体在天空中的位置和运动，就需要在天空中建立一种参考坐标系，使天空中任何天体的位置都能用坐标系中的坐标确定下来。中国古代将北方天顶确定为天极，以此作为天空的坐标，《淮南子・齐俗训》："夫乘舟而惑者，不知东西，见斗、极则寤矣。"① 这是在航海活动中以北极星来识别方向的最早记录。为了解恒星的相对位置，我国先民根据恒星间距离的远近，分别将它们划分为较小的组合，也就是将位置接近的恒星编为一组，各组的恒星数目不等，有多至十数颗甚至数十颗的，也有少到只有一颗的。这样的组合在中国古代叫作星官，它与现今天文学中的星座相类似，星官的划分，使人们对星空中各个恒星有了较为精细的概念。《周礼》最早记述，古人沿天赤道划分出二十八个单元，名之曰二十八宿，这是中国古代赤道天球坐标系产生的基础，与现今世界上通用的将一圆周划分为 360 度的做法略有不同，中国古代将一圆周划分为 365.25 度，这种做法的依据是一年包含有 365.25 天。

确定了恒星所在的位置，人们就能方便地认出用来确定方位的恒星。郑和下西洋的船师们常用来定位的恒星包括北辰星、华盖星、灯笼骨星、南门双星、织女星、西北布司星、西南布司星、西南水平星、西边七星，这都记录在《郑和航海图》的四幅过洋牵星图里。在四幅图的正中绘有一条海船，其方框的外边均各绘有一些星官的图形，星星以圆圈表示，各星以线连接，旁边注明星星的名称和地平高度，它们与海船的方位情况，就是在船上观测到的星的方向，它们是我国最早的航海导航专用星图。

---

① （西汉）刘安编，胡亚军译注：《淮南子》，二十一世纪出版社 2018 年版，第 144 页。

> 1976年，由华南师范学院、中国科学院北京天文台、广州造船厂和上海海运学院四个单位的11人组成的“航海天文调研小组”对海南岛文昌县南岛大队的调查表明，当地的舟师用掌来表示星辰的地平高度，在观测时他们将右臂伸直，手指指向左侧，但小指向上指，大拇指向下指，当眼睛看过去大拇指端与海平面接触时，小指端对应于天空中的位置的地平高度就是一掌，依次量度上去就可知道任何天体位置的地平高度所对应的掌数。很可能指这一单位的产生也与此类似……“航海天文调研小组”根据《郑和航海图》中用指表示的北辰的地平高度值，考证出就是今天的北极星——小熊星座α星。①

这四幅图分别是：第一幅“古里国往忽鲁谟斯过洋牵星图”；第二幅“锡兰山回苏门答剌过洋牵星图”；第三幅“龙涎屿往锡兰山过洋牵星图”；第四幅“忽鲁谟斯回古里国过洋牵星图”。它们具体说明了两条航线的天文航法：苏门答剌与锡兰山之间和丁得把昔与沙姑马山之间的往返航行。

为测定船舶所在纬度，在找到定位恒星后，就可使用牵星板来测量恒星与海天交线的距离。明代李诩所撰《戒庵老人漫笔》介绍了牵星板的情况：“苏州马怀德牵星板一副，十二片，乌木为之，自小渐大，大者长七寸余，标为一指，二指，以至十二指，俱有细刻，若分寸然。……又有象牙一块，长二寸，四角皆缺，上有半指、半角、一角、三角等字，颠倒相向，盖周髀算尺也。”② 牵星板的使用方法是，手持一牵星板，伸臂平行向前方，使板面与海面垂直，板下端引一定长之绳固定板与观测者之间的距离，观测时，使板下的

---

① 吴守贤、全和钧主编：《中国古代天体测量学及天文仪器》，中国科学技术出版社2013年版，第55页。

② 转引自陶培培编著：《航海史话》，上海科学技术文献出版社2019年版，第72页。

边线与海天交线相合，上端与观测的天体相接，如果不能相接则调换另一块牵星板或拼接，直至相接为止。一副牵星板有十二片，每片板代表天体的一个仰角。其角度从一指到十二指，四周缺角的象牙，可以读出半指、半角、一角、三角，一指等于四角，这样拼成了一个直角三角形。牵星板的长度为一个直角边，观测者手臂之长度为另一个直角边，观测者眼睛到牵星板上端的距离为直角三角形的斜边。这样牵星板的高度就是所测星体的地平高底，其单位为"指"。在古代天象记录中，很少有用指作为角度单位，但它在航海中进行天文导航时却有相当广泛的运用。

航海依靠对恒星的定位来确定船舶现在所处位置，以及将要航行的方向。汉朝张衡就提出了大地为球形的观点，在其所作的《浑天仪注》中写道："浑天如鸡子，天体圆如弹丸，地如鸡中黄，孤居于内，天大而地小。天表里有水，天之包地，犹壳之裹黄。天地各乘气而立，载水而浮。"[①] 元朝时耶律楚材在实践中，发现不同经度之地所看到的天文现象的差异。

> 元太祖十五年（1219年），耶律楚材随成吉思汗西征。1220年到达寻斯干城（今撒马尔汗）。按照大明历预报，这一年有一次月食，其食甚应该在夜半子正。但耶律楚材在寻司干城观察，不到初更，月食已经结束……耶律楚材认为东西相隔万里，是造成预报月食与观测月食相差的原因，提出了"里差"的概念。[②]

"里差"概念即早期天文学家对经度的认识，而对纬度的认识与测算技术则更加成熟，元代郭守敬为验证日月交食分数时刻不同、

① （清）严可均辑：《全上古三代秦汉三国六朝文》，中华书局1958年版，第777页

② 吴守贤、全和钧主编：《中国古代天体测量学及天文仪器》，中国科学技术出版社2013年版，第259页。

昼夜长短不同、日月星辰去天高下不同等问题，进行了大规模的天文测量工作，东至高丽，西至滇池，南至朱崖，北至铁勒，在如此广阔的空间设置了二十七个观测台，他对众多城市纬度的实测结果与现代数据相差无几，精确到 0.5 度，到了明朝时，中国天文学家及航海家已经清楚意识到地球是圆的，因此能够以经纬度来标识船舶位置，这些天文学成果都在郑和船队的航行中得到了实际应用。

在航行中，要时刻关注星相的角度，同时也要记录时间的长短，因为在大海上航行计算里程，需要记录航行时间，漏刻仪器就是古代的时钟，“漏壶起源于公元前三四千年前，发展于夏商时代，大约在商代发明刻箭，而在春秋战国时代施用 41 根箭来计量一年中不同时期的昼、夜漏刻”①。

航海用天文计时仪器计时，计算顺风航行的里数，要适用于海中摇摆不定的条件，盂漏、刻烛、更香、长明灯等都可用来计时。明代谢杰《虔台倭纂》记载：“针舱内，燃长明灯，不分昼夜，夜五更，昼五更，故船行十二时辰为十更。”② 测定了时间就可以计算出航程了。

长乐候风

帆船的航行主要靠风及洋流作为动力，因此郑和船队下西洋往返的时间选择都要与季风契合，而航线的选择要与洋流契合。靠着前人几千年的气象及地理知识的积累，船队在出航计划的编排上，可谓驾轻就熟。七次开洋都是趁着冬天的东北季风南下，回头则在夏季的西南季风吹起时。船队在太仓完成所有准备工作，就移师福建长乐，等候季风吹起，一但风起便扬帆起航，郑和船队自苏州刘家河泛海至福建，复自福建五虎门扬帆。

---

① 吴守贤、全和钧主编：《中国古代天体测量学及天文仪器》，中国科学技术出版社 2013 年版，第 352 页。

② 转引自陶培培编著：《航海史话》，上海科学技术文献出版社 2019 年版，第 93 页。

1930年在长乐南山出土的《天妃灵应之记碑》，为郑和最后一次下西洋前，在长乐驻泊期间所立。历述下西洋目的、意义，前六次下西洋经过、成果和第七次下西洋任务，以及在长乐修建寺、宫、殿和刻碑、铸钟的情况，这是考证郑和下西洋最权威的史料碑刻。也明确说明下西洋在长乐候风，并从此处离开祖国，驶往遥远的海外。长乐在泉州，泉州古代称刺桐，是我国古代重要的海港，经济与水文条件俱佳。

> 这是一巨大城市，此地织造的锦缎和绸缎，也以刺桐命名。该城的港口是世界大港之一，甚至是最大的港口。我看到港内停有大艟克约百艘，小船多得无数。这个港口是一个伸入陆地的巨大港湾，以至与大江会合。[①]

长乐即今福州市东南、闽江口下游南岸的长乐区。长乐航海历史悠久，三国时曾为东吴的造船基地，故长乐又有吴航镇之称。永乐七年（1409年），郑和为祈求往返航行平安，奏请朝廷将此处改名为太平港。清乾隆《长乐县志》卷三载："太平港在县西半里许，旧名马江……明永乐间，太监郑和通西洋，造巨舶于此，奏改太平港。"[②] 太平港的出口航道即叫五虎门，随着时间流逝，沧海变桑田，如今航道里泥沙淤积，已成为平坦农田。但明朝时，这里是泊船的可选之地。何处过浅，何处有礁，何处可抛锚，古人对此处的山形水势早已摸透。

> 福州五虎门（闽江口处），打水一丈八尺，过浅。乙辰针收官唐三礁外过。辰巽取东沙西边过，近山七八托，好

① ［摩洛哥］伊本·白图泰：《伊本·白图泰游记》，马金鹏译，华文出版社2015年版，第399页。

② 转引自郑一钧：《论郑和下西洋》，海洋出版社1985年版，第90页。

> 抛舡。单巳三更牛屿内过，屿有礁出水，打水念五托。坤未、坤申取乌龟，打水十五托，往回祭献眉州。[①]

长乐地处闽江口南岸，闽江口风力强劲，每年从10月至次年3月间，一直刮东北风，通常五、六级，甚至七、八级以上。此处又靠近东南亚，可充分利用东北季风的有效时间。长乐气候得益于南亚热带海洋性季风气候条件，暖热湿润，郑和船队的官兵和船员，在这里进行驻泊、训练、生活，都很适宜。另外，闽江支流大樟溪沟通了长乐与盛产瓷器的德化之间的交通，郑和船队在此处一边等候东北季风吹起，一边可补充一些用于外贸的瓷器及其他商品。长乐还是一个航海之乡，很多民众具有丰富的航海经验，船队也可在此补充船员。[②]

我国人民很早就认识到季风的特点，并在航海活动中加以利用，而我国所处的地理位置季风明显，也特别有利于帆船的活动。冬季，大陆气温比海洋气温低，出现高压，海洋上出现低压，气流从大陆吹向海洋，形成冬季季风。冬季季风起源于西伯利亚冷高压，它在亚洲东部沿岸，从中纬度一直延伸到赤道地区，形成很强的北风和东北风。夏季，海洋温度相对较低，大陆温度较高，这时印度洋形成西南季风，在非洲东海岸跨过赤道到达南亚和东亚地区，西太平洋也会形成南或东南季风。

早在隋唐五代时期，我们的先辈对季风就有了很深刻的认识，当时的航海者对北起日本海南至南海的广大海域季风变化规律已能准确掌握。在日本海海域，舟师利用秋冬季风与夏季季风，可以快速自如地航行于中日之间。对于南海海域季风同样也有认识和利用，冬季乘东北季风驶入孟加拉湾，前往印度，夏秋趁西南季风一路顺

---

① 向达校注：《两种海道针经》，中华书局2000年版，第115页。

② 参见交通运输部海事局编：《中国海员史（古、近代部分）》，人民交通出版社股份有限公司2017年版，第53页。

流东归，抵达广州。对于印度半岛西面的北印度洋水域的季风规律，唐代船员也已掌握。“宋元船员的气象知识已相当丰富和深刻。首先是对季风的认识更加科学、准确，尤其对西太平洋和北印度洋的季风规律相当熟悉，在航海中应用也更加娴熟。”[①] 到了明朝时，海员对季风的利用已是得心应手，郑和船队正是利用季风，每次下西洋都是在冬季起锚开往东南亚、南亚，之后又乘着南风回国。

在帆船航行中，除了要利用风力外，同样重要的要利用好洋流。因为风力与海水密度不同造成的大洋表层海水，常年大规模的沿一定方向进行较为稳定的流动，即为洋流。赤道气温高，空气上升，在空中变冷后下降，由于地球自转原因，下降过程中，发生方向偏转，在赤道两侧分别形成东北信风和东南信风，驱动赤道两侧的海水由东向西流动。北面的称为北赤道暖流，南面的称为南赤道暖流。赤道暖流到达大洋西岸时，受陆地阻挡，其中一小股回头向东形成赤道逆流，大部分受到地转偏向力的影响，沿海岸向较高的纬度流去，至中纬地区受西风吹动形成西风漂流。在郑和下西洋航线上有两种洋流对航行造成重要影响。

一是在赤道附近，信风带作用下的信风漂流，形成了自西向东的赤道逆流，在亚洲大陆东部，往北形成黑潮即日本暖流，往南形成东澳大利亚洋流。

二是北印度洋受南亚季风的影响，冬半年盛行东北季风，形成东北季风漂流，夏半年盛行西南季风，形成西南季风漂流。

特别是北印度洋的洋流正好配合季风，冬季，郑和船队从东北方向驶向东南亚，经过南亚再航行到东非，夏季则反方向从东非乘西南季风漂流及西南季风驶回中国，这大大提高了船队的航速。巧妙地利用季风与洋流航行，体现了中国船员高超的航海技术，“风看大小，流水顺逆，可准正路。慎勿贪东贪西，西则流水扯过东，东

---

① 交通运输部海事局编：《中国海员史（古、近代部分）》，人民交通出版社股份有限公司2017年版，第57页。

则无流水扯西”①。

在洋流中航行，船速测量比较复杂。顺流航行，船舶实际航程等于对水航程与海水流程之和；顶流航行，船舶实际航程等于对水航程与流程之差。明朝时海员对实际航速的测量也积累了丰富的经验：

> 凡行船先看风汛急慢，流水顺逆。可明其法，则将片柴从船头丢下与人齐到船尾，可准更数。每一更二点约有一站，每站者计六十里。如遇风船走潮水却向潮头涨来，此系是逆流。柴片虽丢顺水流向，后来必紧，不可使作船走议论。古云：先看风汛急慢、流水顺逆。②

船员通过对洋流的测量来校正航速，以对航程做精确的计算，可以看出明代海员的技术水平已达到一个很高的高度，航海实践是一项综合性的技能，包括对船舶本身的操控及对导航技术的掌握，前者要控制帆、桨、舵、锚，后者要精通气候、地理、天文，必须具备这种综合能力，才能安全地完成航行任务。

> 行船歧者海水接天，虽有山屿，莫能认识。虽知正路，全凭指南之法，罗经针簿，全凭主掌之人。须知船身高低、风汛大小、流水顺逆，随时增减更数针位，或山屿远近、高低形势、探水浅深、牵星为准，的实无差，保得无虞矣。③

① 向达校注：《两种海道针经》，中华书局2000年版，第108页。
② 向达校注：《两种海道针经》，中华书局2000年版，第25页。
③ 向达校注：《两种海道针经》，中华书局2000年版，第108页。

天妃信仰

在古代航海是一项风险非常大的活动，变化莫测、极度凶险的大海常常威胁着船员的生命，而由于当时科学文化水平的局限性，人们无法解释许多海上的自然现象，所以在海员中发展出独特的神仙信仰。这种仪式性极强的活动可以对船员的心理进行疏导，是他们的精神支柱。

到北宋时，海祭已经成为普遍的航海习俗，有祭神也有祈风，各地形式和内容均有所不同，这一时期的海祭活动有官祭和私祭之分。官祭，一般选择在起航港附近的庙宇进行，规模较大，形式较为隆重，由朝廷派遣官员主持；私祭，指船主或船员在航海过程中进行的祭海活动，目的都是祈求航行的顺利、安全。

妈祖信仰首先从民间开始，最早记载在咸淳《临安志》中，称其为莆阳湄州林氏之女，她出生一个月了还不会哭，所以家人给她起名默娘，大名林默。传说她十六岁时，一次与众多女伴玩耍，正对着一口古井，以井水为镜梳妆打扮时，忽然看见一位神人手捧一双铜符从井中升上来，后面还跟着一班神仙，别的女孩都吓跑了，而默娘却毫不迟疑地接过那神人授予的铜符，从此神通广大，仙游四方，法力玄通，人称“神女”。这是个典型的由巫得道而成仙的道教神话故事。林默是在海边长大的，因此熟谙水性，经常去海上救人，她死后，人们感念她，为她立庙，传颂她的事迹，林默慢慢由人开始登上神坛。

官方对妈祖的最早的记录在《宣和奉使高丽图经》中，该书作者为徐兢，他曾作为政府使臣的随员前往高丽，回程时在海上遇到大风浪，因妈祖显灵而得救，他们回国后将此事禀报皇上宋徽宗，于是宋徽宗对妈祖进行了册封，给妈祖庙赐额“顺济”，意思是说由于妈祖的显灵，使者才得以平安到达高丽，完成使命。“这是开了官方妈祖信仰之先河”[①]，其意义十分深远，深深影响了后代历史。

元代定都在北方的大都，而粮食要仰仗南方生产，每年需要由南向北运输大量的粮食，如果沿用原来水路漕运的方式，不但时间长而且费用昂贵，所以开始尝试海运，随着海运的开始，妈祖信仰也越来越盛行，据《元史》记载，元朝政府先后十二次对妈祖册封和褒奖。

进入明朝，妈祖信仰趋向高潮，对妈祖的崇拜贯穿与航运有关的所有环节，从造船开始，工匠们就开始祭拜妈祖，在龙江船厂里工人们就建设了一个小规模的妈祖庙，当船舶开造和完工时，他们都会来此处祭拜祷告。在南京，妈祖被称为天妃，“天妃庙在郭城江东门外，上新河北岸，西城地。基址三亩：东至民房，南至官街，西至民房，北至圩塘”[②]。这一位置正是在龙江船厂附近，可知福建传出的妈祖崇拜，在南京的航海业内也甚流行。

下西洋的起点为南京，因此郑和在首次下西洋之前就奏请朝廷修建天妃庙，第一次下西洋回程后，南京龙江天妃庙建成。郑和将海上遇海盗、暴风等险情，以及求助妈祖而得救的情况汇报给皇帝朱棣。朱棣听后，立即遣使前往龙江天妃庙祭祀妈祖。这件事在《皇明大政记》和《大明会典》中都有记载：“永乐五年九月戊午，建龙江天妃庙成。命太常寺少卿朱焯祭告。太监郑和使古里、满剌加诸蕃国还，言神多感应，故有是命。”[③] 郑和第二次下西洋平安归来，他们同样仰仗妈祖的佑护，“永乐七年，钦差太监郑和往西洋，水途适遇狂飙，祷神求庇，遂得安全。归奏上，奉旨差官致祭”[④]。明成祖朱棣为了感念妈祖的护佑之功，于永乐七年（1409年）正月封天妃为“护国庇民妙灵昭应弘仁普济天妃”，赐庙额为“弘仁普济

---

① 罗春荣：《妈祖文化研究》，天津古籍出版社2006年版，第24页。

② （明）葛寅亮撰：《金陵玄观志》，南京出版社2011年版，第94页。

③ 转引自罗春荣：《妈祖文化研究》，天津古籍出版社2006年版，第80页。

④ 转引自罗春荣：《妈祖文化研究》，天津古籍出版社2006年版，第80页。

天妃之宫”。明成祖这次对妈祖的封号，影响了明清两代达五百年之久。

刘家港是郑和下西洋船队的集结地，此处原是漕运的起始点，海运业发达，因此在刘家港原来就建有妈祖庙，如今刘家港的天妃宫还存有小部分建筑，被改造为郑和纪念馆。

郑和于永乐十年（1412 年）第四次出使西洋前夕，在长乐太平港兴建了一座天妃行宫，作为祈报和谢神处所。在他后来撰立的《天妃灵应之记碑》中写道：“然神之灵，无往不在。若长乐南山之行宫，余由舟师累驻于斯，伺风开洋，乃于永乐十年奏建。”

林默作为一个凡人，生前地位不尊，甚至非常卑微，也未建立多大的功业，但却殁而成神，且在船员中影响深远。这是因为在航海事业的发展过程中，海难始终威胁着船员的生命，海员们需要更亲切的心理庇护，因此各种虚幻的神灵逐渐被来自家乡的神灵所代替，妈祖为船员们提供了巨大的精神力量。对妈祖的崇拜后来逐渐发展到全国，以至在全球华人聚居地，其地位不断上升，被尊称为天妃。在郑和七下西洋的过程中，始终贯穿着对妈祖的祭拜，妈祖也为船员们提供了最好的心理慰藉，为船队的航行起到了积极的作用。

第十三章　一出海就打了三场硬仗

一下西洋（1405～1407 年）

关于郑和下西洋的时间，最确实的资料莫过于如今保存在福建长乐的《天妃灵应之记碑》，它是郑和、王景弘等人于明宣德六年（1431 年）十一月第七次出使西洋前夕，在重修长乐南山的天妃行宫后，镌刻而成的，置于南山天妃宫内。碑文详细记述了郑和七次率船队下西洋的时间和所经诸国。下“西洋”的年月，可从明代有关史料中寻找，但书中所记与实际时间有出入。随行人员的著书，有马欢的《瀛涯胜览》、费信的《星槎胜览》、巩珍的《西洋番国志》等。

第一次下西洋的具体时间为永乐三年（1405 年）七月至永乐五年（1407 年）十月。其年代在《天妃灵应之记碑》有载，月份在《明史》里有记载。

> 永乐三年（1405 年）六月，命和及其侪王景弘等通使西洋，将士卒二万七千八百余人，多赍金币，造大舶，修四十四丈，广十八丈者六十二。自苏州刘家河泛海，至福建，复自福建五虎门扬帆，首达占城，以次遍历诸蕃国。宣天子诏，因给赐其君长，不服，则以武慑之。五年（1407 年）九月，和等还，诸国使者随和朝见。和献所俘旧

港酋长，帝大悦，爵赏有差。[1]

郑和每次从接旨到出发都会有一段准备时间，第一次下西洋的奉诏日期是 1405 年的六月，然后从龙江出发，在太仓集结船队，开往长乐候风，当冬季东北季风吹起时，正式拔锚起航。

海上生活

关于船上的生活环境，在明人严从简所著《殊域周咨录》中有一段文字所记甚详，为我们提供了一个比较完整的画面。

坐船上下适合乘坐，安装有八面窗户，人坐船上就像浮走于星间，不觉得是在船上。船舱出入方便，舱口与船面相平，高出不超过二尺，深至船舱底部，上下有楼梯，在船舱外前后都有遮波板保护，它高出甲板四尺许，这样虽然不便于远眺，但可以起到保险的作用。船长十五丈，阔二丈六尺，深一丈三尺，分为二十三个舱室。前后竖立五支大桅杆，最大的长七丈二尺，围长六尺五寸余，其他的渐次而短。船舶后部有二层的小档，上层安放皇帝诏勅，中层供奉天妃。船舶中的器具无不周备。舵有四具，其中一具使用，另三具备用，以防不虞。橹有三十六支，遇到逆风，就以人力作为动力。大铁锚有四个，约重五千斤。大绰八具，每绊围有尺许，长百丈。小划船二条，当接近海岸时，可用来登岸。船上有水柜四十只，装有淡水，以备长久航行使用。全船以红布为幔，挂着大小三十余面五色旗帜。船上储存很多刀枪弓箭，还有佛郎机二架。驾舟水手有一百四十余人，护送军人有百余人，其中千户一员、百户二员领之。通事、引礼、医生、书记人、各色匠役还有百余人，每人发给衣装费，值银十二两，再给工食银五两三钱五分有奇。[2]

远洋航行的工作与生活充满艰辛与风险，在海上一漂就是几个

---

① （清）张廷玉等撰：《明史》，中华书局 1974 年版，第 7767 页。

② 参见（明）严从简撰，余思黎点校：《殊域周咨录》，中华书局 1993 年版，第 141 页。

月，生活时时刻刻都面临着困难。首先是水与食物，这在开拔前都必须做好充分的准备，在郑和下西洋的船队中专门备有水船，携带大量的淡水，宋代徐兢《宣和奉使高丽图经》上说："海水味剧咸苦不可口。凡舟船将过洋，必备水柜，广蓄甘泉，以备食饮。盖洋中不甚忧风，而以水之有无为生死耳。"① 通常每人每天需要食物 1.5 公斤，淡水 2.5 公斤，郑和船队专门备有水船，每条船上再备有水柜以解决吃水问题。每次靠岸都会及时补充，因为军队有战马同行，除人吃的食物外还要携带马匹的草料。

充足的食物还不是全部，因为长期在海上漂泊，人们会面临一个很可怕的疾病——坏血症。在郑和同时代的航海家葡萄牙人达·伽马（1460～1524 年）的船队中，他的船员就因大量罹患此病而死亡。达·伽马于 1497 年 7 月 8 日率船队从欧洲出发，去寻找通往东方的航线，他带领四条船及一百七十名船员，于当年 11 月 22 日绕过非洲好望角。他雇用了一名阿拉伯向导，于 1498 年 5 月抵达印度海岸，这是欧洲人第一次绕过非洲到达印度，但航程是非常悲惨的，因为有一半的船员死于坏血病。之后麦哲伦带领船队环球航行时，也有一多半的船员因坏血病而死。这是因为长期的海上生活，人们无法吃到新鲜的蔬菜，西方海员的食物要简陋得多，每人"每天需要一磅饮料和一阿孙勃雷（2 升）酒，三人每天两磅肉或鱼。当然，在船上，干酪、洋葱和豆类蔬菜以及其他这类食品，更要多带。食油和醋也不能忘记，在海上，这两种东西最不可少"②。

郑和所率领的船员却没遇到这样的问题，一方面是因为航线规划得当，另一方面是因为中国人高超的生活技能。首先郑和下西洋的航海路线多是已知开辟好的商船航路，舰队出发之前，已经计划好停泊地，这样可以及时补给水果、蔬菜等不易贮存的食品。航线

① 转引自徐波选编：《中国古代海洋散文选》，海洋出版社 2006 年版，第 135 页。

② ［西班牙］萨尔瓦多·德·马达里亚加：《哥伦布传》，朱伦译，人民文学出版社，第 185 页。

中最长距离是跨印度洋去往东非，这是第三次下西洋完成的，而之前下西洋的时候，郑和已经到达斯里兰卡，在此建立基地，为穿越印度洋做好了准备工作。此外就是因为中国人高超的生活技能了，当时的船员都是种植的行家里手，他们在船上种植蔬菜。出生于 14 世纪初的摩纳哥大旅行家伊本·白图泰曾经到过元朝时代的中国，在书中对当时中国各种社会生活有详细的描写，从中我们也可想见郑和船队中的农业生产情况。

> 船上造有甲板四层，内有房舱和商人舱。官舱内的住室，附有厕所，并有门锁，旅客可携带妇女，女婢，闭门居住……水手们则携带眷属子女，并在木槽内种植蔬菜、鲜姜。①

船员在船上种植蔬菜是很普遍的事，现在中国的民船上还在种菜养鸡。除种蔬菜外，中国人还有一个特技，就是发豆芽，只要准备一个容器，在底上铺一块布或毛巾，撒上豆子泡浸一天，豆子上面盖上薄毛巾，第五天就可以收成豆芽。豆子非常好贮存，在东南亚的气温条件下，全年都可发豆芽吃，这些农产品可以为船员们提供充足的维生素和多种微量元素。郑和船队的船员，饮食的条件要远远好于他们的欧洲同行。下面这段话是西班牙传教士门多萨于 1585 年出版的《中华大帝国史》里所描写的中国船民的生活，这是郑和下西洋之后一百多年的事，但这些生产方式与技能定然也是下西洋舰队所采用的。

> 因为他们在船上养着生活所需的一切动物，如鸡、鸭、鸽子和其他禽类，以及其他可吃的所有食物……在船边上，

① ［摩洛哥］伊本·白图泰：《伊本·白图泰游记》，马金鹏译，华文出版社 2015 年版，第 357 页。

> 有很多花盆，里面长着橘子树和其他小果树，船上还有花园养花、种菜，用于娱乐和解决吃菜问题。船中心有鱼塘，把用网打上来的鱼放在里面养。对鱼的供应方面，中国是世界已知的国家中最好的，因为他们用这种船能捕到大量的鱼。帝国有很多江河湖海，渔人个个是捕鱼能手，他们用渔网和其他工具捕鱼，很少歇息，并把捕到的鱼放进船上鱼池里，经常给池里换水，投放大量鱼吃的饵料，然后把鱼运往600里格外的内地。这些工作他们项项都做得十分娴熟。①

中国船员的生活方式也有利于身体健康，他们喜欢喝茶，既可以补充维生素C，还可以促进消化、安神。

说完饮食，我们再谈一下船上住宿的事，郑和船队的船舶非常高大，船楼都有多层建筑，空间广大，由于船为木制，当然不能用火。明火使用受限时，怎么照明的呢？在南京宝船厂考古现场，专家们发掘到8枚蚌壳，每片都被切割成整齐的长方形，经过精心打磨，光滑而平整，蚌片的厚度仅为0.1毫米，非常透明。这些加工过的蚌壳被工匠们装在宝船的木格窗上，既挡海浪风雨，又保证室中透亮，这种采光工艺是个创举。用半透明的蛎、蚌等物的壳，磨成薄片制成的板，被称作“明瓦”，明瓦被用来做窗户、搭天棚。如今南京还有个地名叫“明瓦廊”，就是因为此处聚集了多家制作“明瓦”的作坊。不过明代南京的明瓦除了使用蚌壳外，还可以用羊角代替。这是由于南京不产海蚌、海蛎、蚝之类，当时大量的明瓦，是用羊角熬煎成胶，然后再挤压成薄片而成，想必郑和宝船上一定大量使用这种明瓦，估计因为羊角制成的明瓦由于时代久远都已融解掉，所以只发现了8枚蚌壳制成的明瓦。由此一例，我们可以看

---

① ［西班牙］胡安·冈萨雷斯·德·门多萨编撰：《中华大帝国史》，孙家堃译，北京联合出版社2013年版，第89页。

出当年郑和宝船在制作上的精良，因而船员生活也比较便利。

长期航行，船员睡觉就不是小问题了，两万多人的队伍是如何睡觉的呢？在上文我们引用伊本·白图泰对海上生活的描写，可知船上有完整的套房可用，但这仅限于高官使用，普通船员如何住宿呢？1984 年在山东蓬莱发掘出一具元末明初时期的古船，经专家研究发现："在第 3 和 5 这两只较为完整舱壁上，在自下而上第 4 列壁板上，出现有以往从未发现的两对相距约 0.7 米的凹槽。……这凹槽当是为设置两对纵向桁材而凿成的，在纵向桁材上可铺设铺板，以为战卒起居之用。"[①] 这形式就像火车卧铺车厢里的上下铺，在郑和船队的远洋船舶中，完全可能采用这种方式解决大批士兵及其他船员的住宿问题，这样在漫长的航海过程中，人们就可以"安居乐业"了。

最后，要说下中国船队的卫生医疗条件，船队中拥有大量富有经验的医生，他们主要来自军队和太医院，另外还包括民间招募的，每艘船上至少配备一名医生。这种航海医疗体制，是非常先进的。

中国商船在西洋各国已航行多年，当郑和船队再次到达西洋各国时，受到的欢迎与敬仰是可想而知的。

> 船总管活像一大长官，登岸时射手黑奴手执刀枪前导，并有鼓号演奏。至寄居处所将枪刀摆列大门两旁，住多久摆多久。中国人中有拥有船只多艘者，则委派船总管分赴各国。世界上没有比中国人更富有的了。[②]

---

① 席龙飞：《中国造船通史》，海洋出版社 2013 年版，第 315 页。

② [摩洛哥] 伊本·白图泰：《伊本·白图泰游记》，马金鹏译，华文出版社 2015 年版，第 357 页。

安南问责

郑和首次下西洋的第一站就是占城国，这不是偶然，而是一次意味深长的国事访问。从国际形势上看，占城当时正在被安南国入侵，朝不保夕，而占城国是中国一个附属国，定期向明朝进贡，与中国保持着良好的外交关系，明王朝在其危难时有提供保护的义务。其次从国家安全角度看，安南当时正在对中国广东、广西两地进行不停地骚扰，有领土意图，必须斩断其触角，当时明朝已派大军从陆路对安南发动战争。在这种形势下，郑和率领水军，从海路绕道安南背后，一则是配合陆地军队的战斗对安南进行牵制，二则访问占城，对其进行安抚，也是对安南的告诫，不许它对周边国家轻举妄动。

占城国在秦朝称为林邑，唐时称为占婆，它南与真腊（柬埔寨）相接，西与交趾（安南）相接，该国信奉佛教，盛产各类水果。洪武二年（1369 年），大明王朝封其王阿答阿者为占城国王，从此占城每三年一次遣使中国，贡物有象牙、犀牛角、孔雀尾、各种香料、番纱、布匹等。到了永乐年间，由于受到安南国的侵扰，占城觉得自己难以抵抗安南，奏请明朝愿意归入中国，成祖发怒，问责了安南国王。这次郑和率领使团到来，国王感激中国对他的支持，欢迎场面极热烈。16 世纪初，有一部书叫《西洋朝贡典录》，是依据马欢、费信等随行人员的著书而作的，里面详细描写了当时的场景："其遇天诏至也，王则花冠锦衣，束八宝方带，腕金镯，服玳瑁履，乘象出郊。介而从者五百人，或舞皮牌，或击鼓，或吹椰筒，皆夹王而趋。至，则王膝行以迎。"① 郑和宣读了朱棣的诏书，赠送国王礼品，这次访问是给安南的告诫，让其知道大明王朝是认可占城国的合法地位的，也给占城吃了一颗定心丸。

---

① （明）黄省曾撰，谢方校注：《西洋朝贡典录校注》，中华书局 2000 年版，第 4 页。

安南的野心勃发有着明显的社会背景，随着元朝的衰落，中国周边的国家出现混乱，日本进入分裂的南北朝时代，高丽王朝被推翻，安南陈氏王朝也被推翻，东亚的国际秩序开始崩塌。

> 无论在政治方面还是经济方面，东亚国际旧秩序崩毁在即，各国重新洗牌已成趋势。为此，打破旧体制用新的王朝取代元朝统治，使局势焕然一新，已经成为必然。而大元帝国的衰亡并不仅仅是一国的问题，以此为导火线，引发了十四世纪东亚全境的大动乱。[①]

在东南亚，安南是个有影响的大国，公元前 201 至前 111 年，该地区属赵佗建立的南越国，西汉王朝占领南越国，改名交趾，分作九郡，将这一地区纳入中国领土。但之后每当中国出现分裂如南北朝时代，南越就会独立称王。唐代再次加强对南越的统治，在此设立安南都护府，下设十二个州，这里从此被称为“安南”。[②]

到宋代时，安南人丁部领于 968 年建立了大瞿越王朝，972 年他派儿子丁链向宋朝进贡，这是安南王国向中国进贡的开始。[③] 后来大瞿越王朝因为皇位继承人的问题出现内乱，政权被大臣黎桓把持，他于 980 年自立为皇帝。981 年，宋军来征被打败。战胜宋军后，黎桓出征占城，克之，占城成为其附属国，向其朝贡。但黎氏王朝也只传了三世，持续了二十九年，1010 年，政权被大臣李公蕴掘取，改年号为顺天。1044 年李朝太宗攻占城，之后分别于 1069、1073 年再次讨伐占城。李氏王朝的惠帝没有儿子，只生了两个女儿，他传位给小女儿昭圣公主，被称为昭皇。

昭皇嫁给陈煚，后来将皇位传给丈夫陈煚。1225 年，陈朝建立，

---

① ［日］檀上宽：《永乐帝》，王晓峰译，社会科学文献出版社 2015 年版，第 27 页。

② 参见［越］陈重新：《越南通史》，戴可来译，商务印书馆 1992 年版，第 42 页。

③ 参见［越］陈重新：《越南通史》，戴可来译，商务印书馆 1992 年版，第 60 页。

年号为建中，1252年，陈朝攻伐占城。1282、1287年，元军两次出兵安南，都以失败告终。陈氏王朝传到艺宗时，日渐衰落，无论何事都交外戚黎季犛决断。黎季犛的祖先本是中国浙江人，五代时移民安南，他的姐姐是艺宗之母，因此他深得皇帝信任，被封为枢密大使。1394年，太上皇艺宗驾崩，1400年，黎季犛废少帝而自立为帝，陈朝结束。黎季犛自称为虞舜之后，因此国号“大虞”，改姓胡氏。之后积极扩军，侵入占城。向明朝诈称陈朝已绝嗣，没有了继承人，所以胡氏代其权理国，于是当政的朱棣封胡季犛（这时他已做了太上皇）之子胡汉苍（《明史》称其为胡奃）为安南国王。

《明史》记载，永乐二年，原陈朝国王陈煃的弟弟陈天平前来投奔大明，请求发兵平叛。朱棣派军队护送陈天平回国，但陈天平被胡季犛父子谋杀。永乐四年（1406年），朱棣派朱能为将军，前往安南平叛。永乐五年（1407年），明军大破安南军队，生擒胡季犛父子。正在讨逆期间的永乐三年（1405年），郑和被派往西洋，而第一站就是占城，无疑这具有浓重的配合陆上军事行动的意味。

明朝打败胡季犛父子后，在安南设立了十七府五州，将其地重新收回到中国的治下。原陈朝的遗族多次发起复国运动，但被尽数镇压，明朝在安南实行彻底汉化，施政内容囊括政教、祭祀、学术、礼制、兵制、户籍、赋税各个方面。[①] 之后由于安南人黎利领导的反抗运动，迫使大明宣德皇帝“命礼部侍郎李琦赍诏来封陈暠为安南国王，废布政司，并撤兵回中国”[②]。明朝军队退出安南后，当时起兵反抗的领袖人物黎利毒杀了国王陈暠，于1428年更立为大越王朝。虽然这时的安南具有很强的独立性，但他们依然迫切希望得到中国的册封，经过多次遣使赴中国求封，强调陈氏已无子孙，终于得到明朝的册封，此后每隔三年向明朝进贡一次。

---

① 参见［越］陈重新：《越南通史》，戴可来译，商务印书馆1992年版，第145～148页。

② ［越］陈重新：《越南通史》，戴可来译，商务印书馆1992年版，第163页。

从上述史实看，安南国始终图谋占领位于其南部的占城国。事实上，他们最终实现了这一目的，到了16世纪，安南虽然有国王黎氏，但国家被两个大臣郑氏与阮氏各据一方，国家分裂为南北两部，1611年，南方之主阮潢征伐占城国，占领了其部分国土，设置了富安府，分为同春、绥和两县，至1697年阮主彻底占领占城国，占城宣告灭亡。

所以从前后历史状况的对比来看，朱棣派郑和出使西洋诸国，是有深刻的历史意义的，只有在中国强大的军事及经济影响下，东南亚才可能保持稳定，这有利于中国的长远利益。而当下西洋的事业停止后，中国力量从西洋消失了，当地的政局便逐渐改变，友好邦国消失，地区大国悄然坐大，而我们的藩篱从此消失，为今后西方诸强的入侵敞开大门。

郑和船队离开占城后，航向爪哇。

爪哇平叛

郑和使团离开占城后，便南下来到爪哇。据当地相传，郑和船队于六月三十日，在爪哇中部的三宝垄登陆。所以，至今印度尼西亚爪哇岛三宝垄市还有供奉郑和的三宝庙，每年六月三十日，居住在爪哇的华侨必到此庙进香，以纪念郑和。

爪哇离占城很近，该王于宣德七年（1432年）向明朝入贡时，上呈表书写的时间是“一千三百七十六年”[①]，这样算来，爪哇大概于汉宣帝元年（前91年）建国。这个国家的人性格凶悍，男人不论贵贱、老少都随身配刀，一言不合，就拔刀相向，故其甲兵强盛为诸番之最。爪哇人民分为三类：一是回回人，即大食、波斯商人；二是唐人，即中国人；三是土人，即本地的土著居民。爪哇深受中国影响，交易中使用中国的铜钱，向明朝进贡的物品有胡椒、苏木、

① （清）张廷玉等撰：《明史》，中华书局1974年版，第8405页。

乌木、宝石、珍珠、锡、西洋铁、铁刀、油红布、安息香、犀角、火鸡、象牙等。

爪哇自洪武年间就分裂为东西二王，西王叫都马板，东王叫孛令达哈，二王都派使臣前往明朝进贡，求印封赐，朱元璋对二王都给予了认可，赐给印信。当永乐四年（1406 年）郑和到爪哇时，正值内乱，两王交兵，东王被西王打败，国灭。郑和的部下经过东王境内，西王的军队可能认为他们是东王的救兵，不问情由，杀死郑和部下士兵一百七十余人。当西王得知手下士兵惹下大祸后，非常恐惧，立即派人前来谢罪。郑和冷静对待，没有马上派兵报复，因为他考虑到，西王绝无胆量主动击杀天朝大军，冲突定非西王本意，多半是误会所致，于是奏报朝廷，如何处置此事。明成祖朱棣明了实情后，也没有兴兵问罪，而是下敕切责，命西王输纳黄金六万两赎罪，这无疑是一笔巨款，是对爪哇国的严惩。

这事最后是如何了结的呢？永乐六年（1408 年），郑和第二次下西洋，再次到达爪哇，西王派使臣带黄金万两随郑和船队来到中国，交纳罚款，礼官认为数量不足，请示朱棣要将使臣下狱。朱棣说："朕于远人，欲其畏罪而已，宁利其金耶？"① 就没有再追究，在朱棣的恩威并施下，爪哇国与中国保持着良好的属国关系。

国家间官方保持良好的政治关系，有利于民间的友好相处，由于中国与爪哇之间良好的交往，永乐十三年（1415 年），爪哇国君民主动救助流落海外的中国人，明朝"使所携卒有遭风飘至班卒儿国者，爪哇人珍班闻之，用金赎还，归之王所。十六年，王遣使朝贡，因送还诸卒。帝嘉之，赐敕奖王，并优赐珍班。自是，朝贡使臣大率每岁一至"②。

爪哇地处太平洋与印度洋之间，国有四处，分别为杜板、新村、苏鲁马益、满者伯夷。"其（满者伯夷）处有番人二三百家，头目七

---

① （清）张廷玉等撰：《明史》，中华书局 1974 年版，第 8403 页。

② （清）张廷玉等撰：《明史》，中华书局 1974 年版，第 8403 页。

八人辅王”[1]。前文所述内战之两王，战胜者西王后来就定都于满者伯夷，其地理位置极其重要，是郑和西向航线上的重要节点。此处多火山，土地肥沃，盛产大米，这成为他们一个战略性产品，以此来换取当时世界各国人都喜爱的香料，“满者伯夷更接近岸，这样更能控制贸易，并借以从贸易中汲取财富。而且，满者伯夷位于爪哇岛东端，这个地理位置使它更易于控制源自马鲁古群岛的香料。这是重要的，因为国际上对香料的需求已经急剧上升。满者伯夷使自己成为向世界提供马鲁古群岛香料的供应者，并用大米换取这种香料”[2]。郑和下西洋从西洋购进的一个主要商品就是香料，在中国广受欢迎的香料包括肉豆蔻、豆蔻香料、丁香和胡椒，它们主要产自东南亚。肉豆蔻和豆蔻香料都是源自豆蔻树的果实，豆蔻树只生长于爪哇附近的岛屿上，丁香树生长的地区稍广一些，但仍限于马鲁古群岛。胡椒在这一时期主要产于苏门答剌岛、西爪哇岛、马来半岛和印度西南部。香料在中国非常受欢迎，其用处很多，可做食品调味料，也可以做焚香。还有在前文我们说到的，当发生瘟疫时，有些香料也被用来作为药品。

郑和由爪哇继续西行，到达苏门答剌岛，此岛西北部为苏门答剌国，东南为旧港。在明朝初年，南洋群岛诸国中，以爪哇国最为强盛，意欲吞并苏门答剌国。所以，明成祖派郑和到达苏门答剌国，诏封其酋长为苏门答剌国王，赐以印诰。这样，爪哇国就不能不有所顾忌，收敛其霸占苏门答剌国的野心了。旧港非国家，由华人控制，我们后文详述。

建立满剌加基地

郑和船队离开爪哇，到达满剌加，今称马六甲。满剌加以前并

---

① （明）巩珍撰，向达校注：《西洋番国志》，中华书局2000年版，第7页。

② ［英］史蒂文·德拉克雷：《印度尼西亚史》，郭子林译，中国出版集团2019年版，第17页。

不称国，没有国王，由头目掌管。满剌加位于郑和船队东西洋航线上的冲要之地，因地小势弱，一向受暹罗控制，每年要向其进贡四十两黄金，否则就会受到征伐。

暹罗也是郑和第一次下西洋所到之国，比较强大。据《越南通史》记载：

据中国和我国（越南）史籍所载，至中国隋唐即公元六七世纪之时，扶南之地分为二：东半部有一异族前来建立了真腊国，而西半部则仍是扶南人居之，称赤土国。

到宋朝和金朝的时候（公元十一、十二世纪），赤土国又分之为国称罗斛，另一国称为暹。中国元朝之时（公元十三、十四世纪），史籍记载此两国曾向中国朝贡。后来罗斛国兼并了暹国，始称暹罗斛国。至明初（公元十四世纪末）该国国王前往中国求封，明太祖始封之为暹罗国王。[①]

因为满剌加地理位置重要，明成祖朱棣很重视发展与满剌加的友好关系，在永乐元年（1403 年）派遣中官尹庆出使满剌加，赐以织金文绮、销金帐幔等贵重礼品，加强与满剌加的关系。满剌加正亟盼能够摆脱暹罗的控制，明朝使臣的到来让满剌加酋长拜里米苏剌看到了希望，于是遣使随尹庆来朝进贡，并向明成祖陈述被暹罗欺压的种种情状。

为了支持满剌加抗拒暹罗，永乐三年（1405 年）七月，郑和第一次下西洋时来到满剌加，代表明朝政府封拜里米苏剌为满剌加国王，同时授以诰印，满剌加受到明政府的保护，与暹罗就处于同等地位了。

郑和下西洋，除要树立明王朝的声威外，还有一个重要任务就

① ［越］陈重新：《越南通史》，戴可来译，商务印书馆 1992 年版，第 244 页。

是建立中途候风转航的据点，以此为基地，为以后向更远处航行做准备，满剌加地理位置正适合作为基地。同时，因为它仰仗明朝的支持，具有良好的政治基础。郑和在此建立的中转站，深刻改变了满剌加在当地的地位。此后满剌加一直与中国保持着良好的外交关系，永乐九年（1411 年），国王率领五百多人的庞大团队来朝，之后永乐十年（1412 年）、十二年（1414 年）、十七年（1419 年）屡次来朝，这一情况持继到宣德、正统年间。

> 约公元 1400 年建立了新国家，之后大约十年的时间，马六甲（满剌加）的统治者拜里米苏拉皈依了伊斯兰教，并采用了伊斯坎达这个名字。马六甲国家位于马六甲海峡的最窄处，战略地位非常重要，现在的马六甲海峡便以这个国家的名字命名。马六甲国家在获得了中国的贸易优先权和贸易保护之后，迅速地变成那一地区的主导力量。在 15 世纪，马六甲贸易帝国超过了满者伯夷王国，势力范围超出了马六甲海峡，占据了北爪哇岛海岸和婆罗洲南海岸的诸多港口，穿越中国南海到达文莱，并远及苏禄和马鲁古群岛。进入其势力范围的一些国家变成了穆斯林国家，但大多数国家之所以接受伊斯兰教，是因为受到了马六甲国家的影响，这说明马六甲国家对那些变成穆斯林的统治者占有很多优势。
>
> 中华帝国对这一区域的新兴趣非常有利马六甲国家，因为马六甲国家的建立几乎与这样一个时期同时发生，即中国郑和海上船队以令人畏惧的力量访问这一地区，从而以高度可见的方式确保了马六甲国家的被保护国地位。①

---

① ［英］史蒂文·德拉克雷：《印度尼西亚史》，郭子林译，商务印书馆 2019 年版，第 21 页。

如要从中国到达南亚以西更远的地方——阿拉伯国家，乘一次季风，是无法完成的，仅能达于半途，必须等待第二年之季风来临，再继续乘风航行，才能达到阿拉伯国家。而且由于政治访问、经济贸易都需要时间，这就需要找到一个合适的地点，来等候第二年季风吹起，同时需要建立补给仓库和商品转运仓库，所以郑和船队就要建立中途候风转航的交通中心站。由于郑和帮助满剌加赢得独立，代表明朝政府封其酋长拜里米苏剌为满剌加国王，使满剌加与暹罗处于平等地位，这令拜里米苏剌万分感激，当然会全力配合郑和使团在满剌加建立航海基地。“郑和至此，乃为城栅鼓角，立府藏仓廪，停贮百物，然后分使通于列夷，归艅则仍会萃焉。”[1] 郑和于是在满剌加港口附近选好地方，留下部分官兵修造仓库，自己则率领船队继续航行。设立中转港具有开创性的意义，在今天的商业航运活动中已被广泛应用。在远洋航线上选取重要的港口作为基本港，建立物流基地，再用支线船对商品进行集散，既能增加辐射面，又能节省干线船的时间与成本。

> 中国下西洋舡以此为外府，立摆栅墙垣，设四门更鼓楼。内又立重城，盖造库藏完备。大艅宝舡已往占城、爪哇等国，并先艅暹罗等国回还舡只，俱于此国海滨驻泊，一应钱粮皆入库内存贮。各舡并聚，又分艅次前后诸番买卖以后，忽鲁谟厮等各国事毕回时，其小邦去而回者，先后迟早不过五七日俱各到齐。将各国诸色钱粮通行打点，装封仓库，停候五月中风信已顺，结艅回还。[2]

巩珍在书中，描写甚细，郑和大军在此建设了双重城垣，四面建筑更鼓楼，内城里建造完备的仓库。大艅船队前往占城、爪哇等

---

① （明）黄省曾撰，谢方校注：《西洋朝贡典录校注》，中华书局 2000 年版，第 43 页。
② （明）巩珍撰，向达校注：《西洋番国志》，中华书局 2000 年版，第 17 页。

大国的重要港口，小船前往周边小国，五七日就可往返，所有船只在满剌加聚集，将交易到的货物在此存贮，等候五月份西南季风起时，装载回国。

古里立碑

郑和从满剌加出来后，航往苏门答剌，该国在满剌加之西方，顺风的话九昼夜就到了。永乐二年（1404年）朱棣就遣使到过这里，赐给织金文绮、绒锦等物招徕酋王。当郑和到达苏门答剌时，其酋长宰奴里阿必丁已随之前来使尹庆去了中国，被朱棣封为苏门答剌国王。

郑和船队在苏门达腊岛时，还曾派分支使团人员，去南巫里进行抚慰，代表大明皇帝赐给玺书彩币，抚谕其国。南巫里位于苏门达腊岛西北端亚齐河口南岸的班达亚齐，在该国有一重要地标，叫帽山，它是明代东西洋的分界点。

> 帽山，今名韦岛，为苏门答剌岛西北端海上最大岛屿，扼马六甲西部出口要冲。岛长16公里，宽13公里，上多丘陵，树木茂密，最高峰656米。东北岸的沙璜（Sabang）是重要海港和优良锚地，也是苏门答剌西北部的物资中转港及煤炭输出港。[①]

船队自南巫里起航，向西北航行半天，从帽山旁边驶过。过了帽山，就进入“西洋”了，船队进入浩瀚的印度洋。从帽山南面驶向印度洋，航行三天，就看见了兀立大海中的翠兰山。翠兰山即今孟加拉湾与安达曼海之间的大尼科巴岛，为尼科巴群岛中最大的岛屿。船队驶过翠兰山后，按正西向，航行九天，到达锡兰山。锡兰

① 海军海洋测绘研究所、大连海运学院航海史研究室编制：《新编郑和航海图集》，人民交通出版社1988年版，第68页。

山国即今斯里兰卡，是位于印度东方的一个岛国，居民多为僧伽罗人和泰米尔人，是一个信仰佛教的国家。

锡兰山国是郑和船队航海到印度沿岸诸国的必经之地，地理位置非常重要，其港口别罗里在锡兰山国西南岸，为郑和船队进入印度洋后，在南亚地区驻泊的第一个海港，锡兰山国王亚烈苦奈儿生性贪婪，得知明朝宝船来到，就想要杀害郑和劫掠货物，他与邻国也屡生龃龉，屡屡劫持邻国往来的使节，令周围诸国苦不堪言。由于受到亚烈苦奈儿暴政的影响，在锡兰山一带海域，海盗猖獗，为害四方，严重阻碍了东西方海上交通的发展。郑和这次来锡兰山国访问，本着睦邻友好的精神，劝说亚烈苦奈儿修睦友好。可亚烈苦奈儿非但不听郑和的劝告，反而变本加厉，意欲加害郑和。但为不影响出使大局，避免与锡兰山国发生战事，郑和率领船队先行离锡兰山国而去。

从别罗里港起航后，郑和船队继续扬帆往西北方向驶去，航行六昼夜，到小葛兰国访问，向小葛兰国国王赠送了礼品，表达了互通友好的愿望，同时进行了一些贸易活动。

结束了对小葛兰国的访问后，郑和船队又继续向西北方向行驶一昼夜，到柯枝国访问。柯枝即今印度西海岸的柯钦，其国东边是大山，西临大海，是古代印度沿岸重要的贸易港口。明成祖朱棣即位之初，就很重视发展与柯枝国的友好往来，永乐元年（1403 年），遣中官尹庆出使柯枝国，赠给柯枝国王销金帐幔、织金文绮、彩帛及华盖等。永乐二年（1404 年），柯枝国王可亦里遣其臣完者答儿来中国回访，并进献本国特产。郑和首次下西洋，柯枝是重点访问的国家之一。柯枝交易使用金银，盛行佛教。印度自古有种姓制度，柯枝的人也分为五种：“一曰南昆，是为王族。二曰回回，是为仕族。三曰哲地，是为富族。四曰革令，是为庸保。五曰地瓜，是为贱类，居限三尺，衣限齐膝，途遇哲地以上则伏。”[①] 郑和结束在柯枝的访问后，下一站便是这次出使所要访问的最后一个国家——古里。郑和船队从柯枝港口启航，继续往西北方向行驶，航行三昼夜，便到达古里国。

古里国是西洋诸国中较大的国家，“地方千里”[②]，为古代印度半岛西岸一大商港，商业非常发达，是中世纪著名的东西方贸易中心，号称“西洋诸番之会”。明成祖朱棣即位以后，在与海外诸国开展的邦交中，古里是一个重要的国家。所以，永乐元年（1403 年），朱棣即命中官尹庆奉诏抚谕古里，赠以彩币等礼品。古里国酋长沙米的即派遣使臣随尹庆到中国访问，并进献本国特产，于永乐三年（1405 年）到达南京。明成祖朱棣以古里不远万里来访，感到非常高兴，给予盛情的接待，封沙米的为古里国王，赐印绶及文绮诸物。郑和第一次下西洋，对古里的访问可以说是重中之重，这是由古里在东西方贸易中所处的重要地位所决定的。郑和来到古里国，向古里国国王沙米的宣读了明成祖朱棣所颁的敕书，并赐给其诰命银印；对沙米的手下各位大臣，也分别赠送了丰厚的礼品，并“升赏”带有封爵性质的“黎冠带”。郑和同古里国王及各级官员缔结密切的关系，一个重要的目的，就是要在印度半岛为船队建立航海贸易基地。此地一则可作为大腙船队候风转航的交通中间站；二则可作为分腙基地和集结港，向周边辐射；三则为日后船队驶向非洲做准备，在此补给。

古里这个国家，是国际上著名的贸易商港，人与柯枝一样分为五种：南昆、回回、哲地、革令、木瓜。当郑和船队到达古里时，国王派手下头目来相见，郑和赠给各头目品级冠带，除赠品外，双方进行了大规模的贸易。他们选好日子先谈商品价格，将中国带去的锦绮及各种货物一一议定价格，将数字写下来各自保存，前来谈

---

① （明）黄省曾撰，谢方校注：《西洋朝贡典录校注》，中华书局 2000 年版，第 94 页。

② （明）黄省曾撰，谢方校注：《西洋朝贡典录校注》，中华书局 2000 年版，第 98 页。

判的头目及哲地（商人）与中方官员以击掌为信，然后牙人（经纪人）宣告："某月某日拍一掌无悔。"非常有仪式感！然后哲地再将其珊瑚、珍珠、宝石等带来，双方议价，双方看货谈价时间长达两三个月，一切谈妥再交割钱货，可以想见其交易盛况。从这些描写也可知郑和船队下西洋的商业规模和重要意义。

古里是郑和第一次下西洋所到最远国家，为了纪念首次出洋，郑和在此建立碑亭一座，刻立石碑一块，碑文是："尔王去中国十万余里，民物咸若，熙皞同风，刻石于兹，永示万世。"①

旧港风云

旧港这个地方历史非常悠久。7 世纪中叶，在这个地区兴起一个信奉大乘佛教的海上强国，中国唐代史籍一般称它为室利佛逝，简称佛逝或佛齐。宋代以后，中国史籍改称为三佛齐。1377 年以后，三佛齐被爪哇征服，逐渐消亡，不少中国人移居此处。"其国在占城南可一千里，东属爪哇，西抵满剌加，南倚大山，北临大海，是为旧港。"② 爪哇将其改名为旧港，三佛齐遂亡。国虽灭，但爪哇并不能完全统治此地，处于无政府状态的旧港陷入混乱，很多华人流寓到此，华人喜爱此处，实因这里交通方便，土地肥美，"其国东接爪哇，西抵满剌加国，南距山，北枕海。诸处舡来，国多广东、福建、漳、泉人。土地肥美，谚谓一季种谷，三季收稻，正此处也"③。爪哇势力达不到这个地方，华侨联合当地土著居民建立自己的势力范围，建立了具有一定规模的城邦，作为自由贸易的港口，并将此地命名曰"旧港"。这华侨群体中，有叫梁道明者，广州南海县人，全家较早移居三佛齐，经过多年苦心经营，成为当地头面人物。之后，陆续又有广东、福建等地军民数千人浮海而至，大家推举梁道明为

① （明）黄省曾撰，谢方校注：《西洋朝贡典录校注》，中华书局 2000 年版，第 103 页。
② （明）黄省曾撰，谢方校注：《西洋朝贡典录校注》，中华书局 2000 年版，第 33 页。
③ （明）巩珍撰，向达校注：《西洋番国志》，中华书局 2000 年版，第 11 页。

当地华侨的首领，施进卿为梁道明的副手，从此雄霸一方，成为一股非常强大的地方势力。

对于海外这股军事力量，明政府早有察觉，意欲进行控制，政府曾派梁道明的老乡为使臣前往谈判招安："永乐三年（1405年），成祖以行人谭胜受与道明同邑，命偕千户杨信等赍敕招之。道明及其党郑伯可随入朝，贡方物，受赐而还。"① 梁道明和郑伯可受了招安，一同入朝，留下副手施进卿带领众军民，之后，副手施进卿接替梁道明，成了旧港华人首领。

除梁道明、施进卿集团外，旧港还有一股华人势力，首领为陈祖义。"永乐四年，旧港头目陈祖义遣子士良，道明遣从子观正并来朝。祖义，亦广东人，虽朝贡，而为盗海上，贡使往来者苦之。"②陈祖义集团实力雄厚、好勇斗狠，而且与明政府分庭抗礼，使明政府感觉如芒在背。

随郑和出访的马欢，在其《瀛涯胜览》一书中有如下记载：

> 昔洪武年间，广东人陈祖义等全家逃于此处，充为头目，甚是豪横，凡有经过客人船只，辄便劫夺财物。至永乐五年，朝廷差太监郑和统领西洋大䑸宝船到此。有施进卿者，亦广东人也，来报陈祖义凶横等情。被太监生擒陈祖义回朝伏诛，就赐施进卿冠带，归旧港为大头目，以主其地。本人死，位不传子，是其女施二姐为王，一切赏罚黜陟，皆从其制。③

这陈祖义是何来头，为何如此豪横？陈祖义祖籍广东潮州，明

---

① （清）张廷玉等撰：《明史》，中华书局1974年版，第8408页。

② （清）张廷玉等撰：《明史》，中华书局1974年版，第8408页。

③ （明）马欢撰，万明校注：《瀛涯胜览》，商务印书馆、中国旅游出版社2016年版，第26页。

洪武年间，全家逃到南洋入海为盗。盘踞满剌加十几年，成为当时最大的海盗集团头目之一，最鼎盛时期成员超过万人，战船近百艘。他们活动在日本、中国台湾、南海、印度洋等地，劫掠超过万艘以上的过往船只，攻陷过五十多座沿海城镇，南洋一些国家甚至向其纳贡。明太祖曾悬赏五十万两白银捉拿他，永乐年间，赏金更是高达七百五十万两。

后来，他逃到了三佛齐国，在国王麻那者巫里手下当大将。国王死后，他自立为王。陈祖义集团不但抢西洋诸小国的船，连明朝的使船也抢，成为明朝管理南部亚洲的一个障碍。郑和舟师于永乐五年（1407 年）返航回国途中，曾派人招抚陈祖义，作最后招安的努力，希望和平解决这一问题。而陈祖义深知船队宝船的价值，表面上派人向郑和表示他想投诚，暗中计划一举抢夺船队，但陈祖义的阴谋被施进卿知晓，施进卿把消息告诉了郑和，郑和立即作了反击的准备。

当陈祖义率众海盗来袭时，郑和兵舰已经埋伏于有利地形，对其迅速形成包围，用火攻烧毁海盗船，经激战，杀海盗五千余人，烧毁敌船十艘，缴获七艘，最后生擒陈祖义，押解回京。皇帝朱棣下令当着各国使者的面审判陈祖义，并斩首示众，警示他人。

施进卿配合郑和清除陈祖义后，在郑和的建议下，派遣女婿丘彦诚随郑和船队于永乐五年（1407 年）九月来到南京朝贡。明成祖朱棣看到施进卿表达效忠于明王朝的心意，非常满意，盛情接待了丘彦诚一行，分别给予赏赐。同时明成祖朱棣考虑对旧港的管理方式，认为旧港不同于海外诸蕃国，这块地盘是内地迁徙去的流民经过开拓经营从而建立起来的，由他们自己来管理更合适。于是决定采用对边疆地区的管理方式，设置旧港宣慰使司。宣慰使一职，一般由原地方首领担任，明朝政府既决定设旧港宣慰使司，顺理成章地让施进卿任宣慰使之职，对旧港地区实施管辖权，这样就稳妥地解决了旧港的管理问题。旧港与明朝政府的关系，较之海外蕃国更进一层，带有“内属”的性质，其宣慰使一职，必须由明朝政府任命。旧港成为明朝的一块海外飞地，非常有利于中国对东南亚各国的控制。

据夏燮《明通鉴》记载，“永乐五年（1407年）九月壬子（初二日），郑和还，西洋诸国皆遣使者随和入朝”[①]，往返共历两年零三个月。

① 转引自郑鹤声、郑一钧编：《郑和下西洋资料汇编》，海洋出版社2005年版，第834页。

第十四章　中国是个礼仪之邦

二下西洋（1407～1409年）

郑和船队首次出访回国后，立即马不停蹄地开始了第二次出访，于当年即永乐五年（1407年）秋天就出发了，一则是要赶冬季的东北季风南下，二则也因为他们回国时，跟随前来中国的外国君主及使臣太多，他们都要回国，无法在中国等待一年，等候第二年的季风。在中国朝见期间，各国君主、使臣与中国政府进行了密集的互动与交流，各得其所，之后随郑和第二次下西洋的船队满意而归。

天妃宫成

上一章我们说到，郑和在首次下西洋前奏请朝廷修建天妃庙，当郑和回到南京时，天妃庙于永乐五年（1407年）九月戊午（初八）建成。在第二次下西洋之前，朱棣亲自为天妃宫撰写碑文，并举行祭祀。天妃庙建在城西北的狮子山下，与仪凤门相望。建设龙江天妃庙的原因就是感恩天妃对下西洋船队的保佑，“文皇帝遣使海外诸番，舟几没，飓风黑浪中，赖天妃显护恬息。归日，以闻，敕建宫崇报”[①]。由于是敕造，所以其规模庞大，有大山门三楹、二山门三楹、正殿三楹、后殿三楹、三清殿三楹，另外还有廊庑、穿堂、神馐馆、碑亭等众多建筑。为保证其经济来源，政府还赐其官房、田

① （明）葛寅亮撰：《金陵玄观志》，南京出版社2011年版，第107页。

产等，“南京金川门外路东、西，有空间菜地二处，与静海寺、天妃宫常住僧、道栽种”[①]，也可见其受政府重视程度之高。

龙江天妃庙落成之后，郑和率领在南京的下洋官兵，来到天妃庙祭祀天妃，感谢天妃的护佑，并祈保再次下西洋往返平安。明成祖朱棣亲自撰写的碑文《御制弘仁普济天妃宫之碑》如今保存在隔壁的静海寺中。

碑文开宗明义：“联承鸿基，勉绍先志。”表明自己是朱元璋的正统接班人，然后说：“恒遣使，敷宣教化于海外诸蕃国，导以礼义，变其夷习。”这是他派使臣出洋之目的，由于海路险恶，“其初使者，涉海洋，经浩渺，飓风黑雨，晦冥黯惨，雷电交作，洪涛巨浪，摧山倒岳，龙鱼变怪，诡形异状，纷杂出没，惊心骇目，莫不错愕”。当出洋船队遇到大风浪，就在十分危急时，天妃下凡挽救，于是即刻风平浪静，“乃有仙人，飘飘云际……飞来舟中……已而烟消霾霁，风浪恬息”。回来后，郑和将此事汇报给朱棣，于是皇帝封天妃为“护国庇民妙灵昭应弘仁普济天妃”，并且“建庙于都城之外龙江之上，祀神报贶”。[②] 除了亲自撰写碑文，朱棣还派人代自己前往祭祀，并写有《遣祭祝文》，祈祷“辅国佑民，永世有赖”[③]。朱棣如此大张旗鼓地为天妃建庙，并进行祭祀，其实质是给郑和下西洋这一活动以政治支持，向朝廷内外表明自己的态度，压制反对派，并要求有关各部门为下西洋提供必要的支持与物资供给。

礼仪之邦

中国自古以来被称为“礼仪之邦”。何谓“礼仪”呢？“礼”即制度，“仪”即仪式。《说文解字》：“礼，履也。所以事神致福也。”最初的礼是指宗教祭祀中的规矩，历经夏、商、周而形成了一套典

---

① （明）葛寅亮撰：《金陵玄观志》，南京出版社 2011 年版，第 108 页。

② （明）葛寅亮撰：《金陵玄观志》，南京出版社 2011 年版，第 109～110 页。

③ （明）葛寅亮撰：《金陵玄观志》，南京出版社 2011 年版，第 110 页。

章制度，后来经历代儒家学者不断充实其内容，成为了一套关于别贵贱、尊卑、长幼、亲疏的社会秩序的制度，也是中国古代几千年社会统治的规范。郑和下西洋的一个重要任务就是要将周边国家纳入到中国对天下的管理规范中，而仪式是在这个活动中反复强调的，以强化中国在“天下”的地位。同时，周边各国也能在这种仪式中找到自己的位置，以此确认得到中国的认可。所以，我们有必要将郑和下西洋中的接旨、宣敕、朝见等礼仪做一个梳理。

朱元璋非常重视以礼治国，“明太祖初定天下，他务未遑，首开礼乐二局，广征耆儒，分曹究讨。洪武元年命中书省暨翰林院、太常司，定拟祀典”①。对于王陵、五祀、神庙、朝仪、婚礼、冠服、仪仗、卤薄、音乐、职务升降仪节、制度名数等事务悉数做出规定。这里我们只谈颁诏仪、蕃王进贡礼、蕃王遣使进表仪等。因为礼仪形式异常繁复，所以外国蕃王觐见皇帝之前需要专门进行学习，学习的地点就在朝天宫，“国朝赐额朝天宫。百僚朝贺，于此习仪”②。南京的朝天宫建在城西的冶山上，原来是三国时吴国冶铸兵器的地方，所以这儿也叫“冶城”，后来在此处建设紫极宫作为道观，历代先后更建为祥符宫、玄妙观等。到明朝时更名为朝天宫，由礼部管理，除作为道观外，还用来给百官学习礼仪，外国觐见的君臣也在此学习。“高皇帝受天明命，定鼎金陵，辨方正位，宏建都邑，首开明堂，以朝诸侯。寻饰琳宇，以崇上帝。若朝天宫者，实百官遇节朝贺，先期习仪之所。”③

朝廷遣使的仪礼如下：

由翰林院草写诏书，至出国日期，百官入宫廷，皇帝驾临奉天殿，礼部官捧诏书，尚书奏请用宝印，用黄销金袱裹置于盘中，放置在案上。使者四拜，按仪式奏乐，承制官至丹陛称有制，并宣制

---

① （清）张廷玉等撰：《明史》，中华书局 1974 年版，第 1223 页。

② （明）葛寅亮撰：《金陵玄观志》，南京出版社 2011 年版，第 1 页。

③ （明）葛寅亮撰：《金陵玄观志》，南京出版社 2011 年版，第 15 页。

曰："皇帝敕使尔某诏谕某国，尔宜恭承朕命。"宣读完，使者俯伏，四拜。礼部官奉诏自中陛，将诏书授于使者。使者捧出午门，放置在龙亭内。皇帝起驾回内宫，百官出宫。当使者到了蕃国国境，先派人报于蕃王，蕃王遣使远接，诏使到时，迎接入公馆。蕃王率领国中官员及耆老出国门迎接，行五拜礼。仪仗鼓乐队引导龙亭入境，使者跟随其后。来到蕃王宫殿上后，将龙亭放于正中。使者立于香案之东侧，蕃王位于殿庭中北面，众官跟随他。使者面向南而立，称有制，蕃王及手下都四拜，然后蕃王升自西陛，来到香案前跪下，上三次香，俯伏后起身，众官员随同下拜。蕃王复位后，使者走到龙亭前，取过诏书授给捧诏官，捧诏官再将诏书交给宣诏官，宣诏官将诏书打开，蕃王及手下全部下跪，宣读完毕，仍将诏书放置于龙亭。蕃王及臣下皆俯伏，再起身，四拜，三次舞蹈，再四拜。每次跪拜都伴有奏乐。礼毕，使者把诏书交付所司颁发执行。蕃王与使者分宾主行礼。赐给蕃王的印绶及礼物，宣制曰："皇帝敕使尔某，授某国王印绶，尔某恭承朕命。"到了蕃国，宣制曰："皇帝敕使某，持印赐尔国王某，并赐礼物。"

在明朝向各国派使臣的同时，各蕃属国也大量向中国派遣使臣，甚至国王亲自来朝见明朝皇帝，这个程序是怎么样的呢？

凡是蕃王来朝，先到龙江驿，然后侍仪、通赞二人前来接伴。驿馆的人在大厅西北陈设蕃王的座椅，对向东坐。应天府知府出面迎接，在大厅的东南面设座位，面向西坐。以宾主之礼接见，宴会结束，知府回，蕃王送到门外。第二天，接伴官将蕃王送到会同馆，礼部尚书来馆中宴请慰劳，尚书到时，蕃王穿上自己国家的国服相见，宴会迎送的礼节与在龙江驿相同。在宴会中，有音乐相伴。第三天，中书省上奏皇帝，皇帝会命一官员前往会同馆宴请慰劳如前。这些仪礼完成后，侍仪司会给蕃王及其侍从提供服饰，到天界寺用三天时间专门练习与皇帝相见的礼仪，然后就等待上朝觐见皇帝。

朝见那天，蕃王及侍从官员先在午门外等待，蕃王在丹墀中道上礼拜，稍往西面一点，从官跟随在后。将自己所带来进贡的方物，安放在沿丹墀中道两旁陈设的案桌上，引导人员站立于蕃王及其随员的北面。打鼓三通，百官入侍，执事举起方物案子前行，蕃王随之由西门进入宫廷，来到殿前丹墀西面俟立。大明皇帝着通天冠、绛纱袍登殿。蕃王及从官在指定的位置上跪拜，方物就摆在面前，四拜完成，引班人引导蕃王上殿，宣方物官捧方物由西面上殿，进入宫殿西门，内赞引导其来到皇帝面前，蕃王在此两拜并称贺致辞，宣方物官宣告，承制官宣制结束后，蕃王拜起两次，从宫殿西门出，回到原来所站立的位置上。最后蕃王与随从官员一起四拜，觐见礼全部完成，皇帝起身回内宫，蕃王等退出，音乐演奏如例。

蕃国的使臣来朝，从他们在国内制办表笺，以及到了中国进行朝见的程序是这样的：

负责制作表笺的部门，于王宫及都城街道上结彩，在殿上设阙庭，其前设表笺案，案前设香案。使者立于香案东侧，捧表笺的两个人立于香案西侧。在殿庭南正中设龙亭，仪仗鼓乐齐备。清晨，司印者陈设印于殿中，将表笺及印一齐放置于案上，蕃王穿戴冕服，众官员穿朝服，走到案前用印完毕，用黄袱裹表，红袱裹笺，分别放置于匣中，再各以黄袱裹好。捧表笺官捧置于案上。引礼官引导蕃王到殿庭正中，众官员立于其后，参拜，其间奏乐。再拜后，乐止。蕃王走到香案前跪下，众官员随同，三次上香，捧表官面向东将表交于蕃王，蕃王接过表再交于使臣，使臣面向西跪接表，起身放置于案上，蕃王回座位，赞拜时奏乐。蕃王率全体官员四拜，捧表笺官捧着表前行，将其放置于龙亭中，金鼓仪仗队奏乐前行引导，蕃王将他们送到宫门外才回头，众官员身穿朝服要将使团送到国门外，使者这才前往中国而去。

蕃国的使臣到了龙江驿站，前来接待的是应天府的同知，第二天送至会同馆，中书省奏报，礼部侍郎至会同馆宴请接待，宴毕同样是用三天时间来练习礼仪，陈设仪仗及进表都与上述同，承制官上前宣制说："皇帝问使者来时，尔国王安否?"使者答毕，起拜两次，宣制官又说："皇帝又问，尔使者远来勤劳。"使者再次起拜两次，完成礼仪，承制官复命完成，使者四拜，礼毕。皇帝起驾回内宫，音乐起止如例。此外蕃王与使臣会再去东宫拜见，以及与各府大臣相见，这些都各有规定的礼仪。

凡是皇帝赐宴，会陈设皇帝的御座于谨身殿，设皇太子座于御座的东面，诸王在皇太子下首，面向西。蕃王座设于殿西第一行，面向东，文武百官的座位设于第二、第三行，东西向。行酒九次，上食物五次，大乐、细乐相间演奏，其间有舞蹈表演。蕃国的从官坐在西庑下，酒与食物的规格与蕃王相同，但没有奏乐。如果是皇太子宴请蕃王，殿上正中设皇太子位，诸王位设于旁边，东西向；蕃王座位设于西偏，在诸王之下，东向；三师、宾客、谕德位于殿上第二行，东向；蕃王从官及东宫座位于西庑，东向北上。席间，和声郎陈乐，光禄寺设酒馔，都与谨身殿规格相同。

如果是宰相请旨宴劳，则在中书省后堂设席，宾客坐于西面，主人坐于东面，蕃王从官及左右司官坐于左司，教坊司会前来奏乐，当蕃王来到省门外时，省官要出来迎接，从官随后进入，席间酒上七次，食物上五次，奏乐，欣赏各种杂戏。宴会结束，省官将蕃王送到门外。其他都督府、御史台宴请蕃王也都按这种规格。

如果是宴请蕃国使臣，礼部奉旨赐宴于会同馆。馆人设坐次及酒案，教坊司设乐舞，礼部官员陈设龙亭于午门外。光禄寺官员请旨取御酒，设置龙亭，仪仗鼓乐在前面引导，到达会同馆，蕃使出门迎接，执事者捧酒由中道进入，置酒于案上，奉旨官立于案东侧，称有制，蕃使面向阙柱而跪。听宣旨毕，拜两拜，奉旨官酌上酒授于蕃使，面向北跪饮毕，再次两拜。然后各自就座，酒上七次，汤上五品，作乐与赏戏如仪。宴毕，奉旨官出会馆，蕃使送至门外。此外，皇太子、省、府、台等各官僚机构也会设酒宴请蕃使，酒五行，食五品，作乐但不设戏剧演出。

由上述可见，无论是中国使臣前往，还是蕃国君臣来朝，每一个动作都被仔细规定，可谓是繁文缛节，但我们不能简单批责其形式主义，因为以互派使节来协调国家间政治关系，本身就是以友好的形式代替争执，以一种和平的方式协同两国步伐，是有利于共同发展的。所以在交往过程中，特别强调仪式感，这是无可厚非的。当时大明通过与蕃国之间频繁的往来，可以稳定皇帝的统治，刺激国内经济发展，而周边国家也从中获得了经济帮助，得到政治认可，关于这一问题，我们后面还要深入探讨。

环行印度

第二次下西洋（1407～1409 年），船队的航线和所到的地方大体与第一次相同，郑和携带成祖给各国君王的敕书，于永乐六年（1407 年）冬季到达占城。这几年明朝与安南一直处于战争状态，战争也有帮助占城脱离安南威胁的因素，所以占城国积极协助明军，出兵阻挡安南的后路。这次郑和到来，予以慰勉，赠其礼物，国王欣喜，向明朝进贡了大象。

离开占城国，郑和前往爪哇，前一章我们说过，首次到达爪哇时，西王误杀了郑和部下士兵一百七十余人，成祖责令罚处黄金六万两。这次郑和到来，国王献出黄金一万两，成祖认为国王既已知罪，免了他们其他的赔款，爪哇从此更加感激中国，连年来朝。

郑和离开爪哇，向北驶抵暹罗。暹罗是一个地区大国，他们曾多次扣留占城贡使，或是抢劫朝廷赐给苏门答剌、满剌加两国的印信。这次出使，郑和带着成祖训诫书，警告了暹罗，要求他们返还占城使者，归还苏门答剌及满剌加印信。郑和船队到来，暹罗感受到中国的声威，遣使入谢。之后船队到访浡泥、满剌加后，驶入印度洋。到达印度东南岸的加异勒，绕到西岸的柯枝，派遣分䑸，继续西行，再次访问印度西岸三国。小葛兰即现在印度南部西海岸的奎隆，西面海，东连大山，南北地狭临海而居。国王、国人皆锁俚人氏，崇信佛教，以象与牛为神物。土特产为苏木、胡椒，其果菜之类皆有。牛羊颇异，其羊青毛，角长，脚高二尺、三尺，黄牛有三四百斤者。此国的人民多用酥油拌饭而食，以金铸钱。

从小葛兰往北一昼夜，就到了柯枝国，柯枝国土地贫瘠，山上出产胡椒，国人多以此为业。每年胡椒成熟时，收椒大户会建仓库贮存，等待各处番商来购买。论重量谈价，有人被称为“哲地”，意为财主，专收买宝石、珍珠、香货之类，等中国宝船到来时贸易，或与别国商人做生意。珍珠每颗重三分半的，值银一百两。珊瑚枝，论斤重买来，雇匠人剪断，用车床旋磨成珠，洗磨光净，亦称重而卖。该国以九色金铸成钱流通，名曰“法南”。又以银为钱，比海螺蛳靥还大，每个约重官秤四厘，名曰“答儿”。每金钱一个换银钱十五个。国王也会派遣头目，随同郑和船队一同去中国，将方物进贡中国。这是《瀛涯胜览》为我们描述的商贸情况，可见他们与中国人的贸易往来是很频繁的，并且形成了一定的模式，当地商人平时会按中国人的喜好收购胡椒、珍珠、珊瑚等物，待中国人到来便按章交易。

古里在柯枝西北三日水程，上一章已细说，本章不再赘述。需要特别交待的是，或言柯枝即古盘盘国。宋、梁、隋、唐皆入贡。自小葛兰西北行，顺风一日夜可至。“永乐元年遣中宫尹庆赍诏抚谕其国，赐以销金帐幔、织金文绮、彩帛及华盖。六年复命郑和使其国。”①

在印度半岛南部，有溜山国，《星槎胜览》作溜洋国，即今印度洋中的马尔代夫。马尔代夫是亚洲南部印度洋上的群岛国家，由印度洋北部南北走向的两列平行珊瑚礁组成，共有大小珊瑚岛礁和浅滩两千多个，其中构成群岛的较大环礁有二十一个。因为深入到印度洋中，此处最著名出产物为龙涎香，渔民常在珊瑚礁中采到，它

① （清）张廷玉等撰：《明史》，中华书局1074年版，第8441页。

外形像浸在水中的沥青，嗅之无味，火烧后会有腥气，价格非常高。此外，溜山国盛产椰子树，椰子里面的椰汁可以长期贮存，椰蓉可以食用，郑和船队到此会大量采购椰子作补给。

关于印度诸国之风俗，我们可以通过《三宝太监西洋记》这部小说的有关描写来参看，小说虽然是文学作品，但由于它的成书在郑和下西洋事件之后不久，作者本人又生活在南京，故能听到下西洋的许多实际情况及细节。另外，它的许多叙事直接采用下西洋参与者的著作，所以《三宝太监西洋记》被公认是郑和研究的重要资料。作者罗懋登，字澄之，明万历间人。小说写于万历二十五年(1597年)，有明刻本。郑和下西洋，在明后期成为民间传说广为流传，这部小说在晚清见之于世，向达先生认为它是以《瀛涯胜览》为主要材料写成，可以校正《瀛涯胜览》一书，赵景琛先生把它与《瀛涯胜览》《星槎胜览》等史籍详细对照，确认小说是根据史籍写出来的，不少地方可以补史之缺。笔者经对照，关于柯枝国的记述完全按照《瀛涯胜览》内容加工而成，但更加生动：

> 宝船又开行了两日，却又到了一个国，东边靠着大山，西边滨着大海，方南北俱有六路可通。泊了宝船，只见王公公同着右哨许以诚上船迎接。元帅道："这是个甚么国？"王公公道："这叫做柯枝国。"元帅道："国王是那里人氏？"公公道："国王是琐里人氏。头上缠一段黄白布，上身不穿衣服，下身围着一条花手巾，再加一匹颜色纻丝，名字叫做'压腰'。元帅道："国王叫甚么名字？"公公道："国王叫做可亦里。"元帅道："国中百姓何如？"公公道："国中有五等人：第一等是南毘人，与国王相似，其中剃了头发，挂绿在头上的，最为贵族；第二等是回回人；第三等叫做哲地，这却是有金银财宝的主儿；第四等叫做革令，专一替人做保，买卖货物；第五等叫做木瓜，木瓜是个最低贱

之称，这一等人穴居巢树，男女裸体，只是细编树叶或草头，遮其前后，路上撞着南昆人或哲地人，即时蹲踞路旁，待他过去，却才起来。这就是五等人。”

元帅道：“国中风俗何如?”公公道：“国王崇奉佛教，尊敬象和牛。盖造殿屋，铸佛像坐其中。佛座下周围砌成水沟，旁穿一井。每日清早上撞钟擂鼓，汲井水于佛顶浇之。浇之再三，罗拜而去。又有一等人，名字叫做浊肌，就是奉佛的道人，也有妻小，不剃头，不梳头。头发织的成毡，分做十数绺，或七八绺，披在脑背后。却将黄牛粪烧成灰，搽在身上。身上不穿寸纱，只是腰里系着一根大黄藤，口里吹着海螺响，后面跟着老婆，只有块布遮着那些丑物，沿门抄化过来。这些风俗最是丑的。”元帅道：“国中气候何如?”公公道：“时候常热，就象我南朝的夏月天道。五六月间，日夜大雨，街市成河，俗语说道：‘半年下雨半年晴’，就是这里。”①

锡兰供佛

永乐七年（1409 年）正月，船队由古里返航，再次来到锡兰国（今斯里兰卡）。这是郑和第二次来到锡兰山，他上次在这里差点被国王亚烈苦奈儿杀害，明显感受到了他的不友好。再次来到锡兰山，郑和应该是有备而来，他改变了策略，没有去见国王亚烈苦奈儿，而是走了民间路线，直接走到民众中去。

锡兰是佛教的胜地，东南亚各地的佛教，都从这里传播出来。锡兰山是印度洋中的一个岛国，北临孟加拉湾，西濒阿拉伯海，为海上交通必经之地。锡兰岛很早已有人类定居及文化生活的记载。

① （明）罗懋登撰：《三宝太监西洋记》，黑龙江美术出版社 2016 年版，第 440 页。

约在公元前5世纪，建立僧伽罗王朝，《大唐西域记》译作僧伽罗，意为狮子。国内有很多佛教古迹，为各地信徒和往来客商所顶礼。马欢在书中专门记载一事：其国海边山脚的一大石头上有一个足迹，长两尺许，传说这是释迦牟尼从翠蓝山来，于此处登陆，他的脚踏在石头上留下脚印，脚印中有浅水永不干涸，人们争相用手蘸水洗面拭目，说这是"佛水清净"。这遗迹的附近有佛寺，其内有释迦牟尼侧卧像，他的寝具是沉香木做的，并镶嵌着各种宝石，非常华丽，寺中还藏有佛牙和舍利子等宝物。锡兰盛产各种宝石，当地民众认为这些宝石都是佛祖的眼泪所凝结而成，另外国王设置珠池养螺蚌，每两三年可以采摘一次珍珠。

锡兰山佛寺是各国香客、商人、使者荟萃之地，郑和就抓住这个特点，高调向寺院布施，赠送香礼金一千钱，银五千钱，各色绵丝十匹，各色绢丝五十匹，织金丝纱丝宝幡四对，铜香炉五对，花瓶五对，烛台五对，漆金香盒五个，蜡烛十对，香十柱。① 此举既可以让各国人士目睹中国外交使团事佛之虔诚，表现对锡兰山国佛教信仰的尊重，也可拉近与当地人民的关系，同时冲淡国王的恶意。此后还以汉文、泰米尔文、波斯文三种文字刻立布施碑，记述了在当地的活动盛况，在民众中扩大影响，彰显大国情怀。汉文碑文是对释迦牟尼的颂扬和敬献，泰米尔文碑文是对泰米尔族、僧伽罗族信奉的保护神毗湿奴的赞颂，波斯文是对回教真主安拉的颂扬。1911年，此碑被发现于斯里兰卡的加勒，现藏科伦坡国立博物馆。

浡泥来朝

浡泥国即今日之文莱，在占城西南方六千里，下统十四洲，其国盛行佛教，对中国人非常友好，如果他们看到有喝醉酒的中国人，卧倒在地，就会把他背回家，留宿家中。明初朱元璋派使者沈秩、

① 参见郑鹤声、郑一钧编：《郑和下西洋资料汇编》，海洋出版社2005年版，第570页。

张敬之前往宣读圣谕时，国王专门撤掉自己的王座，在院子里跪接圣旨，说："皇帝为天下主，即吾之君父。"[①] 郑和第二次下西洋回程时，"王率妃及弟妹子女陪臣泛海来朝"[②]。他们随郑和宝船到达福建登陆，地方官上报皇帝，朱棣马上派人前往安排宴请，并赠送财物。国王麻那惹加那一行从福建一路北上，前往南京，沿途州县官员一一宴请招待。永乐六年（1408 年）八月到达南京，外国元首亲来觐见，具有强烈的政治认可的象征意义，这正是朱棣派庞大船队出访西洋的目的之一，所以这给朱棣带来了极大的满足感，因此对麻那惹加那也关怀备至。

> 帝慰劳再三，命王妃所进中宫笺及方物，陈之文华殿。王诣殿进献毕，自王及妃以下悉赐冠带、袭衣。帝乃飨王于奉天门，妃以下飨于他所，礼讫送归会同馆。礼官请王见亲王仪，帝令准公侯礼。寻赐王仪仗、交椅、银器、伞扇、销金鞍马、金织文绮、纱罗、绫绢衣十袭，余赐赉有差。[③]

朱棣真是把他当作亲王弟弟来看待与照顾了，可惜，麻那惹加那国王无福享受，当年十月就病故于会馆。朱棣伤心不已，辍朝三日，派官员致祭，各亲王大臣都前往祭祀，麻那惹加那被追谥为"恭顺"，按中国礼仪葬在南京安德门石子岗，并寻找入中国籍的西南夷人为国王守墓，每年春秋两季，由专人祭扫。

对其身后之事，朱棣也亲自做出安排，命麻那惹加那之子遐旺承袭王位。遐旺向朱棣提出三个请求：第一，当地强国爪哇每年要求他们进贡四十斤片脑，请中国罢免爪哇的要求，自己宁可以此进

---

① （明）黄省曾撰，谢方校注：《西洋朝贡典录校注》，中华书局 2000 年版，第 46 页。
② （清）张廷玉等撰：《明史》，中华书局 1974 年版，第 8412 页。
③ （清）张廷玉等撰：《明史》，中华书局 1974 年版，第 8412 页。

贡中国；第二，请中国派人护送自己回国，护送人留在浡泥一年，来抚慰国人之愿望；第三，请求定期朝贡，以换得天朝的赏赐。对他的请求，朱棣一一答应。待这些国事落实，遐旺告辞回国，朱棣再次赏赐其玉带一条、金百两、银三千两及钱钞、锦绮、纱罗、衾褥、帐幔、器物，其他人等也各有赏赐。老国王曾经进言："臣蒙恩赐爵，臣境土悉属职方，乞封国之后山为一方镇。"① 新国王再次提出封山之事，朱棣于是封其国之后山为"长宁镇国之山"，并御制碑文。给山赐名可不是小事，这是把浡泥视同为中华大地，那是必须要给予保护的！在大明的保护下，浡泥国甚是安定，因此他们对中国感情很深，永乐八年（1410年），浡泥国王再次派使臣入贡中国。

① （清）张廷玉等撰：《明史》，中华书局1974年版，第8413页。

第十五章　移风易俗

三下西洋（1409～1411 年）

郑和第一次和第二次下西洋，重点在整合东南亚和南亚的政治势力，在满剌加设立中转基地、在旧港设立宣慰使司、了解南亚次大陆的形势。顺利完成这些工作后，第三次下西洋的重点则是解决锡兰的问题，同时巩固东南亚局势，创造稳定的政治环境，为后面进发阿拉伯地区打下基础，将明王朝的影响继续向西推进。

万国来朝

经过两次大规模下西洋活动，在东南亚、南亚国家引发了向明朝派遣使臣的高潮。实现了朱棣的初衷："朕初即位，恒虑德不及远。今四方夷狄皆归……"[①] 在郑和的家谱中记录有一则《皇帝敕谕》，为永乐七年（1409 年）三月所下，这是朱棣派遣郑和第三次下西洋出使海外诸国时，带交给海外诸国王等人的，其内容明确表达了他的"天下共主"理想：

> 皇帝敕谕四方及海外诸番王及头目人等：朕奉天命，君主天下，一体上帝之心，施恩布德。凡覆载之内，日月所照，霜露所濡之处，其人民老少，皆欲使之遂其生业，

① 郑鹤声、郑一钧编：《郑和下西洋资料汇编》，海洋出版社 2005 年版，第 738 页。

> 不致失所。今遣郑和赍敕，普谕朕意。尔等祇顺天道，恪遵朕言，循理安分，毋得违越，不可欺寡，不可凌弱，庶几共事太平之福。若有摅诚来朝，咸锡皆赏。故兹敕谕，悉使闻知。[1]

由此可见，他交给郑和向海外诸国宣布的这份敕谕，是一份描述他所要构建的华夷秩序的宏伟蓝图。在郑和下西洋付诸实施后，明朝与海外国家的关系日益密切，大明王朝的富裕与强盛吸引着他们络绎不绝前往中国。永乐六年（1408 年），浡泥国王来朝，瓦剌、占城、于阗、暹罗、撒马儿罕、榜葛剌、冯嘉施兰、日本、琉球中山、山南入贡。永乐七年（1409 年），满剌加、哈烈、撒马儿罕、火州、古里、占城、苏门答剌、琉球中山、山南入贡。暹罗、榜葛剌入贡两次。永乐八年（1410 年），浡泥、吕宋、冯嘉施兰、苏门答剌、榜葛剌入贡，占城贡象，琉球山南、爪哇、暹罗贡马，琉球中山入贡三次。当年六月庚子（初五），琉球国官生三人入太学。十一月癸未（二十一日），赐国子监琉球等太学生及其从人冬衣、靴袜。永乐九年（1411 年），满剌加王来朝，爪哇、榜葛剌、古里、柯枝、苏门答剌、阿鲁、彭亨、急兰丹、南巫里、暹罗入贡，琉球中山入贡三次。

外国使臣大批到来，标志着王朝的成功，也是朱棣自己所强调的法统正宗的证明，费信在《星槎胜览》的序言中开宗明义写道："夫万物无不覆载者，天地之统也。万邦无不归顺者，圣人之统也。"[2] 万国来朝是朱棣派遣郑和下西洋目的之一，是自己得到天下承认的标志，因此对外交使节的接待也是非常隆重的，他们被照顾至微。明朝接待外国使节的机构主要有这三种：市舶提举司、会同馆、提督四夷馆。

---

① 《郑和家世资料》，人民交通出版社 1985 年版，第 2 页。

② （明）费信撰，冯承钧校注：《星槎胜览校注》，中华书局 1954 年版，第 9 页。

首先，关于市舶提举司。

> 市舶提举司，提举一人（从五品），副提举二人（从六品），其属，吏目一人（从九品），掌海外诸番朝贡市易之事。辨其使人表文勘合之真伪，禁通番，征私货，平交易，闲其出入而慎馆毂之。吴元年，置市舶提举司。洪武三年，罢太仓、黄渡市舶司。七年，罢福建之泉州、浙江之明州、广东之广州三市舶司。永乐元年复置，设官如洪武初制，寻命内臣提督之。嘉靖元年，给事中夏言奏倭祸起于市舶，遂革福建、浙江二市舶司，惟存广东市舶司。[①]

永乐帝时期，一方面既明确责令市舶提举司负有接待来往诸国使臣的责任，同时又怕地方招待不周，还加命礼部官员参与接待，以保证各国来宾自始至终能受到大明政府的优待。市舶提举司设在港口城市，是接待外来使节的第一关，他们接待到外国使节后送往京城。

其次，关于会同馆。到达京城后，负责接待的机构就是会同馆了。“会同馆在长安街西，上方进贡使客所居。”[②] 为保证对外来使节的安置，会同馆有严格的管理，会同馆分为南北两馆，接待番夷使客。其中配有专职馆夫，他们进入会馆需要悬带官方提供的火印木牌，核验出入，任务完成后火印木牌由会同馆收回。馆夫定额为四百名，其中南馆一百名，北馆三百名，专门负责制作宴席及日常饭食。另外还有役使人员数百名，馆中有大量马匹、驴骡等，供日常使用。夷人所用的粮米、马匹，都由户部专项支给。同时会同馆对外来使臣也有管理，除按例开市交易外，不许自行去往街市，交接闲人，违者将参送问罪。

---

① （清）张廷玉等撰：《明史》中华书局1974年版，第1848页。

② 郑鹤声、郑一钧编：《郑和下西洋资料汇编》，海洋出版社2005年版，第716页。

当各国使节到京时，负责接待的各府官员，轮流前往会同馆，点视进贡的方物，谨防出错，贡夷回国后，再回所在官府办公。当贡使刚至馆，负责接待官员马上就要到会馆来查看使节的级别，以确定为其安排对应的住宿、饮食待遇，一切处分安妥，使其能够感受到朝廷恩泽。凡番王至京，明初时要求礼部官员前往会同馆接待。永乐以后，四夷来朝贡者，钦命中官与文武大臣，或学士等官员安排宴请，不拘人数。

会同馆还有专职医生，遇四夷人员生病，即给予治疗，所用药材，由太医院提供。对于医生的业务水平每年要考核，治好了多少人，要告知提督主事处，进行稽核。从这些规定我们看得出，明政府对四夷宾客关照得无微不至。

关于各国进贡的物品，会同馆要呈报到礼部，部中官员须亲自前往会同馆进行点检数量，如有表笺等国书，要移交给礼部。其方物，分为进贡给皇上的若干，给太子的若干，开具清单，由专人管理，先写好手本，关领内府勘合，依数填写及开报门单，于次日早朝送进内府，实物送到文华殿前陈设，本部正官奏启进纳。如果四夷进贡物为马、骡等活物，到了会同馆，收下后要差兽医辨验动物毛色、年龄等情况，开列清单，并令会同馆发放草料喂养，安排专人管理。至期进奉内府，排列于丹墀东，让皇上过目，同时将清单交给御马监官员收领。如果四夷进贡象、驼等动物，到了会同馆，令本馆喂饲，如果皇上不能马上查看，那么象先送到驯象所，驼送御马监收养，至期送进内府陈设。如进虎豹禽鸟之类动物，到了会同馆，就令畜养之人喂养，开列清单奏报皇上，至期送进内府丹墀内陈设。凡进金银器皿、珍宝段匹之类，要将进贡献的人与物相合验，列明清单上报，仍以器具装盛，或用黄袱封裹，收入会同馆。关填勘合，开报门单，次日一早，送入内府的殿前丹陛等处陈设，交付内使收受。

这是在京的接待机构，另外因为外国人语言与中国不同，需要培养专门沟通人才，这就是四夷馆的任务了。

最后，关于四夷馆。

> 提督四夷馆。少卿一人（正四品），掌译书之事。自永乐五年外国朝贡，特设蒙古、女直、西番、西天、回回、百夷、高昌、缅甸八馆，置译字生、通事（通事初隶通政使司），通译语言文字。正德中，增设八百馆（八百国兰者哥进贡）。万历中，又增设暹罗馆。初设四夷馆隶翰林院，选国子监生习译。宣德元年，兼选官民子弟，委官教肄，学士稽考程课。弘治七年，始增设太常寺卿、少卿各一员为提督，遂改隶太常。嘉靖中裁，卿止少卿一人。[①]

在明朝，对四夷馆翻译的考核非常严格。四夷馆共有一十八处，额定通事六十员，其中：朝鲜国五名，日本国四名，琉球国二名，安南国二名，真腊国一名，暹罗国三名，占城国三名，爪哇国二名，苏门答剌国一名，满剌加国一名，达达（鞑靼）七名，回回七名，女真七名，畏兀儿二名，西番五名，河西一名，缅甸一名，云南百夷等处六名。

做通事需要考核合格，送入礼部顶补正缺后，给予米粮做工资，否则还要继续学习半年再考。如果一直不能通过考试或误事者，则发回原籍为民。而参考人员的要求也很高，需要精通夷语，身家清白无过错，相貌齐整，写字端正，声音洪亮。考试结果分为三等：一等照旧在馆供事，二等需加强学习，三等黜退为民。其中未通过考试的，选派资深通事序班，对他进行教习，每日书写番汉字语一张，每月两次责令该馆序班考校，月终提督主事考校，季终本部出题，严加考校，如一年三次考居三等，年终将进行处罚。

---

① （清）张廷玉等撰：《明史》，中华书局1974年版，第1797页。

遣返何八观

《明史》记载了一个小人物，叫何八观，永乐皇帝专门关心了一下他。那一年仁孝皇后去世，暹罗派使臣前来吊唁，朱棣特意告知暹罗使臣回国后，将一个逃到暹罗的叫何八观的中国人遣送回国，“时奸民何八观等逃入暹罗，帝命使者还告其主，勿纳逋逃。其王即奏命遣使贡马及方物，并送八观等还，命张原赍敕币奖之。十年命中官洪保等往赐币”[①]。何八观是什么人，皇帝不但亲自过问，待暹罗交人后，还要两次重奖？史书记载得很简单，其实这中间颇有波折。

何八观在国内犯了罪，而且是反对朝廷的重罪，入海为海盗。永乐七年（1409年）七月仁孝皇后去世，年四十六岁。谥其曰“仁孝”，史称仁孝皇后。暹罗国派遣使者前往南京，祭奠仁孝皇后。明成祖在宫中摆设酒筵，款待暹罗国使者。要求使臣回国后禀报国王，将隐匿在该国的中国人何八观交还中国，但直到十二月份暹罗都一直没有动静。因此郑和第三次下西洋时，专程来到暹罗督促此事。

何八观原为海南人，在国内犯了罪，秘密逃往海外，并在南洋某地纠集了一批人，共同反抗明朝，后辗转流窜到暹罗国。所以郑和船队此次直接从占城前往暹罗，有一个明确的目的，就是商议何八观的遣返事宜，朝廷如此严厉地对付一介平民，正是因为推行海禁政策。自明朝建立起，打击海盗就是统治者非常慎重处理的事情，因为历来海盗对国家具有严重的破坏性。在中国史书上首次出现的海贼是东汉的张伯路，时间是东汉王朝的安帝时期。[②] 唐朝著名的鉴真和尚东渡日本，五次失败，其中有一次为风浪吹至海南岛，岛上就驻扎一位海盗，其势力强大。“大首领冯若芳请（鉴真）住其家，

---

① （清）张廷玉等撰：《明史》，中华书局1974年版，第8399页。

② 参见［日］松浦章：《中国的海贼》，谢跃译，商务印书馆2011年版，第5页。

三日供养。若芳每年常劫取波斯舶三二艘，取物为已货，掠人为奴婢。”[1] 到了明朝，海盗的势力更加猖獗，并且严重威胁到明王朝。

> 到了元末混乱时期，中国沿海地区开始遭受日本海贼——即所谓的倭寇——的祸害。当时，日本处于南北朝最动乱的时期，加入南朝一方的北九州海贼武士、武装商人以及海上流浪者为了物资的补给抢夺粮食，绑架住民。不久，他们的活动范围扩展到发生动乱的中国，他们还与以江苏、浙江沿海地区为地盘的张士诚、以浙江沿海地区为地盘的方国珍等海上势力联合起来袭击中国沿海地区。明王朝成立后，张士诚、方国珍相继被平定后，其余党与倭寇残余结合，多次进行海盗活动。[2]

因此，从朱元璋起，就执行海禁政策，严禁国人流落海外，与海上敌对势力相结合。明成祖更因为其得位不正，即位之后加强了海禁政策，那么他对于先前就已潜逃到沿海岛屿甚至国外的中国流民又采取了什么政策呢？当时两广漳州等处不逞之徒，逃海为生者万计。为此，明成祖在即位后不久就专门派人前往各海岛招抚逃民，要求这些逃民“俾复本业”，即回故乡从事农业。明朝水军还在沿海岛屿展开军事搜索行动，一些逃民即被俘获，送回故乡。对于已逃往海外的中国逃民，明成祖一方面通过与东南亚一些国家的外交，要求对方不要接纳中国逋逃人员。另一方面，明成祖还派遣政府官员前往东南亚的一些华人规模比较大的聚居区进行招抚工作。比如前文我们说的，在旧港形成的中国逃民聚居区，是以广东人梁道明为首的，具有数千人规模。明成祖于永乐三年（1405 年）春派遣谭胜受等往旧港招抚，最终在郑和的努力下妥善解决，所以说郑和在

---

① ［日］松浦章：《中国的海贼》，谢跃译，商务印书馆 2011 年版，第 19 页。
② ［日］松浦章：《中国的海贼》，谢跃译，商务印书馆 2011 年版，第 40 页。

下西洋过程中，也兼行对海外华人的招抚使命。

何八观这件事，就是在这一背景下发生的。郑和第三次下西洋，来到暹罗后，经过一番交涉，暹罗最终同意遣返。最后，在永乐八年（1410年），暹罗国到中国朝贡的时候，他们将何八观等人送了回来。由于当时逃亡海外的人比较多，影响了明朝的统治秩序，因此明朝政府对何八观等叛逃海外一事穷追不舍，也是为了杀一儆百，以防此类事件一再发生。明成祖通过郑和宝船队追捕何八观等流亡之人的行动，对国内私自出国的人民形成警示，也告诫海外各国不要再收容中国流人。

很多学者对朱棣招捕逃民的政策颇有微词，认为这是朱棣保守之举，一心只想把国家治理成一个大农庄。此决定是朱棣所做不假，但这是当时社会状况所决定的，非个人所能改变。15世纪的中国是一个农业社会，这是由当时的生产力决定的，工业虽有长足发展，但远不足以成为社会经济的主要力量。生产还主要依靠人力，农业需要固定的劳动力与土地结合，人员的流散对农业生产极其有害，同时由于不同的政治力量及海盗组织在海外集结，要切断他们与国内的联系，控制国人外流也是必要之举。明朝采取海禁的保守政策也是时事所逼，不得以而为之，海禁确实会导致外贸经济的萎缩，所以明政府才会派遣郑和船队下西洋进行国家主持的外贸活动，另一方面明政府后来也重新开禁广东、福建的市舶司，这都属于外贸政策的调整，而不是什么“闭关锁国”。

治理南洋

15世纪东南亚的地方政权是支离破碎的，文化差异巨大，实力强弱之差亦大，因此如何理顺与各国的关系是郑和的一个重大政治课题。我们先来把各国做个分析。郑和船队一出国，首先是沿中南半岛航行，这里有占城、安南、暹罗等国，他们因陆路与中国相通，受中国影响也早，文化水平较高，“中国文化在东南亚的传播，最初主要是通过政治途径，是伴随中国的政治势力而来的，其影响所及多限于中国政治势力所能到达的范围。所以在东南亚只有越南受中国文化的直接影响最深”[①]。中国的儒、佛、道思想都长期影响着越南，使当地人民价值观与中国相近，因此有较深的政治认同。中南半岛上的这些国家实力差异很大，比如安南就常常侵扰占城国，而暹罗“常差部领讨伐邻邦”[②]，于是郑和就采取抑强扶弱的政策来进行治理。

离开中南半岛后到达南亚，南亚诸国人民因为有虔诚的宗教信仰，所以文明程度较高，与之交往可以借助宗教力量形成共识，如锡兰国“崇信释教”[③]；柯枝国“其国王信佛教”[④]；古里国“国王系南昆人，崇信佛教”[⑤]；溜山国“国王、头目、民庶，皆是回回人，风俗淳美，所行悉遵教门规矩”[⑥]；榜葛剌国“举国皆是回回人，民俗淳善”[⑦]。

但南洋群岛各国的治理难度就比较大，多数国家文明程度低，民风彪悍，比如爪哇“其风俗无日不杀人，甚可畏也”[⑧]，“人吃食甚

① 梁立基：《印度教和阿拉伯伊斯兰教对东南亚文学的影响》，张玉安编：《东方研究》，经济日报出版社 2008 年版，第 232 页。

② （明）马欢撰，万明校注：《瀛涯胜览》，商务印书馆、中国旅游出版社 2016 年版，第 31 页。

③ （明）马欢撰，万明校注：《瀛涯胜览》，商务印书馆、中国旅游出版社 2016 年版，第 46 页。

④ （明）马欢撰，万明校注：《瀛涯胜览》，商务印书馆、中国旅游出版社 2016 年版，第 51 页。

⑤ （明）马欢撰，万明校注：《瀛涯胜览》，商务印书馆、中国旅游出版社 2016 年版，第 55 页。

⑥ （明）马欢撰，万明校注：《瀛涯胜览》，商务印书馆、中国旅游出版社 2016 年版，第 62 页。

⑦ （明）马欢撰，万明校注：《瀛涯胜览》，商务印书馆、中国旅游出版社 2016 年版，第 73 页。

⑧ （明）马欢撰，万明校注：《瀛涯胜览》，商务印书馆、中国旅游出版社 2016 年版，第 17 页。

是秽恶，如虫蚁及诸虫、蚓之类，略以火烧微熟便吃”[①]；旧港是海盗聚集之地，陈祖义、施进卿等集团互相攻讦；其他如满剌加国、哑鲁国、那孤儿国、黎代国、南浡里国等，“乃小国也”[②]，常受强国抢掠；苏门答剌国战乱不断，先是国王“被那孤儿花面王侵掠，战斗身中药箭而死”[③]，有渔夫为其报仇而立为新王，后来，“先王之子长成，阴与部领合谋弑义父，渔翁，夺其位，管其国。渔翁有嫡子名苏干剌，领众挈家逃去附山，自立一寨，不时率众侵，复父仇”[④]。

对南洋诸国的乱象，不能置之不理，因为这是船队向西航行必经之路，也是商业贸易不可规避之孔道，又不能一味使用武力，因为武力镇压只能管一时，不能管一世，且会引起当地民众的抵触情绪，那怎么办呢？郑和采取的办法是文明教化，推行回教。推行回教，首先在满剌加取得了丰硕成果，前文我们论述过，在郑和的扶持下，满剌加建国，并成为明朝船队的一个中转基地，而作为穆斯林出身的郑和在此积极推行回教，永乐三年（1405 年）郑和第一次下西洋在此就封王建碑，此后永乐五年（1407 年）满剌加印诰为暹罗所夺，故永乐七年（1409 年）第三次下西洋时，再次封赐。明朝对满剌加的扶持使它很快形成一个新的繁荣的国际贸易中心，随之，满剌加王朝成为当时东南亚最强盛的回教王朝。

爪哇信奉“鬼教”，“佛书言鬼国其中，即此地也”[⑤]。当地土人崇拜鬼偶像，生活中亦处处体现，“男子腰插不剌头一把，三岁小儿

---

① （明）马欢撰，万明校注：《瀛涯胜览》，商务印书馆、中国旅游出版社 2016 年版，第 21 页。

② （明）马欢撰，万明校注：《瀛涯胜览》，商务印书馆、中国旅游出版社 2016 年版，第 37 页。

③ （明）马欢撰，万明校注：《瀛涯胜览》，商务印书馆、中国旅游出版社 2016 年版，第 38 页。

④ （明）马欢撰，万明校注：《瀛涯胜览》，商务印书馆、中国旅游出版社 2016 年版，第 39 页。

⑤ （明）马欢撰，万明校注：《瀛涯胜览》，商务印书馆、中国旅游出版社 2016 年版，第 21 页。

至百岁老人，贫富贵贱皆有此刀，皆是兔毫雪花上等镔铁为之。其柄用金或犀角、象牙雕刻人形鬼面之状，制极细巧”[①]。南爪哇的民众信奉印度教，那里以传统的农业经济为主。后发展起来的商业民众，大多在沿海地区活动。越来越多的波斯、印度商人来到爪哇，随着商业的发达，新兴的商业地主阶级的实力得到加强，他们与爪哇原来信奉印度教和鬼教的旧势力之间的矛盾也日益尖锐。新兴权贵很需要有个新的思想武器来与旧统治者的印度教和鬼教相抗衡。当郑和到达爪哇时，他敏锐地认识到利用回教去影响地方统治势力，可以拓展明朝在当地的政治影响。

《三宝垄历史：自三保时代至华人公馆的撤销（1416～1931）》是印尼华侨林天佑写的一部三宝垄地方史和华桥史，它主要是根据当地华人公馆的档案材料及当地各种刊物所载资料写成的，是学界公认极为珍贵的史料。它记录：“第一个抵达三宝垄的中国人是三保大人，他的遗址叫葛堂巴都（石室）也叫三保洞，是人们难以忘怀的地方。据我们读过的一些历史故事，三保大人即郑和，当时他奉明朝宣德皇帝之命，下西洋觅宝。”[②] 书中关于郑和部众在当地传播回教的描写非常详细。

> 王景弘是怎样留居三宝垄的？过去华侨有这样的传说，当三保太监船队在爪哇北岸沿海航行时，其副手王景弘忽患重病，三宝太监遂令船队在三宝垄塞蒙安河靠近海口的河口（即后来的芒舡港口）停泊，还亲自发现该河附近山坡上有个小洞穴（即后来的三保洞），于是把这个洞穴作为临时营房，并由若干随员盖起一间小屋，给王景弘居住和

① （明）马欢撰，万明校注：《瀛涯胜览》，商务印书馆、中国旅游出版社 2016 年版，第 16 页。

② ［印尼］林天佑：《三宝垄历史：自三保时代至华人公馆的撤销（1416～1931）》，李学民、陈巽华译，暨南大学华侨研究所 1984 年版，第 27 页。

> 治病。三保太监还为王景弘调合了药剂。王景弘的病情也一天天好转。十天以后，三保太监决定继续向西航行，留下王景弘和十名随员在三保洞，还留下一只船和少许粮食。经过长时间的疗养，王景弘逐渐痊愈。在这期间，王景弘指挥他的随员从事开荒，种庄稼，盖房屋。王景弘完全恢复健康之后，没有回中国，他的随员们同土著妇女结婚，定居下来。三保洞一带地区，经过他们的开垦，逐渐成为繁荣昌盛之地。许多土著居民也在这里从事耕作，逐渐形成群聚的村落。
>
> 王景弘是虔诚的回教徒，他把许多时间花在以回教教义、宗教习俗以及有关道德的箴言教育土著居民和华侨，并且教导人们崇敬三保大人的伟大业绩和高尚品格。他还制造三保大人的雕像，放在洞穴里，带着他的追随者们定期向雕像膜拜。他逝世之后（终年八十七岁），按回教的仪式安葬，并且获得了“三保的年高德劭的领航员”的尊称。人们总要在每月（阴历）初一和十五日前往三保洞膜拜三保大人的雕像和瞻仰王景弘之墓。五百多年来，华侨和土著居民对郑和及其副手王景弘的崇敬和虔诚的心理始终如一，从未衰退。①

该书所写王景弘留滞并殁于爪哇之事与中国史书记载不符，《明史》记载王景弘始终伴随在郑和身边完成七下西洋之举。《西洋番国志》所载的第三通宣德皇帝的敕书中，也明确写道下西洋名单中还有王景弘。另外，书中所记1416年郑和首次到达三宝垄，时间也显得太晚，实际上郑和第一次下西洋就到达爪哇，但也许郑和之前所到之地非三宝垄而是爪哇的其他港口。不过，在三宝垄当地华侨中

---

① ［印尼］林天佑：《三宝垄历史：自三保时代至华人公馆的撤销（1416～1931）》，李学民、陈巽华译，暨南大学华侨研究所1984年版，第315页。

流传的这个事情绝非空穴来风，人名也许因为时间久远有讹传，但郑和船队到达此处，并有人员留下生活、传教之事应当是真的，上述引文也非常生动地描绘了中国人在爪哇传播回教的情景。

其实郑和第一次下西洋时即在传播回教，1405 年郑和劝爪哇土著放弃对“鬼教”偶像的崇拜，改信回教以后，1407 年在旧港便产生华人回教社区。在旧港设立宣慰司，任命施进卿任宣慰使后，郑和每次出使，都要在旧港停留，扶助当地的穆斯林的势力，促进回教在旧港的发展。斯拉默穆利亚纳博士在《印度——爪哇王朝的覆灭和努山打拉伊斯兰国家的兴起》一书中强调：“郑和先是在巨港（即旧港），后来在山巴斯（西加里曼丹）建立穆斯林华人社区，接着又在爪哇沿海、马来半岛和菲律宾等地建立类似的社区。”①

第三次下西洋后，回教得到了更广泛的推广，印度宗教文化在当地的影响也就从此结束了，被回教文化取代。

锡兰易主

锡兰地理位置极其重要，它位于印度洋的中心，是郑和船队跨越印度洋的咽喉要道，船队在航向西亚时，自己的后背就完全暴露给锡兰国了，如果没有一个友好的政权在此执政，想要驶往更西方，是没有安全感的。因此郑和为处理与锡兰山国的关系，费尽心思。郑和等初次出使诸番，到达锡兰山，亚烈苦奈儿侮慢不敬，意欲加害郑和。郑和发觉后没有使用武力，凭他所带领的两万大军，是完全可以击败亚烈苦奈儿军队，但军事胜利并不能改变该国的敌对态度，于事无补。郑和没有鲁莽行事，而是选择先行离去，以待从长计议。第二次来到锡兰山，郑和采取的是笼络人心的策略，对佛寺大量施舍，并立碑宣传，赢取民众好感，直到第三次来到锡兰山时，看到时机成熟了，才一举拿下亚烈苦奈儿。

① 转引自郑一钧：《论郑和下西洋》，海洋出版社 1985 年版，第 413～414 页。

三下西洋到达最远处的古里后，郑和船队返航，当船队再次经过锡兰山国时，亚烈苦奈儿贪图宝船里的财物，诱使郑和来到国中，索要金银宝物，被郑和拒绝，亚烈苦奈儿便暗中发兵五万余，想劫持郑和船队，他们伐下巨木拦住航道，断绝郑和归路。郑和等人发觉之后，料定贼人大部队出城，国中必然空虚，于是将计就计亲率士兵二千余人，由小道急攻王城，生擒了亚烈苦奈儿，捉拿住了其家属、头目等，带回献于朝廷。大臣们请求将其斩首，但朱棣出于政治考虑，“帝悯其无知，并妻子皆释，且给以衣食。命择其族之贤者立之，……自是海外诸蕃益服天子威德，贡使载道，王遂屡入贡”①。体现了大国风范，其族人推荐了贤明的邪把乃那为国王，明朝廷派使臣赐给印诰，封其为王，从而一举收服锡兰山国。这次战役起初明军没有主动发起进攻，而是冷静观察，抓住机会，后发制人，大获全胜，通过这一战，郑和的军事才能及胆识也可见一斑。

第三次下西洋，郑和已完成东南亚及南亚的布局，后路完全安定，下一步将驶往亚洲西部，中国的政治影响将达到古老的西亚帝国——波斯。

① （清）张廷玉等撰：《明史》，中华书局1974年版，第8444页。

第十六章　横渡印度洋

四下西洋（1413～1415年）

经过前三次下西洋的苦心经营，东南亚及南亚的形势已经稳定。旧港的海盗被剿灭，满剌加的基地建立，锡兰山、爪哇敌对政治势力被清除，与古里、柯枝等国建立了良好的商业关系，所有障碍扫除，一切条件就绪。

郑和第四次下西洋将驶往遥远的非洲和忽鲁谟斯，之前的航行都是沿海岸进行的，而前往非洲，将横渡印度洋，路程远、地域陌生，为这次远航的成功，郑和做了大量的准备工作，除了必不可少的船舶修缮、海员招募、政治赍赐、生活物资、贸易商品等等，还专门寻访了许多精通阿拉伯语及当地风俗的人才，郑和为此专程前往西安，请到了在穆斯林社会有一定影响的哈三掌教（伊玛目），另外著名的通事马欢也是在这次出洋中加入郑和团队的。“永乐十一年癸巳，太宗文皇帝敕命正使太监郑和等统领宝船，往西洋诸番，开读赏赐。余以通译番书，亦被使末。”① 在前文第十一章介绍船员组成中我们介绍过他，马欢以翻译的身份加入，他的成就更在于回国后著成《瀛涯胜览》一书，成为研究郑和下西洋最重要的资料。作为随船翻译，马欢有亲身经历，因此这部书具有原始资料的性质，弥足珍贵，其所记内容甚至《明史》也多有参用。

---

① （明）马欢撰，万明校注：《瀛涯胜览》，商务印书馆、中国旅游出版社2016年版，第1页。

公事之外，郑和专程回了一趟故乡昆阳，这也是他一生中唯一一次回故乡，他祭奠了父母，与哥哥商谈了过继孩子之事，之后便踏上了茫茫的海路。少小离家老大回，沧海桑田，郑和彼时该有多少感慨！

南京继嗣

在前文我们详细讨论过郑父墓碑之事，在碑的背面有一行字："马氏第二子太监郑和，奉命于永乐九年十一月二十二日到于祖宗坟茔祭扫追荐，至闰十二月吉日回还，记耳。"[①] 这提供了一条重要的信息，永乐九年（1411年），郑和在第四次下西洋前，回乡祭扫。

这次回乡对郑和意义重大，前三次下西洋都是回国的当年的冬天即出发开始下一次的远航，第三次下西洋回国后停留的时间较长，间隔两年。因公而言，第四次计划将航行去非洲，这是绝远之处，有更多的准备工作，需要较长时间；因私来说，如此遥远的航行充满了危险，是否还能安全回来？谁也没有把握，此时郑和已经四十岁了，他需要回一趟故乡，再看一看自己出生之地，要最后祭扫下父亲的坟茔，于是他在这一年冬天回到阔别了三十年的故乡——昆阳。在这里他度过了快乐而生活优渥的童年，可是被明军掳走之后，郑和就陷入了苦难的人生历程，被阉割后送入宫中，从身体的伤痛，到精神上的自卑，时时折磨着他，这是一种多么痛苦的人生。后来凭借着自己的努力与才干，郑和从一个地位卑微的宫廷奴仆成长为一个青年军官，再到叱咤风云的将军，统领着千军万马纵横于大洋之上，他已是国家的栋梁。然而他功业之外的生活是孤寂的，没有家庭没有亲人，功成名就并不能排解生活上的苦闷。回到家乡，见到兄长及他的孩子，郑和享受到了久违的家庭温暖。在这次兄弟会面中，兄弟俩除了回忆过去的生活，怀念亲人外，他们也商谈了重

① 郑鹤声、郑一钧编：《郑和下西洋资料汇编》，海洋出版社2005年版，第4页。

要的继嗣问题，郑和将大哥的孩子过继来为嫡，以续香火。该子取名为“赐”，字“恩来”，从名字的意思来看，“郑和立嫡为嗣，或亦出于明成祖之意，因此命名以纪天子之宠赐”①。从郑和为其父所立碑的背面，刻有“奉命于永乐九年十一月二十二日到于祖宗坟茔祭扫追荐”的字样也可判断，“奉命”自然是奉皇帝之命，那么家族延续香火的事也在“命令”中，后文我们还会说到，其子得到了朝廷的封荫。据现居南京的郑和第十九世孙郑自庆先生说，云南祭祖回南京后，郑和开始筹建府第。

西安求贤

从云南老家回到南京后，郑和专程去了趟西安，寻访到一位深谙回教文化的穆斯林教长——哈三。此事记录在西安大学习巷清真寺内的《重修清净寺碑》中，这块石碑刻于明嘉靖二年（1523年），碑高2.5米，宽0.835米，碑的正面是汉文楷书，背面镂刻的是阿拉伯文，现在人们习惯上称这通碑为“郑和碑”，碑文中记载：

> 清净寺乃西域教率其徒祝延之所也。西域教自唐入中国，厥徒奉之亟诚亟慎，乃至赵宋时建清修寺于陕西鼓楼西北隅。会城人奉其教萃于中，翻译诵拜，然沓来林立，訇訇踵接莫能容。迨元世祖中统四年六月肇创此寺于长安新兴坊街西东面，名曰清净，分徒之半，祝延于斯。至大德丁酉，陕西行中书省平章政事赛典赤·乌麻儿大崇厥教，增广饰治，视前有加。及我国朝永乐十一年四月太监郑和奉敕差往西域天方国，道出陕西，求所以通译国语可佐信使者，乃得本寺掌教哈三焉，乃于是奏之，朝同往，卒之。揄扬威德，西夷震詟，及回航，海中风涛横作，几至危险，

① 郑鹤声、郑一钧编：《郑和下西洋资料汇编》，海洋出版社2005年版，第9页。

乃哈三吁天恳恳，默祷于教宗马圣人者。已而风恬波寂，安妥得济，遂发宏誓重修所谓清净寺者。

清净寺碑的内容非常值得玩味，其中既记述了郑和来此求贤的一段历史，还隐含了一个秘密，为何郑和要千里迢迢从南京来到西安寻人？要说找阿拉伯语翻译，太仓、泉州这些顺路之地，人才济济，就是郑和长期生活的南京，也是一个回民非常集中的地方，找翻译何其方便？而西安地处西北内陆，距南京一千多公里，在那个年代，去一趟殊为不易，而郑和从接到出洋命令到出发，时间非常紧迫，而且在第四次下西洋之前他还专程回了一趟云南老家，在出发前又去西安，这是为何？

清净寺始建于唐中宗神龙元年（705 年），初名“清教寺”，唐玄宗时改称“唐明寺”，元代中统年间名“回回万善寺”，明代称为“清净寺”。寺址位于西安市西大街大学习巷内北侧，在唐朝这里曾是西域各国外交使节的驿馆驻地，唐政府在此设置了培训外国使节习用汉儒文化的学馆，西域的回教传教士也在此设馆讲学、布道，因此街巷便被命名为“学习巷”。在本书第一章中，介绍郑和祖先咸阳王赛典赤·赡思丁曾任陕西五路西蜀四川行中书省平章政事，他在西安主政期间在此建寺立学，并奏请忽必烈将这座寺改名为“万善寺”。在碑文中还明确记载：“至大德丁酉，陕西行中书省平章政事赛典赤·乌麻儿大崇厥教，增广饰治，视前有加。”[①] 这位赛典赤·乌麻儿正是赛典赤·赡思丁！好了，秘密可以揭底了，郑和这次来到西安寻访穆斯林学者，同时也是来追寻先祖的足迹。本书第一章介绍了赛典赤·赡思丁是郑和的第三十一代祖，他还有一个名字即赛典赤·乌麻儿，此事在《元史》中有明确记载：

① 转引自西安市地方志编纂委员会编：《西安市志》，西安出版社 2006 年版，第 880 页。

> 赛典赤·赡思丁，一名乌马儿，回回人，别庵伯尔之裔。其国言赛典赤，犹华言贵族也。太祖（成吉思汗）西征，赡思丁率千骑以文豹白鹘迎降，命入宿卫，从征伐，以赛典赤呼之而不名。太宗即位，授丰净云内三州都达鲁花赤；改太原、平阳二路达鲁花赤；入为燕京断事官。[①]

赛典赤·赡思丁在陕西为官多年，能够节制陕西五路、四川行省的大小官员，位高权重。作为一名从西域移民来的穆斯林，他关心驻地西安回教的发展，建设清真寺这都是情理之中的事。唐朝时，回教创立不久，传到中国更是势单力薄，彼时所建的“清教寺”比较简陋是必然的，到元代又经历了六百年的风雨，寺院已陈旧不堪，赛典赤·赡思丁重建“清净寺”，并改名为“万善寺”，如《重修清净寺碑》所记，“增广饰治，视前有加”，寺院规模与建筑的精美程度较之前有了很大的增加，所以此寺与郑和家族有特殊的关系。

前文讲到郑和回云南昆阳老家扫墓，与兄长马文铭朝夕相处，竟日长谈。他们兄弟从 1381 年沐英、蓝玉大军攻进昆明后失散，到 1411 年再相聚已过去三十年，郑和从一名年幼无知的孩童成长为统率千军万马的将军，而马文铭已逐渐步入老年，他们心中都明白再一分手，将成永别，千言万语难表兄弟情长。除了安排家事，他们一定会谈论先祖的事迹，郑和在家时因为年幼，尚不知道关心自己先辈从哪里来的问题，而马文铭当时已成人，长年跟随父母长辈，耳濡目染，非常清楚自己祖先的故事，这时会一一讲述给郑和，于是郑和知道了先祖咸阳王率族人举家从西域迁徙到中原的事迹，这件事促使他特地来到西安寻访先祖的遗迹。因为万善寺与他们家的特殊关系，不排除当时的教长哈三与马文铭还有某种联系，彼此知晓对方的信息。郑和一到西安除了例行的官员间拜会外，很可能就

---

① （明）宋濂等撰：《元史》，中华书局 1976 年版，第 3063 页。

借住在万善寺，而选用哈三也说明郑和与这座清真寺的关系。西安是丝绸之路的起始点，是西域人前往中国的目的地，又是国际大都会，因此清真寺林立，在此聚集了大量的穆斯林，其中化觉巷清真大寺为规模最大、名气最大的清真寺，郑和没有从中选用人才，而单单从清净寺中挑选掌教哈三，这不是偶然的。

哈三作为西安清净寺的掌教，其学问之渊博，社会影响力之广泛是可想而知的。有他陪伴郑和前往伊斯兰教发源地，给予的帮助当然是巨大的，同时他一定还会向郑和讲述他祖先在西安的政绩及与清净寺的种种渊源。出洋后回到国内，郑和为哈三报功请赏，哈三再三谢绝，只请求朝廷能恩泽清净寺，拨款修葺。郑和于是向永乐帝请旨重修了清净寺，成祖永乐帝敕书御制《重修清净寺碑》碑记，这就是著名的“郑和碑”（原碑毁，新碑刻于嘉靖二年）。这通碑给我们留下了一段珍贵的史料，也揭示了郑和为何舍近求远，前往西安选用人才的秘密。

分艅西亚

郑和第四次下西洋，前半段的行程与之前行程大致相同，郑和率领船队到达满剌加、爪哇、占城、苏门答剌、阿鲁、柯枝、古里、彭亨、急兰丹、加异勒地区。

浡泥老国王来中国时受到优待，并葬在中国，其子遐旺于1412年八月，率母、妻来朝，同样受到了朱棣的热情接待，第二年（1413年），他们搭乘郑和四下西洋的宝船回国，明政府又赐金百两，银五百两，钞三千锭，以及钱一千五百缗、锦四段，绮帛纱罗八十匹，金织文绣、文绮衣各一袭；并赐器皿、衾褥、帷幔诸物，王母及叔另有赏赐。

这次下西洋，郑和还办了一件比较棘手的事，永乐十二年（1414年）二月，真腊入贡并控告占城国，称受到占城国的侵压，多次被其掳掠。其使臣久住南京不走，要求明政府出面干涉。当年三月，明政府派遣奉御祝原等出使真腊国，赐真腊国王许多财物，并敕诫占城王占巴的赖，要求他们安分循理，保境睦邻，不许扰乱当地的秩序。虽然另有使节出面办理，作为海军统帅的郑和也必当过问此事。

真腊为高棉人建立的国家，他们一直信仰婆罗门教。5 世纪高棉王朝的社会出现了分裂，社会上层崇拜婆罗门教，他们要维护自己世袭的贵族地位，而老百姓更愿意信仰佛教，因为佛教崇尚人生来平等。12 世纪中叶，国王苏利耶跋摩二世把都城迁到吴哥，他们修建的宫殿就是今天我们所看到的吴哥窟。高棉人在这里首先建的是吴哥神庙（人们习惯称其为小吴哥），其宏伟及精美的程度让人叹为观止。到了 15 世纪，由于战争、瘟疫的原因，高棉人放弃吴哥迁都到了金边，这座伟大的都城于是逐渐淹没在丛林莽野中。元贞二年（1296 年），元成宗铁穆耳派周达观出使真腊国，周达观以游记的形式写下了《真腊风土记》一书，详细记录了当时真腊（柬埔寨）的风土人情及地理位置。1860 年，法国探险家就是凭此书中的指示，从金边出发由洞里萨河进洞里萨湖，再沿着吴哥河，摸到了小吴哥，吴哥窟才重见天日。

当郑和船队到访真腊时，他们已放弃吴哥，另寻他处为都城。真腊特产丰富，国力较弱，“气候常熟，田禾丰足，煮海为盐，风俗富饶”[①]，因此常常受到邻国占城及暹罗的觊觎。真腊对中国人非常友好，“番人杀唐人则偿其命，唐人杀番人罚其金，无金卖身赎罪”[②]。同时其特产也为中国人所喜爱，“地产黄腊、犀象、孔雀、沉香、苏木、大风子、翠毛”[③]。所以明朝为其出面震慑占城，无论是从传统友谊考虑，还是从经济往来的利益考虑都是应该的。

郑和船队离开东南亚，再次到达南亚次大陆，进驻柯枝。柯枝

---

① （明）费信撰，冯承钧校注：《星槎胜览校注》，中华书局出版社 1954 年版，第 49 页。

② （明）费信撰，冯承钧校注：《星槎胜览校注》，中华书局出版社 1954 年版，第 49 页。

③ （明）费信撰，冯承钧校注：《星槎胜览校注》，中华书局出版社 1954 年版，第 49 页。

地理位置对郑和船队来说非常重要，这是横渡印度洋前的最后一站，在此要进行补给、休整。同时，因为这里也是西方来的阿拉伯商人的目的地，因此聚集了许多阿拉伯商人与海员，中国人在柯枝可以了解到西方国家的政治、经济、人文等情况，也可从阿拉伯海员处获得航海资料，甚至可以直接聘用阿拉伯领航员。柯枝国与中国往来历史悠久，两国关系融洽，因此明政府及郑和对此国也特别重视，除对其国王进行封赐外，还特别"封可亦里为国王，并封其国中之山为镇国山"①。前面我们说过，明朝对外国的山岭进行封敕是一件十分不寻常的事，那标志着视其国的国土为中华国土，由此可见中国对柯枝的重视程度。《明史》明确记录第四次下西洋所到印度次大陆的国家即为柯枝："十年，郑和再使其国。"② 这一年是郑和第四次下西洋领命之年，因此可以推断，郑和首次横渡印度洋前往非洲的伟大远航，由此出发。

郑和在柯枝进行充分准备后，率领船队横跨印度洋直航东非国家，而派分䑸前往西亚的重要国家忽鲁谟斯。从南亚次大陆前往忽鲁谟斯的路线，在《顺风相送》一书中有详细记录，起点为古里。

> 开船乾亥离石栏，水十五托，看北辰星四指、灯笼星正十一指半，单亥五更取白礁。沿山使用壬亥四十五更取丁得把昔。看北辰星七指，看灯笼骨七指半，好风过洋。乾戌、单戌一百更姑马山，若饯风用单戌八十五更，见山远的打水五托，船身低了见美之那山。见看北辰星四指半，沿山使用辛酉五更取伽里塔马山头，壬亥、单亥三更取迭微讨水。乾亥五更麻里实吉。辛戌取龟山门中过船，水十一托，是老古地。单亥及乾亥四更讨亚剌食机山南边，看山平成三个。乾亥廿五更取沙剌抹山，看东西二处都是山。

① （清）张廷玉等撰：《明史》，中华书局 1974 年版，第 8441 页。
② （清）张廷玉等撰：《明史》，中华书局 1974 年版，第 8441 页。

> 用单子五更取忽鲁谟斯，看北辰星十四指，灯笼星一指半是也。[①]

上述路途中所涉及地名，经考证多有定论，如迭微是今阿曼的提维，麻里实吉是今阿曼首都马斯喀特，龟山是法尔岛，沙剌抹山是今霍尔木兹海峡的萨累马，伽里塔马山头是今盖勒哈特岬角，也有些地名尚有争论，如姑马山。可以确定，忽鲁谟斯是今霍尔木兹岛。[②] 从古里至忽鲁谟斯，需要二十五天，马欢关于忽鲁谟斯的描写在《瀛涯胜览》一书中是最详细的篇幅之一，对当地人的衣食住行、婚丧嫁娶、气候特产都一一作了交待，文中还特别饶有趣味地用一大段文字描写白羊上高杆和黑猴寻人的马戏，这一国无疑给马欢留下了非常深刻的印象。忽鲁谟斯即今天的霍尔木兹岛，它处在霍尔木兹海峡的口上，为交通要地，“其国边海倚山，各处番船并旱番客都到此处赶集买卖，所以国民皆富”[③]。该国的特产丰富，农产品有“核桃、把聃果、松子、石榴、葡萄干、桃干、花红、万年枣、西瓜。菜瓜、葱、韭、薤、蒜、萝卜等物都有。其胡萝卜红色，如藕大，至多。甜瓜甚大，有高二尺者。其核桃壳薄，白色，手捏即破。松子长寸许”[④]。各种宝物有“青、红、黄雅姑，剌石，祖把碧，祖母剌，猫睛，金刚钻。大颗珍珠如龙眼大，重一钱三分。珊瑚树珠并枝梗，大块金珀珀珠、神珠、蜡珀、黑珀，番名撒白值”[⑤]。手工业品有“各色美玉器皿、水晶器皿，十样锦翦绒花毯，其绒起一二分，长二丈，阔一丈。各色梭幅、撒哈剌、毡毽罗、毡毽纱、各蕃

---

① 向达校注：《两种海道针经》，中华书局2000年版，第78～79页。

② 参见周运中：《郑和下西洋新考》，中国社会科学出版社2013年版，第269页。

③ （明）马欢撰，万明校注：《瀛涯胜览》，商务印书馆、中国旅游出版社2016年版，第77页。

④ （明）马欢撰，万明校注：《瀛涯胜览》，商务印书馆、中国旅游出版社2016年版，第80页。

⑤ （明）马欢撰，万明校注：《瀛涯胜览》，商务印书馆、中国旅游出版社2016年版，第80页。

青红丝嵌手巾等”[①]。马欢不厌其烦地将这些物品详细列出，也表现出他对当地琳琅满目的商品的赞赏之情，由于特殊的地理位置，东西方的商品在此汇集，成为中国船队的一个重要的交易目的地。另外中国在此处还有一个必须采购的商品，即苏麻离青。瓷器一向是中国重要的出口商品，是古代的高科技产品，为世界各国所喜爱却无法模仿。在宋朝延祐年间以后，出现使用进口苏麻离青彩绘的青花瓷器，元朝至正时期是青花瓷工艺发展成熟的时期，景德镇的瓷匠们烧出了如蓝天白云般美丽的青花瓷，使青花瓷成为中国瓷的代表，中国瓷器生产的格局也从元代开始改变，景德镇成为中国瓷业的中心。在元末，景德镇外销瓷生产停止，到明永乐朝，景德镇瓷器业再度繁荣昌盛，这里生产出来的瓷器胎、釉精细，青色浓艳，纹饰优美，这种色彩特别受到穆斯林世界的喜爱，青花瓷成为行销世界的一个拳头产品。但是制作青花瓷的颜料，国内原料不如进口原料的效果好，进口的苏麻离青能使青花图案更加鲜艳、亮丽、浓烈。

苏麻离青是产自两河流域的伊拉克萨马拉的钴蓝料，这种色料是一种高铁低锰型钴矿，烧制成的瓷器发色翠蓝、深入骨髓。在郑和下西洋之前，我国主要从东南亚商人那里间接采购，或是从中亚陆路转运，成本高且货源不稳定。特别元朝灭亡后，遗存的元代官兵从中原流窜到西域，割地为王抢劫商队，再加上当时帖木儿控制了整个中亚和西亚，中原通往西域的陆上贸易线就瘫痪了。因此国内瓷器生产商家迫切希望打通通往苏麻离青原产地的商路，郑和第四次下西洋终于完成了这一使命，为成就中国青花瓷的伟大地位奠定了基础。在郑和称雄海上的时代，中国大量进口苏麻离青，一直到 15 世纪后期的明成化年间才用完。当进口的“苏青”用完后，明朝政府再想要进口的时候，已不可能。因为，欧洲人已控制了海上

---

① （明）马欢撰，万明校注：《瀛涯胜览》，商务印书馆、中国旅游出版社 2016 年版，第 81 页。

丝绸之路，中国的青花瓷从此成为绝响。

直航东非

郑和亲自率领船队驶往东非，在《郑和航海图》中，关于非洲记录了十四个地名、十三个标注地点。其中涉及东北部的八个地名，没有什么争议，比如“木骨都束”即今天的索马里首都摩加迪沙；“慢八撒”即今天肯尼亚的蒙巴萨；“竹步”在索马里的朱巴河口；“卜剌哇”即今天巴拉韦。但再往南，因为地理位置极远，当时中国人去到那里的人太少，少有文字记载，所以与今天地名的对应关系，众说纷纭，莫衷一是。考证者众多，无法取得一致意见，周运中先生独辟蹊径，认为：“东非海岸一段海图原来另有来源，很可能是后来拼接到《郑和航海图》上的。郑和下西洋时，把东非这段海图和原有的主海图拼接时，颠倒了东非这一段地图的方向。如果把麻林地到木鲁旺这一段地图全部颠倒，则可以全部破解。”[①] 这样就可以确认，“麻林地”就是马林迪，“者即剌哈则剌”是“绿岛”的意思，即今坦桑尼亚的奔巴岛。

郑和到达非洲最远的地方为“绝远之地”——比剌、孙剌。“又有国曰比剌，曰孙剌。郑和亦尝赍敕往赐。以去中华绝远，二国贡使竟不至。”[②] 到底这两国在哪里呢？经周运中在总结前人的考证基础上，认为：“就是今天莫桑比克共和国的莫桑比克岛和索法拉岛遗址。”[③]《星槎胜览》对非洲国家有记载，竹步、木骨都束、卜剌哇三国都在今天索马里境内，其共同特点是天旱无雨，作物稀少，人民以捕鱼为生，都产龙涎香和乳香。各国不同之处是：竹步“地产狮子、金钱豹、驰鸡有六七尺高者”[④]；木骨都束“操兵习射，其富民

---

① 周运中：《郑和下西洋新考》，中国社会科学出版社 2013 年版，第 286 页。

② （清）张廷玉等撰：《明史》，中华书局 1974 年版，第 8427 页。

③ 周运中：《郑和下西洋新考》，中国社会科学出版社 2013 年版，第 316 页。

④ （明）费信撰，冯承钧校注：《星槎胜览校注》，中华书局 1954 年版，第 20 页。

附舶远通商货”[1]；卜剌哇“地广斥卤，有盐池，但投树枝于池，良久捞起，结成白盐食用”[2]。

关于非洲特产，最让人津津乐道的莫过于其进贡的“麒麟”——长颈鹿。“永乐十三年（1415年）七月癸卯，郑和还……麻林及诸番进麒麟、天马、神鹿。”[3] 麒麟在中国有特殊含义，它被视为吉祥物，其出现可以带来幸运和光明，而辟除不祥。最早关于麒麟的记载是春秋时期，传说，鲁襄公二十二年（前551年），孔子的母亲怀孕时，遇一麒麟而生孔子。后在鲁哀公十四年（前479年）春，西狩于大野，捕获一只麒麟，因无人认识，而伤害了它，据《孔丛子》所载，孔子因此而涕泣沾衿，伤心不已，还为麒麟写下了挽歌：“唐虞世兮麟凤游，今非其时来何求？麟兮麟兮我心忧。”并停止了《春秋》的写作。不久与世长辞，孔子死后，获麟绝笔的故事广为流传。

然而世界上并没有这种神兽存在，它实际为古人的想象。没想到郑和下西洋带回了中国人从未见过的长颈鹿，“麒麟前二足高九尺余，后两足约高六尺，头抬颈长一丈六尺，首昂后低，人莫能骑。头生二短角在耳边。牛尾鹿身，蹄有三跲，匾口，食粟豆面饼”[4]。一下子在朝野引起了轰动，大家一致认为这就是传说中的麒麟，明翰林学士沈度还特地画了一幅《麒麟图》，另外文墨客竞相写诗颂咏，后世对此颇有微辞，批评朱棣好大喜功，粉饰太平。其实这件事还真是冤枉了朱棣，朱棣是反对以麒麟为祥瑞而进行歌颂的，史载：

麻林，去中国绝远。永乐十三年，遣使贡麒麟。将至，

① （明）费信撰，冯承钧校注：《星槎胜览校注》，中华书局1954年版，第21页。

② （明）费信撰，冯承钧校注：《星槎胜览校注》，中华书局1954年版，第24页。

③ （清）张廷玉等撰：《明史》，中华书局1974年版，第95页。

④ （明）马欢撰，万明校注：《瀛涯胜览》，商务印书馆、中国旅游出版社2016年版，第71页。

礼部尚书吕震请表贺，帝曰："往儒臣进《五经四书大全》，请上表，朕许之，以此书有益于治也。麟之有无，何所损益，其已之。"①

贡麒麟非止一国，"（忽鲁谟斯）国王将狮子、麒麟、马匹、珠子、宝石等物并金叶表文，差头目跟同回洋宝船，进贡中国"②，榜葛剌国王赛弗丁也进贡了麒麟，群臣前往祝贺，要举行仪式称其为祥瑞，但朱棣每次都非常明智地给予拒绝。

对非洲的出访，明朝与多个国家建立了正式的官方联系，同时对特产情况进行了考察，之后的三次出洋，中国船队都到达非洲，进行了大规模的贸易。经周运中先生在对郑和航海途经的地名进行深入辨析后，认为郑和船队达到了非洲的南部。"马达加斯加岛与苏门答剌岛类似，都是狭长平直的形状，所以看起来像大陆海岸。《郑和航海图》上的这一段大陆远离麻林地所终结的东非海岸，与苏门答剌岛相对的海岸中间相隔很远，正是原图对莫桑比克海峡的描绘。"③

苏门答剌平叛

完成东非航行后，船队返航，归途经过苏门答剌。前文我们谈到，早年苏门答剌与花面王国发生战争，国王宰奴里阿必丁被花面王用箭射死。这个花面王国就是那孤儿国，"那孤儿，在苏门答剌之西，壤相接。地狭，止千余家。男子皆以墨刺面为花兽之状，故又名花面国。永乐中，郑和使其国。其酋长常入贡方物"④。彼时王子年幼，王后在全国发布号令，宣布如果有人能报杀夫之仇，自己就

---

① （清）张廷玉等撰：《明史》，中华书局1974年版，第8451页。

② （明）马欢撰，万明校注：《瀛涯胜览》，商务印书馆、中国旅游出版社2016年版，第81页。

③ 周运中：《郑和下西洋新考》，中国社会科学出版社2013年版，第303页。

④ （清）张廷玉等撰：《明史》，中华书局1974年版，第8427页。

嫁给他，并与之共享国土。这时一个渔夫挺身而出，率领众人前往报仇，最终杀其王凯旋。想来这渔夫绝非一个普通打鱼人，他定然是渔人之首领，具有很高的声望，振臂一呼，应者云集，所以才能在战争中取得胜利，王后也遵守诺言与之成婚，共理国事。渔夫被称为老王，后来原国王的王子长大成人，背地与亡父旧部相谋，杀死老王（渔夫）而袭其位。老王的儿子苏干剌心怀不满，逃入山中，年年带领部众来侵扰。“永乐十三年（1415 年），和复至其国（苏门答剌），苏干剌以颁赐不及己，怒，统数万人邀击。和勒部卒及国人御之，大破贼众，追至南渤利国，俘以归。其王遣使入谢。”① 说的是 1415 年，郑和第四次下西洋回国途中，再次到达苏门答剌，分派赏赐时，当然是给现国王，而不会给苏干剌，于是引起他的不满，苏干剌引数万人来攻明军。郑和率领明军与苏门答剌联军出战，大破敌军，一直追到南渤利国，将苏干剌俘虏而归，从此也彻底肃清了这一反对派力量，国王专门派使臣前往大明感谢。

① （清）张廷玉等撰：《明史》，中华书局 1974 年版，第 8424 页。

第十七章　为迁都北京造势

五下西洋（1417～1419 年）

前四次成功出访的结果，在政治上促成万国进贡，在军事上平息叛乱，在经济上进出两旺，在文化上交流深广。面对摆在眼前的成果，朝臣对待下西洋的态度由之前的观望、疑虑，转为认可、接受。此时，朱棣谋划已久的迁都之事，经过多次争议，最终尘埃落定，也标志着朱棣完全控制了朝野。郑和第五次下西洋除了以往的任务外，更多了一份配合迁都北京的内容，这次回程，带回了庞大的外国使团，并用更丰富的贡物，来充盈新都。另外，第五次下西洋以及之后的出访，再无战事，下西洋运动之盛已达顶点。

郑和第五次出使，依旧在福建长乐等候冬季季风。这次出使随行人员有两万七千四百余人，动用巨舶百余艘。这次马欢、费信未去，其随从人员，有僧人胜慧，将领朱真、唐敬，等等。这次航行，先要护送亚非诸国使臣回国，由近及远，依次是占城、爪哇、旧港、满剌加、苏门答剌、南巫里、锡兰山、柯枝、古里，再从古里至忽鲁谟斯、剌撒、阿丹，到达非洲，最后从麻林回程。在这次出洋中，有这么两件特别的活动，一是在泉州礼拜回教先贤墓，二是从非洲购回黄金。

泉州行香

在郑和研究中，有八块特别受重视的碑刻，分别为：《故马公墓志铭》《娄东天妃宫石刻通番事迹碑》《天妃灵应之记碑》《郑和行香碑》《重修清净寺碑》《南京静海寺残碑》《郑和锡兰布施锡兰山佛寺碑》《大明都知监太监洪公寿藏铭》。其中第四块碑《郑和行香碑》又称《泉州灵山回教先贤墓行香碑》，现存于泉州回教圣墓，碑文是楷书红字，内容为："钦差总兵太监郑和前往西洋忽鲁谟厮等国公干。永乐十五年五月十六日于此行香，望灵圣庇佑。镇抚蒲和日记立。"

据《闽书》记载："唐武德年间，穆罕默德遣门徒四人来华，一贤传教广州；二贤传教扬州；三贤四贤传教泉州，卒葬灵山。"① 泉州曾经是我国对外贸易的窗口，因此来此的外国人非常多，他们带来了丰富的异域文化和宗教，阿拉伯人和波斯人来中国后，不少人侨居泉州，他们大都信奉回教。在泉州传教的两位贤人，名叫"沙谒储"和"我高仕"，被中国人称为"三贤"和"四贤"。他俩后来死在泉州，就葬于东门外灵山，其墓被称为"圣墓"，两墓并列，墓盖用花岗岩石雕刻，覆以石亭。墓后倚山建马蹄形回廊环抱墓室，廊内有石碑五方。正中为元至治三年（1322 年）立，碑刻为阿拉伯文，记述两位先贤的事迹，右侧一方就是郑和来此祭告、行香所立的《泉州灵山回教先贤墓行香碑》。

碑文披露了两点重要内容：一为郑和曾到泉州圣墓行香；二为他与蒲和日的关联。这两方面内容都非常值得研究。泉州为历史上重要的外贸港口，曾为中国第一大港，大量穆斯林商人在此留居，因而有回教圣贤在此传教，最终埋葬于此。而蒲氏家族本是回族巨商，在泉州影响巨大，郑和在蒲和日的陪同下礼拜回教先贤墓，此事当然就显得意味深长了。

唐中期以后，中国对外陆路交通不便，中外商人越来

① 转引自沈福伟：《中西文化交流史》，上海人民出版社 2017 年版，第 160 页。

越多利用海上交通进行贸易。这个对外交通路线的改变，促成了既有的中印交流路线向包括波斯（今伊朗）、大食（今阿拉伯世界）的更广泛的交流路线的转变。在这个转变过程中，泉州与交州、广州、扬州一道，作为中国南方四大港口，扮演着贸易的积极推动角色。在唐后期至北宋初期之间，泉州的民间商人已经积累了十分发达的航海知识及与海外诸国进行商品贸易的经验。[①]

在唐朝，泉州没有市舶司，所有的外贸业务必须经过广州的市舶司审批，随着泉州对外贸易的迅速发展，到宋代其外贸货物的数量已超过了广州，而广州官吏出于地方商业保护主义，对泉州海商进行打压。为了独立处理海上贸易，泉州知州上奏朝廷，请求在泉州设置市舶司。宋哲宗于元祐二年（1087 年）正式下令在泉州设立市舶司。从此，泉州的海上贸易获得了官方的许可。除政府机关外，深刻影响到郑和船队在泉州业务的还有两种民间组织。

除了乡村农业、手工业组织和城市的工商行会组织之外，还大量存在两类非政府的势力。其一，即集中于港口地带、并时常活动在海上的船运行业组织（舶商组织），这些组织后来在民间被称为“船帮”（尤其在明清时期海上贸易非法化之后，更是如此），它们起着航线调度、货运组织、船民之间关系的协调等作用。其二，即在泉州城内的一些区域里形成一定聚居形态的海外商人组织。[②]

---

① 王铭铭：《刺桐城：滨海中国的地方与世界》，生活·读书·新知三联书店 2018 年版，第 108 页。

② 王铭铭：《刺桐城：滨海中国的地方与世界》，生活·读书·新知三联书店 2018 年版，第 122 页。

蒲氏家族就是脚跨这两大集团的最有权势的政治、经济堡垒。其先祖，约在唐末自西域经南洋迁居广州。蒲氏家族长于海舶贸易，亦受历代统治者重用。五代时，蒲氏家族中的蒲有良奉使占城，为西洋转运使。入宋以后，蒲氏家族逐渐汉化，也继承了先祖的海上经营。南宋绍定年间（1228～1233 年），蒲氏家族中的蒲宗闵考中进士，先后为官于岭南通判、督察院，后来连续奉命出使海外。端平三年（1236 年），蒲宗闵奉使安南，两年后又奉使占城，后再奉使浡泥（文莱），卒于该地。他们利用在中国东南沿海和东南亚的地位，与阿拉伯世界保持着密切的商贸联系。南宋绍熙年间（1190～1194 年），蒲氏的一支——蒲开宗家族从广州移居泉州。不久以后，蒲开宗在泉州下属的安溪县任职，并兼事海外贸易，在海外贸易中积累了大量财富，拥有众多船舶，甚至私养军队，逐渐在泉州发迹。宋咸淳十年（1274 年），有海贼寇泉州，蒲开宗之子蒲寿庚兄弟率军击败之。不久，蒲寿庚被任命为泉州市舶提举，成为掌握泉州财权并拥有私人军队的地方权贵。南宋末，元军攻克临安，南宋朝廷残余势力逃到泉州。蒲寿庚动用私人军队杀了南宋宗室、朝廷大员及军队，投降元朝，率军队加入元军，使元军顺利扑灭了南宋残余势力，从而受到了元朝的高度信任。“景炎元年（1276 年），蒲寿庚与元朝势力结盟，至元十五年（1278 年），得到福建行省中书左丞一职。终元代一朝，其家族掌控泉州，垄断市舶。”[①] 元初，蒲寿庚授官闽广都督兵马招讨使并参知政事，累官至泉州行省平章政事，其长子蒲师文继承父亲为正奉大夫宣慰使左副元帅兼福建道市舶提举。在元朝统治期间，蒲氏家族承办泉州市舶管理的重任，利用权力进一步积累了大量财富，拥有 80 艘海船[②]，在当地可谓权势煊赫。

---

① 王铭铭：《刺桐城：滨海中国的地方与世界》，生活·读书·新知三联书店 2018 年版，第 180 页。

② 参见王铭铭：《刺桐城：滨海中国的地方与世界》，生活·读书·新知三联书店 2018 年版，第 126 页。

蒲和日是蒲寿庚的侄子，继承家族产业。在永乐十五年（1417年）郑和第五次下西洋时随之出使，因功被加封为泉州卫镇抚，为此立碑记，这就是我们今天看到的《泉州灵山回教先贤墓行香碑》。当时郑和作为下西洋大使，从泉州出发，当地官员理当为他提供支持。从私人感情上来说，郑和祖上与蒲和日的先祖都曾在元朝为官，后投诚明朝，关键他们两家都是穆斯林家族，有天然亲近感，所以郑和在泉州得到了蒲氏家族给予的极大方便。

在明朝时，与阿拉伯国家间的往来是对外关系的重头戏，而与穆斯林保持良好的互动，是对外交往的关键，宗教成为国家间关系的润滑剂。泉州与阿拉伯世界有着深厚的历史渊源，这使泉州成为中国与阿拉伯世界联系的纽带。郑和这次出使，一方面企盼着进一步发展中国与阿拉伯世界的传统友谊，另一方面，随行的阿拉伯国家使节也很想到泉州拜谒他们的回教先贤，于是利用这次在长乐候风的机会，郑和偕同阿丹、沙里湾泥、剌撒、溜山、忽鲁谟斯等各国使节，来灵山三贤、四贤圣墓前行香。“行香”是一种古老的祭拜仪式，仪式举行时将所供之香点燃，用香烟熏手后跪拜，或祭拜时以香沫散行。郑和一行在三贤、四贤圣墓前行香，一方面希望回教先贤“灵圣庇佑”；另一方面也是借此来表达与西洋各伊斯兰国家的亲近之情。

非洲购金

与以往一样，郑和在冬季从泉州起航，途经东南亚及印度次大陆，再次来到了非洲。非洲并非我们今天所认为的那么贫瘠，那里同样有丰富的商品和发达的商贸文明。比郑和稍早一点的大旅行家，摩洛哥人伊本·白图泰（1304～1377），在元顺帝至元六年（1346年）曾到达中国泉州，游览了泉州、广州、鄱阳、杭州等地，他的足迹遍布亚、非、欧三大洲，《伊本·白图泰游记》描述的非洲的贸易情况，可以帮助我们想象一下中国人与非洲人的交易场景。

> 后来，我们海行十五夜，到达摩加迪沙，这是一座极大的城池。当地有许多骆驼，每日屠宰数百峰。他们有许多绵羊。他们是一些强悍的商人，当地出产的布匹，以摩加迪沙布出名，是无上珍品，运销埃及等地，当地人习惯上是每有船只到港，一些青年便驾小舟，迎了上去，他们每人手捧饭盒，内装食物，送给船上一位商人，并说："这是我的住客。"每个青年都这样做，所以商人们只得随他们去寄宿。至于常来常往的商人，他有熟人便可听其自便。一旦寄宿下，房主便代客人出售和收购货物。
>
> 摩加迪沙的素丹，正如上面所说，都称他叫谢赫，他的名字是艾布·伯克尔·本·谢赫欧麦尔，他原是柏柏尔族人。他说话时用摩加迪沙语，也懂得阿拉伯语。素丹的惯例是船只到港时，素丹派人驾小舟上船，询问船只从何处来？船主是谁？船长是谁？载重若干？随来的商贾人等是谁？来船应将一切报告素丹，素丹量情予以接待。[①]

每次远航，郑和船队都会带回大量的海外货物，有外国进贡的，也有贸易购得的，大家耳熟能详的有香料、宝石、珊瑚、动植物制品等，其实还有一种非常重要的东西——黄金。中国是一个缺少贵金属矿的国家，因此常常处在通货紧缩的状态下，白银需要进口，黄金更加稀少。郑和船队带回的黄金，其数量应该不在少数，可惜后来下西洋活动戛然而止，否则，也许他们会源源不断地从海外运回黄金，从而改善中国长期货币不足的情况。

在湖北钟祥市的考古发掘中，从明朝梁庄王墓中出土的金锭，其铭文表明，这金锭为郑和从海外购回。梁庄王墓位于山坡上，坐北朝南，地处偏僻，人烟较少。2001 年 5 月，湖北省文物考古研究

---

① ［摩洛哥］伊本·白图泰：《伊本·白图泰游记》，马金鹏译，华文出版社 2015 年版，第145～146 页。

所对梁庄王墓进行了发掘。此前，该墓曾遭不法分子多次盗掘但未遂，所以非常难得，梁庄王墓发掘出大量的随葬品。墓内随葬品的种类和数量极为丰富，仅次于明定陵（明十三陵唯一被发掘的陵墓）。梁庄王，生前并无显赫的战功与政绩，死后还因无子而除封，实际上是一位默默无闻的亲王。梁庄王墓的规模、建筑用材及建筑质量是较差的，然而梁庄王墓的随葬品却非常丰富奢华，出土数千件各类随葬品，数量多，质量好，其中不少还是前所未见之精品。在墓中出土的文物多达5340件，其中有两件金锭被确认与郑和下西洋有关，其形状都是扁体弧端，束腰，正面铸有铭文，背面素面。

> 棺：8（金锭），正面铸有2行楷体铭文，直行右读："永乐十七年四月□日西洋等处买到，八成色金锭伍拾两重。"棺：14（金锭），正面铸有5行楷体铭文。棺：8是购买于"西洋等处"，棺：14是来自内库。它们并非用于市面流通，应是皇帝赏赐给梁庄王的，可能用作"定亲礼物"。[1]

第一枚金锭上写道："永乐十七年四月□日西洋等处买到。"而永乐十七年（1419年）正是郑和第五次下西洋归来之年，这黄金为郑和船队从西洋诸国买来无疑。除金锭外，在梁庄王墓中还出土了大量其他陪葬品。

> 粗略地计算，所有随葬品的用金量达16000余克（成色65%～97%）、用银量13000余克（成色83%～99.99%）、用玉量14000余克，宝石多达18种700余颗，其中镶嵌在金、银、铜器上的各种宝石便有485颗。世界五大名宝石（红宝石、蓝宝石、金绿宝石、祖母绿、钻

---

① 湖北省文物考古研究所钟祥市博物馆编著：《梁庄王墓》，文物出版社2007年版，第36～38页。

> 石），该墓便出土了四种（仅缺钻石），它们主要产自东南亚。[1]

这些来自东南亚的珠宝必然与郑和下西洋有关，一个并不受宠的藩王墓内出土了如此多的西洋物产，那么从西洋带来的宝物之多可见一斑。而“永乐十七年”金锭，因为有铭文，所以被史学界认为是“目前唯一的有关郑和下西洋的出土文物”[2]。我认为铭文金锭的意义远不止于此，因为郑和所带回的西洋货物，其数量庞大是不争的事实，只可惜事后所有航海资料为兵部刘大夏所焚毁，因而难以确定具体数量。而对于这枚金锭，我们尚可深入探讨，铭文为“永乐十七年”，为何是这一年？这一年已经是1419年，从郑和首下西洋的1405年到这时，算来已有十多年了，为什么之前没有购买金锭的记录？第五次下西洋发生了什么事？为何在这次带回的货物中出现了黄金？我们前面论述，在第四次下西洋时郑和船队首次到达非洲，那是初到，贸易情况可能尚不熟悉，而第五次下西洋，是再次到达非洲，这时已经建立起了贸易网络，而非洲当地人也知道了这支庞大的中国船队的存在。于是当船队再次到达时，非洲人有了准备，拿出了更丰富的商品，这其中便有了黄金！《白银资本》一书深入讨论了中世纪世界贸易的特点，其中对黄金的论述甚为详细。

> 与1500年以前几个世纪一样，大宗的黄金出自非洲，主要出自西非……其余的黄金供给来自努比亚。努比亚的黄金经埃及出口到君士坦丁堡（伊斯坦布尔），或者经埃塞俄比亚出口到埃及、红海和印度。津巴布韦在千年间一直

---

① 湖北省文物考古研究所钟祥市博物馆编著：《梁庄王墓》，文物出版社2007年版，第218页。

② 湖北省文物考古研究所钟祥市博物馆编著：《梁庄王墓》，文物出版社2007年版，第219页。

是世界黄金的一个重要来源，其产量在15世纪达到1吨的顶峰。[1]

我想郑和从非洲带回来的黄金的数量应该是比较多的，正是由于存量较大，所以我们在六百年后还有机会见到它，但由于黄金是世人争抢的对象，又非常易于融铸，所以我们今天又很难对郑和带回的黄金的数量进行评估。

迁都北京

洪武元年（1368年），徐达攻克元大都，大都改称北平。徐达将城中部分居民迁往开封，平毁了元朝宫殿，在其旧址堆土筑成景山，为了便于防守，又将北面城垣南移。由于运河淤塞，南方的物资主要改由海运和陆运转运。这样，原本繁华的元朝京师大都城变成了一座相对冷清的北方边城。

洪武三年（1370年），朱棣受封燕王。洪武十三年（1380年），燕王之国，在北平设立王府。徐达死后，华北边防部队多由燕王节制，北平也就成为明朝北部边防的中心。朱棣称帝后，一直希望将都城迁到北平，这样有利于抵抗北元势力，中央政府可以有效地管理和调动军队抵御侵略。成祖本人就曾以北平为基地五次北伐元朝的残余势力，北平在军事指挥上的优点是处于后方的南京无法比拟的。同时，天子戍边的气势以及皇宫和帝陵俱在北京的事实，可以坚定朝廷上下抵抗北元的决心。例如，土木堡之变后，明朝坚决地组织了北平保卫战，而不是像西晋、北宋一样放弃北方。另外，由于成祖即位后，在南京杀戮过甚，结怨太深，这常使他深陷不安中，从稳固皇位考虑，迁都北平对朱棣更为有利。

永乐元年（1403年），礼部尚书李至刚等奏称，北平是皇帝朱棣

---

① ［德］贡德·弗兰克：《白银资本：重视经济全球化中的东方》，刘北成译，中央编译出版社2000年版，第140页。

的“龙兴之地”，应当效仿太祖对安徽凤阳的做法，立为陪都。明成祖于是大力擢升北平府的地位，改北平府为顺天府，称为“行在”。同时开始迁发人民以充实北平，强行将各地流民、江南富户和山西商人迁入北平。郑和第一次下西洋的第二年——永乐四年（1406年），朱棣下诏兴建皇宫和城垣。永乐七年（1409年）朱棣以北平为基地进行北征，同年他开始在北平修建自己的陵墓，向天下表明迁都的决心。永乐八年（1410年），亲征回师后，明成祖下令开会通河，打通南北漕运，永乐十三年（1415年）完工。从此北平所需物资可以通过运河从南方经济发达地区运来，这一年郑和第五次下西洋。永乐十四年（1416年）成祖召集群臣，正式商议迁都北平的事宜，对于提出反对意见的臣工，明成祖一一予以革职或严惩，从此无人再敢反对迁都。次年，以南京紫禁城为模板的北平紫禁城正式动工，永乐十八年（1420年），北平皇宫和北平城建成。新修的北平城周长四十五里，呈规整的方形，明成祖下诏正式迁都，改金陵应天府为南京，改北平顺天府为京师，但在南京仍设六部等中央机构，称南京某部，以南京为留都。

在本书第四章介绍过，郑和本职是内官监的掌印太监，其职责就包括营造宫室、陵墓以及御前所用铜锡木铁之器等事情，因此他虽长年在海外出使，但营建北京宫殿这么大的事情，他不可能置身事外。而且1421年明成祖迁都北京之后，内官监也随之搬到北京，就设在恭俭胡同，今北起地安门西大街、南至景山前街、北海东墙以外的狭长地段，明代都是内官监的地盘。此处至今还留有“油漆作”“大石作”等胡同，昔日皆为内官监下属的作坊。清代此处被称为“内官监胡同”，光绪末年讹为“内宫监胡同”，民国编制胡同门牌时，去“内”字，谐音雅化为“恭俭胡同”。

自北平成为京城后，郑和所属内官监搬来北京，而他本人当然在北京也要设立自己的私人府邸，明成祖就在离皇宫不远的地方赐给郑和一所府邸，作为他在北京期间居住的私宅，位于现在北京的三不老胡同。北京的胡同最早出现于元代，它的出现与元大都的建筑格局有密切的关系，元大都是由大臣刘秉忠按照《周礼》的原则规划和建造的，当时对街道的宽度、宅第的大小都有规定，院落与院落之间留下了横平竖直的通道，形成了北京最早的胡同。

元大都街道以南北走向为主干，所以胡同大多呈东西走向，三不老胡同也是如此，它长 200 多米，其东口与德胜门内大街相交，西去为航空胡同，北去为罗儿胡同，南去为棉花胡同。据明代嘉靖三十九年（1560 年）成书的《京师五城坊巷胡同集》所载，在今“三不老胡同”的位置标注的是“三宝老爹胡同”，这个位置在明万历二十年（1592 年）成书的《宛署杂记》中则记为“三宝胡同”，可见明代郑和北京故居所在地曾经被叫作“三宝老爹胡同”和“三宝胡同”。到了清代，在乾隆十五年（1750 年）绘制的《京城全图》上，则注明该胡同为“三伯老胡同”。在民国时期，编绘于 1937 年的《实测北平内外城地形图》，则标注该胡同为“三不老胡同”，或许是年代久远了，以讹传讹的原因吧。

在郑和下西洋期间，北京皇宫工地现场另有人督办，郑和则利用他出国的便利条件，积极为宫殿的修建及装饰采办物资与宝物。比如，他在东南亚原始森林中发现一些色红常紫、坚硬异常、分量奇重的木材，这就是紫檀木及大红酸枝等名贵木材，便将其运回国内。由于此木坚固耐用，水泡火烧都不会损毁，成为明代北京宫廷家具的主要材料，这也是中国使用红木家具之始。再如，明朝太监刘若愚所著《明宫史》一书记录北京宫殿中还有郑和专门从海外定制带回的石桥，“正殿殿后为飞虹桥，桥以白石为之，錾狮、龙、龟、鳖、鱼、虾、海兽，水波汹涌，活跃如生，云是三宝太监郑和自西域得之，非中国石工所能制者”①。如今这座桥虽已灭失，但在南池子大街留下了“飞龙（虹）桥胡同”这个地名。

---

① （明）刘若愚撰：《明宫史》，北京古籍出版社 1980 年版，第 7 页。

郑和第五次下西洋归来，明朝政府专门举行了一场大型的嘉奖大会，将其所带回的西洋珍宝与方物陈列在宫廷内，使新都北京为之增辉，蔚为壮观。西洋各国贡献的珍禽异兽更是夺人眼球，这些琳琅满目的宝物，反映了永乐朝在政治经济实力强大的基础上，大力发展与海外诸国关系所取得的成就。

虽然历史已经远去，但郑和的功业已深深融入到北京的文化遗迹中。

苏禄觐见

郑和第五次下西洋回国时，他带回来多国使者觐见，同时也有其他国家自行来朝。

> （永乐十五年）西洋苏禄东西峒王来朝。琉球中山、别失八里、琉球山南、真腊、渤泥、占城、暹罗、哈烈、撒马儿罕入贡。[①]
>
> （永乐十六年）暹罗、占城、爪哇、苏门答剌、泥八腊、满剌加、南渤利、哈烈、沙哈鲁、千里达、撒马儿罕入贡。琉球中山入贡者再。[②]
>
> （永乐十七年）哈密、土鲁番、失剌思、亦思弗罕、真腊、占城、哈烈、阿鲁、南渤利、苏门答剌、八答黑商、满剌加入贡。琉球中山入贡者四。[③]

正式迁都之前，北京作为“行在”，朱棣也经常住在这里，郑和为配合朱棣的这一大政，第五次下西洋带回来大量的外国使团，前往觐见作为声援。在这些使团中，有一国比较特殊，即苏禄国，该

① （清）张廷玉等撰：《明史》，中华书局 1974 年版，第 97 页。
② （清）张廷玉等撰：《明史》，中华书局 1974 年版，第 98 页。
③ （清）张廷玉等撰：《明史》，中华书局 1974 年版，第 99 页。

国“山涂田瘠，种植稀薄，民下捕鱼虾生啖”。这个国家有个非常特别的产品，就是珍珠，苏禄不但盛产珍珠，并且体型巨大、色泽洁白，“采真（珍）珠，色白绝品，珠有径寸者，已值七八万锭，中者二三百锭。永乐十六年，其酋长感慕圣恩，乃挈妻携子涉海来朝，进献巨珠一颗，重七两五钱，罕古莫能有也”①。它是位于菲律宾的苏禄群岛上的一个小国，分别被东王、西王、峒王等三王统治，国虽小，但三王齐到中国足见其诚挚之情，永乐十五年（1417 年），他们率领一个三百四十多人的庞大使团来到明朝，可谓盛况空前，“三王者，东王为长，西王亚之，峒王又亚之。空国来归，鳞次阙下，亦向化之笃也”②。来人之多，书中形容他们像鱼鳞一样，一排排整齐地列于王廷之上，其向化中华之情笃定。他们还带来了许多贡品，“其贡物：梅花脑、竹布、绵布、玳瑁、降香、苏木、胡椒、荜茇、黄腊、番锡”③。这正是朱棣所希望看到的效果，特别是在迁都受到群臣非议之际，外交使团排起如此宏大的阵容，前来祝贺，是对他迁都之决定最好的支持，正可以以此来堵反对派的嘴。朱棣对他们当然也是恩宠有加，全部封为国王，赐给印诰、袭衣、冠带及鞍马、仪仗器物。他们在北京住了近一个月后，向皇帝告辞，带着朱棣大量的赏赐，沿大运河乘船南下。可惜东王走到山东德州时，生病去世。之前我们介绍过浡泥国王落葬南京的事，无独有偶，这次苏禄国王也殁于中国，安葬在山东德州。东王去世时，朱棣给予了优厚的葬礼待遇，专门派官员赐祭，命官方出面安葬，陵墓就坐落在山东省德州市城北，其坟墓南侧有御碑、石人、石马、石羊、翁仲等，规格很高，等同于亲王。明朝为东王举行了隆重的葬礼，谥号为“恭定”，明成祖亲自撰写悼文，赞誉东王“聪明特达，赋性温厚”。

东王亲属守孝三年后，并未都返回苏禄，有的已适应中国风俗，

---

① （明）费信撰，冯承钧校注：《星槎胜览校注》，中华书局 1954 年版，第 63 页。

② （明）张燮撰，谢方校注：《东西洋考》，中华书局 2000 年版，第 96 页。

③ （明）黄省曾撰，谢方校注：《西洋朝贡典录校注》，中华书局 2000 年版，第 47 页。

与当地回族通婚，在德州北营村繁衍生息。中国朝代更迭，对苏禄王祭祀却始终未中断，清朝取代明朝后，对苏禄东王的后裔仍然给予了特殊照顾。清雍正九年（1731 年），当时的苏禄国王苏老丹来中国访问，途经德州时瞻拜东王墓，东王第八代孙温崇凯、安汝奇向其提出加入中国籍的请求，苏老丹到京后立即上奏清廷，很快得到清廷的批准，并分别取两位王子名字的第一个字，以温、安为姓，入籍德州，目前已传到第二十代。如今东王后裔在中国开枝散叶，已经人口众多，成了一个大家族。

苏禄东王客葬中国，为明朝的外交史写下了浓墨重彩的一笔。

第十八章　下西洋失去了支持者

六下西洋（1421～1422年）

第六次下西洋，从1421年春天到1422年九月。永乐十九年（1421年）正月三十，明成祖命令郑和送十六国使臣回国，到达国家及地区有占城、暹罗、忽鲁谟斯、阿丹、祖法儿、剌撒、不剌哇、木骨都束、竹步、麻林、古里、柯枝、加异勒、锡兰山、溜山、南巫里、苏门答剌、阿鲁、满剌加、甘巴里、幔八萨。永乐二十年八月十八日（1422年9月3日），船队回国，随船来访的有暹罗、苏门答剌和阿丹等国使节。

与以前的出洋都不相同，这次没有完成既定任务，匆匆结束。第五次下西洋最远达到非洲，在帝国势力范围内政治秩序井然，航线安全顺畅，商业交易红火。船队从国外带回来大量的货物，同时前往北京觐见的各国使臣摩肩接踵，船队上下都志得意满，以为航海事业将长期延续下去，大家各有功业。但到了第六次下西洋之时，形势急转直下，船队接到紧急命令，折道而回，航行半途而废。

第六次下西洋半道折返事出有因，大明王朝刚迁都到北京不久，奉天、华盖、谨身三大殿发生火灾，给反对派提供了最好的口实，朝廷群臣复起对大航海运动口诛笔伐。不久明成祖朱棣驾崩，大航海的后台轰然倒塌，下西洋事业便戛然而止。这是一个多事之秋，紧接着就是扑向大航海队伍的暴风骤雨。

中道返回

第六次下西洋不算成功，是中间被召回的，此事为一方墓碑的发掘所证实。据《太仓州志》记载，周闻夫妇墓原在太仓大北门外，原墓早在几十年前已被发掘，墓志在民间流散辗转多年，后来周闻墓碑被太仓博物馆吴聿明先生在太仓公园树萱斋西壁墙内发现。"1983年10月至11月间，江苏省太仓县发现周闻及其妻张氏墓志各一方。这两方墓志是与郑和下西洋有关的文物。周闻墓志边长51、厚11厘米。篆盖已失。题为《明武略将军太仓卫副千户尚侯声远墓志铭》。铭文用楷体书于方框内，每字1.5厘米见方，全文28行，满行27字，共669字。"①

墓碑中记载，这名叫周闻的军官生于明洪武乙丑年（1385年），卒于成化庚寅年（1470年），享年八十六岁。他于永乐七年（1409年）跟随郑和出使西洋诸番国，从第三次下西洋开始，共六次出航。郑和在第六次与第七次下西洋之间，于1424年当年跑了一个往返，是最短的一次出访，加上这次，郑和其实一共是八下西洋，周闻也参加了这一次航行。所以周闻从第三次下西洋算起，到宣德年间的最后一次，他一共参与了六次下西洋活动。碑中记录的时间分别为："永乐己丑（1409年）命内臣下西洋忽鲁谟斯等国，选侯偕行。癸巳（1413年）再往，皆以。再越明年而还，以劳升本卫右所副千户□，袭阶武略将军。丁酉（1417年）复命以行，己亥（1419年）返，辛丑（1421年）继往，而中道取回。甲辰（1424年）又往，仁庙诏停止之。宣德辛亥（1431年）续往，更二寒暑而回。"② 其记载的时间与《明史》《星槎胜览》以及福建长乐《天妃灵应之记碑》所载有出入，但因郑和下西洋各种资料所记录的时间，标准不同，可能分别是朝廷下诏时间、南京出发时间、太仓出发时间、泉州出发时间，

① 周聿明：《周闻夫妇墓志铭》，《文物》，1985年第6期。

② 周聿明：《周闻夫妇墓志铭》，《文物》，1985年第6期。

所以有出入。这尚可深入研究，但《明武略将军太仓卫副千户尚侯声远墓志铭》的发现无疑丰富了研究郑和下西洋的第一手资料。周闻本姓尚，后改姓为周，名闻，字声远，为淮西合肥人。他的父亲叫尚昂，元朝末年群雄蜂起，尚昂的姑父周荣也是反元义军之一，尚昂跟随周荣起兵。明朝建立后，周荣得到了官职，其子周义继承父亲的官职，后来周义死于任上而无嗣，于是由尚闻代替他继任为官，尚闻也就改名为“周闻”。周闻后来辗转调到太仓做官，他“老成纯雅识见超卓，上下咸爱羡焉”，因为郑和下西洋从太仓出发，因此在当地大量调集兵将随征，周闻在第三次下西洋时被征调，之后一直随郑和部队出征，直到下西洋运动停止，历时二十多年。周闻为才能出众之人，多次立有功勋：“癸巳（1413 年）再往，皆以，再越明年而还，以劳升本卫右所副千户□袭阶武略将军。”周闻在 1415 年被提拔为副千户、武略将军。周闻墓志铭最后记载：“西洋诸国去中国，数千万里鲸波，弥漫天日，遐荒绝域，窘蔑人迹，冒险履危，生还者少，侯凡六往，四抵厥境。”说明共去六次，只有四次抵达目的地，两次半途而归，这不成功的两次，即“辛丑（1421 年）继往，而中道取回。甲辰（1424 年）又往，仁庙诏停止之”。其一为 1421 年的第六次下西洋，而另一次未达地点而回是在 1424 年，这一次就是我们下文将要讨论的，郑和前往旧港处理施进卿的继承权的事。其中“辛丑（1421 年）继往，而中道取回”的记载，表明这第六次下西洋没有完成既定任务，中道而回。这与朱棣迁都北京后，紧接着就发生了三大殿火灾之事有关。

早在明太祖朱元璋立国之初，就有迁都之议，选择之地有西安、汴梁、北平等等。但朱元璋很可能举棋不定，因为他本人从安徽起兵，长江中下游地区为他的基础。迁都之事一直拖到洪武十一年（1378 年）也没有办成，最终还是以应天（南京）为国都。国都虽定，但迁都的念头未息。洪武二十四年（1391 年），朱元璋命太子朱标出巡西北，仍然是为了迁都之事。太子回朝献陕西地图，上报迁都方案，谁知天有不测风云，次年四月，太子病故，迁都计划再次落空。到了晚年，朱元璋已无力再考虑迁都之事。

> 太祖集诸地师数万人，卜筑大内，填燕尾湖为之。虽决于刘基，实上内断。基不敢尽言也。二十五年后知其误，乃为文祭光禄寺灶神云："朕经营天下数十年，事事按古有绪，惟宫城前昂中洼，形势不称。本欲迁都，今朕年老，精力已倦。又天下新定，不欲劳民。且废兴有数，只得听天。惟愿鉴朕此心，福其子孙。"云云。[①]

上文记载于《涌幢小品》，该书为明代朱国祯所撰。朱国祯为明末政治家，万历十七年（1589年）进士，官祭酒，后谢病归。天启三年（1623年），官拜礼部尚书、文渊阁大学士。朱国祯对明代历史十分熟悉，他以内阁首辅的身份，可以看到许多皇家档案史料。因而其著《涌幢小品》内容丰富，涉及政治、经济、军事、外交、文化诸领域，有些内容足可作史料的补充。

迁都之事在朱元璋手里便这样暂时搁置了，直到十年后朱棣夺位登极，重提迁都之事，但此时迁都，难度更大。朱棣夺位登极，已被封建道德视作"篡弑"，再改制迁都，舆论压力可想而知。反对迁都的，有些人是抱定"祖制"不改的原则；有些是眷恋江南故土；还有些是政治上的反对派。但朱棣出于种种考虑下决心迁都北京，当他在北京做燕王时，就认定北平为福地。

> 文皇初封于燕，以元故宫为府，即今之西苑也。靖难后，就其地亦建奉天诸殿。十五年，改建大内于东，去旧宫可一里，悉如南京之制，而弘敞过之，即今之三殿，正

① （明）朱国祯撰：《涌幢小品》，上海古籍出版社2017年版，第64页。

> 朝大内也。此得地脉尽处，前挹九河，后拱万山，正中表宅，水随龙下，自辛而庚，环注皇城，绕巽而出，又五十里合于潞河。余过西华门，马足恰恰有声，俯视，见石骨黑，南北可数十丈，此真龙过脉处。出西直门高梁桥一带望之，隐隐隆隆可七十里，天造地设。至我明始开天寿山，又足以配帝王万万世之传，宁有极哉！①

这里说北京的宫殿位于“真龙过脉处”，虽然是朱棣利用风水之说的一种宣传，但也说明北平对他登上皇位的重要性。

> 永乐五年（1407 年），皇后崩，未卜陵地。六年（1408 年），如北京，皇太子在应天监国。次年，相黄土山最吉，定名天寿。十一年，上已南还，命汉王奉皇后梓宫渡江安葬，号曰长陵。②

朱棣下决心迁都北京，将皇后陵墓定在北京也即向天下昭告此决心。

早在永乐元年（1403 年）正月，礼部尚书李至刚等人奏称：“北平布政司实皇上承运龙兴之地，宜遑太祖高皇帝中都之制，立京师。”话虽出自李至刚之口，其实是朱棣的意思。“永乐五年（1407 年）开始在北京兴建宫殿，首先把燕王府改建为行宫，以备到北京巡视受朝。永乐八年（1410 年）七月和十二年（1414 年）八月，明成祖两次到北京，都在奉天殿接受群臣的朝贺。”③ 从这时起，朱棣为迁都做了多年的准备工作，陆续在北京建设了郊坛、宗庙、宫室。永乐十八年（1420 年）九月正式下诏，宣布自永乐十九年（1421

---

① （明）朱国祯撰：《涌幢小品》，上海古籍出版社 2017 年版，第 64 页。

② （明）朱国祯撰：《涌幢小品》，上海古籍出版社 2017 年版，第 102 页。

③ 杨宽：《中国古代都城制度史研究》，上海人民出版社 2016 年版，第 566 页。

年）起，将国都由南京迁至北京。永乐十九年（1421 年）正月大宴群臣，从此去掉了北京原来的“行在”之称，正式定为国都。哪想就在这年四月初八，新建的奉天、华盖、谨身三大殿，因雷击起火，顷刻之间化为灰烬。

> 永乐十八年（1420 年），三殿工毕，上召漏刻博士胡奫卜之。布算讫，跪曰：“明年某月某日午时当毁。”上大怒，囚之，至期，狱卒报以午过无火，胡服毒死。则午正三刻也，殿果焚，上甚惜之。今查三殿之火，在永乐十九年（1421 年）四月初八庚子日。①

卜算出三大殿要失火，这当然不可信，这种说法广为传播，当然是反对迁都者所为，他们想以此来证明，朱棣迁都不当，甚至攻击他得位不正，所以遭到天谴。这些流言使朱棣受到了极大的政治压力，不得不在某些政策决断上做出妥协。

奉天殿耸立在三层汉白玉须弥座台基上，用材为名贵的金丝楠木，其殿顶用黄色琉璃瓦铺设而成，并且采用了等级最高的庑殿顶形式。间数是横九纵五，对应了“九五为尊”的说法，非常鲜明地强调了封建皇帝九五至尊的身份地位。奉天殿在整个紫禁城的地位最重要，它就是封建皇权的集中象征，作为皇宫的正殿，奉天殿是处理政务和举行重大朝仪的地方，凡皇帝登基、册封皇后、大朝会、军队出征等重大典礼都要在此举行。但迁都不过四个月，便发生如此灾祸，是大不吉利之事。按照传统习惯，皇帝就要“修省求言”，于是朱棣为此下诏，命群臣“直陈阙失”。于是对迁都本就有反对意见的官吏乘机大讲迁都不适之处，进而攻击执政，从而引起一场政治风波，对其诸多政治举措大加鞭挞，其中就包括下西洋之事。

① （明）朱国祯撰：《涌幢小品》，上海古籍出版社 2017 年版，第 65 页。

朱棣明知大殿失火不是郑和下西洋引起的“天谴”，但面对群臣的攻讦，无奈之下不得不勉强从之，令下西洋暂行停止，尚在下西洋途中的郑和无奈回航，第六次下西洋不得不提前结束。

朱棣驾崩

永乐十九年（1421 年）三大殿失火，给朱棣带来了极大的压力。紧接着北方蒙古人再次发动战争，“永乐二十年（1422 年）三月乙亥，阿鲁台犯兴和，都指挥王唤战死。丁丑，亲征阿鲁台，皇太子监国。戊寅，发京师。辛巳，次鸡鸣山，阿鲁台遁”[①]。

这次战争实际在永乐十九年（1421 年）就开始准备了，当年六、七月间，朱棣就不断征调辽东、山东、河南、山西各卫的兵马。命令襄城伯李隆督运粮秣二十万石到口外，部署将领率兵就位，准备亲巡北部边界。但阿鲁台听到消息就逃跑了，退到遥远的北方去了，成祖只好中止了这次讨伐。阿鲁台虽暂时北迁，但 1422 年三月再次骚扰，因而朱棣再次大举亲征，四月初命武安侯郑亨带领兵卒一万人修筑龙门道路。四月底，驻跸云州，举行大检阅。七月己未（四日），到达杀胡原，然阿鲁台又带着家属逃遁了，明军于是再次回师。

永乐二十年（1422 年）讨伐阿鲁台的战役，没有遇到敌酋，“二十一年（1423 年）秋七月戊戌，复亲征阿鲁台”[②]。朱棣发动新的出征，率兵从北京出发，三十日到达宣府（今宣化），八月二十七日到沙城，九月十日进驻西阳河，但在这里得到了阿鲁台已被瓦剌打败的消息，讨伐再次无功而返。“二十二年春正月甲申，阿鲁台犯大同、开平，诏群臣议北征，敕边将整兵俟命。”[③] 然而，阿鲁台真是阴魂不散，永乐二十二年（1424 年）再次来犯，朱棣得到报告，立

① （清）张廷玉等撰：《明史》，中华书局 1974 年版，第 101 页。
② （清）张廷玉等撰：《明史》，中华书局 1974 年版，第 103 页。
③ （清）张廷玉等撰：《明史》，中华书局 1974 年版，第 104 页。

即征发山西、山东、河南、陕西、辽东五都司的兵，三月二日举行大检阅，决定各将领的部署，四月四日从北京出发，二十五日捕获一名敌方间谍，得知阿鲁台等在答兰纳木儿河附近。可是等大军追到答兰纳木儿河时，阿鲁台又跑得无影无踪了。不得已，明军于六月二十一日决定班师，军队分成两路，朱棣亲自率领骑兵往东走，武安侯郑亨等率领步卒往西走，二十三日，成祖从翠云屯出发，到苍玉涧，第二天过清流峡，七月七日，驻扎在清水源，朱棣命人在这里勒石记功，记录他的亲征之事。之后于十六日到达苍崖戍时，突然患病，十七日移至榆木川，十八日就死了。朱棣为什么突然驾崩？《明史》只有简要记录：

> 夏四月庚午，谍报阿鲁台走答兰纳木儿河，遂趋进师。秋七月庚辰，勒石于清水源之崖。戊子，遣吕震以旋师谕太子，诏告天下。己丑，次苍崖戍，不豫。庚寅，至榆木川，大渐。遗诏传位皇太子，丧礼一如高皇帝遗制。辛卯，崩，年六十有五。①

在朝鲜的《李朝实录》里有比较详细的记录，说朱棣大军在回军时遭遇天降大冰雹，士兵死伤无数，朱棣因此劳心而死："忠勇王（金忠）自请招安鞑靼，扈驾而行，未知去向。皇帝行在所雨冰如瓦，军人或打劈，或碎头而死，马亦多折项而死，皇帝以此劳心而崩。"② 朱棣北征途中遭遇冰雹当然是可能的，说冰雹把人的胳膊和马的脖子砸断，则未免过于夸张了，但恶劣的天气加重了朱棣的忧虑，可能导致了他的死亡。朱棣从永乐二十年（1422年）开始的三次亲征，所表现出来的对亲征的执着非比寻常。屡次亲征已是兵民

① （清）张廷玉等撰：《明史》，中华书局1974年版，第104页。

② ［日］和田清：《明代蒙古史论集》，潘世宪译，内蒙古人民出版社2015年版，第82页。

疲敝、财政空虚，永乐帝不顾大臣的强烈反对，坚持亲征。户部尚书夏原吉和刑部尚书吴中因为反对亲征被关进大牢，直到永乐帝去世都没有被释放。朱棣在永乐后期就时常犯病，间歇越来越短，晚年几乎不能临朝办公，内外政务大多交给太子处理。再加上连年的北征操劳和折腾，加重了朱棣的病情。迁都本来就阻力重重，他顶住压力刚刚迁都北京，三大殿就因火灾焚毁，为了堵住反对派的嘴，自己不顾疲敝之躯连续三次北征，到永乐二十二年（1422 年），朱棣已心力交瘁，终于倒在北征的苦寒之地。

朱棣一死，下西洋大政的后台轰然倒塌。

旧港斡旋

第六次下西洋中途回国后，于永乐二十二年（1422 年），正当朱棣最后一次北征之时，郑和急急忙忙去了一趟旧港，当年就回了国。严格地说，这不算常规出使，因此历史上也没有把这一次出使计算为下西洋之数。“永乐二十二年正月癸巳，郑和复使西洋。”[①] 这次郑和去旧港，时间是 1424 年二月到八月，目的专为去旧港解决首领继承权的纠纷。旧港国主施进卿于 1421 年死后，传位于其女施二姐，而他的儿子施济孙不服，前来明朝请求册封。这到底是怎么回事呢？明朝的疆域，除了“两京十三布政司”之外，还有一块海外的飞地，就是前文我们谈到的旧港。此地现在属于印度尼西亚的苏门答腊岛，但在明朝时这里为中国的领土，在本书第十三章中，我们交待过，明朝廷在旧港设立了“宣慰司”，因为施进卿帮助郑和打败了陈祖义的军队，于是封他为旧港“宣慰使”。在旧港进贡时，朝廷专门将旧港从各小国名单里拉出来，单独排列。郑和为什么对旧港如此上心呢？如果说是因为在此设立了宣慰司的话，那么这是政府的一个机构，应该国家政府机关前往处理。而且此虽是明政府所设的宣慰司，

① （清）张廷玉等撰：《明史》，中华书局 1974 年版，第 104 页。

但它其实并非完全属于明政府所独立管辖，它还听命于爪哇政府：“时进卿适遣婿丘彦诚朝贡，命设旧港宣慰司，以进卿为使，赐诰印及冠带。自是，屡入贡，然进卿虽受朝命，犹服属爪哇。”① 所以说，郑和对施家之事的关心还在很大程度上是出于其个人感情。

我们知道，郑和是一个穆斯林，当年旧港的华人有两股势力，一是以陈祖义为首的旧港海盗集团，另一股力量是以施进卿为首的华侨集团。其中陈祖义的力量更大，但陈祖义的身份不是穆斯林，而施进卿为穆斯林。又因为郑和于永乐三年（1405 年）开始下西洋时得知，陈祖义经常劫掠前往中国进贡的番国使者，对中国前往西洋的使节也大加为难，因此以施进卿为首的一派得到了同为穆斯林的郑和的支持，郑和在旧港设置宣慰使司，施进卿被任命为宣慰使，施进卿取代陈祖义成为旧港华人首领。

1407 年郑和擒陈祖义之后，就在旧港建立了一个华人穆斯林社区，旧港华人穆斯林社区的形成使旧港成为印尼伊斯兰教传播的中心，伊斯兰教从这里迅速传遍爪哇及东南亚各地，在旧港宣慰使司建立之后，回教传入爪哇，导致了爪哇的华人迅速伊斯兰化，在旧港华人穆斯林传教活动的推动下，在不太长的时间内，爪哇的华人绝大多数都皈依了伊斯兰教。

> 据友人陈育嵩的考证：施进卿是满者伯夷王委派到旧港管理宗教和行政事务的大臣，号“旧港管事官”。他最少有二女一子。俾那智是最大的女，其次是二姐，即施二姐。济孙可能是独子。施进卿死于永乐十九年（1421 年），死后家庭分裂，施二姐变为旧港大头目。济孙为着争权，向明朝请求承认，明朝答应。所以郑和不得不过问这件事情。郑和第六次下西洋，于 1424 年一月从中国起航，同年八月

① （清）张廷玉等撰：《明史》，中华书局 1974 年版，第 8408 页。

> 就回航了。所到的地方只限于旧港，似乎专为解决这件事情。但郑和此次没有完成任务。因为马欢于1431年最后一次下西洋还见施二姐当权，济孙默默无闻了。俾那智又不在巨港。
>
> 俾那智走入爪哇，满者伯夷国王任她为革儿昔的港主。港主的地位很重要，她是国王与外商之间的联络人，负责抽收下碇税和商品入口税，有类于中国唐宋元明的市舶司。
>
> 郑和与施进卿的关系不比寻常，其中之一就是宗教关系。两方都是回教徒。否则施进卿死后，郑和就犯不着冒风浪远来过问施氏家事了。[①]

从上述中，看得出当时的情况非常复杂。这对郑和来说是一件非常为难之事，而别人更加无力解决，他只好勉为其难，专程前往旧港。到了旧港后，郑和了解到，施进卿死后，先继承职位的是其子施济孙，但实际控制权则掌握在施进卿的女儿施二姐手中。施济孙派丘彦诚到明朝廷请封，说："旧印为火所毁。"就是说印可能是掌握在施二姐手中，施济孙企图抢先得到明朝的册封，造成事实。"永乐二十二年（1424年）正月甲辰（二十七日），旧港故宣慰使施进卿之子济孙遣使丘彦成请袭父职，并言旧印为火所毁。上命济孙袭宣慰使，赐纱帽级（鈒）花金带、金织文绮袭衣、银印，令中官郑和赍往给之。"[②] 但是，施二姐根据施进卿"本人死，位不传子"[③]的遗嘱与施济孙竞争。郑和到旧港见到"是其女施二姐为王，一切赏罪黜陟皆从其制"，于是就封施二姐为宣慰使，从而确立了施二姐的统治地位，施二姐在旧港的统治一直继续到正统五年（1440年）

① 朱杰勤：《东南亚华侨史》，中华书局2008年版，第20页。

② 转引自郑鹤声、郑一钧编：《郑和下西洋资料汇编》，海洋出版社2005年版，第854页。

③ （明）马欢撰，万明校注：《瀛涯胜览》，商务印书馆、中国旅游出版社2016年版，第26页。

以后。她后来移居爪哇的港口新村，新村是华侨所创建，居民主要是广东和福建人，施二姐不仅财力雄厚，而且拥有众多部下和海船，她很快把新村建成爪哇的一个商业中心和国际贸易港口，于是她被封为番舶长，管理对外贸易事务。

郑和这次下西洋，除解决旧港继承人问题外，也许还有其他的目的和任务，但因为朱棣的突然死亡，而被紧急叫停。仁宗朱高炽一继位便召回了郑和船队。这就是周闻墓志铭中“甲辰又往，仁庙诏停止之”的记录。

仁宗停航

北京三大殿火灾以后，朝廷之中对郑和下西洋的非议越来越多。永乐二十二年（1424 年），朱棣暴亡，仁宗继位后立即下令停止下西洋的活动。仁宗朱高炽是一个心思缜密而又富有同情心的人。当他还是燕王世子时，朱元璋命他与秦王世子、晋王世子、周王世子一同去检阅士兵，其他世子都检阅完成回来了，唯独朱高炽落在最后，朱元璋问他何故？他说因为天气寒冷，所以让士兵们先吃饭再行检阅，故而最后完成检阅。当皇帝让他去分阅奏章时，他专门挑涉及军民利害关系之事禀报，从年轻时就可见他是个细心而又能体察下情的人。

朱高炽被立为世子，他的兄弟朱高煦、朱高燧并不甘心，多次密谋陷害他。朱棣起兵造反后，有一次朝廷有信件送来给朱高炽，那两人马上派人跑去朱棣处举报，说太子与朝廷有联络，将不利于朱棣。“明枪易躲，暗箭难防”，但朱高炽早就意识到危险所在，他没有启信而是直接快马将信件呈送朱棣，完美避嫌，其谨慎之心可见一斑。朱棣登基后，朱高燧还小动作不断，想谋取太子之位，事情败露后多人受罚，而朱高燧却在太子朱高炽的力保下得免处罚，可见朱高炽是一个比较宽容之人。

朱棣驾崩后，朱高炽继位。“二十二年七月，成祖崩于榆木川。

八月甲辰，遗诏至，遣皇太孙迎丧开平。丁未，出夏原吉等于狱。丁巳，即皇帝位。大赦天下，以明年为洪熙元年。罢西洋宝船、迤西市马及云南、交阯采办。”① 仁宗洪熙帝即位，大明政策风向随之突变。永乐二十二年（1424 年）八月十五日，仁宗向天下发布即位诏书，定次年为洪熙元年，同时颁布三十六项恩赦。首先就是停止采办“下西洋”用的宝船及云南、交阯地区的金银、香料，仁宗明确改变了永乐帝的政治道路。这其中多项措施都是根据夏原吉提出的方案制定的，意在调整因为永乐帝推行的北征、迁都、下西洋造成的财政亏空。

对于仁宗罢停下西洋之原因，我们可从以下几方面分析。

第一，经济原因。毫无疑问，如此规模的远洋航行是需要巨大的财政开支的，而朱高炽一上任面临的国家财政情况已是捉襟见肘。朱棣的年年北伐，已导致国库空虚，而新皇帝还面临一个稳定时局的当务之急。当年黄河泛滥，淹了开封，要对当地免税；接着山东、河南、大名受灾需要赈济；另外，他想要收揽人心，除百姓外还要照顾到皇族及官僚集团的利益，当年“九月乙酉，增诸王岁禄……冬十月庚申，增京官及军士月廪”②。这都大量增加财政支出。

第二，政治原因。至朱高炽继位时，已不必再顾虑建文帝的影响，其政治势力已烟消云散，而反叛之话题也无人再提，仁宗无需再靠下西洋、北征等壮举来堵塞天下人之口。“十一月壬申朔，诏礼部，建文诸家臣家属在教坊司、锦衣衙、浣衣局及习匠、功臣家为奴者，悉宥为民，还其田土。言事谪戍者亦如之。”③ “十二月，癸卯，宥建文诸臣外亲全家戍边者，留一人，余悉放还。”④ 他甚至不用再对建文帝的臣下进行防范，将其全部释放回家。

---

① （清）张廷玉等撰：《明史》，中华书局 1974 年版，第 108 页。
② （清）张廷玉等撰：《明史》，中华书局 1974 年版，第 109 页。
③ （清）张廷玉等撰：《明史》，中华书局 1974 年版，第 110 页。
④ （清）张廷玉等撰：《明史》，中华书局 1974 年版，第 110 页。

第三，在个人抱负上。朱高炽也没有朱棣的理想，他本是一位守成之帝。而朱棣则不然，早年他跟随朱元璋起兵打天下，新朝建立后又为国守边，久经战场，本人具有经天纬地之才，在“靖难”之后，登临大宝，一意要创出前人未有之业绩，胸怀天下。在君临本国之外，意欲管理天下，所以不惜投入巨资，派郑和率百余舰船，领数万之军巡检海外，推行帝国之政，而朱高炽既无此志向，也无此动力。

第四，资源上的矛盾。建造宝船需要大量的木料及工匠。此时三大殿因焚毁需要重修，也大量需要木材与工匠。经过十多年的船舶修造，再加上北京紫禁城的建设，全国木材已经出现匮乏，而此时三大殿被烧，突然冒出这样一项亏空，真是屋漏偏逢连阴雨，社会资源已无力承担多项大工程。禁宫大殿为国家的根本需要，不可能不恢复，那么只好暂停下西洋工程。采伐木材对人民来说是一项巨大的负担，常常导致家破人亡。“诸省运木，先于张家湾出水拽运，以次入神木厂。既完始取批回，动经岁月，间有水溢漂失，坐累死亡者。”①

第五，在社会舆论上。由于中国传统社会始终有一种给民众休养生息的褒奖观念，认为政府不能过于役使民众，而下西洋所动用的人员、工匠、兵丁，都是非常庞大的。而这种活动又非大家观念上所能接受的战争、建城、修墓等项目，所以长期受到一些大臣的诟病。当力主下西洋的朱棣死去后，反对议论立即甚嚣尘上，所以朝廷召回下西洋船队也是顺应舆情的决策。

洪熙帝即位伊始，朝廷内外官员相继上书请求还都南京。因为他们感受到了新皇帝的心思。朱棣长年让皇太孙陪着住在北京，而太子朱高炽在南京监国，长年生活在南京，他对南京的政治及生活环境更加眷恋。

---

① （明）朱国祯撰：《涌幢小品》，上海古籍出版社2017年版，第69页。

（朱棣）寻北狩，数出塞，仍太子监国，太孙从行，监北京，从出塞者一。久之，太孙亦还京。至十八年，三殿、两宫成，决意定都，始召太子、太孙并会北京，受朝。由是观之，六年定天寿山之后，十八年大会之前，仁宗未尝一日在顺天也。[①]

同时，江南的大臣们也怂恿新皇帝将都城迁回南京，在大臣的支持下，洪熙帝开始着手准备还都事宜。洪熙元年（1425 年）三月一日，以谒祭凤阳皇陵和南京孝陵的名义，洪熙帝派皇太子（后来的宣德帝）去南京，为还都南京做前期筹备。同月二十八日，洪熙帝正式下诏还都南京，北京官府机构再次附加“行在”二字，北京行部和行后军都督府重新启用，北京再次降格为陪都。可是他还没来得及还都，便暴亡于北京。

三月戊戌，将还都南京，诏北京诸司悉称行在，复北京行部及行后军都督府，是月，南京地屡震。夏五月庚辰，帝不豫，遣使召皇太子于南京。辛巳，大渐，遗诏传位皇太子。是日，帝崩于钦安殿，年四十有八。[②]

五月十二日，在位仅十个月的洪熙帝突然去世，暴亡原因不明。传言，洪熙帝身体极度肥胖，即位后又荒淫无度，不注重保养身体。仁宗虽然在位一年便死了，但他认为下西洋活动是劳民伤财之举，毫不犹豫地叫停了，帝曰：“救民之穷当如救焚拯溺，不可迟疑。”[③]郑和被召回国内，任命为南京守备，随郑和出海的官兵直接编为南京守备军。

---

① （明）朱国祯撰：《涌幢小品》，上海古籍出版社 2017 年版，第 102 页。
② （清）张廷玉等撰：《明史》，中华书局 1974 年版，第 102 页。
③ （清）张廷玉等撰：《明史》，中华书局 1974 年版，第 102 页。

第十九章　郑和还是个建筑师

仁宗朱高炽叫停了下西洋活动，船队被解散，郑和回到南京，被任命为南京守备。“及洪熙元年（1425 年），以郑和领下番官军守备南京，遂相沿不改。”① 朱高炽紧锣密鼓地谋划回都南京，都城迁到北京后，南京因为疏于修缮已显破旧，再加上近几年的地震，南京城墙及内宫都需要整修，郑和本为内官监的掌印太监，他也就恢复了本职工作。对他来说这是事业上的低谷，难免会感觉郁闷，但这一段时间也是他戎马一生中难得的安定时期，工作之余享受到了天伦之乐。

南京守备

仁宗朱高炽，在年幼时，就非常有“恤民”的意识，当年朱元璋曾经问他：“尧、汤时水旱，百姓何恃？”对曰：“恃圣人有恤民之政。”太祖大喜曰：“孙有君人之识矣。”② 当朱高炽被立为太子后，在南京监国，朱棣忙于征伐，水旱饥馑的赈恤之政都由太子来处理，因此朱高炽获得了仁义之君的好名声，他也乐于此道。因为反对朱棣年年北征，户部尚书夏原吉被关进监狱，朱棣刚死，朱高炽就将夏原吉放出，这也表明了他政治态度。朱高炽君临天下后，他秉承“恤民”思想，对好大喜功的朱棣的很多政策进行了调整，其中花费巨大的下西洋之举，当然在列。

---

① （清）张廷玉等撰：《明史》，中华书局 1974 年版，第 1826 页。

② （清）张廷玉等撰：《明史》，中华书局 1974 年版，第 107 页。

朱棣在永乐二十二年（1424年）七月驾崩，八月，朱高炽继位，立即发布了一系列政令，对官员进行任免，九月“戊子，始设南京守备，以襄城伯李隆为之”①。南京为仁宗的故都，同时他又有意还都南京，南京的重要地位可想而知，那么作为守备的李隆是个什么人呢？他的父亲李濬随朱棣靖难起兵，曾在蓟州、永平招募兵勇数千人，破南军于真定，随朱棣收复大宁。在郑村坝之战中，率精兵突破敌阵，大胜敌军。后来转战山东，为先锋，屡立战功，官至都指挥使，封襄城伯。永乐三年（1405年）去世后，李隆承袭襄城伯爵位，这时李隆只有十五岁。后来李隆数次跟随朱棣北征，屡立奇功，为成祖所器重。迁都北京后，因南京为根本之地，特别委任李隆留守。仁宗朱高炽继位后，曾短时间让他镇守山海关，但不久还是让他回去守备南京。

有意思的事是，李隆之父李濬在郑村坝立有大功，而郑和也正是在此役中一战成名，并被赐“郑”姓，因此我们可知郑和与李濬曾为并肩作战的同袍，而郑和比李隆长一辈。在李隆被任命为南京守备后不到半年，“洪熙元年（1425年）二月戊申，命太监郑和守备南京”②。有点奇怪的是，郑和本为内官监掌印，而南京守备属于司礼监的官职，“南京守备，正、副守备太监各一员。关防一颗，护衙留都，为司礼监外差”③，为何让郑和跨界任职呢？也许是因为郑和下西洋功高至伟，且是太宗朱棣的心腹爱将，这时突然停止了出洋，需要妥善安置吧，因此将其任命为南京守备。南京守备之职极其重要，任职之人可谓位高权重。

> 南京守备一人，协同守备一人。南京以守备及参赞机务为要职。守备，以公、侯、伯充之，兼领中军都督府事。

① （清）张廷玉等撰：《明史》，中华书局1974年版，第109页。
② （清）张廷玉等撰：《明史》，中华书局1974年版，第111页。
③ （清）张廷玉等撰：《明史》，中华书局1974年版，第1822页。

协同守备，以侯、伯、都督充之，领五府事。参赞机务，以南京兵部尚书领之。其治所在中府，掌南都一切留守、防卫之事。①

可见守备之职更高于南都的兵部尚书，而郑和被任命为南京守备，很可能是因为他已被封侯。这个判断是有依据的，明朝有一个太监叫张永，深受正德皇帝宠爱，他的哥哥张富被封为泰安伯，他的弟弟张容被封为安定伯，后来，“兵部尚书何鑑乞加永封，下廷臣议。永欲身自封侯，引刘永诚、郑和故事风廷臣，内阁以非制格之。永意沮，乃辞免恩泽”②。说得很清楚，张永想参照当年郑和封侯的先例，为自己请封。这不是郑和被封侯的孤证，还有其他的佐证，有两份重要的文献可以帮助我们了解郑和社会活动以及生活的状况。《非幻庵香火圣像记》和《非幻禅师塔铭》两文，其内容揭示了南京非幻庵历任主持与郑和相交的内容，同时也涉及了许多郑和家人、信仰、遗嘱等隐密之事，非常有助于我们了解郑和守备南京这段时间的生活。

因这篇记的重要，全文录如下：

非幻庵香火圣像记

梵宇庵所，创业之难，岂易得哉！须培宿德，厚因缘，感天龙外护，方可作为；亦在乎立练操志之勤，财力之备。苟缺其一，欲求其成，未之有也。创业既成，苟无后人传受其业，笃守先规，则至一世凌替者，二世凌替者，屡屡有之。既有后人，当垂家训，令其确守，第代相承，传之绵远。庶几，历世之功，益垂久远。城南之梵刹同碧峰山麓之巅，庵曰非幻，乃前僧录之阐教翁无涯永禅师昔主斯

① （清）张廷玉等撰：《明史》，中华书局 1974 年版，第 1864 页。
② （清）张廷玉等撰：《明史》，中华书局 1974 年版，第 7793 页。

山构室所寓，自是以名。且天地万物，佛与众生，亦皆幻也。由是观之，则何一物而非幻也耶？其徒孙广缘住持谥无为者曰：不然，庵名非幻，盖祖立意，知生是非，知身是幻，依如幼（幻）境，发如幻智，作如幻佛事，住如幻三昧。以幻修幻，幻亦不立，故名非幻。合于理也。子今请文为记，且论于事，奚不可哉？切思师祖出三衢之授记，道学益精，地理益明。永乐丁卯间，太宗文皇诏至称旨，究性学，穷阴阳风水，遂更衣以擢用。时有太监郑和等，忝礼亲炙，求决心要，企仰至矣。后事吃（讫），复本职，主兹山，复主灵谷寺而迁化之。是庵所由作也。有师牧庵谦公继之，至宣德改元，师主牛头，时灵（太）监公深契往谒，览兜率崖、辟支佛洞，愕然有感。乃伐不（木）鸠材，复崇栋宇，像设起人之瞻敬。尝谓师曰："吾因经西洋番邦诸国，其往返叨安，感戴皇上、佛天之诃护，出己缗，命工铸金铜像一十二躯，雕妆罗汉一十八位，并古铜炉、瓶及钟、磬、乐（药）师灯、供具等，今安于宅。尚虑后之乏人崇诗（侍）。逮吾西洋回还，俱送小碧峰退居供奉，以为永远香火，旦夕梵修。及有暖床，送尔安寝。不至纤毫有失，及擅移他处。所以言者，有深旨哉，盖其遗嘱。有本族户侯郑均曰义、有侄曰珩，皆目击耳闻乎。不期宣德庚戌，钦承上命前往西洋，至癸丑岁卒于古里国。有师宗谦，感慕曩日惠，用以追悼，节次率领孙徒若干众，数诣宅建斋荐度。宣德乙公（卯），户侯曰义、侄曰珩德与同先太监公共下西洋。杨公惠泉、袁公普性、黄公宗深、杜公普明、高公定住，众同计议，不违先太监公日前遗嘱之言，及将前项圣像，若炉、瓶、钟、磬、灯、床，尽皆送付碧峰之退居供奉，以满太监公生前之愿。耑祈冥福，追悼神魂，超跻净界，次翼福祉，荫庇生存。有参徒司设监太监刘公福□，来公宗震，宣德己酉，□工□，韦公宗□、武公宗润及众官等，□□□意，各出己资，尽心竭力重建退居殿宇若干楹，□目□□足亢大方□□造□□仍置龛函供桌供器，复建影□□粧（妆）师祖真容□□，及剃度门僧于中，旦夕焚修，以图报圣□大恩，师□□□□，父母宗亲俱霑勋利，俾若是若□□□，则福德无量无边，岂可言哉。天顺改元八月初□□□□□本庵怀□等曰：吾今老矣，尔等信吾嘱言，且□厥□□□□□吾等盖□非幻师重建□□□□具福德，诏承□□□，今尔等各□□□祖荫，步武先□，吾今恐后之居庵者不□□考，湮于前人之光，有负吾等之念。□录其事，用勒于石，□□□悠久继志，使其后之居者，不□□□。□为天顺元年岁次丁丑秋八月十五日□□。①

这篇《非幻庵香火圣像记》的内容很丰富，为郑和研究提供了很多信息。首先，我们来说“碧峰寺”。

碧峰寺在都门外，南城，安德街。东去所统报恩寺二里，东北去聚宝门二里。晋瑞相院，永嘉中为寺。唐贞观中，敕褚遂良重建，改翠灵寺。宋淳化，改妙果寺。元至元中，改铁索寺。国朝洪武中，敕建，居异僧金碧峰，因名寺。②

碧峰寺，为一座古庙，洪武初，明太祖朱元璋再造山门，以供碧峰禅师居住，因名碧峰寺。前面我们介绍过一本书——明代万历

① 转引自邵磊：《郑和与碧峰寺非幻庵——以〈以非幻庵香火圣像记〉与〈非幻禅师塔铭〉为中心》，《元史及民族与边疆研究集刊》2015年第2期。

② （明）葛寅亮撰：《金陵梵刹志》，南京出版社2011年版，第599页。

年间罗懋登所写《三宝太监西洋记》，除主人公郑和以外，其中有一个非常重要的人物，是小说中情节的主要推动者，叫“碧峰长老”，其原型就是碧峰寺的住持。在小说中，碧峰寺的开山长老金碧峰，是如来佛授记师父燃灯古佛投胎，被明成祖朱棣请去护佑征西元帅郑和下西洋寻找传国玉玺。金碧峰是个贯穿全书的重要人物，他一路与妖魔斗变，历经万险，保护着郑和七下西洋的顺利进行。船队回国后，皇帝下圣旨颁赏官职，碧峰长老拜辞不受，于是奉圣旨，着工部在南京聚宝门外修建碧峰禅寺，以求祀事。《非幻庵香火圣像记》是附在《三宝太监西洋记》之后的，可惜该文早已逸失，直到1982年，这篇文字始由郑鹤声、郑一钧父子于北京图书馆柏林寺分馆发现，并做了最早的研究，该《记》揭示了郑和与碧峰寺的渊源。

那么历史上这个碧峰长老是什么来历呢？

《碧峰寺起止记略》中记载：“禅师石姓，讳金碧峰者，奏上建寺，请名。太祖高皇帝御赠号，因以题寺名。师弃发存须，得禅家玄窍，尤精阴阳术数。圣祖召问佛法鬼神及修炼，语甚合。出使西洋，所经诸国，奇功甚多。”[①] 这个碧峰禅师非常神奇，除精术数、明鬼神外，还曾经成功求雨，所以深受朱元璋的器重。

> 洪武戊申，大明皇帝即位于建业。明年己酉，燕都平，又明年庚戌，诏禅师至南京。夏五月，见上于奉天殿。且曰：“朕闻师名久，以中州苦寒，特延师居南方尔。”遂留于大天界寺，时召入，问佛法及鬼神情状，奏对称旨。[②]

鉴于其才干，朱元璋要授予其爵位，但他固辞，称：“不为荣利所拘。”得其真传者有五个徒弟，分别为宝衲头、广尚士、道衍、道永、非幻。这个道衍成就最高，师父曾说他：“两眼旋光，眉间煞

---

① （明）葛寅亮撰：《金陵梵刹志》，南京出版社2011年版，第600页。
② （明）葛寅亮撰：《金陵梵刹志》，南京出版社2011年版，第604页。

气，当为太平光头宰相。”① 道衍即姚广孝也，果不其然，他辅佐朱棣夺得天下。而非幻禅师后来继承碧峰而为碧峰寺的住持，“非幻庵”就是非幻禅师在碧峰寺内为自己修建的住所，在小说《三宝太监西洋记》中关于这师徒俩的情节，是这样记述的：

> 碧峰道：“你出家在那里?”弟子道：“就出家在山之西宝福禅寺。”碧峰道：“你叫甚么法名?”弟子道：“我的脚儿会飞去飞来，口儿会呼风唤雨，因此上叫做个飞唤。”碧峰道：“这却不像个法名。”

之后碧峰为飞唤另取了法名：

> “你今番却叫这个非幻了。”这非幻是金碧峰的高徒弟，后来叫做个无涯永禅师。②

关于非幻禅师生平，所幸也有一块碑流传下来，《非幻禅师塔铭》是早年在碧峰寺旧址征集到的石碑，现收藏在南京市博物馆。它为我们提供了非幻禅师的生平情况，该篇碑铭不仅是探究非幻禅师生平的第一手材料，而且结合《非幻庵香火圣像记》来看，碑铭内容还揭示出与郑和下西洋相关的鲜为人知的人物史事，其内容写道：非幻永禅师俗姓吴氏，名无涯，信安浮石乡人。从小有慧根，师从杰峰禅师。年仅十二岁，就被杰峰禅师认定将成大器，青年时非幻禅师杖锡遍游天下，声名远播浙右宗门，被称为禅宗巨擘。中年后居遂昌县，每日与徒弟讲道，追随者如水就下，至不可遏。晚年回到三衢之地，住在天宁寺，影响广大。

永乐初年，太宗文皇帝命人探查长陵，征召非幻禅师前往，其

① （明）葛寅亮撰：《金陵梵刹志》，南京出版社 2011 年版，第 600 页。
② （明）罗懋登撰：《三宝太监西洋记》，黑龙江美术出版社 2016 年版，第 41 页。

意见大称圣意，受到皇帝嘉奖，被任命为钦天监五官灵台郎，赐七品服。朝廷本要重用非幻禅师，但禅师只愿为僧，于是被任命为僧录司右阐教，驻南京碧峰寺。后来住持灵谷寺。庚子年（1420 年）闰正月二十八日逝世，其徒弟宗贤奉遗骨归葬乌石山杰峰塔西，寿八十五，僧腊七十有三年。弟子有正宗、正隆、宗成、正行、普叡、宗谦、宗贤、智绍等。

这里请大家注意，非幻徒弟中的宗谦后来继承其师，成为碧峰寺的住持，而郑和曾经拜在非幻禅师的门下，宗谦与郑和为师兄弟，因此两人交情甚密，所以郑和才会有年老后归养碧峰寺的想法。这些背景材料介绍完了，我们可以来说《非幻庵香火圣像记》了，这篇文字是非幻禅师的再传弟子写的，其内容连贯清楚，对部分内容解读下：

我的师祖非幻禅师来自三衢之地，他道学益精，明了地舆之理。非幻禅师在永乐五年（1407 年），为徐皇后占卜长陵陵寝而立功，一度授钦天官灵台郎，继而改任僧录司右阐教，后他回复本职，住持碧峰寺，再后又住持灵谷寺，那时太监郑和等人，忝礼亲炙，求决心要，而拜入我师祖门下，非幻庵就是那时所建的。再后来我的师傅牧庵谦公（宗谦）继承非幻禅师而住持碧峰寺，至宣德改元，家师住持牛头山寺，彼时太监公郑和曾到碧峰寺见谒，游览兜率崖、辟支佛洞，心中愕然而感动。于是伐木修材，建起了“退居”堂室，他曾经对家师说：“我长年往来于西洋番邦诸国之间，感恩皇上与佛天的呵护，自己出资，命工匠铸了金铜像一十二躯，雕妆罗汉一十八位，以及古铜炉、瓶及钟、磬、药师灯、供具等物，现存放在我的家中。但考虑到以后可能无人敬侍。等我这次下西洋回来，打算把这些圣像及礼具都送到小碧峰的‘退居’来供奉，以保证香火不断，早晚敬修。也不至有纤毫之失，或擅移他处。”郑和所言，含有深意，这就是其遗嘱。当时有他本族的侯爵继承人郑义、侄子马珩在现场，亲眼所见、亲耳所闻。不料宣德庚戌年（1430 年），郑和受皇上之命前往西洋，至癸丑年（1433年）卒于古里国。家师宗谦，感慕郑和平常的施助，专门进行追悼，并率领孙徒若干人，数次前往郑和府宅建斋荐度。宣德乙卯年（1435年），郑和的后裔户侯郑义、侄子马珩都曾随同与太监公一同下西洋。杨惠泉、袁普性、黄宗深、杜普明、高定住，几位共同商议，不应违背先太监公郑和生前留下的遗嘱，应将前面所说的圣像，若炉、瓶、钟、磬、灯、床，尽皆送到碧峰寺的“退居”供奉，以了却太监公生前之遗愿。

这两份重要的铭文为我们勾勒出郑和在南京的一些社会交往的状况，当时他作为南京守备，待在南京的时间比较长，加之年纪渐大，所以常常考虑自己年老后的归宿问题，他欲以碧峰寺非幻庵为终老之地，于是做了很充分的准备，还在寺内修建了“退居”。他以“佛弟子”自居，经常来往的朋友有杨惠泉、袁普性、黄宗深、杜普明、高定住等人，他们均为郑和的宦官同僚，都曾经随郑和下西洋，他们也是见证与执行郑和遗嘱的人。

从上述的文中我们还看到有“盖其遗嘱，有本族户侯郑均曰义、有侄曰珩，皆目击耳闻哉”之句，其中所说“本族户侯”的意思即“本族世袭公户侯”，郑义就是郑和的爵位继承人，此记录也可作为郑和曾经被封侯的佐证。这个郑义，他可能就是郑赐，本名为马义，过继给郑和后，大家还是习惯以原来名字称呼他，因此在《非幻庵香火圣像记》里，郑和的朋友们也都称“义”这个名字。由于皇帝很关心郑和延续香火的问题，特别恩赐他过继兄长马文铭的孩子为嫡子，“二世祖讳赐，字恩来”①，所以将马义改名为“郑赐”，字“恩来”。

修缮内宫

襄城伯李隆与郑和同为南京守备，他们的工作是如何分工的呢？

---

① 《郑和家世资料》，人民交通出版社1985年版，第3页。

“洪熙元年二月戊申，命郑和领下番官军守南京，于内则与内官王景弘、朱卜花、唐观保协同管事；遇外有事，同襄城伯李隆、驸马都尉沐昕商议的当，然后施行。”[①] 也即李隆主外，郑和主内，“于是和等称内守备，琮等称外守备，而亡何琮罢，隆专督守备”[②]。郑和在南京期间的主要工作就是修缮南京皇宫。

南京宫殿，在朱元璋称吴王时即开始修建。皇宫大门称为奉天门，三大殿分别为奉天殿、华盖殿、谨身殿；两宫为乾清宫、坤宁宫；四门为午门、东华门、西华门、玄武门。朱元璋在登极前一个月入住皇宫，洪武十年（1377 年）建起大内午门，东西为左右掖门。奉天门之左右为东、西角门。两庑之间，是左文楼、右武楼。奉天门外两庑，为左顺殿、右顺殿，及文华殿、武英殿。至洪武二十五年（1392 年），改建大内金水桥，又建端门、承天门楼各五间，及长安东、西二门，当时燕王朱棣住在西宫。

朱棣被封为燕王后，以北平元朝故宫为府第，靖难起兵后，就在燕王府建奉天诸殿。永乐十五年（1417 年），在原燕王府的东面建大内皇宫，离旧宫约一里，全部按照南京之制度，但更加宏伟宽敞。

永乐十八年（1420 年），北京三大殿完工，第二年（1421 年）刚迁都北京，就被火灾烧尽，“今查三殿之火，在永乐十九年（1421 年）四月初八庚子日”[③]，后又重建。朱棣死后，朱高炽于 1425 年六月自南京至北京，继承帝位，他有意南迁。于是就命守备南京的郑和，修理南京宫殿，为返都南京做准备。自洪熙元年（1425 年）八月至宣德元年（1426 年）十一月间，郑和守备南京的主要任务，就是负责修理南京宫殿。让郑和负责维修南京皇宫并不奇怪，他本来就是内官监的掌印太监，这是他份内之事：“内官监，掌印太监一员。掌木、石、瓦、土、塔材、东行、西行、油漆、婚礼、火药十

① 郑鹤声、郑一钧编：《郑和下西洋资料汇编》，海洋出版社 2005 年版，第 28 页。
② （明）朱国祯撰：《涌幢小品》，上海古籍出版社 2012 年版，第 65 页。
③ （清）张廷玉等撰：《明史》，中华书局 1974 年版，第 1819 页。

作，及米盐库、营造库、皇坛库，凡国家营造宫室、陵墓、并铜锡妆奁、器用暨冰窨诸事。”① 在维修南京宫殿的事情上，郑和也是尽心尽力，《明实录》内有多条关于郑和维修皇宫的记载：

洪熙元年（1425 年）八月甲午，太监郑和等奏：奉敕修理南京宫殿，当用，请令有司市买，命于天财库支钞买，须依时直，勿亏小民。（《明宣宗实录》卷八）

十一月辛丑，行在工部奏：南京修理殿宇，用五墨妆銮诸匠。已使浙江并直隶苏松等府春季当班者五百人，尚不敷用，宜令有司于未应轮班匠内丁多者，再起二千人，并力用工。上从之。命月粮赏支如例，工毕之日，即迁宁家。（《明宣宗实录》卷十一）

宣德元年（1426 年）二月壬辰，南京守备太监郑和等奏：“天地坛、大祀殿并门廊斋宫及山川坛殿廊厨库，俱已朽敝，请加修理。上谕行在工部尚书吴中等曰祀神国之大事，真祠宇皆当完固，况山川坛郊坛尤重。其令南京工部发匠修葺。大祀诸殿，当用香楠等大材，请取四川、湖广所采者用之。大材南京见有者，即给用，如无即往彼取之。须令善抚军民，给以粮赏，一如营造工匠之例。”（《明宣宗实录》卷十四）②

对南京相应布置完成后，朱高炽着手还都，“洪熙元年，三月戊戌，将还都南京，诏北京诸司悉称行在，复北京行部及行后军都督府”③，可是迁都之事没来得及办，朱高炽便一命呜呼。

① 郑鹤声、郑一钧编：《郑和下西洋资料汇编》，海洋出版社 2005 年版，第 27 页。

② 转引自郑鹤声、郑一钧编：《郑和下西洋资料汇编》，海洋出版社 2005 年版，第 27 页。

③ （清）张廷玉等撰：《明史》，中华书局 1974 年版，第 111 页。

迁都之事没有办成，郑和继续留在南京进行营缮工作，虽然郑和在修缮内宫的工作中，竭尽全力，但他并没有得到皇帝的认可，相反因一件小事被宣德皇帝训斥，此事还被记录在案，可以想知当时郑和的心情有多么沮丧。事情缘起于工部郎中冯春的一份请赏报告，当时郑和除负责修建皇宫外，也须修理寺庙。当时修建皇宫的工匠都受到了朝廷的赏赐，冯春为修建寺庙的工匠也请赏，结果激怒了宣德皇帝，他认为冯春是受郑和指使，向朝廷乱要赏赐。

> 宣德元年（1426 年）四月壬申，命司礼监移文谕太监郑和毋妄请赏赐。先是遣工部郎中冯春往南京修理宫殿，工匠各给赏赐，至是春还奏南京国师等所造寺工匠，亦宜加赏。上谕司礼监官曰：佛寺僧所自造，何预朝廷事？（冯）春之奏，必（郑）和等所使。春不足责，其遣人谕和，谨守礼法，毋窥伺朝廷。一切非理之事，不可妄有陈情。[①]

之所以出现这种局面，很可能是因为建造寺庙的工匠有很多是郑和所率领的下西洋兵丁，他们回国后，军饷没了着落，所以郑和代为出面，希望能申请到一些赏赐来解决其生活问题，没想到受到了皇帝的严厉的训斥。从中也可以看到，郑和这时的地位已大不如前，从一个统率万军的将领，到一个负责修理旧城的包工头，郑和的心理落差无疑是非常大的。不管怎么样，南京大内终于是修缮一新，完成了任务。“宣德元年（1426 年）十一月壬辰，襄城伯李隆奏：修理南京殿宇将完，民夫当放遣，官军就留操备。原借用平江伯陈瑄运粮官军七千人，仍令运粮。”[②]

---

① 郑鹤声、郑一钧编：《郑和下西洋资料汇编》，海洋出版社 2005 年版，第 27 页。

② 郑鹤声、郑一钧编：《郑和下西洋资料汇编》，海洋出版社 2005 年版，第 27 页。

大报恩寺

除修缮皇宫外，郑和在南京任职期间还完成了一项大工程，即修建大报恩寺。大报恩寺是一座年代非常久远的寺庙，在南京南城外。离聚宝门一里多，原为古代的长干寺，在三国时期，东吴赤乌年间，孙权设置了建初寺及阿育王塔，这也是江南建塔寺的开始。后来在晋朝太康年间，从这里掘得舍利子，于是复建长干寺。梁武帝大同年间，诏修长干塔。宋朝天禧年间，改名为天禧寺。元朝至元年间，改天禧寺为慈恩旌忠寺。元末，毁于兵。“国朝洪武间，工部侍郎黄立恭奏请修葺。永乐十年（1412 年），敕工部重建，梵宇皆准大内式，中造九级琉璃塔，赐额大报恩寺。”[①] 但在报恩寺修好不久，一个和尚由于怀私愤，潜入僧室放火，将寺焚毁。朱棣下令复修，其用意为报答父母的恩情，“朕念皇考、皇妣罔极之恩无以报称，况此灵迹，岂可终废……名曰大报恩寺”[②]。

如今，大报恩寺早已泯灭了，遗址被修成了公园，但两块敕造的石碑还在，其中朱棣所颁布的圣旨，写得明白，当时重修报恩寺的初衷为：“弘拓故址，加于旧规……度越前代，更名曰大报恩寺。所以祇灵迎贶，上资福于皇考、皇妣……用仰承我皇考、妣之圣志，而表朕之孝诚。今将竣事，特志其本末于碑，用昭示如来之道化。我皇考、皇妣之功德，配天地之广大，同日月之光明，而相为悠久于万万年。”[③]

该寺自永乐十年（1412 年）十月十三日午时动工，特准按皇宫规制建造，由郑和与另一名太监汪福主持其事。但在大报恩寺营造期间，郑和连年出使海外，对这项巨大的建筑工程难以兼顾，致使工程进展缓慢。直到郑和担任南京守备，时常亲临现场督促指挥，

---

① （明）葛寅亮撰：《金陵梵刹志》，南京出版社 2011 年版，第 481 页。
② （明）葛寅亮撰：《金陵梵刹志》，南京出版社 2011 年版，第 487 页。
③ （明）葛寅亮撰：《金陵梵刹志》，南京出版社 2011 年版，第 488 页。

工程进度加快，至宣德三年（1428年）八月初一始告完成，整个工程用了十六年时间。

> 三月二十一日，敕太监郑和等，南京大报恩寺自永乐十年十月十三日兴工，至今十六年之上，尚未完备，盖是那监工内外官员人等，将军夫人匠，役使占用，虚费粮赏，以致迁延年久，今特敕尔等即将未完处，用心提督，俱限今年八月以里，都要完成，迟误了时，那监工的都不饶。[①]

郑和修建大报恩寺，还将从西洋带回的植物移植在此处，“王友亮《金陵杂咏·五谷树七律》题注云：明太监郑和自西洋归所植，一天界寺，一报恩寺”[②]。可见，郑和对大报恩寺的修建非常用心。参与营建的军匠夫役达十万之众，其中随郑和下西洋的官兵回国后都参与其中。大报恩寺规模宏大，以佛殿、天王殿、宝塔为主体，大报恩寺及其琉璃宝塔极其精美，这也体现了郑和杰出的建筑才能。明朝的陈沂写过一篇《琉璃塔记》，将大报恩寺的琉璃塔之美描写得淋漓尽致：“浮图之内，悬梯百蹬，旋转而上，每层布地以金，四壁皆方尺小释像，各具诸佛如来因缘。凡百种，极致精巧，眉发悉具，布砌周遍。井栱叠起，皆青碧穹覆如华盖。”[③] 这让我们知道郑和除了是一位了不起的航海家外，在建筑业中也有非同寻常的建树。从中也可见，郑和在守备南京期间，在南京城的建设上也花费了极大的心血。

家庭生活

郑和年轻时征战沙场，中年时漂泊海上，一生中只有在被任命

---

① 张惠衣：《金陵大报恩寺塔志》，南京出版社2007年版，第130页。
② 张惠衣：《金陵大报恩寺塔志》，南京出版社2007年版，第12页。
③ （明）葛寅亮撰：《金陵梵刹志》，南京出版社2011年版，第495页。

为南京守备的这段时间生活比较平稳安逸，加之过继的长兄之子及侄子等陪伴在身边，他享受到了一生中难得的家庭生活。

作为南京守备，郑和的办公地点紧靠皇宫，就在现西华门附近，即现南京明故宫西面。

> 洪武中建大内，就西华门外隙地为厂，以处匠作，命工部官监督。然事既繁缛，奏启颇艰，乃遣小黄门在厂传旨。大内既成，厂尚未全去，至永乐徙都北京，中官渐谋为南京内守备，然无公署可居，因即厂地结屋，遂以厂名。①

郑和在办公地点西南方向选址建造了自己的府邸，现在南京城南还有“马府街”地名，在云南《郑和家谱》里也有明确记载：“一世伯祖考讳文铭，妣纳氏。不改姓，仍姓马。生二子，长子移居南京三山街，名曰马府。”② 在南京《抄郑氏家谱首序》里也记述道：“搜集人按：吾回族马三宝，赐姓郑，名和……据说今之南京马府街，即昔时马三宝府第。”③ 除郑和家谱外，清代学者亦考证郑和的府邸就在马府街，“马府街在阑干桥。《淡墨小纪》：郑和本姓马，家于此”④。郑和多位后裔确认马府街就是郑和家宅的原址，郑自庆先生告诉我说，他们祖上一直住在马府街，直到清末，“我曾祖父十三岁，跑洪杨（太平天国运动）时离马府”。中新社记者韩胜宝曾经采访过郑自海先生，做过报导。郑自海先生说：“1983 年，郑自强走访了当时还健在的八十多岁姑妈郑玉珍，她的曾祖父郑积森童年六岁以前住在马府街，太平天国战争爆发，郑积森和他母亲被掳进兵营，

---

① （清）张廷玉等撰：《明史》，中华书局 1974 年版，第 1826 页。

② 《郑和家世资料》，人民交通出版社 1985 年版，第 4 页。

③ 《郑和家世资料》，人民交通出版社 1985 年版，第 7 页。

④ （清）金鳌撰：《金陵待征录》，南京出版社 2012 年版，第 81 页。

后来他母亲托人将郑积森交给一个安徽渔民，在渔船上度过了十多年，直到战争平稳后才回南京。”

那么此地为什么叫“马府街”而不叫“郑府街”呢？郑自庆先生说：“郑和的府邸为什么叫马府？这个有可能是因为马义的名字被叫惯了，当时马义的年龄应该有四十余岁了。虽然是郑和出资建府邸，实际府邸建好后，郑和已步入晚年，很少住在府内，而马义继承了千户侯的爵位，长期住在这里，马府很可能是民间习惯叫法。”侯爵府在民间是非常受尊崇的，“马府”成为老百姓的习惯叫法，最后成了这一带的地名。

马府街的府邸大概在1425年始建，1430年建成，郑府的规模很大，到清代咸丰年间尚有房屋七十二间，后毁于太平天国的战火，现遗有郑和私家花园（郑和公园）。此处的府邸建好后，郑和就住在马府，因为《非幻庵香火圣像记》中有文字记载：“命工铸金铜像一十二躯，雕妆罗汉一十八位，并古铜炉、瓶及钟、磬、乐（药）师灯、供具等，今安于宅。宣德乙卯，户侯曰义、侄曰珩德与同先太监公共下西洋。”这里透露出三个信息，一是马府已建好；二是云南子女已迁入马府居住；三是郑义及马珩陪同郑和最后一次下西洋。马府街位于今南京白下区太平南路东侧，马府的范围可能南到白下路，北到太平巷，西抵太平路，东抵长白街。如今仅剩马府的私家花园，旧称马家花园，解放前，原址为江苏省立女子师范学校及新安会馆，解放后为马府街小学校址所在。1983年，南京博物馆在马府街的太平公园发掘出一些与郑和有关的陶瓷片等遗物，现在这里被开辟为“郑和公园”，作为一处纪念场地。

郑和这一段时间，安家之外，也为子孙们的生活做了安排，他们世代为穆斯林，因此其生活习惯离不开清真寺，郑和特地向皇帝请求，重修被焚毁的南京净觉寺，在《郑和家谱》中记载宣宗的许可圣旨。

得尔所奏，南京城内三山街礼拜寺被焚，尔因祈保下番钱粮人船，欲要重新盖造，此尔尊敬之心，何可怠哉！尔为朝廷远使，既已发心，岂废尔愿。恐尔所用人匠及材料等项不敷，临期误尔工程，可于南京内官监或工部支取应用，乃可完备。①

这份敕书是在郑和最后一次下西洋前，宣德皇帝所下，其内容除涉及下西洋所用船舶、物资外，专门交待重建三山街礼拜寺（清真寺）的事项，这既是对郑和的安抚，也说明朝廷对穆斯林的重视。那么净觉寺是什么来历呢？明朝一个官员叫王鏊，于弘治五年（1492 年）写过一篇《敕建净觉礼拜二寺碑记》，其中记录了建立净觉寺的原因及时间。

及睹各姓敕命，乃知洪武二十一年（1388 年），有亦卜剌金、可马鲁丁等，原系西域鲁密国人，为征金山、开元地面，遂从金山境内随宋国公归附中华。钦蒙高帝喜其宾服，钦赏纻丝银钞等物，著落礼部给与脚力，前往永平府搬取家小赴京居住。因而敕建二寺安扎，将可马鲁丁等五户分在望月楼净觉寺居住，子孙习学真经，焚修香火，祝延圣寿，寄籍江宁县，优免差役。②

其时代背景是，明朝初年，前元的残余势力纳哈出还盘踞于辽河以北的金山。洪武二十年（1387 年），在冯胜统帅的明军的压力下，纳哈出投降。亦卜剌金、可马鲁丁等人即于此时归附了明朝，从此他们被安置在帝都南京，朝廷敕建两座清真寺，将可马鲁丁等五户人家分在望月楼净觉寺居住，让其子孙习学真经，焚修香火，

① 《郑和家世资料》，人民交通出版社 1985 年版，第 3 页。
② （清）唐晋徽辑录：《清真释疑补辑》，蓝月出版社 2006 年版，第 131 页。

祝延圣寿，其户籍定在江宁县，并优免了他们的差役。这是关于净觉寺最早的记录，另在民国时期所编之书《新京备乘》对净觉寺的来历也有记录，它原为明人之宅第，捐献出后改建为清真寺。“三山街清真寺，即静（净）觉寺，明钦天监博士伍儒之赐第也，后舍为回回礼拜之所。”①

在宣德五年（1430 年），净觉寺因火灾焚毁，郑和请奏朝廷重建。明宣宗特准郑和的奏请，动用国库资金重建净觉寺。重建后的净觉寺较前扩大了规模，北至砂硃巷，东南至大街，西达马巷，后来郑和后裔多在此清修、礼拜，并且在其后裔中出了多位教长。

宗教信仰

讨论郑和的宗教信仰是非常困难的，他出身穆斯林家庭，深受回教文化熏陶，应该是一个穆斯林，但郑和后来确实又皈依了佛教，受菩萨戒，取“福善”“福吉祥”等法名，再有，他还热衷于对道教仙人天妃的膜拜，组织大规模的法会，在南京、太仓、泉州等多处建设天妃宫，并刻石纪念，他的宗教信仰到底是什么？

首先对于回教，他本出生于虔诚的穆斯林家庭，从小耳濡目染，对安拉的信仰与生俱来，正如上文所述叙，他在南京居住期间专门上奏朝廷维修了净觉寺，以安顿子孙的归宿。在他的一生中，与清真寺有割舍不断之联系，据《泉州灵山回教先贤墓行香碑》记载，他在泉州专程前往二贤墓祭拜；还曾经不远万里前往西安的清净寺追寻先祖的足迹，同时延请教长哈三同赴忽鲁谟斯等回教国家，哈三回国后重修了清真寺，据推测受到了郑和的资助。② 在西洋诸国，郑和为推行回教，不遗余力，重用穆斯林参与对西洋各国的管理，关于这一点，我们下一章还要重点讨论。在第七次下西洋时，郑和派人前往麦加朝觐，并画天房图带回国内，这也是中国第一次看到

---

① 陈迺勋、杜福堃编：《新京备乘》，南京出版社 2014 年版，第 69 页。

② 参见何孝荣等著：《明朝宗教》，南京出版社 2013 年版，第 256 页。

天房形象。可见郑和无论是公务，还是私人生活，都与回教息息相关，特别是郑和对后代的安排，专门考虑了对回教的信仰。“第七次下西洋前修建西安南京两座清真寺并题请子孙世守之，子孙世守什么？守的是回教传统而不是清真寺寺产……在南京的回教历史上，郑和后裔中有郑积荣、郑积恩、郑厚仁、郑留安均为阿訇。”①

但我们还必须看到，郑和随着年纪的增长及涉世渐深，他的宗教信仰发生了变化，回教信仰安拉，反对任何偶像崇拜，而郑和却长年拜佛，这是对回教教义的背离。另外，再看他的死后归宿，穆斯林在去世后，有三个必须，即速葬、薄葬、深埋，并禁止火化。如果穆斯林在远离家乡的地方去世，回教的习俗是就近土葬，也可以水葬，但依然不能火葬，而郑和在海外故去后，遵循的是佛教的火化法。就此可以说，郑和早年时信仰的是回教，但成年后逐渐改变了信仰。不过虽然改变了信仰，但郑和终生对回教及广大的穆斯林人士保持着深厚的感情，这与信仰改变并不矛盾。

其次，关于郑和对佛教的信仰，情况则要复杂得多，回教是严格的一神教，穆斯林信奉真主是唯一的。那么，再去信仰释迦牟尼是与《古兰经》教义相违背的，为什么郑和不但有法名，还大量印制佛经呢？这与他的成长经历及当时的政治环境有密切的关系。

由于曾经出家为僧，明太祖朱元璋对佛教有割不断的情愫，加上对历代兴亡经验教训的总结，使他深明佛教维护和巩固封建统治的作用，因而即位后大力保护和提倡佛教。

> 洪武十四年（1381 年）在京设僧录司，“掌天下僧教事”，各府、州、县分别设僧纲、僧正、僧会等司，分掌其事；僧录司设善世（正六品）、阐教（从六品）、讲经（正八品）、觉义（从八品）各二员，僧纲司设都纲（从九品）、

---

① 郑自庆：《揭示郑和墓的真伪，探究郑和的宗教信仰》，《江苏穆斯林》2016 年第 2 期。

副都纲各一员，僧正司设僧正一员，僧会司设僧会一员；僧录司官员由礼部任命……次年四月，太祖任命各僧官，公布其职掌，僧司衙门正式成立。明太祖建立起来的这套僧官体系，机构完备，品级森严，体现了专制政治强化的趋势。这一新的僧官制度，与明王朝的存亡相始终。[①]

姚广孝，为长洲（今苏州）人，法名道衍，中国历史上最著名的黑衣宰相，是靖难之役的主要策划者。洪武八年（1375年），明太祖朱元璋诏令精通儒书的僧人到礼部应试。姚广孝以通儒僧人知名，被召入京师。1380年，入天界寺任僧职。洪武十五年（1382年），马皇后病逝，明太祖朱元璋为每一位藩王配备一名僧人与一名宦官，诵经祈福。道衍得到僧录司左善世宗泐的举荐，随朱棣前往北平，而郑和很可能正是这个时候与道衍一同来到北平。姚广孝到北平后，任庆寿寺住持，时常出入燕王府，与朱棣密谈。

建文帝继位，实行削藩之策。周王朱橚、湘王朱柏、代王朱桂、齐王朱榑、岷王朱楩相继获罪，被废除藩国。姚广孝密劝朱棣起兵，并在燕王府后苑辅佐训练兵马，还修建厚墙环绕的地穴，打造军器。朱棣举兵北伐，姚广孝留守北平，后来姚广孝建议朱棣轻骑挺进，径取南京，使得朱棣顺利夺取南京，登基称帝。明成祖继位后，授姚广孝任僧录司左善世，加太子少师，被称为“黑衣宰相”。姚广孝还受命负责迁都北平及营建北平皇宫事宜，一手规划北京城及紫禁城的布局。

明成祖曾命姚广孝蓄发还俗，被姚广孝拒绝，他一直居住在寺庙中，上朝时便穿上朝服，退朝后仍换回僧衣。明成祖经常往来于南京、北京之间，并几次征伐蒙古，姚广孝都留在南京，辅佐太子朱高炽监国，永乐五年（1407年），姚广孝又奉命教导皇长孙朱瞻

① 何孝荣等著：《明朝宗教》，南京出版社2013年版，第14页。

基。永乐十六年（1418 年）三月二十九日，姚广孝病逝于庆寿寺，享年八十四岁，被追赠荣国公，谥号“恭靖”，赐葬于北京房山县东北，永乐皇帝亲自撰写神道碑铭。可见佛教在两代皇帝朝中都有重要地位，郑和既然在朝为官，不得不向佛教势力靠近。

如前文所说，道衍（姚广孝）也是碧峰禅师的弟子，与非幻禅师为同门师兄弟，而郑和也正是在道衍的影响下，拜非幻为师，信奉了佛教。在下西洋的活动中，郑和也积极参与佛事，比如在锡兰山国，他向寺院布施、刻立布施碑。此外郑和也热衷于刻散佛教经书，姚广孝题记《佛说摩利支天经》记载：

> 今菩萨戒弟子郑和，法名福善，施财命工部刊印流通，其所得胜报，非言可尽矣。一日怀香过余请题，故告以此。永乐元年（1403 年），岁次癸未，秋八月二十又三日，僧录司右善世沙门道衍。[①]

从中可看到郑和正式皈依佛门，并取有法名“福善”，郑和还多次发心印制《大藏经》，分别存在牛首山佛窟禅寺、鸡鸣禅寺、北京皇后寺、静海禅寺、镇江金山禅寺、福建南山三峰塔寺、天界禅寺、云南五华寺、灵谷禅寺等处。[②] 从郑和大量印制佛经一事可见其敬佛之诚。除《大藏经》外郑和还印制了《优婆塞戒经》，此经卷七后刻郑和题记。其中记录了郑和的法名，“大明国奉佛信官内官太监郑和，法名速南吒释，即福吉祥……累蒙圣恩，前往西洋等处公干，率领官军宝船，经由海洋，托赖佛天护持，往回有庆，经置无虞。常怀报答之心，于是施财，陆续印造大藏尊经，舍入名山，流通诵读”[③]。

---

① 郑鹤声、郑一钧编：《郑和下西洋资料汇编》，海洋出版社 2005 年版，第 17 页。
② 参见郑鹤声、郑一钧编：《郑和下西洋资料汇编》，海洋出版社 2005 年版，第 15 页。
③ 郑鹤声、郑一钧编：《郑和下西洋资料汇编》，海洋出版社 2005 年版，第 16 页。

郑和下西洋期间出资所刻的《优婆塞戒经》《摩利支天经》都是有选择而为的。优婆塞意思是“清信士、善宿男”，指受了三皈依的男子，《优婆塞戒经》是优婆塞行动准则。而《摩利支天经》则是祈福的佛经，经文中有“行路中护我。失于道路旷野中护我。昼日护我。夜中护我。水难中护我。火难中护我”等语，这也是郑和选此经刻印的原因。下西洋路途的艰辛，面临诸多不可预料的苦难，人在大自然中常常显得很无助，于是祈求佛祖在种种困境中保护自己。根据现代的考古发现，郑和除付刻佛经外，还捐建有佛塔。浙江省平湖市 2002 年维修报本塔时发现了国家一级文物明代经卷，其最末的发愿文说：“大明国奉佛信官郑和，法名福吉祥。发心铸造镀金舍利宝塔一座，永远长生供养。所冀见生之内，五福咸臻。他报之中，庄严福寿。宣德七年（1432 年）九月初三日意。”

佛教是明朝极其重要的政治力量，它对朱元璋、朱棣都有深刻的影响，郑和作为朝廷的官员不可能不向佛教靠近，在与道衍等僧人的互动与交集中，他本人也深深地浸入到佛教中去。因此郑自庆先生提出，郑和实际上由于政治需要及生存环境的逼迫改变了信仰。

> （佛教）尤其得到生理缺陷失去天伦，且信因果的庞大宦官集团所推崇。郑和自小入宫后即在极其浓厚的儒、释、道氛围中求生存，由此他的原始宗教信仰受到了根本的冲击，这是必然的……儒释道都是崇拜偶像的宗教，凡皇宫内每年举办各类大型祭祀庆典、婚丧寿辰等活动，仪式上少不了烧香拜偶像的仪式。宴席上又会出现回教认为不洁的荤腥食物，对于笃守回教教规的朝廷命官而言，这道关是很难绕过去的，尤其是京官。所以回回民族中有官至四品必出教的说法由来已久。[①]

---

① 郑自庆：《揭示郑和墓的真伪，探究郑和的宗教信仰》，《江苏穆斯林》2016 年第 2 期。

最后，关于道教的信仰，主要是对天妃的崇敬。郑和请旨修建的天妃庙有南京、太仓、长乐、湄洲等几处。《郑和航海图》起始点就是龙江船厂近旁的天妃庙，今存于静海寺的明成祖《御制弘仁普济天妃宫之碑》，作于永乐十四年（1416年）四月初六日；《娄东天妃宫石刻通番事迹碑》简称《通番事迹碑》，为郑和、王景弘等人于宣德六年（1431年）篆刻，原嵌于江苏太仓刘家港天妃宫壁内，后下落不明，但碑文在明朝人钱谷所辑《吴都文粹续集》中保存了下来；再有《天妃之神灵应记》碑是郑和于宣德六年（1431年）第七次下西洋时在福建长乐撰立，当时他在福建长乐南山重修天妃行宫和兴建三清宝殿，撰立了此碑，碑文详细记录了七下西洋的往返年月和主要事迹。

南京、太仓、泉州为郑和下西洋船队所停靠处，湄洲是天妃的家乡，也是妈祖（天妃）崇拜的发源地。

> 湄州（洲）天妃庙建于宋代，宣德六年（1431年），郑和等率领兴平三卫指挥千百户并府县官员诣湄屿买办木石，修整庙宇，并御祭一坛，此为祭词。[①]

郑和请旨在多处修建天妃宫，并举行大规模的祭拜。其请祝包含两方面的内容，一种是感谢绥靖海难；二是感谢战事成功。前者如："洪涛巨浪，摧山倒岳，龙鱼变怪，诡形异状，纷杂出没，惊心骇目，莫不错愕，乃有神人飘飘云际……已而烟消霾霁，风浪帖息……咸曰：'此天妃神显灵应，默伽佑相。'"[②] 后者如："永乐十二年（1414年），统领舟师，往忽鲁谟斯等国，其苏门答剌国，伪王苏干剌，寇侵本国，其王遣使赴阙，陈诉请救，就统领官兵剿捕，神功

① 郑鹤声、郑一钧编：《郑和下西洋资料汇编》，海洋出版社2005年版，第20页。
② 郑鹤声、郑一钧编：《郑和下西洋资料汇编》，海洋出版社2005年版，第17页。

默助，遂生擒伪王，至十三年归献。”[①] 可以说，对天妃的祭拜贯穿于航海活动的全部过程中，并且是船队全员参加的。

从上面的论述，我们看到郑和对回教、佛教、道教都极虔诚，很难说孰轻孰重。但细细分辨，郑和对三教的态度各有依重，三教都有对航海安全的慰藉作用，而道教之天妃信仰尤重；回教与佛教有利于同海外人民交流，为下西洋提供了有力的帮助，回教所起的作用更加广泛；而从私人的心灵归属上来看，应该说佛教与其本人关系更密切，郑和甚至将自己身后之事都托付于佛教。

从郑和对宗教的态度上看，郑和是一个非常务实的人，不教条。他的宗教信仰由回教转变为佛教，既是因为佛教在当时的政治生活中起到举足轻重的作用，也是因为生活条件不允许他继续遵守回教教规，因此他便积极地融入到佛教的环境中，同时又与回教人士保持着密切的联系。而道教在航海运动中起到的作用是其他宗教不可代替的，所以郑和也顺应潮流，大规模组织天妃祭祀、修建天妃宫，使航海事业能够顺利推进。

① 郑鹤声、郑一钧编：《郑和下西洋资料汇编》，海洋出版社 2005 年版，第 599 页。

第二十章　出师未捷身先死

七下西洋（1431～1433年）

郑和于1422年第六次下西洋回国后，过去将近十年，下西洋的辉煌光环慢慢淡去，他本人虽然壮心不已，但也无可奈何。他将生命消磨在南京城市建设的繁杂事务中，而大明帝国在当时世界各国的影响也在消退，当宣德皇帝看到前来进贡的国家越来越少时，突然意识到了问题的严重性。帝国想起了已近暮年的郑和，一道圣旨再次启用郑和，命他重启下西洋的盛举，郑和没有推诿，没有犹豫，即刻组织船队启程。

帝国军队已有十年不在各国巡航，管理出现了空档，一些国家开始蠢蠢欲动，许多地方不再安定，因此这次下西洋之路充满了荆棘。航线由于某些地方的战乱而一再变更，航程充满了不定因素，而郑和本人最终客死于古里国，郑和的死直接导致波澜壮阔的下西洋运动戛然而止。后来刘大夏将郑和船队的航海日志及其他资料一把火烧尽，伴随着这把火，中国的航海事业以及对海外世界的管理从此成为绝响，刘大夏举动除了让人唏嘘不已外，更应该引导我们深思其原因。

最后的出征

郑和第六次出航回国不久，永乐皇帝死于亲征蒙古途中，明仁宗即位，停止了航海活动。到宣德五年（1430年），已经八年没有再往海外派遣使臣，外番的进贡随之减少，一则因为影响力减小，二则也因为没有了中国巨舶的往返，大多数国家没有能力自行前往中国。大明对海外的情况的了解已慢慢陷入茫然中，而海外的各种敌对势力则悄悄滋长。宣德帝朱瞻基再次派郑和下西洋同样是多种原因促成，绝非一时心血来潮。

第一个原因是政治原因，各国来朝人员减少，到宣德朝时，与永乐年间动辄数十国来朝进贡的盛况相比，每年朝贡国的数量下降到了个位数。甚至很多国家已不知道大明换了君主，朱瞻基秉承中国传统的思想，希望维护泱泱大国的体面。受益于第七次下西洋，到宣德八年（1433 年），朝贡国恢复到十九国。[①]

> 宣德五年，帝以外蕃贡使多不至，遣和及王景弘遍历诸国，颁诏曰："朕恭膺天命，祗承太祖高皇帝、太宗文皇帝、仁宗昭皇帝大统，君临万邦，体祖宗之至仁，普辑宁于庶类。已大赦天下，纪元宣德。而诸蕃国，远在海外，未有闻知。兹遣太监郑和、王景弘等诏往谕，其各敬天道，抚人民，共享太平之福。[②]

第二个原因是经济原因，由于多年没有海外贸易，国内的经济发展缓慢，社会需要大规模的海外贸易来刺激经济的发展。但由于民间贸易受到政府刻意的遏制，而国家层面的贸易又长期停滞，导致社会上的商品流动不畅。国内的商品没有市场，达官贵人需要的奢侈品又没有了来源。社会需要大规模的船队再下西洋，将国内商品输往国外，再带回上层社会所需要的香料、珠宝，而手工业生产部门也需要西亚的青料、东南亚的金属等原材料。

第三个原因是军事原因，一些地方强权因为没了明王朝的监管，

---

① 参见（清）张廷玉等撰：《明史》，中华书局 1974 年版，第 117 页。

② （清）张廷玉等撰：《明史》，中华书局 1974 年版，第 8420 页。

野心又开始复活。暹罗是一个地区强国，长久以来恃强凌弱，在永乐年间就曾对周边国家发动战争，而明王朝给予了制止。“永乐十七年（1419 年），以暹罗侵满剌加，遣使责令辑睦，王复遣使谢罪。”[①]由于下西洋活动停止后，明朝对海外诸国的影响随之减弱，海外国家间的矛盾，重新出现，又趋向尖锐化。宣德六年（1431 年）二月，满剌加国头目巫宝赤纳等来到北京，向明宣宗朱瞻基陈诉：“国王欲躬来朝贡，但为暹罗国王所阻，暹罗素欲侵害本国，本国欲奏，无能书者。今王令臣三人潜附苏门答剌贡舟来京，乞朝廷遣人谕暹罗王，无肆欺凌，不胜感恩之至。”[②] 满剌加是在郑和一手扶持下而独立的，成为大明船队在南洋的一个重要中转基地。现在郑和船队久不来访，暹罗又故态复萌，满剌加遣使来中国寻求庇护，这也成为明朝重启下西洋活动的一个重要原因。另外，交阯的黎氏在永乐年间被打击后，沉寂了一段时间，现在又开始反水：宣德二年（1427年），黎利陷交阯城，四月陷昌江，七月陷隘留关，“冬十月戊寅，王通弃交阯与黎利盟”[③]。作为宗主国，明朝在这种形势下，针对起而造反的黎氏集团也要有所动作。

第四个原因是朱瞻基感情上更倾向于祖父朱棣，他在很多事情上和祖父一致。其父仁宗长期居于南京，故即位之后准备迁都南京，改北京为行在。但是仁宗很快猝死，即位的宣宗长年随祖父朱棣在北方成长，所以又定北京为都。“永乐七年（1409 年），（朱瞻基）从幸北京……八年，成祖征沙漠，命留守北京。九年十一月立为皇太孙，始冠。自是，巡幸征讨皆从。”[④] 同样在对待下西洋这件事情上，他也希望追随朱棣的脚步。

第五个原因是朝臣阻力的消失，夏元吉是反对下西洋的主要人

---

① （清）张廷玉等撰：《明史》，中华书局 1974 年版，第 8399 页。
② 郑鹤声、郑一钧编：《郑和下西洋资料汇编》，海洋出版社 2005 年版，第 860 页。
③ （清）张廷玉等撰：《明史》，中华书局 1974 年版，第 118 页。
④ （清）张廷玉等撰：《明史》，中华书局 1974 年版，第 115 页。

物，他理财有方，政策保守，手握财政大权，对郑和下西洋可以形成致命的掣肘。夏元吉生活俭朴，永乐十九年（1421 年）劝朱棣不要北征，休养生息，朱棣恼羞成怒，抓他下狱。朱棣一死，朱高炽放出夏元吉，委以重任，所以有他在，难以恢复下西洋运动。宣德五年（1430 年）戊辰，尚书夏元吉卒。夏元吉的去世，消除了下西洋的主要阻力。

由于具备了这些必要条件，朱瞻基派郑和率领船队再次下西洋的态度是坚定的，“命尔再使敷仁泽，尔行勿徐亦勿亟。勿怠勿骄桓整饬，敷宣朕志懋尔绩，庶期尔名光简册”[①]，在决定之后，朝廷上下也做了充分的准备。

首先，从人事安排上，除郑和外，专门任命王景弘同为正使。宣德五年（1430 年）六月，朱瞻基正式下令，“宣德六年仍统舟师往诸番国……宣德六年，岁次辛亥，仲冬吉日，正使太监郑和、王景弘，副使太监李兴、朱良、周满、供保、杨真、张达、吴忠”[②]。在这道向海外各国颁发的诏书中，以郑和、王景弘二人并列，像这种情况，在以前的诏书中还不曾有过。第七次下西洋时出现这种情况的原因是，郑和此时已是六十岁左右的老人，明宣宗恐郑和凭一人之力不能胜任领导下西洋的重任，如有不测，可由王景弘代为履行正使的职责，所以在这次出使中，特别突出了王景弘的地位。事实证明，这样安排是完全正确的。宣德八年（1433 年），郑和在古里去世后，下西洋船队就由王景弘率领返回祖国。

其次，郑和立即着手船舶、物资的准备工作，这些工作得到了皇帝的首肯：“尔以所造龙船，乃差内官高定柱进来，果造得平稳轻妙，足见尔忠敬之心，朕甚嘉悦，就赏赐尔物件，付与高定柱，将来酬尔美意。仍于南京天财库支钞十万贯与尔为下番之费，其西洋诸番国事皆付托于尔。惟尔心腹智识，老成旧人，以副朕委任之重，

---

① 郑鹤声、郑一钧编：《郑和下西洋资料汇编》，海洋出版社 2005 年版，第 67 页。

② （明）巩珍撰，向达校注：《西洋番国志》，中华书局 2000 年版，第 55 页。

尔宜慎之!”①

再次，重新招募船员，修葺天妃宫，宣德五年（1430 年）闰十二月六日从南京龙江开船，十日到太仓刘家港，于此驻留一个多月，在刘家港北漕口修建天妃宫。宣德六年（1431 年）春，天妃宫修成，郑和撰《通番事迹记》，刻石刊立于天妃宫内，以为纪念。之后船队到达福建长乐，在此停留了八九个月，在等候东北季风、招募船员的同时，又在天妃宫旁新建了三清宝殿，还在南山的东北麓开凿天妃宫大井，又重修天妃宫殿宇，并篆刻了《天妃灵应之记碑》。

最后，朱瞻基甚至还顾及对郑和情绪的安抚，特地于宣德五年（1430 年）七月二十六日下了一道敕书，下旨重修南京的清真寺："敕太监郑和……得尔所奏南京城内三山街礼拜寺被焚，尔因乞保下番钱粮人船，欲要重新盖造，此尔尊敬之心，何可怠哉？尔为朝廷远使，既已发心，岂废尔愿。恐尔所用人匠及材料等项不敷，临期误尔工程，可于南京内官监或工部支取应用。乃可完备，以候风信开船。故敕。"② 从文字间可见朱瞻基对郑和的关心，真是体贴入微了。

宣德五年闰十二月（1431 年 1 月），郑和船队从龙江关启航，在太仓集结大部队后，前往福建长乐候风，这一次下西洋的人数，据史载有 27550 人。到达了爪哇、真腊、旧港、暹罗、古里、满剌加、浡泥、苏门答剌、阿鲁、柯枝、大葛兰、小葛兰、西洋琐里、苏禄、加异勒、阿丹、南巫里、甘巴里、锡兰山、彭亨、急兰丹、忽鲁谟斯、溜山、孙剌、木骨都束、麻林地、剌撒、祖法儿、竹步、慢八撒、天方、黎代、那孤儿、沙里湾尼（今印度半岛南端）、不剌哇（今索马里境内）。这几乎是所有的下西洋动中，所到国家最多的一次。

这期间，大明特使敕封了藩属国王，"宣德五年，复遣郑和抚谕

---

① 《郑和家世资料》，人民交通出版社 1985 年版，第 3 页。

② 郑鹤声、郑一钧编：《郑和下西洋资料汇编》，海洋出版社 2005 年版，第 3 页。

其国。（锡兰山）而其族人推荐了贤明的邪把乃那为国王，明朝廷派使臣赐给印诰，封其为王”①；对各国进行赏赐，“宣德五年，郑和遍赐诸国，南渤利亦与焉”②；再次收到贡物麒麟；另外当然也对袭扰邻国满剌加的暹罗进行了劝诫，“王宜恪遵朕命，睦邻通好，省谕下人，勿肆侵侮，则见王能敬天事大，保国安民，和睦邻境，以副朕同仁之心”③；西洋各国也再次派出使节前往中华，“苏门答剌与焉。明年遣使入贡者再。八年，贡麒麟。九年，王弟哈利之汉来朝，卒于京师”④。

这次出使历时三年，在政治、军事、经济、社会活动各方面都有所作为，也是最后的辉煌。

到达天方

郑和船队第一次派人到达了阿拉伯的天方，即今天麦加的“天房”，也被称为克尔白。克尔白是穆斯林朝拜的中心，它是一座方形的大殿，整个建筑终年罩着黑色锦缎帷幔，上面绣着金色的《古兰经》文，每年更换一次。到达此处朝拜过的穆斯林就会被尊称为“哈只”，郑和的祖父与父亲都有此尊号，但郑和本人并没有到达此处，这次任务是船队的另一位领导洪保率领分䑸完成的。

2010 年 6 月发掘的洪保墓中，所得《洪保寿藏铭》为我们提供了上述信息。洪保墓位于南京南郊江宁区祖堂山南麓，墓中发现的最珍贵的文物便是《寿藏铭》，它紧靠封门前，刻文保存较好。志盖有篆文“大明都知监太监洪公寿藏铭”，志文为竖刻阴文楷书，计 25 行，共 741 字。《寿藏铭》记载洪保“置地一所于南京建业乡牛首山之原，祖堂禅寺之左，鸠工砌圹”，牛首山也是郑和墓所在地，当时

---

① （清）张廷玉等撰：《明史》，中华书局 1974 年版，第 8442 页。

② （清）张廷玉等撰：《明史》，中华书局 1974 年版，第 8427 页。

③ 郑鹤声、郑一钧编：《郑和下西洋资料汇编》，海洋出版社 2005 年版，第 860 页。

④ （明）黄省曾撰，谢方校注：《西洋朝贡典录校注》，中华书局 2000 年版，第 41 页。

南京作为明朝的都城，有很多宦官埋葬于此。

《寿藏铭》揭示，洪保为云南大理和县人，生于庚戌年（洪武三年，1370 年）十月二十五日戌时。其父、祖皆未曾做官，家世普通。洪保入宫之年，《寿藏铭》仅称“以龆年来京师”，即八岁左右，洪武十五年（1382 年）傅友德等率领明朝大军攻克大理，云南全境悉平。大概就在此时，洪保与郑和一道被虏阉至宫，洪保年龄与郑和也差不多，他在朱棣发动靖难之役时追随了朱棣，并受到朱棣的器重，“洪武己卯（1400 年），从待飞龙于潜邸。爱其聪明缜密，俾常随左右”。在《寿藏铭》中，关于洪保的生平事迹，最重要的是两件大事，一是奉旨出使西域，二是下西洋，它们是铭文最核心的内容。关于下西洋之事，记载道：“永乐纪年，授内承运库副使，蒙赐前名。充副使，乘大福等号五千料巨舶，赍捧诏敕，使西洋各番国，抚谕远人。”我们在第十一章就论述过，郑和在七下西洋之前，于永乐元年（1403 年）就曾经出使过一次暹罗，因此洪保很有可能从这次就跟随郑和开始了他的下西洋生涯，而其最光辉的岁月正是 1431 年，随郑和第七次下西洋，因此在其《寿藏铭》中也大书特书。

> 至宣德庚戌（1431 年），升本监太监，充正使海外。航海七度西洋，由占城至爪哇，过满剌加、苏门答剌、锡兰山及柯枝、古里，直抵西域之忽鲁谟斯、阿丹等国。及闻海外有国曰天方，在数万余里，中国之人古未尝到，公返旆中途，乃遣军校谕之。至则远人骇其猝至，以亲属随公奉□□效贡，公所至诸国，莫不鼓舞感动。公为人外柔内刚，恬静寡欲，尤能宣布恩命，以德威肃清海道，镇伏诸番。虽国王酋长、雕题椨服之人，闻公之来，莫不归拜麾下，以麒麟、狮、象，与夫藏山隐海之灵物，沉沙栖陆之

奇宝同贡天朝，稽颡称臣焉。[1]

我们从中看到最大亮点即其率领分艅到达天方，这次航线是由占城至爪哇，过满剌加、苏门答剌、锡兰山及柯枝、古里，直抵西域之忽鲁谟斯、阿丹等国。参照马欢的《瀛涯胜览》，可知这次访问天方的细节。

宣德五年（1430年），钦蒙圣朝差内官太监郑和等往各番国开读赏赐，分艅到古里国时，内官太监洪（保）见本国差人往彼，就选差通事等七人，赍带麝香、瓷器等物，附本国船只到彼。往回一年，买到各色奇货异宝、麒麟、狮子、驼鸡等物，并画天堂图真本回京。其默伽国王亦差使臣将方物跟同原去通事七人，献赍于朝廷。[2]

从上文可知，此次前往麦加为分艅，由洪保率领，他选了七名通事到达目的地，《洪保寿藏铭》称："公返旆中途，乃遣军校谕之。"即洪保中途回师，那么郑和与洪保都不是亲到，而是派军校（通事）前往。马欢为七名通事之一，故《瀛涯胜览》对天方国的描述极详细、生动。到此的航线是自古里国开船，行三个月到达港口秩达（吉达），再由秩达往西行陆行一日到达默伽国（麦加），再往西一天行程到达蓦底纳（麦地那）。此外，文中详细地描述了麦加的天房、麦地那的穆罕默德墓等回教圣地的情形。

天堂（天房）礼拜寺，其堂番名恺阿白。外周垣城，

---

① 南京市文化广电新闻出版局编著：《南京历代碑刻集成》，上海书画出版社2011年版，第375页。

② （明）马欢撰，万明校注：《瀛涯胜览》，商务印书馆、中国旅游出版社2016年版，第86页。

> 其城有四百六十六门，门之两傍皆用白玉石为柱，其柱共有四百六十七个。前九十九个，后一百一个，左边一百三十二个，右边一百三十五个。其堂以五色石垒砌，四方平顶样。内用沉香大木五条为梁，以黄金为阁，满堂内墙壁皆是蔷薇露、龙涎香和土为之，馨香不绝。上用皂纻丝为罩罩之，蓄二黑狮子守其门。每年十二月十日，各番回回人一二年远路的，也到堂内礼拜，皆将所罩纻丝割取一块为记而去。剜割既尽，其王预织罩之，仍复年年不绝。①

这次到达麦加，双方建立了直接交流途径，更难能可贵的是，使者“并画天堂图真本回京”②，《瀛涯胜览》一书所记麦加的内容，除地理、政治之外，对阿拉伯半岛上的风俗、宗教、法律、气候、物产等也都一一记录，资料极其珍贵。在这里我们有一个疑问，郑和从1405年开始下西洋，只是派分䑸到过红海口的阿丹，“永乐十九年（1421年），钦命正使太监李（恺）等赍诏敕、衣冠赐其王酋，到苏门答剌等国，分䑸内官周（满）领驾宝船数只到彼”③，为什么都没有进入红海？要知道，上溯到红海的顶端就能到达（东）罗马，这是海上丝绸之路的终点，位置极其重要。郑和船队从第四次开始，遥远的非洲都到达了，航行难度很小的红海为何过而不入？

红海西岸为埃及，东岸为阿拉伯半岛。12世纪末，著名的埃及素丹萨拉丁，为驱逐入侵的欧洲十字军，占领了也门和叙利亚，控制了红海东岸及南端出海口，建立起统一的伊斯兰阿拉伯联盟，此后到13世纪初，也门都在埃及的控制之下，但在1231年，埃及的

① （明）马欢撰，万明校注：《瀛涯胜览》，商务印书馆、中国旅游出版社2016年版，第84页。

② （明）马欢撰，万明校注：《瀛涯胜览》，商务印书馆、中国旅游出版社2016年版，第86页。

③ （明）马欢撰，万明校注：《瀛涯胜览》，商务印书馆、中国旅游出版社2016年版，第68页。

阿尤布王朝统治者卡米勒与其侄子达伍德·本·穆阿扎姆争夺叙利亚统治权，国家出现分裂。这就给也门的地方政权带来了机会。1223年，埃及中央政府任命努尔丁为其在也门的代理人，恰在这时也门发生了苏菲起义，努尔丁镇压了起义，进一步加强和提高了自己在也门的统治地位，之后他顺势宣布脱离埃及的统治，在也门自立为王，上尊号为曼苏尔，建立拉苏勒王朝。拉苏勒王朝传到第八位国王曼苏尔·阿布杜拉（1424～1427年在位）时期，进入最强大的时代，而郑和前六次下西洋的时间（1405～1422年）正发生在拉苏勒王朝的强盛期。拉苏勒王朝非常重视商业发展，红海是东方货物运往欧洲最重要的海上商道，而阿丹（亚丁）正是关键的交通枢纽，也门政府配备了海上巡逻船，保护红海、阿拉伯海和印度洋商道的安全，打击海盗活动。其对外贸易迅速发展，特别是在阿丹地区十分活跃，欧洲与亚洲的商品在此交流。停靠阿丹足以满足郑和船队的商业需求，他们在此将中国的商品出售，然后购入自己所需商品。如果中国船队再往红海里面航行，会花费大量的时间，另外，也门政府在各港口征收关税和码头使用费，这也会增加贸易成本，因此他们前六次下西洋都只是停靠红海口外的阿丹而没有进入红海里的秩达，这正符合今天远洋航线的设计理念，即在一个地区只挂靠一个“基本港”，以节省时间与成本，提高航运效率。

拉苏勒王朝自第九任国王艾什拉夫三世（1427～1428年在位）时起，由于皇室内部分争、政权旁落军人手中、地方叛乱等原因，开始走向衰落，国家陷入动荡。[①] 郑和第七次下西洋时，原计划与以往一样，都只是停靠红海外的阿丹，但阿丹出现了动乱。南京的宝船公园展室展板上有一个收集来的“宝船歌舞退敌兵”的故事，也许就跟这次导致船队最终过而不入的战乱有关：

---

① 参见郭宝华：《中东国家通史·也门卷》，商务印书馆2004年版，第99页。

> 郑和宝船在阿丹海上航行，阿丹王派总兵官力说郑和船队在阿丹留宴两昼夜再起航。总兵官既没带礼品也不肯留在宝船上参加宴会，匆忙离去。郑和会意，安排船队当晚大摆筵席。将宝船编为四队，沿阿丹海域排开，其中三队开怀畅饮官兵同乐，留一队专事警戒。各将官分别在自己船上喝酒，酒过数巡，郑和下令各帐勇士舞剑助兴，一时间海面上灯火通明，歌声震天。阿丹早埋下伏兵，意图劫持宝船上的珍宝，谁知等了很久，只见宝船通宵欢娱，且军威浩荡，怕对付不了宝船舟师官兵，不敢轻举妄动，一夜下来疲惫不堪。第二天，郑和指挥宝船编队从容离开阿丹海。

郑和命所有官兵通宵夜宴，不睡保持警戒，使当地匪人不敢轻举妄动，最终迫其知难而退。但郑和船队也不能再靠泊阿丹进行贸易，于是过而不停，派分䑸驶入红海深处。如果瓷器、丝绸等商品不能在此交易、卸货，郑和船队就无法得到足够的资金采购所需要的珠宝、香料、矿物原材料，宝船也无法为进口腾出足够的空间。因此，郑和决定避开战乱的阿丹而深入红海，去另一个红海商道的商品集散地——天方，“此国即默伽国也。自古里国开船投西南申位，船行三个月方到本国马头，番名秩达，有大头目主守。自秩达往西行一日，至王居之城，名默伽国”①。

关于此事，国外的历史著作也有记录，可以使我们了解到当时郑和船队为何没有像以往那样停靠阿丹，而是深入到阿拉伯半岛内的麦加。马格里兹（1364～1441）是埃及著名的历史学家，被称为“埃及历史学家之王”，1431 年，他与全家到麦加朝觐。这正是郑和船队第七次下西洋的时间，而洪保率领分䑸到达麦加，马格里兹注

① （明）马欢撰，万明校注：《瀛涯胜览》，商务印书馆、中国旅游出版社 2016 年版，第 83 页。

意到有一个中国船队到达了麦加，并在此销售东方商品，他将此事记录在他的著作《道程志》中。

> 1432 年有两艘中国船停泊亚丁沿岸多日，由于也门局势混乱，所携商品（瓷器、丝绸、麝香等）无法交易，商船向秩达（吉达）的伊本·姆拉等官员呈递书信，请求白尔斯贝素丹允准船只进红海吉达港。素丹准许中国船来航并厚待他们。伊本·哈吉的史料还说明，中国多艘船驶进吉达并在麦加售出货物。[1]

这次分艅航行，船队顺利卖掉了国内带来的商品，并与阿拉伯世界的核心——麦加建立了直接的官方联系，应该说这是一个意外的收获。

归葬牛首

第七次下西洋再次到达非洲的竹步，在回程时，郑和没有能够平安回国，病逝于古里。上一章我们说过，《碧峰庵香火圣像记》记载了郑和对自己身后事的安排，这时他已经六十岁上下了，长年的军旅生涯及海上生活，他的健康状况可能已很不好，所以预感到自己时日无多，当宣德皇帝下令他第七次下西洋时，担心自己有可能会一去不返，于是在亲友的见证下起草了那份遗嘱。动身后，郑和已肯定自己无法完成这次旅行，他多次对自己下西洋活动进行了总结与记录，前面提到的《娄东天妃宫石刻通番事迹碑》，就是在宣德六年（1431 年）篆刻的，这时船队从南京开拔到了太仓，在集结船队期间，郑和安排人制作了此碑，将历次下西洋时间记录于上，此碑原嵌于江苏太仓刘家港天妃宫壁内，后来丢失，但碑文在《吴都

---

① 转引自郑家馨：《郑和下西洋时代西亚形势及与中国的关系》，《西亚非洲》2005 年第 2 期。

文粹续集》中保存了下来。

当船队到达泉州长乐等候季风时，郑和再次命人制作石碑记录下西洋前后经历，这就是《天妃灵应之记碑》，它详细记录了七下西洋的往返年月和主要事迹，制作时间也是宣德六年（1431年）。泉州的《天妃灵应之记碑》与太仓刘家港的《娄东天妃宫石刻通番事迹碑》内容基本相同，可互为参证。应该说这两块碑的制作并非偶然，应是郑和有意为之。事实上，也正因为他的如此安排，我们今天才能确切知晓当年中国航海事业的这一丰功伟绩，使后人能得知七下西洋的具体时间与所到国家及主要参与人员。但这也带来了一个问题，即我们一提郑和，就说他七下西洋，其实郑和下西洋至少有九次。永乐元年（1403年）去暹罗及永乐二十二年（1424年）前往旧港，都没记录在碑上。所以说，郑和七下西洋是根据上述两碑所记而定的约数，而非郑和实到次数。

这次出使，船队到达非洲南端的莫桑比克海峡，在返航归国途中，郑和病逝于古里（今印度卡利卡特）。关于郑和去世与埋葬之地，海外华侨有一种说法是在印尼的三宝垄市，"葛堂巴都（三保洞）有一座坟，是郑和之墓，郑和是在三宝垄附近的海边沉船而死的"[①]。但这一说法没有史料佐证，比较可信的史实是郑和墓在南京，在南京的地方志中记载："三宝太监郑和墓，在牛首山之西麓。永乐中命下西洋，有奇功，密知建文踪迹，回朝皆奏不闻，史称其有隐忠云。宣德初，复命入西洋，卒于古里国。此则赐葬衣冠处也。阴兄之子义，世袭锦衣千户，后遂衬焉。"[②] 此论亦被文物所证实，郑和墓园文物保护管理所所长刘文庆于2014年从花神庙一村民家中征集到了一件"咸阳世家"墓志碑，这是能够证实郑和安葬在南京牛首山的文物实证。碑铭中记述：

---

① ［印尼］林天佑：《三宝垄历史：自三保时代至华人公馆的撤销（1416～1931）》，李学民、陈巽华译，暨南大学华侨研究所1984年版，第8页。

② 转引自陆静波：《郑和七下西洋》，古吴轩出版社2005年版，第167页。

咸阳世家安人讳大姑德星，陈公之长女，外祖锡萱郑公之原配室人也。麟按公家本姓马，先祖赡思丁公佑有元德，封爵为咸阳王。墓在云南大理府南郊，八世祖三保和公，掌明宫司礼监，出使西洋印度诸国者凡九次。赐姓郑，守备南京，马府街即赐第处也。殁葬于牛首山西偏，赐袭锦衣卫千户。赐祀田若干，建广缘寺，以祀之礼也。国朝来寺宇，既非土田，亦失犹有存者，例有家奴耕之守之，而其地历五百年皆称为郑家村……墓在周村，土人所谓回回坟者，即其地。①

此墓的主人为郑锡萱的夫人陈德星，光绪十年（1884 年）下葬，墓志铭文共十六行，六百余字，其内容准确地指出郑和墓就是俗称的回回坟，并记载有赐田等事项，碑文的作者为墓主人的外孙丁赵麟。碑文追述了郑氏的祖先赡思丁在元朝被封为咸阳王，八世祖郑和在明朝九下西洋、曾任司礼监（应为内官监）太监、南京守备等职，殁后葬于牛首山。另外，还提供了在坟旁建有广缘寺、附近有田产及家奴守墓等重要信息，这些与史书都能一一对应，而郑家村之村民至今尚存，此村落是郑和下西洋的一支官兵，自愿为郑和守墓而形成的。他们原来并不姓郑，后来相约改姓郑，是特殊的“郑和后裔”。

关于郑和选定牛首山作为归葬地，其实早有计划。明朝人都穆所写的《游牛首山记》对牛首山的介绍最为简洁明了：“金陵多佳山，牛首为最。山据城之南，初名牛头，以双峰并峙若牛角然，佛书所谓‘江表牛头’是也。晋王丞相导尝指曰：‘此天阙也。’后又

① 转引自郑自庆：《揭示郑和墓的真伪，探究郑和的宗教信仰》，《江苏穆斯林》2016 年第 2 期。

名天阙山云。”[1] 但南京风景优美处甚多，郑和为何看中此处呢？前文我们说过，郑和与碧峰寺住持宗谦交从甚密，并且在碧峰寺中捐建了“退居”，以作为自己老来憩养之地，后来宗谦改任牛首山佛窟寺住持，佛窟寺始建于南朝，宋代改名崇教寺，明初改回佛窟寺，正统年间敕赐弘觉禅寺。郑和因此也就常常前往牛首山与之相聚。《牛首山佛窟寺兴造记略》记载了宗谦重修牛首山佛窟寺（弘觉寺）的往事：“住持宗谦复募赀金，拓故址，而广其缔构。”[2] 宗谦为非幻禅师的弟子，与郑和有师兄弟之谊，他做过碧峰寺的住持，宣德元年改任弘觉寺的住持，由于他与郑和私交甚笃，所以郑和才会常常前往牛首山佛窟寺（弘觉寺）攀谈。在这个过程中，郑和看到此处风景优美，环境幽静，“入（弘觉）寺，历石磴百级，名白云梯……又上为兜率崖，即舍身台，乃东峰最高处，万仞壁立……从西峰下，为辟支洞。洞前有小方塔，洞右有安初洞、煤洞”[3]，于是就有了死后归葬于此的想法。

笔者曾在郑自庆先生的陪同下瞻仰了牛首山西麓的郑和墓，郑先生向我讲述了许多家族中流传的信息。郑和逝世后将头发与朝靴葬入墓中，给世守回教的子孙留下祭扫的地方，郑自庆先生说：“头发也是遗体的一部分，因此此墓不可以称为衣冠冢。”但是郑和墓被发现后，里面的物品都已遗失。至于郑和的遗体究竟在何处？郑自庆先生曾著文做过猜测：

> 为什么要将遗体与头发分开处置。我想这可能是郑和生前早有考量。一个让考古专家特别关注的是，郑和墓、神道与牛首山弘觉寺的舍利塔同在一条中轴线上，这种现象绝非偶然。1956 年在该塔地宫里出土了一尊鎏金喇嘛

---

① （明）葛寅亮撰：《金陵梵刹志》，南京出版社 2011 年版，第 539 页。
② （明）葛寅亮撰：《金陵梵刹志》，南京出版社 2011 年版，第 529 页。
③ （明）葛寅亮撰：《金陵梵刹志》，南京出版社 2011 年版，第 523 页。

塔，四角各置青花瓷罐，罐内有五谷，香料，骨灰，人牙，牛牙各一，有专家认为疑是郑和。[①]

明朝宦官笃信因果，好佛者众，自己又无子嗣，所以在坟旁必定建有寺庙进行祭祀。南京地区考古发现的洪保、罗智、杨云、余俊、郑强等明代宦官墓莫不如此，其墓旁皆建有寺庙，专以守护茔冢。郑和也不例外，那么郑和墓的坟寺是何寺呢？“咸阳世家”墓志碑的发现，为我们揭开了这个秘密，其碑铭记载：“（郑和）殁葬于牛首山西偏，赐袭锦衣卫千户。赐祀田若干，建广缘寺，以祀之礼也。”由此可知，郑和的坟寺叫“广缘寺”。广缘寺属弘觉寺统领，在“郭外，南城，建业乡。东去所领弘觉寺二里，北去聚宝门三十五里。公产田、地、山、塘，共五十五亩六分”[②]。另外，关于广缘寺的信息在《非幻庵香火圣像记》中也有提到，“由是观之，则何一物而非幻也耶？其（非幻禅师）徒孙广缘住持谧无为者曰：不然，庵名非幻，盖祖立意，知生是非”，由文可知，广缘寺住持为非幻禅师的徒孙，法名无为。一切明了了，郑和修建了广缘寺，作为自己的坟寺，并请来自己侄辈僧人无为做此寺的住持。郑和与佛教之缘可谓深矣！大寺大报恩寺为郑和所建，其所统中寺碧峰寺为郑和生前所愿栖养处，而弘觉寺亦为大报恩寺所统，其住持为郑和之同门师兄弟，其坟寺则又为弘觉寺所统之小刹，其住持为郑和之师侄。

读者对上面这段文字可能觉得有些困惑，因为涉及太多的寺庙与僧人的名字，觉得他们相互之间的关系非常复杂，不易理清，下面我来做一个说明，大家就清楚了，同时也可以对郑和的日常交往的社会关系有一个深入的了解。在明朝礼部之下专门设立了一个部门叫“僧录司”，以此管理天下僧寺之事，这是一套完备的僧官体系，品级森严，这一僧官制度与明朝存亡相始终。万历年间，礼部

① 郑自庆：《揭示郑和墓的真伪，探究郑和的宗教信仰》，《江苏穆斯林》2016 年第 2 期。
② （明）葛寅亮撰：《金陵梵刹志》，南京出版社 2011 年版，第 562 页。

官员葛寅亮对南京的各寺庙进行改革，将寺庙按规模大小分为大、次大、中、小四个档次，再按照“就近”的原则，将它们编入系统进行三级管理，具体说就是以大寺统领次大寺、中寺，次大寺、中寺又统领小寺，实行严格的统属管理。

南京共有四个大寺庙体系，分别为钟山灵谷寺、摄山栖霞寺、凤山天界寺、聚宝山报恩寺，它们有各自的势力范围。与郑和密切相关的是报恩寺系统，最顶端的大寺报恩寺为郑和所建，其所统次大寺、中寺若干，其中有次大寺牛首山弘觉寺，住持为郑和师兄弟宗谦；中寺碧峰寺，其住持非幻为郑和的师父。而郑和的坟寺广缘寺又是弘觉寺的下属小寺，其住持为宗谦之徒弟，也即郑和的师侄无为。

大夏焚书

郑和的去世，标志着下西洋运动黯然落幕。在之后的明宪宗时，曾经有一次重提下西洋旧事，然而因大臣们强烈反对而未果。这其中刘大夏的行为最为激烈，他将郑和下西洋时的旧档私自藏匿，甚至付之一炬，让人直接无法探寻。据《殊域周咨录》记载，郑和下西洋的档案《郑和出使水程》原存兵部。

> 成化间，有中贵迎合上意者，举永乐故事以告，诏索郑和出使水程。兵部尚书项忠命吏入库检旧案不得，盖先为车驾郎中刘大夏所匿。忠笞吏，复令入检三日，终莫能得，大夏秘不言。会台谏论止其事，忠诘吏谓：“库中案卷宁能失去?”大夏在旁对曰：“三保下西洋费钱粮数十万，军民死且万计，纵得奇宝而回，于国家何益！此特一敝政，大臣所当切谏者也。旧案虽存，亦当毁之以拔其根，尚何

追究其无哉!”忠竦然听之。[1]

文中可见刘大夏对郑和下西洋反对之深，欲拔其根。明人陆树声在其所著的《长水日抄》一书中也有记录。

国初尝遣王（马）三保太监出使西洋，所致番中方物入贡。后刘忠宣公大夏为兵部，司官中贵献议欲遣使通西洋者，时项忠为兵部尚书。一日旨下部中，查西洋水程，项遣都吏检旧案于库内，忠宣已先检得，匿其籍，都吏三日无所得，会言官交章谏阻，事遂寝。[2]

陆树声（1509～1605），松江华亭人，嘉靖进士。官历编修、太常寺卿、礼部尚书等。其作《长水日抄》是作者于万历元年（1573年）病归后，杂记见闻编次而成。内容涉及前代及当代史事、人物典故等。他说兵部刘大夏得知皇帝要查找西洋水程，自己提前找到旧档，私自藏匿，导致朝廷想要再议下西洋之事搁浅。在陆树声之后，还有一位明朝人顾起元（1565～1628），著有《客座赘语》一书，对刘大夏阻止再下西洋之事也有论述。顾起元是南京人，万历戊戌（二十六年，1598年）会试第一，殿试一甲第三，做过编修、国子监祭酒、吏部左侍郎，他留心于南京本地的文献，著作丰富，《客座赘语》正是详述金陵旧事，内容是可信的。其中记载：

（郑和下西洋）遍历二十余国者也。当时不知所至夷俗与土产诸物何似，旧传册在兵部职方，成化中中旨咨访下西洋故事，刘忠宣公大夏为郎中，取而焚之，意所载必多

---

① （明）严从简撰，余思黎点校：《殊域周咨录》，中华书局1993年版，第307页。

② （明）陆树声撰：《长水日抄》，《笔记小说大观》（4），（台北）新兴书局1978年版，第3748页。

恢诡谲怪、辽绝耳目之表者。[1]

该书直言刘大夏将下西洋旧档给焚烧了，那么刘大夏真是为民所想，目的是要人民得到休养生息吗？事情不是这么简单！这个刘大夏是什么人，为什么这么憎恨下西洋之举呢？从其个人经历来看，他是一个典型的士大夫代表，尊崇以传统农业经济为基础的社会统治模式，只有从这方面来分析才能解释刘大夏看似疯狂的举动。

刘大夏科举出身，二十举乡试第一，登天顺八年（1464 年）进士，其父也为体制内人，“父广西副使”[2]。他是一个坚定的传统的地主势力的捍卫者。而以农业生产为统治基础的集团的经济观点是：“取财于地，而取法于天，富国之本，在于农桑。”[3] 但历史的车轮前进到了明朝，新兴的工业部门已经崛起，采矿业、织染业、烧造业、边疆贸易、海外贸易等蓬勃发展。铁冶所在洪武时“凡十三所，岁输铁七百四十六万余斤。永乐时，设四川龙州、辽东都司三万卫铁冶”[4]。冶铁业的发展得到政府的大力支持，冶铁技术到明朝时已达到了很高的水平，“铁冶西去遵化县可八十里，又二十里，则边墙矣。群山连亘不绝，古之松亭关也。生铁之炼，凡三时而成；熟铁由生铁五六炼而成；钢铁由熟铁九炼而成”[5]。

物质生产的增加也促进了边贸及外贸的发展，“明初，东有马市，西有茶市，皆以驭边省戍守费，海外诸国入贡，许附载方物与中国贸易”[6]。织染业在所有手工业中独树一帜，发展最快，从官府到民间从业人数暴增，并且不再像从前那样作为家庭副业存在，而是形成了专业的织染机构，任用专门的织染工人。“明制，两京织

① （明）顾起元撰：《客座赘语》，上海古籍出版社 2012 年版，第 21 页。

② （清）张廷玉等撰：《明史》，中华书局 1974 年版，第 4844 页。

③ （清）张廷玉等撰：《明史》，中华书局 1974 年版，第 1877 页。

④ （清）张廷玉等撰：《明史》，中华书局 1974 年版，第 1973 页。

⑤ （明）朱国祯撰：《涌幢小品》，上海古籍出版社 2012 年版，第 78～79 页。

⑥ （清）张廷玉等撰：《明史》，中华书局 1974 年版，第 1980 页。

染，内外皆置局。内局以应上供，外局以备公用。南京有神帛堂、供应机房，苏、杭等府亦各有织染局，岁造有定数。洪武时，置四川、山西诸行省，浙江绍兴织染局。又置蓝靛所于仪真、六合，种青蓝以供染事。永乐中，复设歙县织染局。令陕西织造驼毼。”[①] 此外还有烧造业，“烧造之事，在外临清砖厂，京师琉璃、黑窑厂，皆造砖瓦，以供营缮”[②]。如此蓬勃的手工业的发展，给传统的农业社会带来了竞争，二者越来越激烈地争夺资源，其中对土地及劳动力的争夺最为显著。河南巡按姚思仁曾总结道：“开采之弊，大可虑者八……矿夫残害，逼迫流亡……民皆开矿，农桑失业。”[③] 大量的劳动力被吸引到采矿、织染等新兴工业中，“成化中，开湖广金场，武陵等十二县凡二十一场，岁役民夫五十五万，死者无算”[④]。除了对劳动力的争夺外，新兴工业对土地的征用更是触及了地主阶级的命根子，使地主阶级对其深恶痛绝，他们往往借助对管理矿业的宦官的鞭挞来表达不满，“时中官多暴横，而陈奉尤甚。富家巨族则诬以盗矿，良田美宅则指以为下有矿脉，勒民偿之”[⑤]。宦官以开矿的名义假公济私，行巧取豪夺之事定然是有，因开矿而占用耕地之事也是事实，可见两个经济门类之间对资源的争夺常常达到白热化。

在这里有个很有趣的现象，就是新兴的工业经济的组织与管理者往往是太监。景帝时，“开浙江银场，因并开福建，命中官戴细保提督之。天顺四年命中官罗永之浙江、罗珪之云南、冯让之福建、何能之四川”[⑥]。“武宗时初，从中官秦文等奏，复开浙、闽银矿。”[⑦] 我们看到明朝政府大量任用宦官，前往全国各地管理矿业，而实际

---

① （清）张廷玉等撰：《明史》，中华书局 1974 年版，第 1997 页。
② （清）张廷玉等撰：《明史》，中华书局 1974 年版，第 1997 页。
③ （清）张廷玉等撰：《明史》，中华书局 1974 年版，第 1972 页。
④ （清）张廷玉等撰：《明史》，中华书局 1974 年版，第 1971 页。
⑤ （清）张廷玉等撰：《明史》，中华书局 1974 年版，第 1972 页。
⑥ （清）张廷玉等撰：《明史》，中华书局 1974 年版，第 1970 页。
⑦ （清）张廷玉等撰：《明史》，中华书局 1974 年版，第 1972 页。

上除了矿场外，其他的手工业部门如织染业，乃至管理外贸业务的市舶司都大量委任太监。

> 例如在湖北的太和山（今武当山），有一个特殊的宦官机构，负责管理该地生产的香、茶叶、竹、梅和李。在南京、苏州、杭州这3个生产高级丝织品的地方，明朝派了可靠宦官驻守，以确保宫廷用的丝织品是百分之百丝造的。此外，在最繁忙的3个沿海城市，即福建的泉州、浙江的明州（宁波）、广东的广州，明廷设置了3个由宦官掌理的市舶司。①

大量宦官介入到明朝的矿业、冶铁业中，遭到地主及农民激烈的反对，明朝文献里，记载了许多反对开矿采矿的暴乱事件。矿监遭到暴民攻击，有些矿监被杀害，衙门被烧毁，在苏州、杭州，宦官常被驱赶、攻击。这些社会现象的本质，都是新兴工业部门因为触动到了农业经济的利益，所以受到了后者的组成者——地主及农民的抵制。作为地主阶级代表的刘大夏本人，早年就曾经介入过因冶铁而导致的民乱事件。“弘治十七年，广东归善县请开铁冶，有司课外索赂，唐大鬓等因作乱，都御史刘大夏讨平之。”② 刘大夏是反对新兴工业的：“大夏请凡事非祖宗旧而害军民者，悉条上厘革……帝命事当兴革者，所司具实以闻，乃会廷臣条上十六事……织造、斋醮皆停罢。”③

郑和下西洋可以归入新兴工业门类中，他们主观上为封建帝王昭示天威，维护朝贡体系，但客观上也在为工业产品寻找海外市场，出口瓷器、丝绸，同时为国内的工业生产进口染料、木材、矿物等

① 蔡石山：《明代宦官》，黄中宪译，浙江大学出版社2019年版，第67页。

② （清）张廷玉等撰：《明史》，中华书局1974年版，第1973页。

③ （清）张廷玉等撰：《明史》，中华书局1974年版，第4845页。

原材料，以及珠宝、香料等奢侈品，因此也在刘大夏反对而必欲扼杀之范围内。

除经济矛盾外，对于太监这一群体，士大夫出于私人矛盾，对他们极尽污蔑与丑化之能事。刘大夏早年还曾经与太监阿九发生过私人纠纷，刘大夏笞打了阿九之兄，而自己又被厂卫所报复，“杖二十而释之”①。这纠纷为何而起，今天已无法追查，但刘大夏作为士大夫被太监杖责，定引为奇耻大辱，因而肯定对太监群体有着刻骨铭心的仇恨。

此外，刘大夏作为公职人员，私藏公牍还不止一次，除郑和的下西洋档案，他还私藏过安南故牍，他反对太监汪直征讨安南的建议，就私藏了关于安南战事的档案。“汪直好边功，以安南黎灏败于老挝，欲乘间取之。言于帝，索永乐间讨安南故牍。大夏匿弗予，密告尚书余子俊曰：‘兵衅一开，西南立糜烂矣。’子俊悟，事得寝。”②

从种种原因考查，既有利益集团的矛盾，又有对太监群体的私仇，刘大夏做出了令后人难以理解的私毁郑和下西洋档案资料的举动，导致这些珍贵资料永远灭失，给今天带来了无限遗憾。但下西洋运动的停止，不是某个人的行为所能决定的，其结果有着深刻的社会、经济原因，中国的新兴工业的进程必然会遭遇传统农业集团的阻击与抵制，刘大夏只是其中的一个代表而已。

---

① （清）张廷玉等撰：《明史》，中华书局 1974 年版，第 4844 页。

② （清）张廷玉等撰：《明史》，中华书局 1974 年版，第 4844 页。

第二十一章　纵横开阖的大航海运动

郑和下西洋常被认为是出于政治目的、不计成本而只追求形式上的万邦朝贺和四海来仪、厚往薄来的活动，明朝在经济上对西洋各国进行利益输送，花钱买恩德，得不偿失。这种认识是极其肤浅的，但因为长期以来人云亦云地传播，误人甚深。更有甚者，对下西洋之举进行批判，这更是一种无知，他们这是以西方对待殖民地的标准来评判自己民族的壮举。

从前文的论述中，我们可以清楚看到，明朝下西洋的活动是以一种非常积极，甚至是非常强势的态势，对所知世界的介入。无论从政治上，还是从经济、文化上，都是一种高屋建瓴的规划与实践，其结果是成功的，为中国自身的发展拓展了外部空间，对国内政治、经济形势也起到了稳定的作用。下西洋运动的最终停滞，也不是因为所谓的政治腐败、人心保守等原因导致。一项需要动员全社会力量来举行的活动，不可能因为某一小撮人的力量而改变方向，它定然有其内在的原因，下西洋运动的终结必须放到当时生产力发展程度的大背景中考察，才能得出正确的结论。而当时的生产力发展情况是，工业有所发展，需要拓展海外生存空间，但中国庞大的农业经济势力，力图阻止新生的经济门类来争夺自己的资源；新生力量想要掌握主导权，条件还不成熟、尚需时日，在当时的情况下，只能退缩而积聚力量。

实事求是地说，郑和舰队是一支随时可以作战的特混舰队，他们在中国以外，凭借先进的文化理念、强悍的军事力量、高效的组织能力，为国家争取生存空间，其精神可借用宣德皇帝送给郑和的一句诗为证："或万有一敢拒逆，尔时麾兵试一击。"[①]

仗剑行商

离国万里之外，无论是出使还是经商，都是异常艰难的，没有足够的实力作为后盾必然寸步难行。1993 年 7 月 7 日，笔者所服务的中远公司旗下的"银河"轮，从天津新港出发，载着 782 个集装箱驶往迪拜、达曼和科威特等地。8 月 2 日黎明时分，当"银河"轮航行在阿曼湾时，船头左方上空突然出现了一架美国军用直升机，在"银河"轮附近长时间地低空盘旋。12 时 30 分，右前方又出现了一艘舷号为"61"的大吨位美军巡洋舰。美军称"银河"轮装载着制造化学武器前体的硫二甘醇和亚硫酰氯，强迫"银河"轮往伊朗的阿巴斯港卸货，接受检查。之后，从 8 月 28 日开始，不断要求扩大检查范围，直至 9 月 4 日上午 10 时止，"银河"轮运载的 782 个集装箱货物全部被检查一遍，未发现任何问题，而船舶在公海上停泊达 33 天之久。[②] 在这期间船员承受了极大的心理压力，但中国的海军、空军都无法达到这一海域。当商船受到外国军事力量干涉时，没有护卫的我们眼睁睁无能为力，彼时的无能为力、无奈之情是难以言表的。

六百年前，郑和船队就曾经航行在这一海域，他们同样遇到了敌对军事力量的威胁，郑和率领海军直接将其击溃，其间共发生了三次著名的战役。郑和"凡一破国都，再虏逆命王，一擒大盗酋"[③]，可谓军功卓著。

第一次是在旧港擒灭了海盗陈祖义，陈祖义集团仗着实力雄厚，

---

① 郑鹤声、郑一钧编：《郑和下西洋资料汇编》，海洋出版社 2005 年版，第 67 页。

② 参见《中国远洋海运发展史》编委会：《中国远洋海运发展史》第 3 卷，人民交通出版社 2020 年版，第 469 页。

③ （明）王世贞撰：《弇山堂别集》，上海古籍出版社 2017 年版，第 99 页。

长期骚扰海上商人及大明使节。在郑和舟师于永乐五年（1407 年）返航回国途中，陈祖义竟然企图抢劫船队，当陈祖义率众海盗来袭时，郑和将其打败，生擒陈祖义押解回京，最终陈祖义被斩首示众。第二次是在锡兰山粉碎了国王亚烈苦奈儿的拦截阴谋，郑和 1411 年下西洋返航时，船队再次经过锡兰山国，其国王亚烈苦奈儿发兵五万进攻明朝军队。郑和在亚烈苦奈儿的军队倾巢而出时，亲率二千兵卒，突袭其都城，生擒了亚烈苦奈儿，带回国后献于朝廷。朱棣出于政治考虑，放了亚烈苦奈儿一条生路，但另立邪把乃那为国王。第三次在苏门答剌剿灭伪王苏干剌，平息了该国的内乱。1415 年郑和下西洋回国途中，在苏门答剌分派赏赐，伪王苏干剌引数万叛军来攻明军。郑和率领明军与苏门答剌政府军，大破伪王苏干剌叛军，并俘虏了苏干剌，从此彻底肃清了这一反对派力量，巩固了明朝与苏门答剌的关系。

郑和下西洋的历史资料存世太少，这有当时文人对宦官打压的原因，他们故意无视郑和所取得的成就，而很少记录。另一方面，因为刘大夏的焚坏档案，所以很多情况今天已经无法知晓。当年郑和在西洋所采取的军事行动，绝不止上述三次战争。近年来，在对史料的发掘中，人们又陆续发现了其他的一些线索。明代《武职选簿》是记载明代各卫所职官袭替、补选情况的登记簿册，它是五军都督府管辖的各卫所职官的档案。由于每一份档案涉及武职官员姓名、年甲、籍贯、父祖出身、从军归附来历、征克地方、杀获次数、受赏名目、升授职役、调守卫所等详细内容，所以是了解明代武职官员的珍贵史料。其中，《武职选簿》也记载了许多参与郑和下西洋的官兵的信息，为我们提供了珍贵的资料。

> 哈只，普江县人。洪武拾肆年充校尉，叁拾肆年藁城升总旗，叁拾伍年平定京师。永乐元年升宽河卫副千户，差往西洋等国公干，叁年升正千户。肆年授流官，先于永

> 乐叁年西洋等处公干，肆年旧港、绵花屿、阿鲁洋等处杀获贼船，五年升指挥佥事。[①]

这里所说的阿鲁洋及绵花屿之战，就不在上述三战之列，阿鲁洋在苏门答腊岛中北部，马六甲海峡航道南侧，即今勿拉湾附近。棉花屿在马来亚半岛西岸，马六甲海峡航道北侧，即今巴生港外附近。“棉花屿就是吉贝屿，吉贝屿（士员屿）即今卡帕斯（Kapas）岛。”[②] 由此史实可知，郑和船队进行的战争还有棉花屿之战，可惜没有更多的记录，战争的具体情况不得而知。

除在东南亚的几次战争外，郑和还曾经出征日本，不战而屈人之兵。明朝初期，倭寇对中国的袭扰日益严重，当时的日本实际统治者为室町幕府。永乐二年（1404 年），因为倭寇入侵浙江、南直隶，朱棣命郑和率兵前往日本。郑和率领由二百多艘船只、十万官兵组成的船队到达日本后，要求源道义剿捕倭寇。源道义在巨大的军事压力之下，只得表示臣服，派遣军队打击对马、壹岐等处的倭寇，并捕获倭寇头目二十多人，于永乐二年（1404 年）十一月献俘于明朝廷。经此一遭兵临城下，中日双方进入了历史上难得的一段和平友好时期，日本重新接受中国的领导，源道义（足利义满）接受了永乐朝所封“日本国王”的称号，日本政府保证不纵容中国“流逋”“奸宄”与日本倭寇相勾结，日本与明朝恢复了商贸关系，双方签订了《勘合贸易条约》，倭寇对中国的侵扰有所缓解。

可见当年郑和下西洋，军事行动还是非常频繁的，特别是在前几次出访中，敌对力量还很多，需要一一平定，在经历了多次艰难军事战斗后，西洋的局面才真正安定。因此说郑和下西洋是用金钱购买万国来朝、是厚赍薄来云云，真是说得太轻巧了。明朝的下西

---

① 中国第一历史档案馆、辽宁省档案馆编：《中国明朝档案总汇》卷 74，广西师范大学出版社 2001 年版，第 246 页。

② 周运中：《郑和下西洋新考》，中国社会科学出版社 2013 年版，第 197 页。

洋船队是典型的仗剑经商，没有武力做后盾的海外拓展是不可能成功的，轻则半路铩羽而归，重则投入的资产大量落入他人之手。大明海军拥有强悍的武力，这是下西洋运动获得成功的前提，“及临外邦，番王之不恭者，生擒之；蛮寇之侵掠者，剿灭之”①，可谓雷厉风行。

控制节点

郑和船队在武力挫败敌对势力后，另一项了不起的规划是控制关键节点，建立根据地，为船队走得更远提供保障，最终织成一张网，从南洋到印度洋、从亚洲至非洲东部，将沿途尽可能多的国家都网罗在交往的对象范围之内。

明朝的疆域，除了我们熟悉的“两京十三布政司”之外，还有一块海外飞地，就是“旧港宣慰司”。旧港宣慰司是在郑和的主持下在今印尼苏门答腊岛上设立的地方管理机构，北靠马六甲航道，是中国历史上南部疆域达到的极点。在本书第十三章，我们详细探讨过旧港宣慰司建立的经过，施进卿在管理旧港时，配合郑和消灭了陈祖义势力，从这时开始，旧港与明朝建立了联系。施进卿派遣女婿丘彦诚随郑和船队于永乐五年（1408 年）九月来到南京朝贡，明成祖朱棣盛情接待了丘彦诚一行，并决定依照对边疆地区的管理模式，设置旧港宣慰使司，宣慰使一职顺理成章地让施进卿担任，并赐给他印诰、冠带、文绮、纱罗等，明朝正式对旧港地区实施管辖权。旧港宣慰使司的设置，为明朝往西方海路进发创造了一块坚实的中转基地。

此处地理位置极其重要，郑和船队从国外带回的商品中，香料是量大而价值高的货物，它们大多从南洋腹地的摩鹿加群岛获得。这些货物回国的航线必须经过巽他海峡和马六甲海峡，在郑和下西

---

① 郑鹤声、郑一钧编：《郑和下西洋资料汇编》，海洋出版社 2005 年版，第 18 页。

洋之前的公元 9～10 世纪，三佛齐王国、朱罗王国、爪哇岛上的满者伯夷等势力，先后控制过旧港地区，这些贵重货物要从此经过是很不安全的，要么被征收重税，要么被直接掳走。当郑和到达旧港时，爪哇已灭亡三佛齐王国，但还没有完全控制旧港，当地的华人具备一定的势力，不愿意接受爪哇的统治。在这关键时刻，郑和支持施进卿，在旧港站稳了脚跟，在此设立了政府管理机构——旧港宣慰司，明朝军队于是在此获得了一块稳固的根据地。后来由于明朝下西洋活动的停止，旧港失去了依靠，施进卿的女儿在当地统治到 1440 年后，便将全部领地交给了爪哇地区新兴的统治者满者伯夷。

在下西洋航线中，另一个重要节点无疑是满剌加，它控制的马六甲海峡至今还是关系到中国重大利益的咽喉要道。郑和船队刚到满剌加时，其因地小势弱，一向受暹罗控制，还不是一个国家，没有国王，由头目掌管，每年要向暹罗进贡，否则就会受到征伐。在永乐元年（1403 年），明政府就曾经派遣中官尹庆出使满剌加，加强与满剌加的关系，而当时满剌加也亟盼能够摆脱暹罗的控制。

永乐三年（1405 年）七月，郑和第一次下西洋时来到满剌加，代表明朝政府封拜里米苏剌为满剌加国王，同时授以诰印。由于明朝政府的强力支持，暹罗只能遏制自己的欲望，眼看着满剌加独立建国，郑和顺势在此建立了中转站，建立起航海基地。郑和在满剌加港口附近，建筑了双重城垣，城内修造仓库，并留下军队守护。这样，船队在派遣大粽前往占城、爪哇等大国的重要港口的同时，安排小船前往周边小国，五、七日就可往返，所有船只在满剌加聚集，将收购到的货物在此处存贮，等候五月份西南季风起时，装载回国。

再往西行，最重要的一个地点为古里国，它位于南亚次大陆的西南角，离开此地便是浩瀚的印度洋，西岸就是非洲了，郑和船队要想前往非洲，此处是最理想的休整与补给地。但与满剌加、旧港不同，它是“西洋大国”[①]，对中国不会过分依赖，因此郑和采取怀柔政策来笼络。首先，在政治上对其进行褒奖：“永乐五年，朝廷命正使太监郑和等赍诏敕赐其王诰命银印，给赐升赏各头目品级冠带。”[②] 其次，让渡利益，加强与国王手下的大臣的联盟。该国人民分为五等：回回人、南昆人、哲地人、革令人、木瓜人。国王系南昆人，崇信佛教，尊敬象、牛，而大头目却是回回人，不食猪肉，早年其国王就与回回人誓定：“尔不食猪，我不食牛，互相禁忌。”[③]所以他们表面上是君臣关系，但实质可能是协作关系，分别统领佛教徒与穆斯林，“有大头目二人，掌管国事，俱是回回人”[④]。郑和敏锐洞悉这种关系后，给予了国王最高的政治待遇，而给予大头目更多的经济利益，“其二大头目受中国朝廷升赏，若宝船到彼，全凭二人主为买卖。王差头目并哲地、未纳几即书算手、官府牙人等，会领船大人议择某日打价”[⑤]。由于穆斯林注重经商，他们垄断了与中国人的贸易，因此为郑和船队的到来提供了很多方便。最终，以此方式，明朝船队在古里国建立了自己的补给基地，“（郑和）统领大䑸宝船到彼，起建碑亭，立石云：‘去中国十万余里，民物咸若，熙皞同风，刻石于兹，永示万世。’”[⑥]，为船队驶往遥远的非洲提供了后勤保障。

除上述各国外，有一国虽无基地，但由于两国关系交好，也成

---

① （明）马欢撰，万明校注：《瀛涯胜览》，商务印书馆、中国旅游出版社 2016 年版，第 54 页。

② （明）马欢撰，万明校注：《瀛涯胜览》，商务印书馆、中国旅游出版社 2016 年版，第 54 页。

③ （明）马欢撰，万明校注：《瀛涯胜览》，商务印书馆、中国旅游出版社 2016 年版，第 55 页。

④ （明）马欢撰，万明校注：《瀛涯胜览》，商务印书馆、中国旅游出版社 2016 年版，第 56 页。

⑤ （明）马欢撰，万明校注：《瀛涯胜览》，商务印书馆、中国旅游出版社 2016 年版，第 56 页。

⑥ （明）马欢撰，万明校注：《瀛涯胜览》，商务印书馆、中国旅游出版社 2016 年版，第 54 页。

为郑和船队一个重要的中转中心，这就是阿丹国，即今天的亚丁。它位于阿拉伯半岛西南部，商业范围辐射阿拉伯半岛、非洲、欧洲，是重要的东西方交通枢纽。明朝除郑和多次出访过该国外，永乐十九年（1421 年），李恺、周满等也出使过阿丹。[①] “王闻其至，即率大小头目至海滨迎接诏赏至王府，行礼甚恭谨。”[②] 由于地理位置的方便，明朝船队选择在此停靠，阿丹成为东西方商品的交易中心，这给该国带来了大量的贸易税收，所以国王对明朝政府也特别恭敬，专门制作镶嵌宝石的金冠、金叶表文进贡明朝，“其国王感荷圣恩，特造金厢宝带二条、窟嵌珍珠宝石金冠顶，并雅姑等各样宝石、蛇角二枚，修金叶表文进贡中国”[③]。基于这种良好的国家关系，郑和船队一直将阿丹作为一个基本港，每次下西洋都在此停泊、商贸。直到宣德年间最后一次下西洋，由于阿丹发生战乱，才弃用此港，转而深入到红海的麦加。

扶持同盟

在郑和下西洋过程中，他们除了政治、军事、经济手段外，还利用宗教影响来联络各地区势力，与政治、军事、经济等手段相较，宗教带来的效果会慢一点，但影响更加深远。在满剌加，除了在政治上的扶持，直接形成一个中转基地，郑和同时还在当地大力传播回教，最终使满剌加成为一个地区强国。

在历史上，马来群岛人以信仰印度教与佛教为主，到了中世纪，回教随阿拉伯商人传播到这里，马来人在保留印度教、佛教信仰的同时开始了解回教。当人们逐渐接受回教时，也保留着大量印度教

---

① 参见（明）马欢撰，万明校注：《瀛涯胜览》，商务印书馆、中国旅游出版社 2016 年版，第 68 页。

② （明）马欢撰，万明校注：《瀛涯胜览》，商务印书馆、中国旅游出版社 2016 年版，第 68 页。

③ （明）马欢撰，万明校注：《瀛涯胜览》，商务印书馆、中国旅游出版社 2016 年版，第 71 页。

的礼俗，继续维系原有的秩序体系，印度教、佛教僧俗贵族群体依旧很活跃，当时盛极一时的满者伯夷帝国（1293～1527 年）就属于印度教、佛教体系。

在《郑和下西洋海图》里，记录着一个地方叫“淡马锡”（今新加坡），为当时室利佛逝国的最后领地。当这一最后国土也被满者伯夷侵占后，国王拜里米苏剌被迫带着部属一路往北逃亡，最终艰难地在满剌加（马六甲）立脚。暹罗与满者伯夷是他两个最大的敌人，1405 年，拜里米苏剌派遣使者前往大明，请求明朝能接受满剌加的朝贡，郑和下西洋时对他进行了敕封，支持其建国。除了政治与军事支持外，郑和还积极在当地传播回教，拜里米苏剌的孙子接受了回教的割礼并取名“穆罕默德”，至 1412 年，拜里米苏剌正式将回教定为国教，满剌加成为一个回教大国。拜里米苏剌的儿子伊斯坎达尔和孙子穆罕默德，都是非常有才干的君主，他们积极扩充军备，打败满者伯夷与暹罗的进攻。满剌加的崛起带动了穆斯林政体的崛起，改变了爪哇岛的政治局面。

郑和在东南亚传播回教，还有一个案例。印尼有一个地方叫三宝垄，当地居民至今还在纪念着郑和。当地华侨称，三保太监船队在爪哇北岸沿海航行时，其副手王景弘因病没有回中国，他的随员们同土著妇女结婚，定居下来。王景弘等人除教会当地人生产技能外，还教育土著居民和华侨崇敬三保大人的伟大业绩和高尚品格，塑造了郑和的雕像，放在洞穴里，带着他的追随者们定期向雕像膜拜。王景弘也获得了“三保的年高德劭的领航员”的尊称，人们在每月阴历初一和十五日都会前往三保洞膜拜三保大人的雕像，瞻仰王景弘的坟墓。[①] 从历史资料上看，我们知道王景弘没有死在国外，而是一直追随着郑和，最终在郑和去世后还曾经被任命为南京守备。但三宝垄、三保洞、王景弘墓都是客观存在的，在当地传播教义的

---

① 参见［印尼］林天佑：《三宝垄历史：自三保时代至华人公馆的撤销（1416～1931）》，李学民、陈巽华译，暨南大学华侨研究所 1984 年版，第 315 页。

人也许另有其人，但郑和当年对印尼地方人民的思想的影响是非常深远的。

1964 年，从印尼爪哇三宝垄、塔兰、井里汶三地华人庙宇里发掘出一批珍藏的档案，它揭示出郑和在率领舰队离开某地后，绝不是一走了之，而是尽量在当地积极培植华人穆斯林势力，建立华人穆斯林社区，作为宣传回教的基地。特别是在爪哇各地，明朝船队所到之处，华人穆斯林社区有如雨后春笋般地建立起来。为了巩固华人穆斯林社区，郑和在各社区任命了华人首领，1419 年郑和到达爪哇后，任命彭德庆为华人穆斯林社区的总管，彭德庆是一名来自云南的穆斯林，他受命担任海外华人总管后，任命了许多来自云南的华人穆斯林为各个港口的首领。比如，1423 年彭德庆任命云南穆斯林颜英裕负责管理爪哇、旧港以及加里曼丹三地华人穆斯林社区。郑和在下西洋的时候曾经控制住爪哇地区的一片土地，叫都马板，并在 1430 年委任颜英裕的弟弟颜英旺为都马板地区的总督。

由于郑和深谋远虑地谋划与布置，在他去世后，华人穆斯林仍然对东南亚的社会产生着深刻的影响。颜英裕在郑和去世后委任孙龙为旧港华人首领，孙龙是一个优秀的火炮制造工匠，其母亲为华人。早年被郑和委以重任的彭德庆，他的女儿叫达拉瓦提，她嫁给了满者伯夷国王格尔达布米，被当地人称为“占城姑姑”，她死后按回教仪式葬于东爪哇，其墓至今尚存。彭德庆的孙子叫彭瑞和，于 1447 年被任命为思吉港的华人首领。彭德庆和颜英裕相继去世后，彭瑞和担负起了管理爪哇、旧港以及加里曼丹等地的华人穆斯林社区的责任。1451 年，思吉港的华人穆斯林社区因对外贸易不景气而衰落，彭瑞和移居泗水，致力于在岸佩尔、泗水、淡目、马都拉等地的传教工作，由于他为回教的传播作出了突出的贡献，被奉为爪哇的回教九贤之一，彭瑞和的墓现在还在泗水。彭瑞和有两个儿子和一个养子，他们也都对回教的传播作出过重要贡献，成为回教九贤的成员。

前文所说的曾为旧港首领的孙龙，有两个养子，一名陈文，一名金山。孙龙把陈文和金山抚育成人，1474 年，陈文和金山成年后，拜彭瑞和为师，学习回教教义。一年后，陈文受彭瑞和派遣，来到宾塔罗开辟新的穆斯林社区。至于金山，彭瑞和则派遣他为满者伯夷服务，后来他成为满者伯夷军队的统帅。

陈文到了宾塔罗后，遵照彭瑞和的指示，清除那里的丛林，建立穆斯林社区，传播回教。随着信徒人数不断增多，势力迅速壮大，在 1477 年他率领 1000 名穆斯林军队征服了三宝垄，扩大了回教在爪哇的影响。后来他率领回教联军（包括杜板、马都拉等地的回教军队）进攻满者伯夷，与金山率领的满者伯夷军队作战，陈文最终击败满者伯夷，占领其首都，建立了淡目王国，而满者伯夷则成为淡目的属国，淡目王国后来统治了印尼大部分地区，随着它的扩张，把回教传播到印尼各地。这一切最初都起源于郑和在东南亚所发起的宗教活动。[①]

从上述文字可以看到，郑和最先任用的彭德庆、颜英裕、颜英旺等人，他们是第一代掌握当地政权的穆斯林，之后颜英裕又任命孙龙为旧港首领，而彭德庆的孙子彭瑞和，后来被任命为思吉港的华人首领，彭瑞和的两个儿子和一个养子，也对回教的传播作出重要贡献。孙龙的两个养子，陈文和金山又是彭瑞和的弟子，陈文建立了淡目王国，金山成为满者伯夷军队的统帅。这种种错综复杂的关系，追根溯源，都是以郑和的布局为开端派生出来的，他们各自在当地把握政权，为大明军队提供了种种便利，并有力促进了中国的对外贸易，这是汉族文明与穆斯林文明一次成功的联合。

整合力量

海外对中国比较友好的国家大致可分为三类。第一类是可以放

---

① 参见廖大可：《从〈三宝垄华人编年史〉看伊斯兰教在印尼的早期传播》，《世界宗教研究》2007 年第 1 期。

心依靠的，如旧港，被郑和直接扶植成为大明宣慰司，施进卿在这里主政，他本是中国人，又被任命为大明的宣慰使，必然会服从明朝政府的命令；第二类是必须依赖中国而立国的，如满剌加，拜里米苏剌是中国一手扶持的国王，接受明朝的敕封，并且依靠明朝的力量抵抗他国的侵略，必然会极力支持明朝加强在当地的影响；而第三类就是那些对中国抱有友好态度的小国，如占城、琉球三国等。有一些地区大国如日本、安南、暹罗等国对周边小国时常进行侵略、欺压，而那些小国被迫附庸于大明，郑和就采取对大国进行打压、对小国进行抚慰的政策，使大国不敢过于冒进，小国积极向中国靠拢，将这些国家整合进大明的势力范围内，维持地区平衡，大体保持一个有利于明朝和平发展的国际环境。

除友好国家外，还有一些地区大国对中国时叛时附，这就需要边打边抚。前文第十章我们说过，郑和曾经兵临日本，在这次军事活动后，两国恢复了外贸通商。足利义满接受了“日本国王”的封号和金印、冠服等，与永乐朝恢复了外交关系，双方签订了《勘合贸易条约》，日本取缔了对马、壹岐诸岛倭寇活动。中国一方面对日本进行打压，另一方面又对深受日本压迫的琉球进行安抚，琉球岛内有三王分别为中山王、山南王、山北王，明政府除分赐三王文绮纱罗冠服外，对王妃、大臣等也各有赐。最重要的是接受国王世子以及大臣的子弟前来明朝为太学生。在学习期间对这些学生赐衣服、赐药，关爱有加，当他们回国后，必然成为亲中的中坚力量。①

中国南部的安南也是一个不安定因素，“大率数岁一乱，乱必连结党类，攻陷杀戮，又必数岁而后定。昔张辅以十余万人劳费，仅得数年郡县，叛者相继，卒归于夷”②。明朝一边对安南进行打压，“永乐四年（1406 年）乃大发兵征制安南”③，一边对深受其害的占

① 参见（明）严从简撰，余思黎点校：《殊域周咨录》，中华书局 1993 年版，第 126 页。

② （明）严从简撰，余思黎点校：《殊域周咨录》，中华书局 1993 年版，第 229 页。

③ （明）严从简撰，余思黎点校：《殊域周咨录》，中华书局 1993 年版，第 178 页。

城国进行拉拢与安抚，“永乐七年，命中宫郑和等往赐其国……海船到彼，其酋长头戴三山金花冠，身披锦花手巾，臂腿四腕俱以金镯，足穿玳瑁履，腰束八宝方带，如妆塑金刚状，乘象，前后拥番兵五百余，或执锋刃短枪，或舞皮牌，槌鼓吹椰壳筒，其部领皆乘马，出郊迎韶，下象膝行，匍匐感恩”①。由于明朝的撑腰，占城国才能够抵抗安南，它对明王朝怀有非常强的感激之情，当明朝军队到达该国时，国王率众迎接的场面极其热烈。

在友好联络西洋各国感情的形式中，还有一种情况比较特殊，就是厚葬逝于中国的外国国君，并封赐其继承人。在永乐年间共有三个国家的国君病死于中国，分别是浡泥、苏禄、麻剌，中国都非常妥善处理了其丧事，并赢得这些国家的友好感情。

永乐五年（1407 年），郑和船队再次途经浡泥，国王麻那惹加那亲率妃子、弟妹、子女等来到中国朝见。当年十月就病故于会馆。朱棣辍朝三日，派官员致祭，将其葬在南京安德门石子岗，并寻找加入中国籍的西南夷人为国王守墓，每年春秋两季，由专人祭扫。之后命麻那惹加那之子遐旺承袭王位，又封其国山为“长宁镇国之山”，并御制碑文。

苏禄分别被东王、西王、峒王等三王统治，永乐十五年（1417 年）他们率领一个三百四十多人的庞大使团来到明朝，在北京住了近一个月，当他们带着朱棣大量的赏赐，南下乘船回国时，东王在山东德州生病去世，朱棣将他安葬在德州，同样给予了优厚的葬礼待遇。“上命留其妃妾及兼从十人守墓，令毕三年还国。遣使封其长子都麻合为苏禄国东王。”②

除上述两国外，还有一国为麻剌国，“麻剌国前代无考。本朝永乐中，国主哇来顿本率其臣来朝，至福州卒。诏谥康靖。按当时之夷没葬于中国者，如浡泥、苏禄、麻剌共三人焉……敕葬闽，县令

① （明）严从简撰，余思黎点校：《殊域周咨录》，中华书局 1993 年版，第 250 页。
② （明）严从简撰，余思黎点校：《殊域周咨录》，中华书局 1993 年版，第 316 页。

有司岁时祭之"[①]。历史记载虽不如前两国详细，但还是透露了很多信息。参照浡泥、苏禄之案例，可以相信明朝政府必然是安排好其后事，封赐其继承人。

利用各种手段，郑和在国家力量的支援与配合下，将纷繁复杂的西洋各国进行了整合，并施加影响，为大明帝国争取到了良好的国际环境。

---

① （明）严从简撰，余思黎点校：《殊域周咨录》，中华书局 1993 年版，第 316 页。

第二十二章　深刻影响了欧洲

郑和下西洋运动是中国历史上一件大事，它使中国力量影响到了东南亚、非洲、阿拉伯世界，这是直观可见的。事实上它潜在的影响更大，远至欧洲，它是中学西被洪流中的一支。其直接作用是将火药、指南针、天文、地理知识输送到西欧，促成了地理大发现，间接作用是将中国的各类书籍、历法、科技等知识传播到西方，助长了他们的社会变革的动力。

在现代的发展逻辑中，有一个链条被认为是常识，即希腊文化产生了罗马文化，罗马文化产生了欧洲基督教文化，欧洲基督教文化产生了文艺复兴，文艺复兴产生了启蒙运动，启蒙运动产生了政治民主和工业革命，现代工业连同政治民主产生了“美国精神”，它们都体现了西方人对生存权、自由权和幸福生活的追求，这就是所谓的“现代文明”。但这是在误导，世上根本没有什么西方的古典文明，真实的中世纪欧洲的世俗政权是极其落后、愚昧、残暴的。

> 在玛丽掌政时期，大约有800人死于火刑。甚至有个怀孕的妇女在烧着的柴堆上生下了孩子。几个公民出于恻隐之心，把孩子从火中救出来了。信天主教的法官又把小孩扔进火堆。听到这样的惨无人道行为，我们究竟相信自己是活在人间，还是活在那些处于备受酷刑煎熬的深渊而

拼命把人类推入其中的魔鬼之间?[①]

王权政府是如此狼戾不仁，人民所受的苦难没有尽头，但可怜的欧洲人除了要忍受王权的迫害外，还处在教会的双重统治下，而教会更加愚昧贪婪。

> 教会把它的赎罪券、宽免证和各种特权码标价，公开出售。教廷征收的这种税收，在教皇约翰十二世前，还是随意作价，没有确实的把握能够收到，后来到他手里，就这项税收作为教规，明文规定下来了。一个助祭或者辅祭犯了杀人罪，只要花 12 个图尔诺瓦，或 3 个杜卡托和 6 个卡尔林，约合 20 个埃居，就可买到 3 份宽免证而获得免罪。一个主教，一个修道院长，只要花 300 利弗就可以杀人害命。任何荒淫无耻的滔天罪行，都有赎买的定价。兽奸罪为 250 利弗。人们不但可以为过去已犯的罪请求宽免，而且还可以为打算要犯的罪请求宽免。[②]

欧洲社会秩序是如此混乱，人性之堕落可见一斑，而他们的学术在研究什么呢？则更加荒唐，宗教人员是唯一掌握知识的人，他们在激烈争论上帝存在于哪里。

> 路德选用了秘密教义的一部分而摈弃了另一部分。他承认耶稣的身体是存在于饼和酒形式的圣体之内；但是他说，它在其内，犹之火存在于炽热的铁之中，铁与火在一起共存。这种把上帝之身跟饼和酒相混淆的方式，俄西安德称之为“在饼之内”“在酒之内”和“圣体共在”。路德

① ［法］伏尔泰：《风俗论》中册，梁守锵等译，商务印书馆 1997 年版，第 625 页。

② ［法］伏尔泰：《风俗论》中册，梁守锵等译，商务印书馆 1997 年版，第 564 页。

> 的提法是身体和血“在其中”，“在其上”，“在其下”。这样一来，奉行教皇制的人吃上帝而不吃饼，路德教派则吃上帝也吃饼，而不久以后兴起的加尔文教派却只吃饼而不吃上帝。①

神学家们的争议不仅仅是一种无聊的磨牙，他们的理论纠纷还给社会带来了无尽的灾难，“但是由于分裂，人们却流了更多的血，以致神学家之间的争执变成了人类互相残杀的一次又一次的战争”②。一切没有那么美好，西方人在中世纪完全处在绝望中。欧洲生活的起色是因为文艺复兴带来了文明，地理大发现拓展了他们的生存空间，但这二者的起源绝非什么希腊文明或是基督教文明，而是因为中世纪之后，中国的文化逐渐传播到了欧洲，他们从中学会了中国的政治文明、航海技术，西方文明的起源首先得益于中国文化，没有中国文化对西方土地的灌溉，它永远只会是一片文化荒漠和荒蛮之地，在欧洲脱胎换骨的转变中，郑和下西洋事件也起到了极其重要的作用。

始通罗马

文艺复兴发轫于意大利，它使欧洲从野蛮与愚昧中解脱出来。古代中国便知有其国，“拂菻，即汉大秦，桓帝时始通中国。晋及魏皆曰大秦，尝入贡。唐曰拂菻，宋仍之，数入贡”③。中国当时对意大利了解得颇深，记录也很详细：

> 其国地甚寒，土屋无瓦，以葡萄酿酒。乐有箜篌、壶琴、小筚篥、褊鼓。国主服红黄衣，以金绵织丝布缠头。

① ［法］伏尔泰：《风俗论》中册，梁守锵等译，商务印书馆 1997 年版，第 572 页。
② ［法］伏尔泰：《风俗论》中册，梁守锵等译，商务印书馆 1997 年版，第 570 页。
③ （清）张廷玉等撰：《明史》，中华书局 1974 年版，第 8457 页。

岁三月，则诣佛寺，坐红床，使人舁之。贵臣如国主之服，或青绿、绯白、粉红、褐紫，并缠头，出骑马。刑罚罪轻者杖数十，重者至二百，大罪则盛以毛囊投诸海。不尚战，小有争，但以文字往来相诘问事，大亦出兵。[①]

13～15世纪，中国与西方国家交往如何呢？出于对中国商品特别是丝绸与瓷器的喜爱，欧洲人极其热衷于对中国的探索，著名的意大利旅行家马可·波罗从中国回去后，发表了《马可·波罗游记》，对中国富庶的社会进行了宣传，在欧洲引起极大的轰动，“当马可·波罗向其同时代人揭示他的亲身经历时，他们都拒绝相信自己的耳朵或眼睛，首先都被惊得目瞪口呆”[②]。这部作品引起了欧洲人对中国的无限向往，他们做梦都想着要前往中国获取财富与宝藏。

意大利是当时欧洲最发达的地方，前往中国的人士主要是商人与传教士，而传教士由于文化水平比较高，并且主要从事文化传播工作，因此留下的文字记录也比较多，为我们提供了丰富的历史档案。

谁是到过大汗宫廷的教皇的使节呢？传教士和在中国的城市任主教的又是哪些人呢？略过那些陪伴他们的下属宗教人士的名字或那些曾启程前往远东，却在半途病倒或死亡而从未抵达的人，我只提及他们中的主要人物。他们是六位方济各会士：若望柏郎嘉赛（Giovanni dal Piandel Carpine），罗伯鲁威廉（Guglielmo da Rubruck），约翰孟德高维奴（Giovanni da Montecorvino），佩鲁嘉安德烈（Andrea da Perugia），和德里（Odorico da Pordenone）和若望马黎诺里。除了第二位是弗兰德（Fiandre）人外，其

① （明）严从简撰，余思黎点校：《殊域周咨录》，中华书局1993年版，第385页。

② ［法］安田朴：《中国文化西传欧洲史》，耿昇译，商务印书馆2013年版，第116页。

> 余的都是意大利人。他们都是些出类拔萃的人物，进行了漫长和艰辛的旅行。[①]

当时蒙古人的铁骑正在横扫亚欧大陆，出于对蒙古人的恐惧，欧洲人派这些传教士前往中国，他们的主要任务是了解当时元朝的政治、军事情报，并希望能说服皇帝信奉基督教，他们想通过这样的方法，使欧洲免受战争灾难。

> 威廉于1254年在哈剌和林（Qaraqorum）受到蒙古大汗蒙哥（宪宗）的接见，孟德高维奴则以教皇尼古拉四世的特使身份前往中国。他于1290年从意大利出发，经海路到达中国，1294年在北京获元世祖忽必烈的继承人成宗铁穆耳的接见。
>
> 作为教皇的特使，孟德高维奴颇受优待，走遍中国，劝人信奉天主，一位蒙古首领原是景教教徒，在他的开导下皈依了天主教。他虽然在朝廷中深受礼遇，却未能使大汗改信天主。当他有成效的传教活动以及在中国组织教会的消息传至欧洲时，教皇便决意任命他为北京的总主教，他晚年80多岁时在这个城市逝世。任命孟德高维奴为主教的消息是由三位副主教带给他的，这三位是七人代表团中的幸存者，于1309年至1313年间来到北京。安德烈便是这个使团中的一位，1323年被任命为刺桐（Zayton，今泉州）的主教，1332年在那里去世。[②]

---

① ［意］白佐良、马西尼：《意大利与中国》，萧晓玲、白玉崑译，商务印书馆2002年版，第41页。

② ［意］白佐良、马西尼：《意大利与中国》，萧晓玲、白玉崑译，商务印书馆2002年版，第44页。

在这里有一个重要的信息，有一位意大利人安德烈在14世纪被任命为刺桐的主教，说明基督教在刺桐长期的经营，已经具有了一定的影响，它甚至已经在任命主教来管理宗教事务了。而刺桐正是郑和船队扬帆起航下西洋的泉州港，每次出发前船队都会在这里驻扎数月等待季风，郑和下西洋的任务就是联络西方各国，对于他将要到达的国家，无疑船队人员会多方收集各类信息。拂菻（意大利）地理位置最为遥远，所知情况最少，情报也就更加珍贵。在泉州有意大利人所设的宗教机构，他们当然不会放过这样的去了解欧洲信息的机会，包括交通、商业、政治等。郑和肯定有机会了解到一些关于意大利的情况，包括它的地理位置、风土人情、政治军事等，在掌握这些信息后，郑和船队的成员应该会渴望到拂菻进行实地的考察与交流吧。

蒙古人统治的元朝，对外国人采取的是优待政策，因此大量的外国人在中国做官、经商、传教。但当明朝取而代之后，外国人不再享有这些特权，因此他们在中国的生存不再如元朝时那么容易，外商被疏远，被迫待在帝国的边远地区。因此大多数外国人迅速地逃离中国，商人和宗教人士一个接一个地离开，但有一个特例，他叫捏古伦，是一个拂菻人。捏古伦是在元朝统治的末期来到中国的商人，他在改朝换代时未能及时离开，当他将要回国时，得到了一个意想不到的差事！明朝的开国皇帝朱元璋召他进宫，委托他带信函给拂菻的国王。

朱元璋登基伊始就大量派使臣前往各国诏告新王朝建立，但拂菻实在太过遥远，而且是如此生疏，以至无法派遣使臣，是一个难以送达国书的国家。当朱元璋得知这个叫捏古伦的拂菻人想回国时，竟然异想天开让他带去大明的国书，此事被记录在《明史》中：“元末，其国人捏古伦入市中国，元亡不能归。太祖闻之，以洪武四年

(1371年）八月召见，命赍诏书还谕其国王。”[1] 这实在是无奈之举，如此煊赫的大明王朝竟然以这种方式去告谕王命，无论如何不是一件体面的事，大国威严何在？况且这事后续如何，大明所赠各种礼物是否送达王廷，拂菻国王是否态度恭谨，结果皆不得而知。无疑，洪武皇帝是满心遗憾的。

那么我们提出一个问题，后继者朱棣、朱瞻基派出的使臣如果有机会能够到达拂菻，他们会放过这一机会，不去弥补开国皇帝的遗憾吗？

一封书信

克里斯托弗·哥伦布于1492年8月3日率三艘帆船，从西班牙南部的帕洛斯港出发，向西航行，希望到达东方的中国。这次航行是在西班牙国王费尔南多二世和王后伊莎贝尔赞助下成行的，他携带着国王给中国皇帝的诏书，开始探寻通往中国、印度等东方国家的新航路，目标是那里的黄金、香料和其他财富。哥伦布于当年10月12日到达美洲加勒比海的一个小岛，哥伦布为其取名圣萨尔瓦多岛，哥伦布至死都以为他到达的就是印度。

哥伦布的探险深刻改变了世界格局，欧洲人走上了掠夺全世界的霸权之路。地球是圆的，这一科学论断是支持哥伦布决心西行的基石，此理论是谁告诉他的呢？最早在葡萄牙流传着这个知识：“里斯本有一名叫做费尔南·马丁内斯或费尔南·德·罗里斯的受俸牧师告诉堂胡安王子说，这个问题正是他与一名叫做保罗·德尔·波索·托斯卡内利的佛罗伦萨数学家和物理学家所探讨的一个问题。按照这位受俸牧师的说法，托斯卡内利认为西航路线完全可以通航，并且比东航路线更短、更顺利。”[2] 那么托斯卡内利又是如何了解

---

① （清）张廷玉等撰：《明史》，中华书局1974年版，第8458页。

② ［西班牙］萨尔瓦多·德·马达里亚加：《哥伦布传》，朱伦译，人民文学出版社2011年版，第74页。

“地球是圆的”这个知识的？当时欧洲流行的托勒密的地理学可没有这个理论，而托斯卡内利本人也不是一个地理学家或天文学家，“托斯卡内利是优秀的物理学家和数学家，但他只是在晚年才开始从事宇宙志学研究”[①]。那么他怎么会突然就搞清楚“地球是圆的”呢？一封信件透露了其中的秘密，托斯卡内利是从一支中国船队的海员中学到了这一知识。

哥伦布在从美洲回西班牙后，于 1493 年发表了他的《航海日记》，我们能从中寻找出蛛丝马迹。《航海日记》的最前面是他写给西班牙国王与王后的奏书，其中有一句话：“臣于同月（1492 年 1 月）向陛下呈递关于印度大陆和一个叫做大可汗的君主的奏书。大可汗一词在吾人罗马语族语言中乃‘众王之王’之意。他及其先辈曾多次遣人前往罗马请求派遣精通吾人神圣宗教之士前去为其传教。”[②] 这里的“大可汗”即指中国皇帝，中国皇帝曾经送来书信，要求罗马派宗教人士前往中国传教。哥伦布是怎么知道中国皇帝派人到罗马的呢？书中注解给出信息是这样的：

> 保罗·托斯卡内利于一四七四年六月二十五日于佛罗伦萨写信给里斯本的受俸神父费尔南多·马丁内斯，信中也提到大可汗，他是从《马可·波罗游记》的前言和其他书中得知此事的。哥伦布向他请教关于西行印度问题时，托斯卡内利将该信抄给了哥伦布。[③]

从上面的引文可知，托斯卡内利知道中国皇帝派使罗马的事，

---

① ［西班牙］萨尔瓦多·德·马达里亚加：《哥伦布传》，朱伦译，人民文学出版社 2011 年版，第 74 页。

② ［意］哥伦布：《哥伦布航海日记》，孙家堃译，上海外语教育出版社 2011 年版，第 6 页。

③ ［意］哥伦布：《哥伦布航海日记》，孙家堃译，上海外语教育出版社 2011 年版，第 7 页。

他又向神父马丁内斯说明了此事，而哥伦布看到了托斯卡内利写给马丁内斯的信，故知中国人曾经向罗马派遣使臣之事。这封书信都说了什么？

托斯卡内利（1397～1482）是文艺复兴时期佛罗伦萨最伟大的数学家，马丁内斯当时是葡萄牙国王阿方索五世的神父，他与托斯卡内利相识。托斯卡内利提出地球是圆的，从欧洲出发向西方航行，也可以到达中国和印度，他的信是这么写的：

> 以前我常常说起从这里到达香料之国印度的海上通路：一条比途经几内亚要近得多的海路。你告诉我说贵国国王希望我解释得更加详细一些，以使他更容易明白，并希望能够走这条海路。尽管我可以在一个代表地球的球体上展示这条路，不过我想还是在一张航海图上展示要更简单更清楚些。因此，我给贵国国王送上一张我亲手绘制的航海图。
>
> 一个人如果在海上一直向西航行，他总有一天会在西方找到这些国家，而如果这个人从陆路向东方走，也总有一天会在东方发现同样一些国家……那里集聚了世界其他地区加到一起那么多的船只、水手和货物，尤其是在那名叫刺桐（泉州）的主要港口……所有这一切都由人称“大汗”的君王统治，用我们国家的话来说就是“万王之王”。这位君王主要留在中原……在教皇尤金任期里（1431～1447），该国有一位使节来觐见教皇，并对教皇说他们对所有的基督教徒都怀极大的友情。我跟那位使节交谈了很久，谈到了许多事情：关于他们国家建筑的宏伟浩大，关于他们江河的宽广绵长……那个国家也有许多学者、哲学家、天文学家以及其他一些精通自然科学的人士，他们协助大

汗统治这个巨大的王国并参与指挥作战。①

葡萄牙国王热衷于支持探险寻找新航路，因此托斯卡内利愿意向他们介绍新的航线信息，“从这里到达印度的海上通路”指的是中国和东南亚，信中还提到了地球仪和海图，它们显示了前往东方中国的新航线。那么托斯卡内利又是怎么知道地球是圆的这个知识的呢？信中其实已经给出了答案。

托斯卡内利不但见到了这位中国使节，还跟他谈了很多，并特别提到天文学、自然科学。这不奇怪，作为一名科学家，他对科学知识的兴趣应该比政治与财富更浓，在与中国使者及同行的学者的交流中，他了解到中国人所探知的航线信息，以及中国人长久以来所积累的天文学、地理学、数学知识，他一定还收到了中国人赠送的图书、历书等。信中所说的教皇尤金四世，1383 年生于威尼斯，原名加布里埃勒·康梅，他于 1431 年 3 月 3 日即任教皇，一直任职到 1447 年 2 月 23 日去世。他的加冕仪式是 1431 年 3 月 11 日在罗马的圣彼得大教堂举行的，1434 年 6 月以后，他主要在佛罗伦萨行使教皇职责直至 1438 年迁到费拉拉为止。

信中说“该国有一位使节来觐见教皇”，这位使节是谁？本书第二十章介绍郑和 1431 年第七次下西洋，派洪保进入红海到达天方，这时离意大利已近在眼前，而他们是知晓此国的存在的，史书称该国为“拂菻”。朱元璋时代，只能委托拂菻商人捏古伦，代为带信函给拂菻的国王，此时得到了这个机会，能够弥补明初无力派遣使臣的遗憾，他们一定不会放过，于是中国使节前往拂菻（意大利），并到达了佛罗伦萨。

郑和第七次下西洋时，一个重要的使命就是前往各国晓谕宣德皇帝登基的消息，他于 1432 年从中国启程，如果有本次中国使臣要

---

① ［英］加文·孟席斯：《1434：一支庞大的中国舰队抵达意大利并点燃文艺复兴之火》，宋丽萍、杨立新译，人民文学出版社 2012 年版，第 118～119 页。

前往拂菻的话，路上大概需要三年。1434 年至 1438 年间，基督教廷就在佛罗伦萨，教皇尤金四世这期间都生活在这里，他见到的中国使者会是谁？这一时段，中国派往海外的官方使团，只有郑和这一支。信中特别提到使节“对教皇说他们对所有的基督教徒都怀有极大的友情”。借助宗教力量拉近与当地统治集团的关系，这正是郑和团队所擅长的外交手段，当郑和到达爪哇等穆斯林统治的国家时，他们就宣扬回教；当到达以佛教为国教的锡兰山国，就通过向寺院布施的行动，拉近与当地民众的关系。这既是因为他们拥有灵活的外交手段，也因为有宽容的宗教态度，所以当使团到达信俸基督教的意大利时，表达对基督徒的友善是完全可以理解的。几乎可以肯定，当年到达意大利的这个中国使团就是郑和船队的分䑸。

也许有人会有疑问，关于船队到达意大利之事，在郑和所有的记功碑刻中为什么都没有提及？其实这并不奇怪，因为无论是南京、太仓还是泉州的天妃宫石刻，都是在第七次下西洋之前所做，而到达拂菻则是最后一次，就在这次航行中，郑和客死他乡，再也没有机会来补录这一历史事件了，所以我们所熟知的下西洋所到各国中遗漏了拂菻。

地球是圆的

支持哥伦布向西航行的一个信念是“地球是圆的”，这一理论来源于托斯卡内利，但这是西欧新创见吗？从上文可知，这一知识是从东方传到西方而为他们所知，再加以利用的。

在元朝时，中国与阿拉伯世界的文化深入交流，就是在这一时间，中国人对地理的认知达到了非常高的水平。在蒙哥统治时期，他对天文学非常感兴趣，要求手下大臣建立一个先进的天文台。当时世界上最了不起的天文学家叫纳昔剌丁，蒙哥对纳昔剌丁崇拜得五体投地，非常想得到这位大科学家，将他招至麾下进行科学研究。当蒙哥的弟弟旭烈兀（1219～1265）受命西征伊朗时，蒙哥交待旭烈兀说："当邪教徒被征服时，把火者纳昔剌丁送到这里来吧。"[①] 旭烈兀进入伊朗东北部呼罗珊后，得到了纳昔剌丁，但他并未把纳昔剌丁送到东方的蒙哥处，而是带着他西征，一直到报达（今伊拉克巴格达）。

> 因为蒙哥合罕忙于征讨蛮子国（南宋），远离京城，旭烈兀汗便下令让他（纳昔剌丁）就在我国（伊朗）建造天文台，因为他已获悉他的卓绝生活方式和天性的诚挚，希望他侍奉于他身边。在旭烈兀汗登上汗位七年后，在木爱亦答丁·阿儿即、法黑剌丁·篾剌吉、法黑剌丁·阿黑剌提、纳只马丁·答必剌尼·可疾维尼这四位学者的帮助下，伊利汗的天文台建起来了。[②]

这就是闻名于世的马拉加天文台，世界上有很多学者前往马拉加天文台学习，当这些优秀的天文学家带着所学知识流散到世界各地时，就将先进的知识传播开来了。这些学者中有一位天文学家来到了中国，他叫札马鲁丁，"札马鲁丁是大约 1250 年从中亚某地来中国的伊斯兰系统的天文学家"[③]，他从马拉加天文台来到中国后，带回了七件天文学仪器。

> 从 7 件仪器的具体构造等方面来看，可能是受到纳速拉丁（纳昔剌丁）在马拉加天文台上的天文仪器的影响。例如有一种叫"苦来亦阿儿子"的仪器："其制以木为圆球，七分为水，其色绿，三分为土地，其色白。画江河湖

① ［波斯］拉施特主编：《史集》第三卷，余大钧译，商务印书馆 1986 年版，第 76 页。

② ［波斯］拉施特主编：《史集》第三卷，余大钧译，商务印书馆 1986 年版，第 76 页。

③ 吴文俊主编：《中国数学史大系》第 6 卷，北京师范大学出版社 1999 年版，第 138 页。

> 海，脉络贯穿于其中。画作一方井，以计幅圆之广袤、道里之远近。”这是一架地球仪。
>
> 札马鲁丁所造之7件天文仪器安装在刚由开平府升格的上都（在今内蒙古锡林郭勒盟正蓝旗），他当然也就要在那里管理新制的仪器和进行天文研究了。当时也没有官署，到至元八年（1271年）“以上都承应阙官、增置行司天监”，这就是以研究伊斯兰系统天文历法为主要任务的回回司天监，札马鲁丁当然是台长（当时叫“提点”）。①

毫无疑问，元朝时的中国人已经知道地球是圆的，并且制作出了形象的地球仪。明朝建立后，承袭了元代的天文机构，洪武元年（1368年）在设置司天监的同时，还设置回回司天监，“洪武元年改院（元代太史院）为司天监，又设回回司天监”②。回回司天监是一个独立机构，录用阿拉伯天文学家任职。“国初，司天监外设回回司天监，取回回人世官之。”③，洪武三年（1370年），司天监改名钦天监，“设四科，曰天文，曰漏刻，曰大统历，曰回回历，以监令少监统之”④。

元朝所积累的天文、地理学知识及各类仪器为明朝政府所了解，郑和及其同仁长年航行于世界大洋，他们对地理知识的关注是分内的事，他们与司天监的联络是密切的，而郑和作为一名穆斯林与回回司天监的关系可想而知，必然更加密切，他从中获得应知的天文、地理知识。他们将相关测象仪器随船携带，当他们到达意大利时，将此知识传递给了上文所说的托斯卡内利，托斯卡内利又将这些观点告诉了葡萄牙国王及哥伦布，意大利人得到了当时最先进的航海

---

① 吴文俊主编：《中国数学史大系》第6卷，北京师范大学出版社1999年版，第141～142页。

② （清）张廷玉等撰：《明史》，中华书局1974年版，第31页。

③ （明）黄省曾撰，谢方校注：《西洋朝贡典录校注》，中华书局2000年版，第115页。

④ （清）张廷玉等撰：《明史》，中华书局1974年版，第31页。

地图及地球仪。地球是圆的，这一观念坚定了哥伦布向西航行的决心。横跨大西洋不但需要决心，还需要海上航行的定位知识，也许中国海员将这些技术一并传导给了欧洲人。

中国一向以“天朝大国”自居，明朝政府向各国的赏赐物，必不可少的就是《大统历》。因为在中国，在改朝换代或皇帝继位之后不久，新皇帝都会尽可能通知“万国”，赠予中国历法，是要让他们明白中国新皇帝是从哪年哪日君临天下。明朝代替了元朝，当然更要宣告“改正朔”，这也正是“郑和下西洋”主要使命之一，除历法外，象征国家统一的标志、物度量衡等，都是中华使者向外发送的典型物品。

> 洪武二年（1369 年），越南使者陈敏时等到达应天（今江苏南京市），回国时赐赠《大统历》。以后又多次赐送。同一年，《大统历》也传入占城（今越南南部），当时的占城国王阿答阿（者）遣使者到应天，回国时送给《大统历》。不久，向越南一次就送《大统历》3000 册。明嘉靖二十年（1541），嘉靖帝令广西布政司每年印 1000 册《大统历》给越南。①
>
> 洪武二年，太祖遣官以即位诏谕其国（占城），其王阿荅阿者先已遣使奉表来朝，贡象虎方物。帝喜，即遣使赍玺书、《大统历》、文绮、纱罗，偕其使者往赐。②
>
> 洪武二年，赐（西洋琐里）文绮、纱罗诸物甚厚，并赐《大统历》。③
>
> 洪武三年……赐（琐里）《大统历》及金织文绮、纱罗

① 吴文俊主编：《中国数学史大系》第 6 卷，北京师范大学出版社 1999 年版，第 525 页。

② （清）张廷玉等撰：《明史》，中华书局 1974 年版，第 8383 页。

③ （清）张廷玉等撰：《明史》，中华书局 1974 年版，第 8424 页。

各四匹，使者亦赐币帛有差。[①]

洪武三年，太祖遣行人赵述诏谕其国（三佛齐），明年，其王马哈剌札八剌卜遣使奉金叶表……诏赐《大统历》及锦绮有差。[②]

洪武三年，诏赐（真腊）《大统历》及彩币，使者亦给赐有差。[③]

洪武五年，诏赐（暹罗）《大统历》及彩币。[④]

洪武五年，琐里国主卜纳的亦遣使贡，奉金字表文，并图其土地山川以献。上赐国主《大统历》及织金彩缎纱罗各四疋，赐使臣彩缎纱罗各二疋。[⑤]

（洪武）五年正月命行人杨载以即位建元诏告其国，其中山王察度遣弟泰期等随载入朝，贡方物。帝喜，赐《大统历》及文绮、纱罗有差。[⑥]

（洪武十六年）命赐（须文达那）王《大统历》、绮罗、宝钞，使臣袭衣。[⑦]

（成祖二年）赐赉有加，并赐《列女传》百册。使者请颁量衡为国永式，从之。[⑧]

太祖复遣使送之还，且赐（爪哇）以《大统历》。[⑨]

由上可知，明政府赐《大统历》的记录比比皆是，中国使臣到了佛罗伦萨自不例外，定然大量发放《大统历》，而《大统历》中蕴

① （清）张廷玉等撰：《明史》，中华书局 1974 年版，第 8424 页。
② （清）张廷玉等撰：《明史》，中华书局 1974 年版，第 8406 页。
③ （清）张廷玉等撰：《明史》，中华书局 1974 年版，第 8394 页。
④ （清）张廷玉等撰：《明史》，中华书局 1974 年版，第 8396 页。
⑤ （明）严从简撰，余思黎点校：《殊域周咨录》，中华书局 1993 年版，第 306 页。
⑥ （清）张廷玉等撰：《明史》，中华书局 1974 年版，第 8361 页。
⑦ （清）张廷玉等撰：《明史》，中华书局 1974 年版，第 8422 页。
⑧ （清）张廷玉等撰：《明史》，中华书局 1974 年版，第 8398 页。
⑨ （清）张廷玉等撰：《明史》，中华书局 1974 年版，第 8402 页。

含了深厚的天文与地理学理论知识。明代所用《大统历》是刘基（1311～1375）在元代《授时历》的基础上修订的，其水平在当时绝对是世界一流的。

> 洪武元年（1368年）冬十月，征太史院使张佑、张忻，司农卿兼太史院史成隶，太史同知郭让、朱茂，司天少监王可大、石泽、李义，太监赵恂，太史院监侯刘孝忠，灵台郎张容，回回司天监黑的儿、阿都剌，司天监丞迭里月实一十四人，修定历数。二年夏四月，征元回回司天监官郑阿里等十一人，至京议历法、占天象。①

由此可知，明初《大统历》承继了元《授时历》及回回历法研究成果。而《授时历》是元朝时数学、天文学、地理学知识的集大成者，它的编制由当时最优秀的科学家主持，动用大量的人力进行研究与实测完成。“至元十三年任命的改历高层领导有三人，即许衡、王恂和郭守敬。”② 许衡（1209～1281）字鲁斋，河内（今河南沁阳）人。自幼喜爱读书，金亡后北上，隐于大名，研究学问，医药卜筮、诸子百家、兵刑货殖、水利算数之类，无不精通，逐渐成为一名知识渊博的学者，至元七年（1270年）拜中书左丞，力辞不允，八年四月改为集贤大学士兼国子祭酒。领导历法改革工作时，许衡将近七十岁，王恂、郭守敬大概四十多岁。

为制定新的历法，他们对历法理论进行了深入研究，同时展开了大规模的实地监测。首先是对前代各家历法加以比较，进行理论计算。在这个过程中，他们不但对中国历代的历法进行研究，而且借鉴了大量回回人的数学、天文学知识。为进行实测，郭守敬设计

---

① （清）张廷玉等撰：《明史》，中华书局1974年版，第73页。

② 吴文俊主编：《中国数学史大系》第6卷，北京师范大学出版社1999年版，第154页。

了十七件天文仪器，它们是高表、仰仪、简仪、候极仪、玲珑仪、立运仪、证理仪、正方案、星晷、定时仪、景符、日月食仪、浑象、窥几、丸表、悬正仪、座正仪、天枢。[①] 这是中国天文仪器制造史上的一次革命，不仅数量之多是空前的，而且颇多创新，可以说彻底打破了传统天文仪器的模式和设计思想。

做好这些准备工作后，开始“四海测验”。当时世界上只有元朝有能力开展如此大规模的实测，也只有它拥有如此辽阔的国土，能够承载如此广泛的天文测量。郭守敬在唐代于全国置十三个地点进行天文大地测量的基础上，更加扩大了实测范围，将观测点增加到二十七个，其中又以七个为重点，分别为南海、衡岳、岳台、和林、铁勒、北海、大都，安排人员在夏至及冬至时到达观测地点，和林为今蒙古国乌兰巴托，南海为越南胡志明市一带，呈南北分布，跨距非常大。在实际观测的基础上，他们推算出冬至和夏至的日期、时刻。当时从至元十四年（1277 年）到十六年（1279 年），跨三个年头连续工作，根据三年连续测算得出的数据，拟定了至元十八年（1281 年）冬至时刻，完成了研究工作。确定时间后，科学家们又对五星运行进行观测，完成了恒星在天球上的坐标的工作。

《授时历》的制定意义重大，其内容不但是对历法的整饬，而且是一次对宇宙的深入认知，其中包含经过上千次天文观测得到的大量天文数据，已经可以从科学实测的角度认识到地球是圆的！这部历法能够使人们提前几年预测日月食和彗星的出现时间，以及日升日落、月出月没的时间，还包括太阳和月亮相对于恒星以及彼此间的相对位置的内容。航海家根据观测编制了《星历表》和《星位图》，以此为依据，人们就可以计算出自己在地球上所处的位置，这对航海技术来说，是一种革命性的提升，可以让人们有能力远离海岸，航行到大洋的深处。这些知识是郑和船队航向深海的保证，当

---

① 参见吴文俊主编：《中国数学史大系》第 6 卷，北京师范大学出版社 1999 年版，第 158 页。

它们被传播到意大利后，欧洲人终于掌握了横渡大西洋的技能。

意外收获

有学者认为郑和船队成功绕过好望角，通过直布罗陀海峡进入地中海，到达意大利，但这还没有确切的证据。我认为，最现实的可能是，郑和船队的分艅航行到红海最北端后，他们携带大量的赠品、图书等，经过短暂的陆路行进，到达地中海东岸，再租用当地船舶航行到意大利港口。由于郑和船队的到达，意大利学者与海员得到了中国的科技知识，除天文、地理知识外，还意外获得了制图、火药、印刷等多方面的技术。

中国使臣在出使中，总是大量对海外国家赠送历法书，这是为了让他们知道中国天子登基的时间，除历法外，中国的使团也会向所到国家大量传授海图，这是因为希望他们按照海图的指示前往中国进贡，表达对天朝的顺从，所以海图及制作海图的技术也就传播到了西方国家，强力推动了他们的文化进步。中国拥有上千年的大洋航海史，积累了大量的地理知识，特别是郑和船队几十年的长距离航海，他们制作的海图达到了很高的水平，这都会给欧洲人带来思想启迪。关于印刷术，英国的海军舰长孟习斯在他的书中，有一段非常有趣也合情合理的论述：

> 我们如果作出这样的推断，郑和的使者曾经尽力向威尼斯传授印刷知识，这个论断看起来是合情合理的。因为如果没有印刷术，宣德天文历必须通过手抄的方式复制。愚蠢的野蛮人这样复制历书，不可避免地会出错，一个复制本跟着一个复制本，错误也会随之增加。这样，就会使纬度和经度的计算陷于混乱，而且他们照章复制的中国世界地图也会更加不准确。因此，为了避免出现这样的混乱，在传授天文历和地图的同时，给野蛮人传授一些活字印刷

> 术的知识看起来很有必要。中国人那时充满自信，欧洲人会到达中土纳贡——没有其他借口。[1]

我想在这里做一个说明，一个新技术的发明一定不是突发奇想而产生的，必然有时间及前期的积累，而新技术的传播也一样，不会是仅通过单一途径、点对点地到达。意大利人从中国人处学习到了印刷术，当然他们也许还有别的渠道，比如大家通常认为的从阿拉伯人处间接学习，不管怎么样，印刷术使他们的文化传播成为可能。中世纪的欧洲极其愚昧一个重要的原因就是因为文化没有传播的媒介，仅仅依靠手抄，书本非常珍贵而稀少，普通的百姓不可能得到学习的机会。

> 我们可以回忆一下，500年前，不管是在北欧，在德国，还是在我国（法国），还几乎没有一个人会写字。今天我们的面包商还使用着的刻记赊售面包数量的木筹就是我们过去的象形文字和账簿。[2]

自从学会了印刷术，欧洲文化开始突飞猛进，知识得到积累与传播。但就军事而言，最重要的莫过于对中国火器的学习，特别是海军在战舰上装配了火炮，这直接改变了世界格局。火药为中国人所发明，一则因为科学与文化水平的领先，二则也因为我国国土中，蕴藏着丰富的配制火药的关键性原料硝石，它在甘肃和四川等地分布广泛，硫黄的产地更多，在汉中、湖南、河南等地，产量很大。自春秋末至唐代，人们对硝石和硫黄的产地和化学特性已有较为深入的认识和研究，这正是火药在中国被发明的原因。火药被发明的

---

① ［英］加文·孟席斯：《1434：一支庞大的中国舰队抵达意大利并点燃文艺复兴之火》，宋丽萍、杨立新译，人民文学出版社2012年版，第296页。

② ［法］伏尔泰：《风俗论》上册，梁守锵译，商务印书馆1994年版，第87页。

具体时间为唐朝，炼丹家金华洞方士清虚子，在唐元和三年（808年）撰写成书的《太上圣祖金丹秘诀》中，记载了发明火药的过程，他将硝石 2 两、硫黄 2 两、含碳物质的马兜铃 3.5 两反复合炼，结果发生了烧毁房屋、烧伤人手和面部之事，最早的火药就是在这种合炼过程中发明的。①

火药应用于军事的时间是五代、北宋，在开封所建立的大型兵器制造作坊“广备攻城作”中，设置了制造各种兵器的二十一个作坊，其中“火药作”则是专门制造火器的作坊，当时编纂的军事百科性兵书《武经总要》完整地记载了三个军用火药配方，这是世界上最早的火药配方及配制方法的文字记录。朱元璋在建立明朝后，非常重视火药武器的制作，工部、内府、地方各布政司、各地驻军都有兵器制造单位，它们组成庞大而完备的兵器制造系统，保证了军队对武器装备的需要。内府系统中有两个部门负责生产火器，分别是火药局和内官监，他们专造碗口铳、手把铜铳、铳箭等火器及其附件。“兵仗局……火药司属之”②，“内官监，掌印太监一员。掌木、石、瓦、土、塔材、东行、西行、油漆、婚礼、火药十作”③，也就是说，郑和所管理的内官监就有生产火药的职责。明朝的火器制造相当发达，已达到了很高的水平，其中铜手铳有八个型号之多，另外还有多型碗口铳，大型铁炮、铜炮的制作也相当精良。这些火器不但在陆军中广泛使用，还装备到了水军的船舰上。

惟建文东昌之战，燕军为火器所乘，死者万余人。味一“乘”字，则战酣而用，非全恃以决胜也。文皇因之，有神机铳炮之属，其制始盛。五军铁骑恃之益强，能逐虏数千里外。至宣皇喜峰口外之战，先以两翼飞矢，虏不能

① 参见王兆春：《中国火器通史》，武汉大学出版社 2015 年版，第 10 页。

② （清）张廷玉等撰：《明史》，中华书局 1974 年版，第 1820 页。

③ （清）张廷玉等撰：《明史》，中华书局 1974 年版，第 1819 页。

支，而后以此乘之，则用之次第可见。自后兵不习战，专倚之为护身符。敌佯挑战诱我，或驱所掳掠我中国人先尝我，火器叠发，敌叠为进退，药尽，敌冲而前，全军溃散。甚有不见敌而发火，敌至不及发而先走者，则火器误之也。

火药重在提硝洁净，硝有上、中、下三等。上等百斤提至九十斤，次者提至八十斤，下者七十斤。必咸秽去尽，舂捣极细，试然铁上，著火无滓，方妙。大铳药干结成块，经年不碎，虽久冒雾雨，放之雄烈，远去百步，入火箭、火龙、火砖诸器之内，虽二三年可用，则提之至净故也。不者，虽藏之极密，吐湿，尽废无用矣。①

在现在的考古工作中，发现了制于洪武五年（1372 年）十二月的“水军左卫进字四十二号天碗筒”实物。② 另外，洪武朝还规定每艘海运船须装备手铳、碗口铳、火枪等，洪武年间的各种战船都装备有各类火器。永乐年间的水军火器也有发掘出来，“南京中央门外小市 1959 年出土了一件永乐轻型铳炮，从编号所冠‘鲨’字可知此铳当是舰船装备的铳炮”③。郑和船队为海军编制，其舰队远航西洋，处境多危，所率水军为当时明朝最精锐之水军，武器系统也必为最先进的配置，而郑和本人所领导的内官监本身就有火器制作机构，他熟知火器的威力，将火器配备自己所领导的海军应该没有疑问。13 世纪 40 年代，中国的炼硝技术传至阿拉伯，阿拉伯人称从中国传来的硝石与火药为“巴鲁得”“亚洲石”和“中国雪”，之后由阿拉伯介绍到欧洲。

造船无疑是大航海的核心技术，中国庞大的船舶在欧洲引起了巨大的轰动，欧洲本无大型船舶建造技术，很可能是郑和船队给他

---

① （明）朱国祯撰：《涌幢小品》，上海古籍出版社 2012 年版，第 221 页。

② 参见王兆春：《中国火器通史》，武汉大学出版社 2015 年版，第 92 页。

③ 王兆春：《中国火器通史》，武汉大学出版社 2015 年版，第 115 页。

们带来了启发，“永乐差太监王（马）三宝下西洋，遍历诸国，声言取宝，实侦建文。船到其国（荷兰），国人恳求船式”[①]。此内容为《台湾外志》一书所记载，作者江日昇是南明将领江美鳌之子，江美鳌曾经是郑成功的部下，此书内容系江美鳌口传于江日昇，因此《台湾外志》之体裁虽然介于史书与小说之间，但仍然有很高的历史参考价值。现在我们没有直接证据证明郑和船队曾经到过欧洲，但他们的影响定然以某种形式传达到了欧洲人中间，抑或欧洲人在西洋沿岸国家看到过郑和船队的军舰。

哥伦布从意大利先后来到葡萄牙和西班牙，争取国王的支持，想要向西航行，前往中国和印度。最终他得到了西班牙国王和王后的支持，率领“圣玛丽亚”号等三只船，从西班牙西南海岸的帕洛斯港启船，经过七十多天的航行到达了美洲，开启了欧洲人对美洲探险与殖民的历史。

---

① （清）江日昇撰，刘文泰等点校：《台湾外志》，齐鲁书社2004年版，第39页。

第二十三章　中国与世界

现代很多学者，对郑和七下西洋的评价不高，甚至大加鞭挞。比如："郑和下西洋的意义远不及葡萄牙人的东来，世界历史的转折点只能是欧洲人开辟新航路，而不可能是郑和下西洋。"[①] 他为什么有如此论断呢？作者自己也给出了答案："在朱元璋、朱棣父子实行海禁政策之前的几千年里，东南沿海的私人贸易本来就很兴盛，郑和下西洋无论是主观还是客观都没有发展私人贸易，而是摧毁了私人贸易。"[②] 除了这种全盘否定郑和下西洋的意义的观点之外，另外有的观点认为，郑和下西洋的意义仅在于为封建帝王花钱买名声。

> （郑和）下西洋主要是为了确保南洋海道的畅通，以重新确立海外册封制度，恢复洪武初年诸蕃朝贡的盛况，遂赏封建帝王"君主天下""御临万方"的虚荣心……其贸易方针是"厚往薄来"。其具体做法，或用"贡品"形式的商品与"赏赐"形式的商品交换；或给海外来的"番货"以高价收进再将中国的货物以低价售出……这种不等价交换是赔钱的大买卖，目的是"耀兵异域，示中国富强"。[③]

---

① 周运中：《郑和下西洋新考》，中国社会科学出版社 2013 年版，第 46 页。

② 周运中：《郑和下西洋新考》，中国社会科学出版社 2013 年版，第 47 页。

③ 罗荣渠：《十五世纪中西航海发展取向的对比与思索》，王天有、万明编：《郑和研究百年论文选》，北京大学出版社 2004 年版，第 240～241 页。

持此类观点的人，他们在内心首先有一个潜规则，第一、私人经济一定是对的，如果没有促进私人经济的发展就是错的；第二，西方的经济发展模式是不可违背的，发展必须遵循西方模式，否则就是错的。更有甚者，对郑和下西洋刻意嘲讽，又对欧洲航海家无限拜服，期望我国效仿西方之路，如此无异于刻舟求剑。

> 郑和下西洋，虽然是航海技术层面的伟大，却凿沉了本可遨游全球的“海洋中华”的巨轮，梁启超曾将郑和与达·伽马、哥伦布并列，并哀叹：“哥仑（伦）布以后，有无量数之哥仑布；维嘉达哥马（达·伽马）以后，有无量数之维嘉达哥马；而我则郑和以后，竟无第二之郑和”。这实在是高抬了郑和。[①]

他们一面贬低中国的郑和，一面对欧洲的航海家顶礼膜拜：“英国人兴奋地投入到‘私掠船’的海盗事业当中……可以说，海盗，或者私掠者们，奠定了大英帝国的坚实基础。”[②] 西欧海盗与王室联合组成的团伙，通过对美洲、亚洲的残酷殖民为自己积累了无数财富，给世界带来了无数苦难。有人认为中国也应该走这条路：“指责豺狼凶残，毫无意义，若不凶残，还能算是豺狼吗？为什么我们自己就不能成为豺狼呢？”[③] 这是对强盗赤裸裸的艳羡，不谈道德批判，即便认可这种观点，中国人在实际中能走这条路吗？国家的决策必然是综合政治、经济、军事、社会条件而作出的，明朝对世界的管理也是出于现实的逻辑，郑和下西洋正是明朝政府决策的一种体现。

---

① ［澳］雪珥：《大国海盗：浪尖上的中华先锋》，山西人民出版社 2011 年版，第 21 页。

② ［澳］雪珥：《大国海盗：浪尖上的中华先锋》，山西人民出版社 2011 年版，第 197 页。

③ ［澳］雪珥：《大国海盗：浪尖上的中华先锋》，山西人民出版社 2011 年版，第 205 页。

否定郑和的人对当年下西洋的认识流于表面，当年是否有“耀兵海外”的目的呢？是有的，但这远不是全部。一则是由于后世文人的偏见，在书写历史时有意为之，贬低朱棣的决策，顺带打压作为宦官的郑和，历史的书写就存在着不客观的表述；二则是因为现代一些学者没有理解明初最高统治者施政的初衷，不能站在当时的历史角度分析问题。虽然明朝政府决策下西洋的确有其时代局限性，但在实际运作中却带来了延伸功效。

协和万邦

如果从夏朝开始算起，那么中国自那时便开始有了明确的国家机制，政治思想传承近五千年，相比于无可信史书流传的古埃及、古印度、古希腊、古罗马帝国而言，中国实际是世界上唯一传承至今没有中断的文明古国。

> 其他民族虚构寓意神话，而中国人则手中拿着毛笔和测天仪撰写他们的历史，其朴实无华，在亚洲其他地方尚无先例。……中国人在撰写帝王历史之前，没有任何史书。不像埃及人和希腊人，中国人的历史书中没有任何虚构，没有任何奇迹，没有任何得到神启的自称半神的人物。这个民族从一开始写历史，便写得合情合理。①

中国历史之所以能形成数千年一系相承的传统，本身就是合理性的证明，在经过无数次的试错之后，中国人选择的道路得到了历史的认可。那么中国人管理社会与国家的思想精髓是什么呢？《尚书》无疑对这种精神做了最好的诠释，《尚书》是我国流传最久远的政治文献，其中部分文献来源于华夏民族最古老的国家政典档案，

① ［法］伏尔泰：《风俗论》上册，梁守锵译，商务印书馆1994年版，第85～86页。

其内容包括公元前五千年到公元前两千年间流传下来的政事记录和诰誓文令。东周王室朝不保夕，典籍档案零星四散，孔子留心收集整理，重新编辑，将周王室所存的中央政治档案编为《尚书》，将鲁国史书编纂为《春秋》。这是孔子对前人的政治原则的总结，为后世统治者所继承，可以说，《尚书》规定的政治原则就是中国几千年来的政治基因，万变不离其宗，它使中国文化百折不挠，传承至今。

到明朝，它的政治初衷也由这些原则出发，而不可能突然出现欧洲的海盗式发展模式。关于“民为邦本”“敬天保民”“克勤于邦”“邦有常刑”等治国原则，我们这里不说，只重点讨论下中国关于处理与万邦关系的原则。“克明俊德，以亲九族；九族既睦，平章百姓；百姓昭明，协和万邦；黎民於变时雍。”[①] 这是《尧典》中的内容，明朝时的人对这句话是怎么理解的呢？当时大政治家张居正，曾经进呈了一部《尚书直解》给皇帝，这是讲官编写、张居正本人修改删定的，充分反映了他的思想与观点，这也是明朝时君臣的共识，他认为对世界的管理方法是：

> 大德既明，则身无不修，而万化之本立矣。由是推此德去亲爱自家的九族，那九族每，就亲爱和睦，没有乖争。一家都齐了，又推此德去普教那畿内的百姓，那百姓每，就感动兴起，个个晓道理，没有昏昧。一国都治了，又推此德去合和那万国之民，那黎民也就变恶为善，雍雍然成醇美之俗，天下都平了。[②]

其中有两个思想，第一是以德治政，而非暴力镇压；第二是以近及远，逐渐去影响百姓，最终达到“协和万邦”的目的。那“德”

---

① （明）张居正撰，王岚、英巍整理：《尚书直解》，九州出版社 2010 年版，第 1 页。
② （明）张居正撰，王岚、英巍整理：《尚书直解》，九州出版社 2010 年版，第 2 页。

是什么呢?《大禹谟》说得很清楚:“德维善政,政在养民。”[①] 意思是,有德就是主持良善之政治,善政的目标就是要颐养人民。所以在这种治世理念的指导下,中国的君主无论如何都不会采取欧洲人的方法去对外族进行抢劫,唯有通过经济引导、文化教育的方式来对域外之地进行治理,最终达到国治民安的目的。

原则既定,具体如何施行中国式的德治呢?中国人从夏朝就形成一种治国之法,首先大禹治水将中原之地分为九州(冀州、兖州、青州、徐州、扬州、荆州、豫州、梁州、雍州),以王城为中心,向四方进行划分地域,以离王城的远近来规定臣民的责任。首先规定京城四周五百里为“甸服”,之外五百里为“侯服”,再外五百里为“绥服”,再外五百里为“要服”,再外五百里为“荒服”。经过向四方各两千五百里的延展,东面已达大海,西面达到流沙,从南到北都传达王朝声教以至四海,而各服之内的每一百里内的臣民又各有不同的职责。

> 五百里甸服:百里赋纳总,二百里纳铚,三百里纳秸服,四百里粟,五百里米。五百里侯服:百里采,二百里男邦,三百里诸侯。五百里绥服:三百里揆文教,二百里奋武卫。五百里要服:三百里夷,二百里蔡。五百里荒服:三百里蛮,二百里流。东渐于海,西被于流沙,朔南暨声教讫于四海。[②]

大禹通过治水,将中原大地从水涝中拯救出来,变为可耕之地,并将这大片土地划分为九州,建立了夏王朝。“夏”是第一个国家化的政治制度组织,是中国史上的第一王朝。《禹贡》篇的内容是关于九州以其土特产向中央王朝进贡的原则。《禹贡》既是对国家地域进

① (明)张居正撰,王岚、英巍整理:《尚书直解》,九州出版社 2010 年版,第 23 页。
② 何新:《大政宪典:〈尚书〉新考》,中国民主法制出版社 2008 年版,第 115 页。

行的行政划分，也是一种经济管理模式，各地方行政单位要向中央交纳贡赋，纳贡有两个意义，一是满足中央的财政需求，二是确认地方对中央的臣服与认可。从《禹贡》中规定的纳贡义务看，越靠近王城其义务越重，离王城越远其义务越轻。五服中最近的一百里“纳总”，稻禾连穗与茎的叫作“总”，就是说最靠近王城一百里的百姓，要将所种植的农作物连穗带茎统统交给王。[①] 而五服中最远的二百里“流”，“外面二百里，把那重罪的人流放于此”[②]。这里几乎不用向王城交纳任何产品，只是接受流放到此的重罪犯人。

当我们了解了中国历史上中央与地方的经济关系，就可以理解明朝时西洋各国进贡“厚往薄来”的原因了。中国的王朝算的不是眼前的经济账，它总是从统一国家的整体利益与长远规划考虑，要维护好核心利益，需要由近及远的稳定与保护。对于海外国家，他们的进贡是臣服的表达，因此中央王朝对其态度是“厚往薄来”也就不奇怪了，但这种“厚往薄来”却不能仅着眼于贡物本身的交换，它背后给中国中央王朝带来的战略利益及潜在利益要大得多，这一点中国古人早就认识到了。如仅贪图眼前的利益，那么王城周边五百里就够了，这里的利益最为丰厚，“一百里将贡奉汇总。二百里内献谷穗，三百里内献秸秆，四百里内献粟，五百里内献米”[③]，何必劳神去治理两千五百里以外的国土呢？

中国历史上再强盛的朝代如汉、唐，都没有直接去入侵其他的民族，对于那些周边的藩属国，中国的皇帝们更热衷于接受纳贡，然后赠送礼物，以示天朝之威，当国家遇到外族的入侵时，这些藩属国能起到屏障作用就可以了，而不必去直接占领。按中国的利益算计，占的地盘越多，承担的责任越多，因为道路与水利工程的修

---

① 参见（明）张居正撰，王岚、英巍整理：《尚书直解》，九州出版社 2010 年版，第 68 页。

② （明）张居正撰，王岚、英巍整理：《尚书直解》，九州出版社 2010 年版，第 70 页。

③ 何新：《大政宪典：〈尚书〉新考》，中国民主法制出版社 2008 年版，第 108 页。

建、对灾荒的救济，都是政府需要安排的。

再从经济比较上看，中国是当时世界上主要的财富生产国，无须去抢劫他国。中国纬度适中，在季风气候下，农作物产量丰富，加上中国人精巧的农业技术，土地单位面积产量为世界最高。同时，中国历史上即是一个“大一统”的国家，具有稳定的社会环境与统一市场。中国人追求“道”的智慧，讲究人与自然的和谐相处，从而保持整体的动态平衡，经济发展具有相当的延续性。因此明朝与前朝一样，是世界上最富有的国家，“过去的 2000 年里，有 1800 年中国在世界国内生产总值中所占的比例都要超过任何一个欧洲国家。直至 1820 年，中国在世界国内生产总值的比例仍大于 30%，超过了西欧、东欧和美国国内生产总值的总和”[①]。可见，长期以来，外域之国无论是经济还是文化都远远落后于中国，如果明王朝凭借其强大的武力去其他国家进行抢劫，中国能有什么收获呢？那真是“家有文轩而窃邻人之敝舆”了。

西班牙传教士胡安·冈萨雷斯·德·门多萨，对中国文化深有研究，他发表的《中华大帝国史》在欧洲引起了轰动。门多萨 1545 年出生在西班牙，自幼受过良好的教育，1564 年加入奥古斯丁修会，他在书中对中国与其他国家之间的关系有着深入的研究，足以揭示中国与西方人远航探险的区别。

> 上述国家士兵的经验说明，远离国土，征服他乡会使很多人失去性命，浪费大量资金。另外，为维持已取得的战果而不使其失掉，还需耗去大量人力、物力。在被他们征服的国度，他们的敌人，如鞑靼人和各邻国的国王们还不断对他们进行骚扰，使他们受到很大损失。除此之外，中国知道他们的国家是世界最大、最好的帝国，物产丰富，

① ［美］亨利·基辛格：《论中国》，胡利平等译，中信出版社 2015 年版，第 8 页。

> 生产大量金银、珍珠、宝石。土地也非常肥沃。正因如此，很多国家离不开中国的财富，而他们自己则无需依靠任何国家，因为所有人类生活的必需品他们都有，且绰绰有余。①

中国没有走上对外族进行侵略发展的道路，一方面是因为自古以来的政治思想的惯性及经济优势，另一方面也是由于实践中的认知。在14世纪，两场对外战争的失败，也使明政府清楚地认识到对外发动战争是一件不合算的决策。因此现代某些学者想象，明朝如果能像西欧国家那样对外进行殖民与侵略，我们就会成为西方列强那样的国家，这是一个伪命题。

元朝曾经想要征服日本，但遭到了日本的殊死抵抗，两次征伐都以失败而告终。

> 忽必烈（世祖）时，国势最盛，迁都北京，定国号为元，灭亡南宋，统一中国，并派兵到暹罗、柬埔寨、缅甸等国。对于东方仅剩的一国日本，也想将其置于统治之下，文永五年（1268），派遣使节，携带国书到日本要求建立国交。但在建交的后面，却表示要以武力相威胁。……元朝后来又派来使节，先后共通牒五次，但每次都被我国拒绝，始终保持了毅然决然的态度。……在空前的国难当头之际，幕府虽制订了殊死的防御计划，但那时神佛的力量还强烈地支配着人们的心理，因而很自然地祈求神佛保佑，时宗也用血写下经文，祈祷打败敌国。……龟山上皇在伊势神

① ［西班牙］胡安·冈萨雷斯·德·门多萨编撰：《中华大帝国史》，孙家堃译，北京联合出版公司2013年版，第54页。

宫祈祷，愿以身殉国难。[①]

对于中国南边的安南，“自汉、晋以后虽称内附，然夷僚之俗，瘴毒之气，终不宜于中国。大率数岁一乱，乱必连结党类，攻陷杀戮，又必数岁而后定。昔张辅以十余万人劳费，仅得数年郡县，叛者相继，卒归于夷，此其明验也”[②]。明政府也多次企图占领安南，永乐四年（1406年），成国公朱能佩征夷将军印，充总兵，镇守云南，西平侯沐晟为左副将军，新城侯张辅为右副将军，丰城侯李彬为左参将，宁阳伯陈旭为右参将，其他还有兵部尚书刘儁、刑部尚书黄福、大理寺卿陈治等共率二十五将军，督兵分道进发。沐晟率四川、云南兵由临安府蒙自县入，朱能等由广西思明府凭祥州入，可谓声势浩大。占领了安南的州府后，明军登记当地人民户口，将两州之人丁列入编户，并设官统治。甲午年（1414年）八月，张辅和沐晟北回国后，所留官员黄福等人，采取政策同化安南人。兴建庙宇，在各府、州、县开设学校教授“四书”“五经”，设置税例，增加丁赋，让安南人从衣冠服饰至学术思想，都依照中国人之制行事。即便采取了这么多手段，明朝的统治依然不稳固，安南人拼死反抗：

自明朝统治安南之后，我民痛苦万端，怨声载道，恨之入骨，渴望摆脱此水深火热之境。幸赖当时有英雄出世，树起义旗，反抗明寇，在10年之中，光复旧山河，重建了南国独立的基业。此英雄为清化省绍化府瑞原县蓝山乡人氏，姓黎，名利。平定王黎利平明寇有功，收复了故国江

① ［日］坂本太郎：《日本史》，汪向荣等译，中国社会科学出版社2008年版，第207、208、209页。

② （明）严从简撰，余思黎点校：《殊域周咨录》，中华书局1993年版，第229页

山。[1]

黎利在中国史书中被称为“反贼”，但他是越南人心目中的英雄，可见中国对番国的征伐并不是一件理所应当的事。不过，虽然黎利打败了明军，于戊申年（1428 年）登基称帝，建国号曰大越，称黎朝太祖，但他还是要得到明朝的册封，才能宣告正统：

> 我国自古至今虽是独立，但仍恪守向中国朝贡之例，取小国必须尊敬大国之义。因此当发生战争之时，即使我们战胜中国，待到某姓登基称帝之后，亦必须遵行此例。而各朝各代也视此条为自然之事，因为朝贡并无多少损失，国家仍保持独立，且不愿与一个比自己强大的邻国发生麻烦之事。所以每当某帝即位也要遣使赴中国求封，并且每三年遣使前去朝贡一次……自古至今我们都承认中国为上国并恪守朝贡之例。每当国内发生变乱，仍指望中国前来救援。[2]
>
> 太祖遣使赴中国求封，然明朝不允，迫令其访求陈氏子孙立而为王。明朝使臣往还两三次，后太祖命国中官员父老奏言：陈氏子孙实无见存，并请封黎利为南国国王。明帝视此，始从其请，册封之。[3]

元朝对日本的进攻可谓殷鉴不远，因此朱元璋才立不征之国。这些例子说明，对中国而言，以进贡体系来维护国家的统治是最现实的选择。

中国不会走上对外殖民的道路是历史必然，但西欧则不然，自

① ［越］陈重金：《越南通史》，戴可来译，商务印书馆 1992 年版，第 167 页。
② ［越］陈重金：《越南通史》，戴可来译，商务印书馆 1992 年版，第 386～387 页。
③ ［越］陈重金：《越南通史》，戴可来译，商务印书馆 1992 年版，第 167 页。

古以来他们就时刻生活在相互撕咬中，而无法走上和平共处之路，这是其所处的地理位置决定的，他们无法靠自身的力量生存，“他们（北方）那些地方森林密布，给他们提供足够的木材来建造有桨双帆船。一船大约可载百人。他们带着啤酒、干粮、乳酪和熏肉沿岸航行，在没有遇到抵抗的地方登陆，然后带着掠夺物返回原地，按强盗的法律均分”①。互相抢夺生活物资就是中世纪欧洲人的生活常态，因为那里天气寒冷，人们也没有文化与生产技能，生活物资极其匮乏，无法满足生活需要，因此只能靠野兽态的生存方式活着，但一旦从东方传来的火药与指南针传到了西方，他们的生存境遇瞬间得到了改变。

> 幸亏西方人赶上了中国人的“地理大发现”，又得到了指南针、造船术和航海图；因而把原先具有自杀性的火药，转向了去摧毁和劫掠外部世界，因祸得福，且成暴富。这被今天的西方学者称为“生态帝国主义”——既缓解了欧洲本土的生态，又使全球财源资源汇集于西方。②

西方财富的获得是一种意外，明朝以前，他们没有文化与技术，不懂生产，几乎没有什么产品。“在 1500 年以前的一千年间，技术主要是在东亚、东南亚、南亚和西亚之间流传，尤其在中国和波斯之间交流。”③ 欧洲只是在借助东方传过来的航海技术发现了美洲后，才改变了情况，“考察的各种证据所显示的，欧洲是用它的商品来换

---

① ［法］伏尔泰：《风俗论》上册，梁守锵译，商务印书馆 1994 年版，第 443 页。

② 诸玄识：《虚构的西方文明史：古今西方“复制中国”考论》，山西人民出版社 2017 年版，第 202 页。

③ ［德］贡德·弗兰克：《白银资本：重视经济全球化中的东方》，刘北成译，中央编译出版社 2011 年版，第 176 页。

取亚洲产品，几乎可以说，它唯一能够在亚洲出售的商品是美洲金银”[①]。因此说，欧洲的发达不是人类发展的正常途径，这种发展模式是在特定的时间与条件下发生的，不可复制，也不长远，人类不可能靠互相抢夺来获取生存空间，那必然导致共同毁灭。那种持中国应该如同西方人一样通过海外殖民与掠夺来发展的观点是无法实现的，是对历史的一种意淫。

天下大同

中国人上到皇帝下到百姓对政府有一致的认识，从秦统一中国起，中国人一直生活在完整世界里，受一个中央政府管辖。即便有数度分裂，但任一派领袖大都以统一为最终目标，不死不休。因此，中国人一贯以为，要有一个中央机构来对世界进行管理。由于航海技术的提高，所能到达海外世界的范围更加广泛，明朝政府对已知世界的管理也不可回避，他们沿着中国传统的“五服”管理模式走得更远，对此模式做出了发展，那就是“华夷秩序”，永乐帝的华夷秩序，即将外部世界的格局改造成国际版“五服图”。

在中国古代“五服”的结构中，天子居住于中央的王城，外围周边是诸侯的领地，最外围是夷狄居住的蛮荒之地，最接近中央的部分是皇族近亲，其次是分封大族，最外是“蛮夷”之地。蛮夷的首领更迭或王位继承必须获得中央王朝的认可，如果朝廷发生战事，他们就有义务出兵助战。明朝初期依照“五服”结构，将大明的周边诸国、诸民族整合到以中国为中心的华夷秩序中，此外，还必须定期朝贡，履行“朝贡贸易”，朱元璋的国际观便是“中外人民，各安其所”。

自古为天下主者，视天地所覆载，日月所照临，若远

---

① ［德］贡德·弗兰克：《白银资本：重视经济全球化中的东方》，刘北成译，中央编译出版社 2011 年版，第 264 页。

> 若近，生人之类，莫不欲其安土而乐生。然必中国安，而后四方万国顺附……朕仿前代帝王，治理天下，惟欲中外人民，各安其所。又虑诸蕃僻在远方，未悉朕意，故遣使者往谕，咸使闻知。[①]

到了朱棣时期，他更加执着于朝贡制度，其终极理想就是用儒家礼仪秩序规范“四夷”，确立以明朝为中心的东亚国际政治秩序。朱棣这么做的目的，是要与周边各国缔结君臣关系，确立东亚国际秩序。这一政策是朱元璋时期就制定的，但在建文帝时期，朱棣发动靖难之变，国内及国际秩序都趋向废弛，在朱棣夺取政权后，便开始谋求重建国际秩序。他即位伊始，立即向各国派遣使者，积极促进各国来华朝贡，这些国家包括朝鲜、日本、安南、琉球、满剌加、爪哇、占城、麻林、真腊、苏门答剌等国。永乐帝渴望各国前来朝贡，第二个原因，是为了证明自己继位是正统，树立真命天子的形象，进贡的国家越多，越能说明他是有德之君。郑和就是这一政策的执行者，他长年奔波于四夷之间，并且取得了极大的成就，到了永乐年间，朝贡国激增，最多时达到六十多个。《明史·西域传》有如下描述：“自成祖以武定天下，欲威制万方，遣使四出招徕，由是西域大小诸国，莫不稽颡称臣，献琛恐后；又北穷沙漠，南极溟海，东西抵日出没之处，凡舟车可至者，无所不届。”[②]

在朱棣、郑和君臣的努力下，以大明王朝为中心的华夷秩序逐步建立起来。

> 大明华夷秩序的完成，洪武时期以来建立的以明朝为中心的华夷秩序的框架，经过永乐帝的完善最终得以完成。

---

① （清）张廷玉等撰：《明史》，中华书局 1974 年版，第 8402 页。

② （清）张廷玉等撰：《明史》，中华书局 1974 年版，第 8625 页。

在华夷秩序中，以永乐帝为中心，中华与夷狄各居其位。[①]

郑和下西洋，只是明成祖为建立天下秩序所进行努力的一部分，向东对朝鲜日本，向西对西域各国也都采取了同样的政策。明朝要求周边各国各安其事，和平相处。“永乐中，西域惮天子威灵，咸修职贡，不敢擅相攻。”[②] 明成祖所要建立的天下秩序，是当时历史的产物。他的思想观念无法超出历史的限制，我们不能用今天普遍承认的国家关系准则去要求他。也就是说，他的观念与当今世界大小国家一律平等的观念是不同的，各国不是平等相一，而是有主从之分，中华为主，其他为辅。

明朝以自己为主的目的不是要掠夺他国，而是要维持一种平衡的秩序，确保商路通畅，这是一种“天朝礼治体系”。为了鼓励天下各国的人都进入天朝礼治体系之中，明朝以物质为奖励，对前来朝见的“诸蕃王及头目”，给予赏赐。这是借助儒家天下为公的治国理想，来对当时的世界进行管理的一种尝试，认为天下各国都是大明天子的臣子。在经济上，中央帝国对各国采取少取多予、“厚往薄来”的原则。在文化上，中央帝国向各国推行“声教”，最终使全天下共享太平之福。

比如中国南部的安南，明朝对其进行统治不是出于经济目的，相反，为当地送去了发达的文化与政治制度，在京师设立了国子监，选拔官员及平民优秀的子弟入学学习；按照中国的刑律制定出新的律令；仿照中国的郡县制，设立行政机构；等等。这都促进了安南国家的发展。同时安南的统治者也认识到，即便自己在战争上取得了胜利，将明朝的军队拒之门外，但发达而强大的中国依然是自己应该攀附的力量，这样更有利于自己的生存与发展。

---

① ［日］檀上宽：《永乐帝》，王晓峰译，社会科学文献出版社 2015 年版，第 217 页。
② （清）张廷玉等撰：《明史》，中华书局 1974 年版，第 8614 页。

> 向中国求封和朝贡，乃出于势不得已，因为我国与中国相较大小悬殊，且孤身只影独处南方，全无羽翼屏障，这样若一味敌对抗拒，不肯低下一点，则永无宁日。虽表面上屈居中国之下，但其实内里仍然保持自主，中国人并不干涉我国内政。这也是一种机智巧妙的外交，可使国家获得安定。①

有意思的是，安南在作为中国藩属国的同时，利用自己在地方相对强大的力量，也收容自己的藩属国，“圣宗平占城后，南国声势显赫一时，寮国及西面诸芒蛮都来朝贡”②。这也间接说明强国对弱小国家的管理是当时普遍被接受的一种政治模式，地方强国几乎就是一个缩小版的中国，“圣宗又按照中国的制度建立官制和礼仪。文武官员都拥有一定的土地，又获得岁俸钱。但贪污者，必严治之”③。整个世界就是这种一圈一圈由小到大的藩属关系构成的。

中国周边国家仿照中国的政治、文化模式建立自己的国家政权，维持一种稳定的社会秩序，这具有历史合理性。首先，要求藩属国内部政治稳定，是“华夷秩序”所要维护的第一要务，洪武十九年（1382 年），“时阿答阿者失道，大臣阁胜怀不轨谋，二十三年弑王自立。明年遣太师奉表来贡，帝恶其悖逆，却之”④。其次，当周边国家之间出现矛盾与纠纷时，中国政府也会以“大家长”的身份直接出面进行调解与弹压，比如洪武六年（1373 年），“去冬，安南言占城犯境，今年，占城谓安南扰边，未审曲直。可遣人往谕，各罢兵息民，毋相侵扰”⑤。“永乐十七年（1419 年），以暹罗侵满剌加，遣

---

① ［越］陈重金：《越南通史》，戴可来译，商务印书馆 1992 年版，第 168 页。
② ［越］陈重金：《越南通史》，戴可来译，商务印书馆 1992 年版，第 174 页。
③ ［越］陈重金：《越南通史》，戴可来译，商务印书馆 1992 年版，第 174 页。
④ （清）张廷玉等撰：《明史》，中华书局 1974 年版，第 8385 页。
⑤ （清）张廷玉等撰：《明史》，中华书局 1974 年版，第 8384 页。

使责令辑睦，王复遣使谢罪。”[①] 这样的例子在史书中比比皆是。最后，这种有序的国家关系对于中国自身也是有益的，当中国人在海外出现危险，出于对中国的敬重，各国会主动维护中国人的利益，如下所记。

> （永乐十三年），使所携卒有遭风飘至班卒儿国者，爪哇人珍班闻之，用金赎还，归之王所。十六年，王遣使朝贡，因送还诸卒。帝嘉之，赐敕奖王，并优赐珍班。自是，朝贡使臣大率每岁一至。[②]
>
> （嘉靖三十六年），倭寇自浙江败还，抵琉球境。世子尚元遣兵邀击，大歼之，获中国被掠者六人，至是送还。帝嘉其忠顺，赐赉有加。[③]

推行天朝礼治体系是郑和下西洋的核心使命，郑和下西洋是明成祖按儒家理想建立天下格局而采取的重要措施，郑和下西洋主要发生在明朝永乐年间，宣德承其余绪。

朝贡体系

反观1492年欧洲人发现美洲之后的行为，对美洲的统治极其残忍，对财富的掠夺不加掩饰，决非中国所采取的手段。

哥伦布初到美洲，受到了当地人友好的欢迎：

> 很多人来到海边，男女老少数不胜数，高声叫喊着不让远征军司令离开，请他留下来和他们在一起。此时，另一头人也派使者前来邀请远征军司令去作客，并且立等其

① （清）张廷玉等撰：《明史》，中华书局1974年版，第8397页。
② （清）张廷玉等撰：《明史》，中华书局1974年版，第8404页。
③ （清）张廷玉等撰：《明史》，中华书局1974年版，第8367页。

上船，否则他们绝不离去。远征军司令无奈，只好答应他们要求。司令到达该头人村庄后，头人为其准备了丰富的菜肴，并命人款待远征军司令的所有随从，甚至还把食物送给留在岸边小艇上的人。见远征军司令一行接受了他们的馈赠，众印第安人纷纷跑回村子取东西，极为慷慨地又赠送远征军司令及其随从许多食品、鹦鹉和其他物品。①

在此之前，西边的一个头人也来到远征军司令所在的旗舰，与其同来的还有很多人。他们都是泅水而来。那时，帆船离岸足有半里格之远。该头人回去后，远征军司令赶紧又派若干人去追，向他打听附近各岛情况。该头人很热情地接待了来人，把他们领进村里，还赠几大块黄金。②

附近村落头人派来一只独木舟，上面坐满土人，其中之一系头人的忠仆，奉命前来邀请远征军司令乘船去他们村落作客，并答应给基督徒所需之一切东西。该仆人随身用绳子栓而不是用口袋装来一个面具，面具的鼻子、舌头和双耳皆用金子打制而成。当地人十分慷慨，无论向他们要什么，一概大方地赠予。③

今日日出后，当地印第安国王来到远征军司令所在之妮娜号船，几乎流着泪劝远征军司令不必伤心，说他会倾全力接济。他告诉远征军司令已为滞留陆上的基督徒腾出两大幢房屋，如若不够，还可腾几间；并答应提供足够的独木舟用以运送搁浅船上卸下的物品，以及提供所需劳力在陆上帮助工作。昨日他已如此做了。印第安人搬运物品

① ［意］哥伦布：《哥伦布航海日记》，孙家堃译，上海外语教育出版社 1987 年版，第 106 页。

② ［意］哥伦布：《哥伦布航海日记》，孙家堃译，上海外语教育出版社 1987 年版，第 107 页。

③ ［意］哥伦布：《哥伦布航海日记》，孙家堃译，上海外语教育出版社 1987 年版，第 108 页。

> 时，没拿走任何东西，就连面包渣也没动。[①]
>
> 途中，印第安人争相要把基督徒扛在肩上，实际上，在遇到河流和泥泞地时，他们确实是被印第安人扛着走的。[②]

可是欧洲人是怎么对待当地人的呢？他们以欺骗手段获取当地人的黄金："岛民皆赤身裸体，彼等很愿意用这些金片换一枚系于鹰脚的小铃和一串念珠。吾人给彼等的东西很少，且不值钱，但无论给什么，他们皆兴高采烈、视如至宝。彼等以为吾人来自天国，故对吾等竭诚欢迎。"[③]

> 因为印第安人十分慷慨，而西班牙人却贪婪无度，常用一枚针头、一块玻璃片或碎碗渣以及其他不值分文的东西同印第安人换取他们想得到的一切。即便如此，他们还不餍足。虽然印第安人赠给基督徒之物除黄金外，很多东西也并无多大价值，但远征军司令从中看出他们确实生性慷慨敦厚，有时甚至用一块黄金仅换走六个玻璃念珠。[④]

后来，欺骗已无法满足他们的胃口，便开始直接绑架印第安人："昨日，一独木舟载六青年驶来船边，其中五人上了船。吾吩咐将他们捉起来带走。后来吾又派人从西边那条河附近的间屋里捉来七个

---

① ［意］哥伦布：《哥伦布航海日记》，孙家堃译，上海外语教育出版社 1987 年版，第 115 页。

② ［意］哥伦布：《哥伦布航海日记》，孙家堃译，上海外语教育出版社 1987 年版，第 109 页。

③ ［意］哥伦布：《哥伦布航海日记》，孙家堃译，上海外语教育出版社 1987 年版，第 43 页。

④ ［意］哥伦布：《哥伦布航海日记》，孙家堃译，上海外语教育出版社 1987 年版，第 109 页。

妇女，其中有老有少，以及三名儿童。”[①]

> 哥伦布一直坚持向印第安人发动战争以获取奴隶，然后再出卖他们以获得资金的既定政策，并且，为了实现这个目的，他真的向印第安人发动了一次进攻，在派往西班牙的船只底舱里装满了这种人类黄金。[②]

紧随哥伦布之后到达美洲的欧洲人，对美洲进行了极其残酷的掠夺，除利用上述的欺骗手段外，还用两种方法来榨取美洲的财富，一是直接将印第安人杀掉，以抢劫他们土地与矿藏：

> 从哥伦布开始，对印第安人的屠杀从未停止过。在乌拉圭和阿根廷的巴塔哥尼亚（Patagonia）地区，印第安人在19世纪就被军队灭绝，军队在森林或沙漠中追捕围困他们，目的是不让他们妨碍畜牧业庄园的发展进程。墨西哥索诺拉州（Sonora）的印第安亚基族人被淹没在血泊之中，为的是把他们蕴藏着丰富矿产而又肥沃的土地顺顺当当地出卖给各种各样的美国资本家。[③]
>
> 1581年，费利佩二世在瓜达拉哈拉（Guadalajara）法庭断言美洲有三分之一的印第安人已被消灭，幸存者必须为死者交纳赋税。此外，这位君主还说，印第安人是可以买卖的。他们在露天住宿，母亲把自己的孩子弄死，免得

① ［意］哥伦布：《哥伦布航海日记》，孙家堃译，上海外语教育出版社1987年版，第61页。

② ［西班牙］萨尔瓦多·德·马达里亚加：《哥伦布传》，朱伦译，人民文学出版社2011年版，第325页。

③ ［乌拉圭］爱德华多·加莱亚诺：《拉丁美洲被切开的血管》，王玫等译，南京大学出版社2018年版，第56页。

他们在矿区遭受磨难。[1]

根据乔赛亚·康德（Josiah Conder）的材料，富饶的波托西山在三百年的时间内耗掉了八百万条生命。印第安人携家带小被从村社赶到山上去。每十个到那寒冷不毛之地去的人中就有七个是永远回不来的。[2]

从 1503 到 1660 年，有十八万五千公斤黄金和一千六百万公斤白银运到塞维利亚港。在个半世纪多一点的时间内运到西班牙的白银，超过欧洲白银储备总量的三倍。这些不完整的数字中还不包括走私的白银。[3]

二是逼迫印第安人为他们种植作物，直到辛劳而死，当印第安人的劳动无法满足生产需要时，他们就从非洲贩卖来黑人奴隶：

哥伦布第二次航行时从加那利群岛（lasislas Canarias）带去了最初的甘蔗根，把它种在今日多米尼加共和国的所在地。甘蔗根种下后，很快就冒出新芽，使哥伦布这位远征军司令大为高兴。[4]

葡萄牙殖民地是贩卖奴隶的主要市场，数量不多的印第安劳工很快死于强制性的劳动中，而甘蔗及蔗糖的生产需要大量的劳动力来清理和平整土地，种植、收割和运输

---

① ［乌拉圭］爱德华多·加莱亚诺：《拉丁美洲被切开的血管》，王玫等译，南京大学出版社 2018 年版，第 44 页。

② ［乌拉圭］爱德华多·加莱亚诺：《拉丁美洲被切开的血管》，王玫等译，南京大学出版社 2018 年版，第 46 页。

③ ［乌拉圭］爱德华多·加莱亚诺：《拉丁美洲被切开的血管》，王玫等译，南京大学出版社 2018 年版，第 27 页。

④ ［乌拉圭］爱德华多·加莱亚诺：《拉丁美洲被切开的血管》，王玫等译，南京大学出版社 2018 年版，第 69 页。

甘蔗，最后还要榨糖和制糖。①

在 1562 年，约翰·汉金斯（John Hawkins）船长从几内亚走私了三百个黑奴。伊莎贝尔女王勃然大怒地断言："这种冒险行为将受到上天惩罚。"但是当汉金斯告诉她，在加勒比用奴隶换来蔗糖、皮革、珍珠和生姜时，女王饶恕了这个海盗，还成了他的贸易伙伴。一个世纪以后，约克公爵把他的爵位和名字的前两个字头 D 和 Y 用炽热的烙铁烫在他的公司每年向"蔗糖之岛"送去的三千名黑奴的左臂或胸口上。②

从征服巴西到废除奴隶制这段时间里，从非洲共运来约一千万黑奴。尽管我们不掌握十八世纪的确切数字，但是应该看到黄金时期大量利用了奴隶劳动力。③

欧洲人对美洲财富的获取是敲骨吸髓式的，他们甚至连鸟粪都不放过。

秘鲁用未开采的海鸟粪作英国贷款的押金，而欧洲又在海鸟粪价格上玩弄花招。海鸟粪出口商掠夺式的经营方式给秘鲁带来了灾难，几千年来在海岛上自然堆积起来的海鸟粪，只几年的工夫就贱卖殆尽。④

为数不多的残酷的美洲征服者，借助于火枪的狂射、

① ［乌拉圭］爱德华多·加莱亚诺：《拉丁美洲被切开的血管》，王玫等译，南京大学出版社 2018 年版，第 72 页。

② ［乌拉圭］爱德华多·加莱亚诺：《拉丁美洲被切开的血管》，王玫等译，南京大学出版社 2018 年版，第 92 页。

③ ［乌拉圭］爱德华多·加莱亚诺：《拉丁美洲被切开的血管》，王玫等译，南京大学出版社 2018 年版，第 61 页。

④ ［乌拉圭］爱德华多·加莱亚诺：《拉丁美洲被切开的血管》，王玫等译，南京大学出版社 2018 年版，第 162 页。

利剑的乱砍和瘟疫的扩散，向前推进。[①]

白昼也被印第安人流出的鲜血染红。[②] 哥伦布以前的墨西哥约有两千五百万到三千万人口，在安第斯山地区也有同样数量的印第安人，中美洲和安的列斯群岛有一千万到一千三百万居民。当外国征服者出现的时候，美洲印第安人总共不少于七千万，也许还要多，一个半世纪以后就减少到总共只有三百五十万。[③]

无数美洲人给西班牙人当牛马，他们走不动就被杀掉。最后，这位目击者肯定，在各个岛屿和在陆地上，为数不多的欧洲人屠杀了约 1200 多万美洲人。[④]

最终美洲人被欧洲人屠杀几尽，而中国人对外国人的态度是友善的，将之比于自己的人民，日本学者滨下武志对中国的管理方式有着深刻的理解，他认为：

朝贡的概念源于贡纳，这与国内统治的原理从本质上看都是同样的。而且，鉴于在国内统治的时候，中央和地方并存，制度上虽然是中央集权，实际运行却是以地方为主导等因素，在对外关系上，与其说是形成为国内、国外两部分，以一部分统治另一部分，不如说是形成将国内统治的方式向外部逐步扩大的方式更恰当。[⑤]

---

① ［乌拉圭］爱德华多·加莱亚诺：《拉丁美洲被切开的血管》，王玫等译，南京大学出版社 2018 年版，第 22 页。

② ［乌拉圭］爱德华多·加莱亚诺：《拉丁美洲被切开的血管》，王玫等译，南京大学出版社 2018 年版，第 23 页。

③ ［乌拉圭］爱德华多·加莱亚诺：《拉丁美洲被切开的血管》，王玫等译，南京大学出版社 2018 年版，第 45 页。

④ ［法］伏尔泰：《风俗论》下册，谢戊申等译，商务印书馆 1997 年版，第 61 页。

⑤ ［日］滨下武志：《近代中国的国际契机：朝贡贸易体系与近代亚洲经济圈》，朱荫贵等译，中国社会科学出版社 1999 年版，第 32 页。

朝贡体系包含着两种运作模式，一是文化影响，二是经济贸易。首先在政治上，“中国并不刻意输出它的政治制度，而是愿者上钩。在这个意义上，中国的扩张不靠武力征服，而是靠潜移默化”①。自宋代起，中国人就把大量中国书籍传到外国，推动了当地文化的发展。北宋商人郑仁德把《大藏经》、孙忠把《法华经》、朱仁聪将《法华示珠指》等书籍及其他新译经书带到日本。高丽也十分喜爱中国书籍，他们甚至预付书款向中国海商订购书籍，福建商人徐戬就曾经先接受高丽的钱物，再在杭州采购华严经，用海舶运往高丽。此外众多国家都十分热爱中国文化，他们大量从中国进口笔、纸、书籍等。

其次在经济上，朝贡体系本质就是一种易货贸易，“自郑和船队离开之后，由于同东南亚各国和地区已经建立了外交关系，当地的国王或头目往往派使者随中国使船到明朝朝贡，或者以后陆续派遣使团到中国来朝贡，但这不过是两国礼节上的往来，实际上还是以贸易为目的”②。如果说，中国在初期对外的赏赐还多于进贡的话，随着进贡体系的成熟，它最终发展成为一种等价的贸易形式：

> 朝贡的特征，首先在对贡物的回赐上实际上采取了等价的支付，这实际上也可以说是一种交易活动。将朝廷看成是一个经济主体进行活动的理由也正在于此。对朝贡物支付的是中国货币、替代物和白银。从朝贡关系的经济侧面所进行的这些贸易来看，实际上意味着这里进行的是一种等价物的交换。而且，交换的价格标准，原则上是以中国国内市场（北京）的价格为基础换算的，支付的手段也

① ［美］亨利·基辛格：《世界秩序》，胡利平等译，中信出版社 2015 年版，第 280 页。
② 朱杰勤：《东南亚华侨史》，中华书局 2008 年版，第 23 页。

是中国的纸币。[①]

所以后人以“厚往薄来”为借口批评郑和下西洋的意义，实是一种短视之见。如今的美国大政治家基辛格也不得不承认，郑和下西洋这一运动虽然没有像欧洲人那样从新大陆抢劫到土地，但使中国在海外得到广大地区政府及人民的认可，最终为中国的商人创造了良好的经商条件。

> 除了举行庄重的仪典炫示中国的伟大外，郑和对开疆拓土并没有多少兴趣。他带回国的不过是礼物，即“贡品”。除了象征性地扩大了‘天下’的定义，为天朝扬威这一抽象成果外，郑和没有为中国攫取领土或资源，充其量不过是较早地运用中国的“软实力”，为中国的商人创造了良好条件。[②]

正是利用这种模式，中国政府将海外人民视为自己的子民，一概给予公平的待遇而非恃强凌弱，“中国宝船到暹罗，亦用小船去做买卖”[③]。所以郑和的海军力量虽然独步世界，但他们对海外土地及民众却秋毫无犯，将世界放置于一种和谐的模式中。由于受到公平公正的对待，各国对中国船舶的到来都是一种期盼的态度，“（柯枝国）名称哲地者，皆是财主，专一收买下宝石、珍珠、香货之类，候中国宝石船或别国番船客人来买珍珠，以分数论价而买”[④]。甚至

① ［日］滨下武志：《近代中国的国际契机：朝贡贸易体系与近代亚洲经济圈》，朱荫贵等译，中国社会科学出版社 1999 年版，第 42 页。

② ［美］亨利·基辛格：《论中国》，胡利平等译，中信出版社 2015 年版，第 5～6 页。

③ （明）马欢撰，万明校注：《瀛涯胜览》，商务印书馆、中国旅游出版社 2016 年版，第 31 页。

④ （明）马欢撰，万明校注：《瀛涯胜览》，商务印书馆、中国旅游出版社 2016 年版，第 52 页。

在苏禄国，因为担心中国人离开后，不再回来贸易，他们竟然将商船中的一些人扣留下来，“有珠池，夜望之，光华浮水面，土人以珠与华人市易，大者利数十倍。商舶将返，辄留数人为质，冀其再来”①。当然被扣为“人质”的人会受到极其优厚的招待。中国人在有些地方受欢迎的程度，已是超国民待遇，“（暹罗）妇私华人，则夫置酒同饮，恬不为怪，曰：‘我妇美，而为华人所悦也。’”②。

郑和在三十年中，下西洋的次数是有限的，但带来的私商的船舶来往却长年不断，其贸易总额远高于官方。中国与东南亚各国经济交流和文化交流主要依靠中外私人客商，东南亚地区随处欢迎中国人前往贸易，他们都唯恐中国商人不来，可见中国人之来是有利于当地人民的。

中国商人出口茶叶、苎丝、色绢、瓷器、铁器、铜器、文化用品等，进口香料、宝石、珍珠、椰子等土产和各种矿物。中国的农业技术提升了当地人的生产水平，而手工业特别是制瓷技术带动东南亚的发展，最重要的是，中国人从此大批定居海外，促进了东南亚社会的发展。

东西方对待世界的态度与手段截然不同，中国体现的是一种宽容与智慧，“道之在天下，犹川谷之于江海”③。中国与世界相处的方法是，以博大的胸怀吸引着各国的投附，就像大海因为天然之势，于是不召不求而河川自归，而西方却一味地虐杀与占有，这能长久吗？“夫乐杀人者，则不可得志于天下矣。”④

朝贡体系带来的历史影响极为深远，后来即便西洋各国与中国不再维系朝贡关系，但相互往来，特别是商业往来仍不断，“（浡泥）后虽不复朝贡，而商人往来不绝”⑤。

---

① （清）张廷玉等撰：《明史》，中华书局 1974 年版，第 8424 页。
② （清）张廷玉等撰：《明史》，中华书局 1974 年版，第 8401 页。
③ （魏）王弼注，楼宇烈校释：《老子道德经注》，中华书局 2011 年版，第 84 页。
④ （魏）王弼注，楼宇烈校释：《老子道德经注》，中华书局 2011 年版，第 83 页。
⑤ （清）张廷玉等撰：《明史》，中华书局 1974 年版，第 8415 页。

“一带一路”

以客观的历史观来评价，郑和下西洋运动是伟大的，对中国作出巨大贡献，是中国开启近代化发展的标志。但可惜的是由于历史本身的局限性，中国没能率先走向现代化，反而被西方超越，同时自己也承受了一百多年的屈辱和摧残，这正是由于中国放弃了对海洋的控制权，从而失去了防范西方暴力的藩篱。

> 郑和曾试图说服后来的皇帝保留中国船队，他说：“欲国家富强，不可置海洋于不顾。财富取之海，危险亦来自海上……一旦他国之君夺得南洋，华夏危矣。我国船队战无不胜，可用之扩大经商，制服异域，使其不敢觊觎南洋也……”但皇帝不采纳郑和的意见，一世纪之后，当葡萄牙、荷兰以及后来的英国船只出现在中国海的时候，没人能记得他的话。中国退守大陆，把南洋丢给了别国的势力。①

之后的欧洲利用中国自满与裹足不前的当口儿迅速赶超，并使用武力从中国攫取了多到不可思议的财富。

> 在不到50年的时间里，由于发现了5000法里的海岸线，葡萄牙人一跃成为通过埃塞俄比亚洋和大西洋进行贸易的主人。在1540年左右他们拥有从摩鹿加群岛到波斯湾的大批商行，横跨经度60度。世界各地出产的凡是有用的、稀罕的和令人喜爱的东西，都由他们运往欧洲，费用远比威尼斯人花得少。葡萄牙的特茹河与印度的恒河之间

① ［法］弗朗索瓦·德勃雷：《海外华人》，赵喜鹏译，新华出版社1982年版，第6页。

航运频繁，暹罗和葡萄牙成了有交往的国家。[①]

1497年，达·伽马到达印度西海岸，他们宣称是来寻找基督徒和香料的。葡萄牙人通过对印度洋贸易区的控制而垄断了香料贸易，并于1510年占领了果阿、1511年占领了马六甲、1515年占领了霍尔木兹海峡、1557年获得澳门，打通了欧洲直通中国的航海线。

他们代替穆斯林商人成为向欧洲提供香料的供应商，荷兰人则于1596年到达亚洲，并于1602年建立"荷兰东印度公司"（联合东印度公司）。随后，西班牙人和英国人也出现在印度尼西亚区域，欧洲人最终打开了中国的大门。

中国自古以来就以文化来影响周边国家，其根本目的还是维护自身的生存延续。中国崇尚的是共存文化，而西方执行的是对杀文化。当欧洲人突然杀到时，我们措手不及，但一旦认识到，且有防备，当可自保。我们只要做好自我保护，使他们无法再从我们身上吸血，西方便会衰败。事实上，通过一百多年艰苦卓绝斗争，中国重新获得了独立，并再次崛起。基辛格作为一个能够洞察历史与世界的老练的政治家，他清楚地看到中国的重新崛起是历史的必然：

> 21世纪中国的"崛起"并非新生事物，而是历史的重现。与过去不同的是，中国重回世界舞台中心，既是作为一个古老文明的传承者，也是作为依照威斯特伐利亚模式行事的现代大国。它既保持了君临"天下"的传统理念，也通过技术治国追求现代化，并在20世纪为寻求两者的融合经历了剧烈动荡。[②]

---

① ［法］伏尔泰：《风俗论》下册，谢戊申等译，商务印书馆1997年版，第10页。

② ［美］亨利·基辛格：《世界秩序》，胡利平等译，中信出版集团2015年版，第286页。

进入 21 世纪，中华文明生机勃发，基辛格所说的“通过技术治国追求现代化”，这个技术的内容就包括新时代中国运用的全新的手段，重启对世界的影响。习近平总书记在 2013 年首倡“一带一路”，即“丝绸之路经济带”和“21 世纪海上丝绸之路”，这一倡议得到国际社会特别是沿线国家的积极响应，这也为我国经济发展注入了新的活力。“一带一路”行动的原则包括“和谐包容”“互利共赢”，这正是郑和下西洋运动所蕴含的，同时又增加了新时代的“恪守联合国宪章的宗旨和原则”“市场运作”等新原则，使海上丝绸之路焕发了新生命。

“一带一路”是穿越非洲、环连亚欧的广阔“朋友圈”，涵盖各个合作领域。郑和船队曾经到达的地区中，东南亚是“海上丝绸之路”的重要枢纽；南亚地处“一带一路”海陆交汇之处，是推进“一带一路”建设的合作伙伴；非洲是我国重点合作地区；作为历史上丝路文明的重要参与者和缔造者之一，阿拉伯国家处在“一带一路”交汇地带，是共建“一带一路”的天然合作伙伴。中国重返郑和航行的海域，为“一带一路”注入了全新概念。

2015 年 3 月 28 日，国家发展改革委、外交部、商务部联合发布了《推动共建丝绸之路经济带和 21 世纪海上丝绸之路的愿景与行动》，提出：

> 根据“一带一路”走向，陆上依托国际大通道，以沿线中心城市为支撑，以重点经贸产业园区为合作平台，共同打造新亚欧大陆桥、中蒙俄、中国-中亚-西亚、中国-中南半岛等国际经济合作走廊；海上以重点港口为节点，共同建设通畅安全高效的运输大通道。中巴、孟中印缅两个经济走廊与推进“一带一路”建设关联紧密，要进一步推

动合作，取得更大进展。[①]

21 世纪海上丝绸之路重点以海上枢纽港口为节点，建设通畅安全高效的运输大通道，以中巴和孟中印缅为经济走廊，推动与周边国家的合作。中国的各类企业也迅速投身到中央规划的这一蓝图中，深入践行着“一带一路”的倡议。

① 《推动共建丝绸之路经济带和 21 世纪海上丝绸之路的愿景与行动》，中国政府网，2015 年 3 月 28 日，http：//www.scio.gov.cn/31773/35507/35519/Document/1535279/1535279.htm。